R. de A. 395. changé

Thronus eius ſicut Sol in conſpectu meo. Pſalm. 88.

EPISTRE.

pere, pour la continuation de son repos, voire auec accroissement, elle commença de reuenir à soy, & donnant à l'esperance, & a la raison, ce qu'elle auoit rendu à la tristesse, & aux regrets, courut d'vn mesme pas auec ses peuples, à son Soleil leuant, pour luy faire hommage de ses celestes faueurs, d'autant plus grandes, qu'elles luy estoient inesperees, apres vne si grande perte. Ie me trouue de ce nombre SIRE, & bien que ce soit en condition des moindres, ie me viens ietter comme les autres aux pieds de vostre Maiesté, & luy presenter ceste version des Pseaumes de ce grand ROY, & Prophete Dauid, non plus comme chose mienne, mais du tout à elle, ainsi qu'heritier de ce grand, & sage ROY, aussi vostre pere, à qui ie les auois dediez, & pensois donner, au temps du funeste accident de sa mort. Ie m'en feusse pleustost acquité enuers vostre Maiesté, mais il falloit deuant, laisser

AV ROY.

SIRE,

Depuis l'execrable, & parricide coup, commis proditoirement en la personne sacree, de ce grand Roy, la merueille des Roys, feu vostre pere, (que Dieu, absolue) la France à esté tellement remplie de dueil, aux iustes ressentimens de la perte de son liberateur, & bienfacteur, qu'en ses derniers offices qu'elle luy à rendus; il sembloit qu'elle se deust enfermer toute viue auec luy dans le tombeau, mais iettant son œil, encores tout batu de pleurs sur le fils, ou Dieu, faict reluire les graces, qu'il auoit conferees au

EPISTRE.

tost dis-je, celles de ce grand, & sage, Roy, vostre pere, dont la fin, bien que differente, n'en peut estre que glorieuse, DIEV, l'ayant en ceste sorte permis, a cause de nos pechez, & non des siens, & voulu, que le mesme sang, qu'il auoit espanché en sa vie, pour nous acquerir du repos, feust aussi espandu en sa mort, pour le salut de nos ames, par vn amandement de vie. Vos peuples le recognoissent, SIRE, leurs pleurs, leurs soupirs, & leurs prieres, en font foy, leur grande reformation tout à coup, le tesmoigne, & leur vnion, & mutuelle affection, pour la manutention de l'estat, & de vostre personne, le font paroistre, si que tous les Estrangers, en sont remplis d'admiration. Recognoissez d'ou vient ceste grace, demeurez tousiours en la crainte de DIEV, desirez la de luy ardemment, & il donnera à vostre Majesté, comme il feit à Salomon,

passer les premiers mouuemens de la douleur, qui ne sont en nostre puissance, à fin
de faire place aux diuines, & sainctes consolations, qu'entre autres choses elle
trouuerra, en ce grand truchement de
la diuinité, qui a discouru de tout, & n'a
rien laissé à dire, car il a parlé de DIEV,
& des moyens de le cognoistre, de la creation du monde, de toutes natures intelle-
ctuelles, des eslemens, des faits des anciens
Patriarches, du peuple d'Israel, de la
religion & ceremonies, de la venüe de
IESVS CHRIST & de sa mort, du regne de son Eglise, des notions de l'ame,
des sugestions du diable, des remedes à
toutes passions, des mœurs, du gouuernement de tous, & mesmement de celuy
des ROYS, que DIEV, à establis icy
bas, pour regir ses peuples, les entretenir à l'amour, & recognoissance de
DIEV, vaincre, & regner heureusement.
auec les saints moyens qu'il en donne: Vostre Maiesté à ces exemples, mais plu-

EPISTRE.

ses Armes qui commenceoient a se ioindre aux siennes, auoient des-ja allarmé toute l'Europe, & tenoit le reste du monde aux escoutes, mais DIEV, en à voulu reseruer, toute la gloire à vostre Maiesté, ainsi qu'a Salomon, l'Eedification de son temple, que Dauid pensoit bastir, & pour lequel il auoit amassé tant de magnifiques matieres, DIEV, vous en face la grace, SIRE, & qu'a l'ombre de pareil nombre de lauriers, emportez au champ d'autant de batailles rangees, de rencontres d'armees, de combats, & de prises de villes, contre les infidelles, que ce grand ROY, vostre Pere a gaignez contre les ennemis de sa grandeur, vostre Maiesté, puisse iouyr d'vn long repos, auec ses peuples, en parfaite santé, renommee, honoree, & magnifiee, comme vn Salomon, & apres la fin de ses iours, glorifiee du tiltre de Sainct, comme vn

EPISTRE.

aussi fils de ce grand ROY, & Prophete Dauid, le pretieux don de sapience, pour regner heureusement sur vos peuples, à l'accroissement de sa gloire, & de leur repos, soubs la conduite, de ceste sage, & vertueuse Dame, la Royne vostre Mere, qui comme vne autre Blanche, & Mere d'vn autre Loys, dont vostre Majesté est descendue, à pris le timon de ceste Monarchie Françoise, attendant que l'aage, croissant en vous, comme les vertus, & les graces, vous en aie rendu capable, & en suite, de meriter ce glorieux tiltre de Sainct, duquel la posterité la honnoré, pour sa pieté, & son zele a la religion, dont il à laissé des marques honnorables, en l'Asie, & en l'Afrique, contre les infidelles, ainsi ferez vous vn iour si DIEV plaist; C'estoit bien le desseing de ce genereux Pere, l'Allemagne l'y appelloit, &

L. Gaultier sculp.

Timebunt gentes nomen tuum et
omnes Reges terræ gloriam tuam.
Psal. 101.

EPISTRE.

Loys IX. dont elle est issue, qui est ce que luy desire.

SIRE,

Vostre tres-humble & tres-
obeissant suject & seruiteur
METEZEAV,

EPISTRE.

meu l'Eglise, de s'en seruir, & de les ordonner, à chacun en particulier. I'en ay faict experience SIRE, Car encores que ie sois des moindres, & dont le nom a peine est cogneu, toutesfois, ayant pleu a DIEV, me visiter des ma ieunesse, de diuerses afflictions, comme de prisons, rançons, pertes d'amis, & de biës, durant ces derniers troubles, & ensuitte, porté dãs le tombeau, auec feu Madame vostre sœur vnique, la Duchesse de Bar, pres laquelle ie continuois de rendre seruice à vostre Majesté, ce qui me restoit d'esperance, apres xii. où xiii. annees de seruices, ie trouuay tant de diuines consolations, & de salutaires persuasions, en ces Pseaumes, de bien prendre, & receuoir, auec actions de graces, tout ce qui vient de DIEV, & les goustay auec telle douceur, & tel rauissement, que des lors i'en feis insensiblement, la traduction en vers françois, sur le Latin, que l'Eglise chante, les prenant non par l'ordre, ains tantost l'vn, &

AV ROY.

SIRE,

Combien, que le fruit, & l'vsage, des sainctes meditations de ce grand ROY, & prophete Dauid, soit propre, & particulier aux ROYS, que DIEV, a constituez ses Lieutenans icy bas sur les peuples, pour estre remplis de moyens, & d'enseignemens de les bien gouuerner, & de regner heureusement : Toutesfois les plus petis, ainsi que les plus grãds, en tous accidens y trouuent, & rencontrẽt diuers sujectz de consolation, & de louer DIEV, autheur de leur estre, & de tant des belles œuures qu'il a faites au monde, pour seruir à sa gloire, & a leur commodité. En quoy ce grand truchement de la diuinité est admirable, C'est la raison, qui a

EPISTRE.

Autheur, qu'il ne pouuoit tousiours qu'estre bien reçeu, & vtille, & que trop ny sçauroient mettre la main, pour exciter nos Ames à l'amour, & recognoissance de DIEV, ioinct que ie sçay bien, que trouuant grace, & faueur, en vostre Majesté (comme i'espere) elle en trouuera par tout. C'est pourquoy SIRE, ie luy en fais l'adresse, & d'autant plus volontiers encore, qu'elle luy est entierement deüe, tant comme premier fils de l'Eglise Chrestienne, qui en a les œuures, & l'ouurier, en grande recommandation, & reuerence, & les participations aux graces, & benedictions de DIEV, qu'elle à communes auec ce sainct ROY, & prophete, que pour le rapport de sa vie, à la sienne, & des belles, & genereuses actions dont elle est suiuie, & remarquee, qui la rendront à iamais memorable, desquelles ie me sens comme obligé d'en dire en passant quelques vnes, que ie supplie vostre Majesté d'auoir agreables.

EPISTRE.

tantost l'autre, selon le temps, & l'estat de mes infortunes, sans aucun dessein, de la faire entiere pour la grandeur, & qualité de l'entreprise, conuenable a personnes de lettres, & de repos, & non a moy, qui ne fais professiõ de l'vn, & n'auois l'autre. Et moings encore de les mettre au iour, apres tant de beaux, & de doctes esprits, qui ont mis la main heureusement a ceste œuure, tant en prose, qu'en vers. Mais seullement pour m'en rendre la meditation plus frequente, & l'vsage plus familier, en intention de ne les faire veoir a personne, ce que n'ayant toutesfois peu honnestement desnier a aucuns de mes amys, & particulierement a l'vn de mes freres, Ausmonnier de vostre Majesté, qui les possede fort, & qui tout ieune qu'il est, par ses commencemens donne esperance de seruir vn iour dignement a la gloire de DIEV, & profiter à son Eglise, ont eu le credit, de me faire changer de resolution, estant le suject si sainct de soy, & de son

EPISTRE.

ses parolles estoient toutes sainctes, & prophetiques, ainsy qu'il apparoist par ses escritz; Et vostre Majesté a le sien vif, est admirable en ses conceptions, & reparties, discourt de tout, a de belles pointes, & familieres, & toutes ses parolles, sont des oracles.

1. Rois 16. 18. 23. Pse. 73. 74. 1

DAVID, estoit grand poëte & musicien, iouoit de la harpe, concertoit auec les maistres de la Chapelle, comme il se voit en ces Pseaumes, ausquelz mesme en sont attribuez plusieurs; Et vostre Majesté sçait faire des vers, entend la musique, a touché le luc en sa ieunesse, & tenoit souuent sa partie, auec les Châtres de sa Chappelle, & de sa Chambre.

1. Rois 16. 11. 2. Rois 7. 8.

DAVID, fut esleu, & nourry aux champs & à toutes actions rustiques, qui rendiret son corps inuincible aux trauaux; Et vostre Majesté, à pris nourriture en Coraz, dans les rochers, & desertz, & a tous exercices champestres, qui ont pareillement rendu le sien, & les

actions

EPISTRE.

DAVID, nous est representé de belle taille, beau de regard, & de belle face: Et vostre Majesté a toutes ces parties de beauté en perfection, haute & quarree proportionnement, vn visage plein & amiable, vn nez aquilin, vn œil si vif, qu'il penetre par tout & sçait eslire, & cognoistre ses seruiteurs parmy la presse des peuples, qui l'enuironnent. 1. ROIS 16. 12. †17. 42.

DAVID, estoit agreable aux yeux de tout le peuple, & mesme aux seruiteurs de Saül, pour son humilité, & courtoisie: Et vostre Majesté est affable, gratieuse, porte la main aussy tost à son chappeau, que le moindre de ses sujectz, respond a leur salut, & reuerence, à l'vn de la teste, à l'autre de l'œil, à qui de parolle, à qui de la main, ou par quelque autre signe exterieur, si que chacun demeure content & mesmement ses ennemis. 1. ROIS 18. 5 16. 22.

DAVID, auoit vn esprit, present a tout, preuoiant, prompt, il n'ignoroit rien, estoit eloquent, concis en ses discours, &

EPISTRE.

son bras, & son courage ont tousiours paru.

I. Rois 18.5. 13.
DAVID, tout ieune qu'il estoit, feust institué par Saül, general de ses gens de guerre, Et vostre Majesté a l'aage de seize ans, feust declaree Chef d'vng puissant party, armé pour sa deffence.

I. Rois 18 3. *.19. 4.* 20.
DAVID, eust grande amitié auec Ionathas, entre autres des fils de Saül qui le fauorisoit, en tout ce qu'il pouuoit pres de son pere & l'aduertissoit des entreprises contre luy; Et vostre Majesté la eüe parfaicte, auec HENRY III, entre autres des fils de HENRY II. qui donnoit faueur aux affaires d'icelle, autant que le temps, & sa qualité pouuoient permettre, & l'aduertissoit des entreprises de ses ennemis.

I. Rois 18.5 15. *16 29.
DAVID, se conduisoit prudemment en toutes ses actions, & donnoit vne grande esperance de luy à tous, ce que voiant Saül, commença a se garder de luy, mais tous ceux d'Israel, & de Iuda, l'aimoient,

EPISTRE.

actions de son courage indomptable.

DAVID, en sa ieunesse, gardant les troupeaux de son pere, occit vn Liõ, & vn Ours, qui en voulloient deuorer. Et vostre Majesté en son enfance, dans ces lieux aspres, & steriles, où elle a esté nourrie, affrontoit tous les iours à la chasse des Ours, & d'autres bestes sauuages incogneues, nõ moings furieuses que Lions, qu'elle prenoit, & faisoit mourir.

I. Rois 16. 34. 35.

DAVID, estant encores en bas aage feust amené a la Court de Saül, au Royaume duquel il deuoit succeder: Et vostre Majesté a l'aage de 7. ans, fut tiree a celle de ceux, dont le sang, & son merite, luy rendoient vn iour la succession infallible.

I. Rois 16. 20.

DAVID, des son ieune aage, commençea de porter les armes, feit des grãds faicts de guerre. Et vostre Majesté des son enfance, n'a veu que batailles, rencontres d'armees, & sieges de Villes, où

I. Rois 17. 40.

✶✶

EPISTRE.

de France, se retiroit tousiours tantost en vne Ville, & tantost en vne autre, pour ne tomber és mains de ses ennemis.

<small>1. Rois 21. 10. *.27</small>

DAVID, se retira en fin vers Achis, Roy des Philistins peuples ennemis de DIEV, pour la seureté de sa vie: Et vostre Majesté, pour conseruer la sienne, fust contrainte de se ietter, dans vn party contraire a la religion Cath. Apost. Romaine.

<small>1. Rois 22.</small>

DAVID, pour euiter ses ennemis, se retira en la cauerne d'Odallã, où ses amis, & seruiteurs, l'allerent trouuer: Et vostre Majesté a Pau situee dans les Rochers, où les siens se rangerent a elle.

<small>1. Rois 23. 25. *.24</small>

DAVID, en vn mesme temps, se veit diuerses armees de Saul, sur le bras: Et vostre Majesté, se veit en quatre annees dix puissantes Armees en campagne, pour le prendre, & forcer.

<small>Pse. 63.</small>

DAVID, receuoit incessamment de mauuais offices par les flateurs de Saul: Et vostre Majesté, à esté exposee a toutes sortes de colomnies, & medisances, pres

EPISTRE.

Et vostre Majesté, par la prudence de son gouuernement, & la reputation qu'elle acqueroit aux armes, feist mettre en garde tous les ennemis de sa grandeur, mais elle estoit tousiours, bien voullue des peuples.

DAVID, espousa la fille de Saul, en esperance de son amitié a l'aduenir. Et vostre Majesté, print a femme Marguerite de Valois, fille de Henry II. en l'attente d'vne paix durable, entre Charles IX. & elle, & leurs peuples. — 1. Rois 17.

DAVID, faillit piusieurs fois d'estre tué par Saul, & feust garenty vne fois entre autres par sa femme. Et vostre Majesté, à t'elle pas souuent esquiué aux coups, non d'vn seul Saul, mais de plusieurs, & le iour S. Barthelemy, trouué l'asseurance de sa vie, entre les pudiques bras de sa moitié. — 1 Rois 19. 10. 11.

DAVID, ayant esté cõtrainct de quiter la court de Saul, pour sauuer sa vye, s'en alla en Nobé, & autres lieux. Et vostre Majesté, ayant pour mesme raison, laissé celle — 1. Rois 19. 2. 42. *21

** ij

EPISTRE.

forteresse de Sion, qui tenoient contre luy, & les emporta. Et vostre Maiesté, a son aduenement à la Couronne des François, ne trouua vne seulle ville, ny forteresse, qui luy resistast, mais s'il faut dire, toutes ensemble, qu'il assiegea, batit, emporta, & forcea, de se rendre à sa mercy.

2 Rois 5.20

DAVID, desseit par deux fois, le secours des Philistins entrez dans son Royaume, pour luy oster le sceptre d'Israel, Et vostre Maiesté, à deffait aussi par deux fois, deux puissantes armees Espagnolles, conduites par le duc de Parme, pour luy oster la Couronne de France.

2 Rois 8.

DAVID, dompta les nations voisines, dont il accreut le Royaume d'Israel, Et vostre Maiesté apres auoir recõquis la France, y adiousta la Bresse, grande prouince, & plusieurs autres terres, & seigneuries qu'elle s'est reseruee de ses conquestes.

2 Rois 15. 12 *16 *17 *20

DAVID, en pleine paix, veit par deux fois, partie de ses peuples reuoltez cõtre luy, la premiere par les menees d'Architopel, &

EPISTRE.

Henry III. par les artifices de ses ennemis.

DAVID, mena grand dueil de la mort de Saül, & Disboseth, ses ennemis: Et vostre Maiesté, regretta fort celles de monsieur de Guise, & de monsieur le Cardinal son frere. | 2. ROIS I. II. 12. *. 4. 8.

DAVID, apres la mort de Saul, feust declaré Roy sur Iuda, & apres la mort d'Isboseth, qui feust tué, Roy sur tout Israel: Et vous SIRE, desia Roy de Nauarre, feustes recognu Roy de France, & de tous les François, soubz l'une & l'autre Couronne par la mort de Henry III. proditoirement tué. | 2. ROIS 2. *. 5. I. 3. Paral. II. *. 12 17.

DAVID, print le sermēt de fidelité de tous les fortz, & puissans d'Israel assemblez en Ebron: Et vostre Maiesté, celuy de tous les Princes, grāds Seigneurs, & officiers de la Couronne, qui se trouuerent assemblez à Sainct Clou, pres Henry III. lors de sa mort, & pres vostre Maiesté. | Idē.

DAVID, paruenu au Royanme d'Israel, attaqua la ville d'Hierusalem, & la for- | 2. ROIS 5. 7.

** iij

EPISTRE

aucuns de ses suiects rebelles, qui feut aussi tost esteinte, qu'allumee.

<small>2 Rois 23.9. 11.</small> DAVID, feut heureux en ses Lieutenans, Aleazar, Semma, & autres, qui tous feirent des grands faicts d'armes, ou il les enuoya contre ses ennemis. Et voſtre Maieſté, à touſiours rencontré heureuſement aux ſiens, qui luy ont acquis des batailles, au meſme temps qu'elle en donnoit, teſmoing celle d'Iſſoire, en Auuergne, le iour que voſtre Maieſté, gaigna celle d'Iury, reduiſirent des prouinces entieres ſoubs ſon obeiſſance, & feirent pluſieurs beaux exploits de guerre, dont noſtre hiſtoire eſt enrichie, à l'honneur de leur memoire.

<small>1 Rois 17. 40. *23 2 Rois 3. *5 *15 *20</small> DAVID, n'a iamais porté les armes, que pour la cauſe de DIEV, pour ſa deffence, & la conſeruation de ſon droit au Royaume d'Iſrael, ou DIEV, l'auoit appellé. Et voſtre Maieſté, ne les à iuſques icy portees, que pour ſe deffendre de ſes ennemis, conſeruer ſon heritage, & ſes peuples.

EPISTRE.

Miphiboseth, en faueur de Salomon son fils, & l'autre par celles de Seba, ausquels il auoit fait le plus de bien, entre autres de ses seruiteurs, Et vostre Maiesté, s'est veuë à la veille, de voir rebeller les siens, par les pratiques d'aucuns aussi, qu'elle auoit les plus cheris, auancez en toutes sortes d'honneurs, & de grandeurs, pres sa personne, dont l'vn n'esprouua sa clemence accoustumee, pour ce qu'il n'y eust recours à temps, ainsi que les autres firent, bien que diuersement.

DAVID, eut quatre guerres memorables, la premiere, contre Saül, la seconde, depuis sa mort, contre la maison de Saül, la troisiesme, contre les nations voisines, & la derniere, contre Absalon, & Seba, Et vostre Maiesté pareillement quatre, la premiere du viuant de Henry III. la seconde, depuis sa mort, côtre la ligue, la troisiesme, contre le Duc de Sauoye, & la quatriesme, & derniere, côtre

1 Rois 19.*
23.
2 Rois 3.*8.
*15.
*20.

EPISTRE.

mis, ainsi qu'elle feit entre autres, de Troyes à Disjon, & de là, à Fontaine françoise, dont les ennemis sentirent plutost les coups, qu'aduis qu'elle feust à 40. lieues d'eux seullement, & de sa diligence admirable, à la reprise d'Amyens, ainsi en Sauoye, Bresse, & autres lieux, dont nostre histoire est pleine.

<small>2. ROIS 5. † 8.</small> DAVID, acheuoit en commençeant, depuis qu'il feut ROY, sur tout Israel, iusques à ce qu'il eut reduit, tous ses voisins soubs son obeissance, & qu'il n'eut plus d'ennemis, declarez de sa grandeur, Et vostre Maiesté, a telle ardeur en l'execution de ses entreprises, qu'en peu d'annees, elle a veincu de grands, & puissans ennemis, tant dedans, que de hors son Royaume, reduit ses peuples soubs son obeissance, & contraint tous ses voisins à rechercher la paix, auec ses bonnes graces.

DAVID, n'enuoyoit iamais, où il pouuoit aller, & s'il y estoit contraint, ayant

EPISTRE.

DAVID, auoit tant de courage, qu'auec peu de gens & côtre toute apparence de raison militaire entreprenoit, & executoit, côme il parut, en tãt de combats, contre les Philistins, Amalechites, & autres peuples ennemis de DIEV. Et vostre Maiesté, à tãt de cœur & cognoissãce des hautes entreprises, qui se doiuent executer, & nõ consulter qu'inegale en force, & auec peu de nombre des siẽs determinez, à tousiours mõstré la teste à ses ennemis, entamoit le combat, & les deffaisoit, tesmoin, Arques, Iury, Rouen, & fontaine Frãçoise, entre autres, ou tousiours sa valeur, à combatu le nombre.

DAVID, aymoit les longues traites & la diligence à la guerre, comme il montra entre autres, contre les Amalechites, qui bruslerent Siceleg, & emmenerent tout ce qu'il y auoit dedans, lesquels il poursuiuit chaudement, & feit vne longue traite pour les attraper. Et vostre Maiesté, à fait a tous propos, des caualcades de 30. 40. lieues pour surprendre ses enne-

I Rois 30.

EPISTRE.

la Courronne de France sur la teste, & la seconde la luy conserua.

<sub>1.
Rois
30.
23.</sub>   DAVID, caressoit ses soldatz, les appelloit ses freres, leur departoit les despouilles des ennemis, les cognoissoit par leurs noms: Et vostre Maiesté, embrasse les siens, les nomme ses compagnons, sçait comme ilz s'appellent, ne leur laisse seullement le butin des ennemis, mais les oblige par biens-faictz, leur donne esperance de plus grandz, & par la publication de leur valeur, enfle leurs cœurs, de nouueaux desirs d'honneur, de gloire, & de bien faire.

<sub>1.
Rois
22.
*.
23.
2.
Rois
15.
14</sub>   DAVID, auoit vne grande creance sur ses soldatz, & le suiuoient volontairement, enduroient faim, soif, chaud, froid, & bref tout leur estoit doux, comme ilz le tesmoignerent bien pendant ses fuittes, ez montagnes & desertz, deuant Saul, & depuis deuant Absalon, & en tant de combatz qu'il rendit : Et vostre Maiesté, est suiuie des siens, comme

EPISTRE.

acheué d'vn costé, tournoit de l'autre, ou ses Lieutenans estoient empeschez, tesmoing Ioab, qu'il enuoia contre Hannon, ROY des Ammonites, qu'il suiuit incontinant apres, & paracheua la deffaite entiere de ce ROY, & de toutes ses forces. Et vostre Majesté, se trouuoit par tout, auanceoit, pour paracheuer de l'autre comme il parut en son expedition de Bourgongne, & en celle de Sauoye; où elle peut dire auec Cesar, veni, vidi, vici.

2. ROIS 10.

DAVID, sçeust bien prendre les occasions au poil, pour s'establir au Royaume, sur tout Israel, parmy tant d'ennemis dedans, & de hors, qu'il reduisit soubz son obeissance. Et vostre Majesté, les sçait mesnager a son aduantage, ainsi qu'il a paru, en deux principalles, l'vne, quand elle vint ioindre ses forces, auec celles de Henry III. & l'autre, quant elle leua le pretexte de la religion a ses ennemis, allant à la Messe la premiere, luy porta

EPISTRE.

Dieu, luy ouurit quelque voye, pour paruenir a l'empire des François, où elle estoit empeschee, par des grands, & puissans ennemis, tant dedans que dehors ses Royaumes.

2. Rois 10.

David, n'ignoroit point l'estat des affaires de ses ennemis, auoit tousiours quelques seruiteurs parmy eux, qui luy rendoient aux occasions, des seruices plus vtilles, que ceux qui demuroient pres de luy, comme entre autres, luy feit Cheusay, qu'il renuoia en Ierusalem, quant il feust contrainct de la quiter, lequel, par vn conseil contraire a celuy d'Architopel, qui tenoit le party d'Absolon, feust cause de la victoire, que Dauid, obtint contre son filz. Et vostre Majesté, a tousiours eu de bons aduis des siens, n'a manqué de seruiteurs pres d'eux, n'y en villes quilz detenoient, pour s'opposer a leurs pernitieux conseilz, fauoriser ses affaires, & la porter a des victoires memorables, & redditions miraculeuses de villes, en son obeis-

EPISTRE.

le pere de ses enfans, le pasteur de ses troupeaux, ne le quitent, pour aller a d'autres, & sans argent, n'y commoditez, l'ont suiuie par tout, pendant son exil, de la Court, couru sa fortune, & en fin porté a ceste grandeur, où elle est à present.

DAVID, estoit accort, & sçauoit s'accommoder aux temps, pour euiter que ses ennemis, ne prinsent auantage sur luy, ainsy qu'il monstra, qu'ant pour euiter la fureur de Saul, il se retira vers Achis, ROY, des Philistins, & feignant d'aller en guerre contre Israel, alloit dismant tousiours quelques Amalechites peuples aussy ennemis de DIEV, attendant l'opportunité de son establissement au Royaume d'Israel, où DIEV, l'auoit appellé: Et vostre Maiesté, s'accommodant à la necessité, & pour ne donner prise a ses ennemis, elle à bien sçeu se conseruer, parmy vn party contraire aux Catholiques, attendant que

_{1. ROIS 21. 10. *27}

EPISTRE.

<small>Pse. 114
*115.
*123.
*143</small>

l'aisle de sa bonté, contre les perils, & les hasars, de tant de combats, ou il s'estoit trouué, & porté enfin à tant de victoires, & de triumphes. Et vostre Maiesté, à esté asistee du mesme DIEV, contre tant de puissans aduersaires de sa gloire, couuert du pauois de sa grace, parmy les balles, les feux, & les coups de tant d'armes ennemies; & finallement cõduite victorieuse & triomphante par tout.

DAVID estoit prudent comme il a paru aux difficultez qu'il à surmõtees pour paruenir & se maintenir au Royaume d'Israel, & tãt d'ennemis qu'il à vaincus. Et vostre Maiesté par sa prudence autant que par son espee s'est fait voye à la Couronne de France, à surmonté tant de puissans ennemis, donné la paix à ses peuples ou elle les maintient auec telle reputation qu'elle est l'arbitre des ROYS de la Chrestienté.

<small>Pse. 100.
4.11.
† 118.
106.</small>

DAVID, aymoit & rendoit la iustice, & pour ce DIEV, l'auoit establyROY

sur

EPISTRE.

sance, tesmoing Paris, Lion, Marseille, entre tant d'autres, où ses seruiteurs qui estoient dedans, la seruirent plus, que ceux qui estoient dehors, à la reddition.

DAVID, auoit vn grand nombre de preux, & forts, qui le suiuirent en ses guerres, dont les faicts, & gestes, sont es chroniques de sa vye. Et vostre Majesté à tant eu, & a encores à present de grands Capitaines, qui se font renommer pres d'elle, que les beaux exploicts de guerre de chacun meriteroient bien, vne chronique separee.

<small>I. Paral. 11. 10. † 12.</small>

DAVID, estoit craint de tous ses ennemis. Et vostre Majesté, n'est seullement redoutee des siens, mais de tout le monde, & maintenant qu'elle s'arme pour secourir ses alliez, toute l'Europe a pris les armes, & se trouue empeschee où elle trouuera seureté, contre les foudres de son Arsenac.

<small>I. Rois 18. 12. 29.</small>

DAVID, à esté conserué de DIEV, parmy tant d'ennemis de sa grandeur, couuert de

EPISTRE.

<small>2 Rois 21 3</small> moignages qu'il en a rendus quant il feist deliurer sept homme de la famille de Saul, aux Gabaonites, qui les auoient oppressez, contre le serment des Israelites, pour estre sacrifiez au Seigneur. Et vostre Majesté, à tousiours garde inuiolablement la sienne, a tous ses ennemis, & merité la louange qu'ils luy en donnent.

<small>1. Rois 17. 45. Pse. 59. 107. 14.</small> DAVID, auoit vne grande confiance en DIEV, & ne venoit iamais aux mains, sans l'inuoquer, & reclamer. Et vostre Maiesté, a tousiours tesmoigné combien elle y en a, mesme au combat contre ses ennemis, paroissante la premiere a genoux, deuant la teste de ses bataillons, tendant la main au Ciel, & reclamant l'asistance, & la force du Seigneur des armees.

<small>1. Rois 17. 54. 2. Rois 6. * 22.</small> DAVID, ne faisoit exploit de guerre signalé, qu'il n'en rendist graces a DIEV, publiquement, faisoit porter l'Arche, tesmoignoit par les signes exterieurs, l'abon-

EPISTRE.

sur son peuple, Et vostre Maiesté, en est si ialouse, que par solemnel serment, elle a obligé la Royne, tous ses Princes, & Seigneurs, de ne la requerir de pardons graces & remißions, & n'en donne point qui ne soiēt bien considerables, aussi DIEV la maintient, & ses peuples heureusement en paix.

DAVID, feust misericordieux a tous ses ennemis, pardonna par deux fois a Miphiboset, fils de Saul, le remist en ses biens, & en ses Estats, ainsi a Semei, & a tous les autres qui auoient esté contre luy. Et vostre MAIESTÉ, a faict reluire parmy ses victoires, ses clemences, n'a pardonné seullement a vn filz de Saul, mais a plusieurs, non deux fois, mais diuerses fois, & bref a tous ses ennemis, & de plus, on ne les a seullement remis en leurs biens, & honneurs, mais obligé de nouueaux bienfaictz, & oblige tous les iours.

DAVID, gardoit sa foy, & la faisoit entretenir, comme il parut entre autres tes-

2. ROIS 9.

* * *

EPISTRE.

les Iesuistes, fondé d'iuers temples hospitaux & colleges, & redonné aux lettres leur premiere vogue, & credit.

Pse. 25. T. 34

DAVID, craignoit DIEV, le prioit, & meditoit, tousiours en ses graces, comme il paroist en ses Pseaumes. Et vostre Majesté, le plus souuent que l'ō l'estimoit endormie, parmy ses plaisirs, elle a esté trouuee a genoux, veillant, en prieres, & meditatiōs.

1. Paral. 28.

DAVID, rendit admirable l'ordre qu'il establit, au gouuernement des affaires de son Royaume, le nombre de ses officiers, & principallement son iugement, au choix d'iceux. Et vostre Maiesté, se faict admirer, en la direction des siennes, a la quantité de ceux qui y sont emploiez, & son entendement, en l'eslection qu'elle en faict.

1. Paral. 11. 8. † 15.

DAVID, edifia la cité de Sion, qui porta son nom, & feit plusieurs bastimens memorables. Et vostre Maiesté, n'a seullement redifié Paris, non vne ville, mais vn monde, qui auoit esté ruinee pendant

EPISTRE.

dance de la ioye de son cœur. Et vostre Majesté n'a obtenu victoire, qu'elle n'ait esté remercier, celuy qui les dōné, & chanter le Te deum, en l'Eglise principalle de la ville plus proche.

 DAVID, estoit pieux, & plein de zele enuers DIEV, n'auoit autre ambition, que l'auancement de sa gloire, luy desdioit les d'espouilles de ses ennemis, prepara les matieres à Salomon, son filz pour edifier la maison du Seigneur, & de tout ce qui pouuoit appartenir, a l'honneur de son seruice. Et vostre Maiesté, a toutes ses pensees, & actions dressees pour la propagation de la vraye religion, & restablissement de l'Eglise de DIEV, en sa premiere dignité, elle à remis la Messe, dans les villes de ses estatz, d'où elle auoit esté bannie, faict recognoistre publiquement a Fontaine-bleau, les fauces allegations, & suppositions, des autoritez de la parolle de DIEV, & des Peres, contre icelle restably

[margin: 2. ROIS 8 1. Paral. 22]

EPISTRE.

Et vostre Majesté pour son bon mesnage, durant la paix, s'est acquitee de plusieurs millions d'or, que ses predecesseurs, & elle, deuoient à leurs cõfederez, & alliez, & de plus en a remply ses coffres ala Bastille, & les remplit tous les iours.

_{2.}
_{Rois}
_{5.14}
_{1.}
_{Paral.3}

DAVID, eust benediction de lignee, & DIEV, à beny le second mariage de vostre Majesté, auec vne sage, & vertueuse Princesse, qui luy a desia donné six beaux enfans, & luy en donnera encore, si DIEV, plaist auec accroissement des graces, qu'il a conferees au pere, & à la mere.

₂
_{Rois}
_{8.13.}
_{16.}

DAVID, acquit vne grande gloire, & renommee par le monde. Et vostre Majesté, a pour trompette de la sienne tout l'vniuers, le grand Seigneur, l'estime, le Pape, la respecte, l'Italie l'admire, l'Espagne la redoute, l'Allemagne l'appelle l'Angleterre l'honore, & les Pays bas la reclament.

_{2.}
_{Rois}
_{5.4.}

DAVID, depuis la mort de Saul, regna en Hebrõ sur Iuda, 7. ans, & en Hieru-

EPISTRE.

les troubles, mais l'a augmenté d'autres villes, qu'elle y a encloses, dont les places, portent son nom, & celluy de son Daulphin, ainsi a faict en plusieurs de ses prouinces, comme Henricarmont en Berry, & Henricar-ville en Normandie entre autres, & en diuers lieux, faict bastir des Palais, & maisons, dignes de sa grande & Royalle magnificence, & continue tous les iours.

DAVID, estoit grand architecte, ce feust luy, qui bailla le deuis, & les desseings, à Salomon, son filz, de ce magnifique temple de DIEV, la merueille, des merueilles du monde, qu'il edifia. Et vostre Majesté, entend auec perfection l'architecture, corrige le plus souuent les fautes de ses Architectes, & faict paroistre en tant d'excellens & hardis ouurages, qu'elle a paracheués, & qu'elle commence tous les iours, la cognoissance qu'elle y a.

DAVID, auoit amassé de grands tresors des peuples, qu'il auoit domptez.

I. Paral, 28. II.

I. paral. 22. 14.

* ** iij

EPISTRE.

rapporter toutes, & me contenteray seullement de dire, encores (laissant apart, les sacrez misteres, qui nous sont representez en la personne, de ce S. personnage, Tipe de la vraye religion, & les persecutions de l'Eglise, à la fin Triomphante, en ses afflictions, & victoires) que toutes les exemples des vertus, dont DIEV, l'a orné, & les faueurs, & graces, qu'il luy à faictes, qui peuuent approcher l'homme de la Diuinité, & le rendre grand entre les ROYS, appartiennēt à vostre Maiesté seulle, voire sy i'ose dire, elle en à eu d'auantage.

DAVID, n'estoit issu de lieu qui le peust porter a l'esperance de commander a tout Israel. Et vostre Maiesté, est filz, & frere de ROYS, & ROYNES, sorty de la tige sainte & Royalle, de LOYS, 9. & par droict successif, capable de regner vn iour comme elle fait, sur deux si puissans Roiaumes reuniz.

DAVID, n'a point eu les dons de force, & de patience du S. Esprit en perfection,

EPISTRE.

salem, sur tout Israel, 33. ans. Et vostre Maiesté, a regné en Nauarre, depuis la mort de Ieanne d'Albret sa mere 17. ans. & sur tous les François, depuis la mort de Henry 3. desia 20. ans pres de 9. mois, & regnera s'il plaist à DIEV, au dela des ans de Dauid, sur tout Israel, pour l'accroissement de sa gloire, & du bon-heur de la France.

3.
Rois
2.12
1.
Pa-
ral.
29.
27.

DAVID, estoit vn peu suiet aux femmes, c'est tout ce que les ennemis de vostre Maiesté peuuent dire d'elle, mais au moings, elle a cest auantage sur ce sage ROY, en toute autre chose, de n'auoir iusques icy, attiré l'ire de DIEV, n'y sur elle, n'y sur ses peuples par aucuns sang espandu pour ce suiet, qui fait croire qu'elle en fait penitēce agreable à DIEV, qui nous est incogneüe.

2.
Rois
11.2

Voila, SIRE, vne partie des conuenances que vostre Maiesté, a, auec ce grand ROY, & prophete Dauid, où ie m'aresteray, crainte que iay, d'en raconter trop peu, les pensant

EPISTRE.

du cours de son aage a commencé de sentir l'aise d'vn repos durable, qu'elle a donné a ses peuples, a l'ombre d'vne forest de lauriers, qu'elle à gaignez, au prix de son sang, & de xxxv. de ses annees au champ, de trois batailles rangees, de 35. rencontres d'armees, 140. combats, & 300. sieges de places, qui la rendent, autant crainte, & redoutee, de ses voisins, qu'aimee, & respectee de ses sujectz.

2.
ROIS
13.*
15.*
18.

DAVID, n'eut la consolation entiere de tous ses enfans, mais vostre Maiesté, iouit des a present, du cōtentement de ceux qu'elle à d'esia, par l'esperance qu'ilz donnēt a tout le mōde d'estre heritiers des vertus du Pere, comme de ses grands estatz, & principallement des graces, que DIEV, luy a conferees.

C'est nostre attente SIRE, & que DIEV, pour parfaire son œuure en vostre Maiesté, à l'accroissemēt de sa gloire, fera la grace a icelle, & à monseigneur vostre Dauphin, ainsi qu'il feit à Dauid, & à Salomō,

EPISTRE.

& s'est souuent laissé emporter aux ressentimens de la douleur, ainsi qu'il paroist par ses Pseaumes. Et vostre Maiesté, bien qu'elle feust en condition humaine plus releuee, & par consequant plus sensible aux aduersitez, a tousiours porté les siennes courageusement, & patiemment, & passé le premier mouuement commun à tous, reçoit le bien, & le mal, qu'il plaist à DIEV, luy enuoier, auec vn mesme visage.

DAVID, eust le corps trauaillé de diuerses maladies longues & cruelles. Et vostre Maiesté, se porte bien, ne ressent aucunes incommoditez, a toutes les functions de sa ieunesse encore, ioue à la paulme, monte à cheual, court la bague, va à la chasse, & a toutes sortes d'exercices, lasse les plus verts, & robustes de sa Court. Pse. 37. 40. † 87.

DAVID, feust tousiours presque en guerres, & ne gousta les douceurs du fruict d'vne asseuree paix, n'y ne recueillit les triomphes de ses victoires, que sur la fin de ces iours. Et vostre Majesté, au millieu 2. ROIS * 3. 5.* 8.* 10.* 18.* 20.* 21.

Ton œil ne voit que les traitz du visage
De Metezeau, son esprit est empraint,
D'vne autre main, en c'est œuure tout sainct
Ou l'on en voit parfaitement l'image.

EPISTRE.

sinon de bastir tout de neuf sa maison, à tout le moins de la restaurer, c'est adire son Eglise, qui s'en alloit, sans vostre secours, ainsi que ceste Monarchie Frãçoise, ensepuelie soubz ses ruines, & de meriter d'elle, a l'exemple de Dauid, comme vostre Maiesté, a fait, non seullement de ses peuples, mais des vertus, des loix, des lettres, des artz, des commerces, & de l'agriculture, ces deux glorieux titres, de Liberateur, & Restaurateur, ce faisant elle meritera de DIEV son espoux, le celeste empire, & la posterité qui en descendra, auec ce grand herault de la Diuinité, & la sienne, qui est tout ce que ie puis souhaiter, à vostre sacree Maiesté, apres vne treslongue, & tres-heureuse vye, en parfaite santé, que prie DIEV, vous donner.

SIRE,

Vostre tres-humble, & tres-obeissant,
sujet, & seruiteur METEZEAV.

IO. METEZEO VATI
HENDECASSYLLABVM.

Versv quem cano, METEZEVS ille est
Cui nudæ charites, labella melle.
Tingunt irriguo, & nouem sorores.
Doctum ornare suum caput lepore
Certant, quippe tuos iuuant benigne
Ausus regia, dum canis prophetæ
Vatis fatidici tonantis olim
Quænam fata suos manent nepotes,
Versus ætherios canis poeta:
Hebræum reor extitisse Gallum,
Fugit me ratio, haud enim ille gallus
Hebræus fuit, At meus Poeta
Versans ingenium, repente sacro
Igni corripitur, suæque genti
Ista carmina, maximoque Regi
HENRICO, Isacidem dicabat: At heu
Indigna nece nunc iacet peremptus
Et toti lachrymas reliquit orbi
Vere regius est poëta noster
HENRICVS, fuit alter atque DAVID
Hic Rex, regius ille, origo cuius
Cœlestis fuit, ingensque feruor.
Decent regia, METEZEE, Reges
Dicas regia, METEZEE, Regi
Audis & merito Poëta Regis.

                L. d'Estampes de Vallançay
                   Abbas de Bourgueil.

AV LECTEVR.

I'AY faict la meilleure part de ceste traduction en ma ieunesse, pendant trois prisons, (ainsi que plusieurs de mes amis sçauent) la premiere à la Bastille quand Henry 3. menuoya de bloys à Paris apres la mort de feu Monsieur de Guise, La seconde à Dreux & à Mante lors de la reprise du Chasteau dudict Dreux sur le sieur de Villers Marsalim, & moy par les habitans de la ville aydez des forces de la ligue, Et l'autre à Tours pour les folies d'autruy, en toutes lesquelles les graces que DIEV, m'a faictes ont paru par dessus mes mal heurs & mes ennemis, ce que i'ay pensé vous deuoir dire d'entree, afin que vous ne vous promettiez point, de voir vn ornement de langage conuenable au suiect: car c'est à quoy ie pensois lors le moings, mais seullement d'en tirer quelque remede propre à mes infortunes, & pour m'en rendre l'autheur plus familier, ioint le rapport de verset pour verset qui ne ma permis m'estendre, ny me reserrer ainsi que ceux qui m'ont precedé ont faict: me contentant de me faire entendre simplement & de suiure le sens & les mesmes parolles du Latin que l'Eglise, garde, aussi ce n'est pas l'esperance d'acquerir quelque reputation qui m'a faict mettre au iour ce que vous en verrez, car ie suis hors de toute vanité, il y à long temps, c'est le contentement seul, que i'ay desiré donner à plusieurs de mes amis qui m'en ont prié il y à plus de quinze ans si vous y trouuez auec eux quelque agreement pour vous exciter tousiours à l'amour & recognoissance de DIEV, i'en seray tres-aise, & tiendray d'autant plus heureuses mes afflictions qui auront seruy en vn si bon suiect à autruy comme à moy.

10. METEZEO FRATRI.

ABdita Dauidis dum lustras, tædiger adsum
  Daduchus fratri lampada præque fero;
Sed vice tu versâ, frater mihi plura refundis
  Iessæa lucens nunc face, nuncque chely
Intermutarunt decus immortale Gemelli
  Alternans & erit gloria METEZEA.

P. METEZEVS *Bacc. Theol. Consil.*
& Eleemosynarius ord. Regis.

SONNET.

DIEV, qui va balançant au poids de sa iustice
Tout ce grand vniuers par nombres limité
Veut estre des humains en son œuure imité
Quant il faut que le Ciel de son los retentisse
Ainsi DAVID chantoit gardant ceste police
Dans les augustes lieux de la saincte cité
Ces Pseaumes, consacrez à la Diuinité
Qu'il recognoissoit estre à tous ses vœux propice:
Toy nostre frere aisné qui fais parler françois
Ce grand chantre hebrieu gardant ces mesmes loix
Pour complaire aux desirs de tant d'ames rauies
De ces chans tous diuins qui vollent iusqu'aux cieux
Tu merites de tous agreant mesme aux yeux
D'HENRY ce grand Monarque à qui tu les desdie.

Le mesme.

AD DAVIDI METEZEAM
MVSAM TRIMETRI.

QVænam hæc chælis, cithara, fides, pectis noua?
Metezei est gallica: cui Dauid dedit
Plectrum suum, fieret statim Dei
Vt psalmicem gratus Deo, & mortalibus.
Audita lingua Hebræa, Graia, Romea est,
Et quid quid oris fuit, ab vsque musico
Dauide Iessæo, Dei laudes sui
Cui psalmographus æternitati dididit,
Sed non melior horum vel illorum chelys,
Quam nuperi Druidæ METEZEI
Portæus olim dederat hanc musam suis
Gallis, at illam non suis coloribus
Pictam satis, quos applicat nunc verius
METEZEVS viuos, futura hunc sæcula
Gallum vt magis probauerint quam cæteros
Dauida queis studium fuit conuertere
Io. ROENNVs Rotomag.

EXCELLENTISSIMO REGII
Prophetæ oraculorum interpreti.

ENNIVS esse sacros vates curamque Deorum,
  Nec nisi diuino dixit ab ore loqui
Fallitur imprudens, falsoq; assumit honorem:
  Nam sacros vates carmina sacra decent
Hoc tibi debetur: neque enim est tibi fautor inanis
  Delius: impurum nec tua Musa canit.
Verum maiori compulsus numine, Gallis
  Æterni recitans carmina sacra Dei.
L. Robert Parisiens.

CALENDRIER

IL N'Y A IOVR EN TOVTE

l'année, horsmis le premier de Ianuier, que les anciens Romains, durant mesme le Paganisme, auoyent en fort grande recommendation & respect, auquel il n'y ait eu plus de cinq mille personnes martyrisees pour la foy Chrestienne.

S. Ierosme au Prologue de son Calendrier:
Et Eusebe à l'Empereur Constantin.

CALENDRIER
ROMAIN.

LA premiere colonne monstre les iours du mois: la 2. le nóbre d'or: la 3. la lettre Dominicale & la 4. le temps, à compter de la natiuité de IESVS CHRIST, où fleurirent les saints personnages canonisez de l'Eglise, Qui sont cottez en l'espace suiuant, chacun iour a l'vn d'eux dedié pour sa commemoration, & solemnité auec les Papes, & les Empereurs soubs lesquels ils rendirent leur ame à DIEV; les vns par quelque glorieux martyre & les autres de leur mort naturelle.

CALENDRIER

IANVIER I.

Il a XXXI. Iours, & la Lune XXX.
Le Soleil se leue à 7. heures 3. quarts & se couche à 4. heures 1. quart.
Le iour a 8. heures & demie, & la nuit 15.
heures & demie.

Les iours du Moys.	Nõbre d'Or.	Lettre Dom.	Ans de Christ.	
1.	III.	A	2	La circoncision du Sauueur. *Soubs Cesar Auguste.*
2.		b	314.	Macaire, prest. d'Alexãdrie d'Eg. *Syluestre I. Constãtin le grand Em*
3.	XI.	c	239. 457.	Anthere, P. & M. Soubs Maxi. Em. *S. Genouief. Vier. soubs Meroneæ Roy*
4.		d	101.	Tite disciple de sainct Paul. *S. Clement I. Traian Emp.*
5.	XIX.	e	139.	Telesphore Pape & Martyr. *Soubs Antonin Pie. Emp.*
6.	VIII.	f	1.	Les 3. Roys qui vindrent adorer IESVS CHRIST. *Cesar Aug. Emp.*
7.		g	84.	Clete Pape & Martyr. *Soubs Domitian Emp.*
8.	XVI.	A	459.	Erhard, Eue. de Bauieres. Soubs Leõ *I. P. du tẽps de Childeric Roy de Frãce.*

ROMAIN.

IANVIER.

L'huis bas à grand pas ainsi l'ange conseille
Ioseph qui sommeilloit de partir sans songer
Pour fuyr la fureur d'Herodes qui le veille
Et faict chercher l'enfant pour le faire esgorger.

CALENDRIER

25.	LIX.	d	34.	La conuersion sainct Paul. Soubs Caligula.
26.		e	150.	Polycarpe Euesque de Smyrne. Pie P. M. Aurele Emp.
27.	XVII.	f	400.	S. Iean Chrysost. Euef. de Constan. Anastaise I. P. Arcade & Honoré Em.
28.	VI.	g	815.	Charlemaig, meurt, enterré à Aix en All. Soubs Pascal I. P.
29.		A	65.	Valere Euesque de Trieues. S. Lin, P. I. Vespasian E.
30.	XIIII.	b	65.	Iulian Euesque du Mans. Les mesmes.
31.	III.	c	266.	Fabian Martyr. Denis P. Aurelian Emp.

ROMAIN.

9.		b	358.	Iulian, Moyne d'Antioche. *Liberie P. Valentinian Emp.*
10.		c	260.	Paul, pre. Hermite, en la Thebaïde. *Estienne prem. P. Aurelian Emp.*
11.	XXIII.	d	144.	Igine Pape & Mirtyr. *Soubs Antonin Pie, E.*
12.	XI.	e	45.	Nicanor, Diacre & Martyr. *S. Pierre, Claudius Emp.*
13.		f	348.	S Hilaire, Euesque de Poictiers. *Iulius pre peu apres Const. le Grand.*
14.	X.	g	280.	Felix Martyr. *Caius prem. P. Diocletian. E.*
15.		A	536.	Sainct Maur Abbé. *Iean II. Iustinian, E.*

Le Soleil se leue à 7. heur. & demie & se couche à 4. heures & demie.
Le iour a 9. heures & la nuit 15.

16.	XVIII.	b	304.	Marcel Pape & Martyr. *Maxence, E.*
17.	VII.	c	314.	S. Antoine Egyptië, Herm. & Abbé *Syluestre I P. Constantin le Grãd, E.*
18.		d	45.	Prisque, Vierge & Martyre. *S. Pierre P. Claudius Emp.*
19.	XV.	e	154.	Pontian Martyr. *S. Higene P. Antonin Verus E.*
20.	XLII.	f	284.	S. Sebastian Martyr. *Cayus P. Diocletian E.*
21.		g	360.	S. Agnes Vi. & Ma. Le Soleil au *Libere P. Valent. E. Verseleau.*
22.	XII.	A	300.	S. Vincent, Martyr, Espagnol. *S. Marcel, P. Maximian. E.*
23.	I.	b	360.	Emerantiane Vierge & Mart. *Auec S. Agnes.*
24.		c	50.	Timothee Euesque d'Ephese. *S. Pierre Neron E.*

ã iij

CALENDRIER

FEBVRIER II.

Il a XXVIII. Iours; & la Lune XXIX.
En Bissexte XXIX. la Lune XXX.
Le Soleil se leue à 7. heures 1. quart & se
couche à 4. heures 3. quarts.
Le iour a 9. heures & demie, la nuit 14. heu-
res & demie.

Les iours du Moys.	Nôbre d'Or.	Lettre Dom.	Ans de Christ.	
1.		d	101.	Sainct Ignace Euesque d'Antioche Martyr.
2.	XI.	e	1.	Purification N.D. la Chandeleur. *Soubs Cesar Auguste*, E.
3.	XIX.	f	282.	S. Blaise Eu. de Sebaste Martyr. *Cayus Pape, Diocletian* E.
4.	VIII.	g	240.	Phileas Eu. de Thebes M. *Fabian P. Maximian* E.
5.		A	253.	Saincte Agathe Vierge & Mar. *Fabian P. Decius* E.
6.	XVI.	b	282.	Dorothee Vierge & Mar. *Cayus Pape, Diocletian* E.
7.	V.	c	361.	Augurie Eu. d'Irlande. *Liberie P. Valentinian*, E.
8.		d	247.	Corinthe Vierge & Mar. *Fabian P. Philipp.* E.

ROMAIN.
FEBVRIER

Iesvchrist contemplant de loing sur le riuage
Ses disciples en pesche ou chacun estoit duy.
Il les appella à soy pour vng plus grand ouurage
Et en faict des pescheurs d'hommes ainsy que luy.
S. Mar.

CALENDRIER

25.	XVII.	g	288.	Les 72 Martyrs. *Marcellin I. Diocletian & Maxim.*
26.	VI.	A	253.	Nestor E. de Pamphilie. *Iules. Decius.*
27.	e	b	599.	Leadre E. d'Ispale Ap. des Goths *Iehan III. Phocas.*
28.	XIIII.	c	535.	Romain Moine du teps S. Benoist. *Iehan I. Iustinian.*

ROMAIN.

9.	XIII.	e	247.	Appollaine Vierge & Mar. Les mesmes.
10.	II.	f	535.	Scholastique Vier. Iean II. P. Iustinian. E.
11.		g		Euphrosyne Vier.
12.	X.	A	262.	Eulalie, Vierge & Mar. Sixte II. P. Galien, E.
13.		b	371.	Damase Pape du temps S. Ierome. Gratien E.
14.	XVIII	c	46	Valentin Prestre Mar. S. Pierre P. Claudius E.

Le Soleil a 7. heures, & se couche à 5.
Le iour a 10. heures, & la nuit 14.

15.	VII.	d	46.	Craton Martyr, Romain. Soubs le mesme.
16.		e	288.	Iuliane Vierge & Mart. Marcellin prem. P. Maximin.
17.	XV.	f	253.	Polocoine E. de Babylone Mart. Iules prem. Decius.
18.	IIII.	g	100.	Simeon E. de Ierusalem. S. Clement P. Traian.
19.		A	1174.	La trāslation des 3. Rois à Colong. Alexandre IIII. Frederic prem.
20.	XII.	b	290.	Innumerables Mart. Le Soleil en la ville de Sur. és Poissons. Marcellin prem. Diocletian.
21.	X.	c	465.	Hilaire Pape. Leon II.
22.		d	39.	La Chaire S. Pierre, à Antioche. Caligule.
23.	IX.	e	100.	Papias E. de Ierus. disc. de S. Iean S. Clement, Traian.
24.		f	74.	S. Mathias Apost. Mart en Iudee. S. Lin. Vespasian.

CALENDRIER

MARS III.

Il a xxxi. Iours, La Lune xxx.
Le Soleil se leue a 6. heur. & demie, & se
couche à 5. heur. & demie.
Le Iour a 11. heur. & la nuit 13.

Les iours du Moys	Nôbre d'Or.	Lettre Dom.	Ans de Christ.	
1.	IIX.	d	540.	Albin Euesque d'Angers. *Sous Childebert.*
2.		e	471.	Simplice Pape. *Leon prem. Emp.*
3.	XI.	f	1005.	Kunegõde féme de l'Emp. Héry I. *Iehan XIX. Henry. II.*
4.		g	256.	Luces Pape & Mart. *Soubs Volusian Emp.*
5.	XIX.	A	309.	Eusebe Pape & Mart. S. Thomas *Sous Maximiã. (d'Aquin, l'an 1274*
6.	VIII.	b	500.	Fridolin Confess. Escossois. *Anastaise II. P. Anastaise Emp.*
7.		c	264.	Perpetue & Felice Mart. *Sixte II. Valerian & Galien.*
8.	XVI.	d	265.	Ponce Diacre de S. Cyprian. *Les mesmes.*
9.	V.	e	313.	Les 40. Martyrs à Rome. *Siluestre I. Licinius E.*
10.		f	119.	Alexandre Pape & Mart. *Soubs Adrian.*
11.	XIII.	g	1154.	Guill. ieune enfant Mart en Angle-*Adriã IIII. Federic prem.* (terre.

ROMAIN.
MARS

Quelqu'un plante une vigne enfermée de bien close
La loue a sy bon prix qu'il n'en a comme rien
Qui pourroit esperer d'un bon maistre autre chose
Est il pas bien ingrat, qui ne le paie bien.

S. Mat. 12.

CALENDRIER

28.	vi.	c	434.	Sixte III. Pape. *Theodoso II.*
29.		d	613.	Eustafe Abbé. *Boniface IIII. Heracle.*
30.	XIIII.	e	390.	Iehan Hermite Egyptien. *Sirice. Theodose I.*
31.	III.	f	119.	Balbine Vierge Rom. *Alexandre I. Adrian Emp.*

ROMAIN.

12.	II.	A	590.	Le grand Gregoire, Pape. Phocas Emp.
13.		b	387.	Emphrasie Vierge. Celestin, Theodose le Catholique.
14.	X.	c	58.	Les 49. Mart. à Rom. Soubs Neron.
15.		d	45.	S. Longis Mart. Soubs Claudius.
16.	XVIII.	e	1021.	Heribert Euef. de Cologne. Iehan XX. Henry II.

Le Soleil se leue à 6. heu. & se couche à 6. heur.
Le Iour a 12. heur. & la nuit 12. heur.

17.	VII.	f	643.	S. Gertrude Vierge. Theodore I. Constans.
18.		g	430.	Patrice. E. d'Irlande. Celestin. Theodose II.
19.	XV.	A	1.	S. Ioseph. Cesar Auguste.
20.	IIII.	b	40.	Archippe Dis. de s. Paul. Caligule. (au Mouton) Le Soleil
21.		c	554.	S. Benoist. Pelage, Iustinian.
22.	XII.	d	1381.	S. Catherine de Suede. Vrbain V.II. Vuenceslaus.
23.	X.	e	353.	Serapion Abbé en Alexand. Iulius I. Decius.
24.		f		Le Caresme institué par les Apostres
25.	IX.	g	1.	L'Anonciation Nostre Dame. Soubs Auguste.
26.		A	762.	Ludger Euesque. Estienne II Constantin V.
27.	XVII.	b	39.	Tychique E. de Rhodes Disc. de S. Paul. Caligule.

CALENDRIER

APVRIL IIII.

Il a xxx. *Iours, & la Lune* xxix.
Le Soleil se leue à 5. *heures* 3. *quarts, & se couche à* 6. *heures* 1. *quart.*
Le iour a 12. *heures & demie, & la nuit* 11. *heures & demie.*

Les iours du Moys.	Nôbre d'Or.	Lettre Dom.	Ans de Christ.	
1.		g	1107.	Hugon Euesque de Grenoble. *Paschal II. Henry IIII.*
2.	XI.	A	271.	Marie Egyptienne, penitente. *Denys. Claudius Emp.*
3.		b	288.	Agape Chione. & Irene vier. Mar. *Marcellin I. Diocletian.*
4.	XIX.	c	400.	S. Ambroise E. de Milan, deceda *Syricie Pape. Arcade & Honoré.*
5.	VII.	d	1244.	Vincent Iacobin, confess. *Innocent IIII. Federic II.*
6.	XVI.	e	175.	Irenee Euef. de Lyon. *Sother P. Marc Aurele.*
7.	V.	f	433.	Celestin Pape. *Theodose le Ieune.*
8.		g	170.	Denys E. de Corinthe. *Sother P. Marc Aurele, & Verus.*
9.	XIII.	A	34.	Procore nepueu de S. Estienne. *Tybere Emp.*
10.	II.	b	184.	Apollonie d'Alexand. Mart. *Eleuthere. Commodus.*

ROMAIN.
AVRIL

Ainsi ton ame oyant la fidelle doctrine
Dedans le champ humain, luy ne la seme points
Sathan vient qui lemporte, ou luy ne senracine
Et luy plan de pechez, i la rouffle detout point

CALENDRIER

26.	⚜VI.	d	594.	L'institution de la grand Letanie. *Par Greg. prem. Clotaire II.*
27.		e	404.	Anaſtaſe Pape. *Arcadius Emp.*
28.	XIIII.	f	60.	Vital Mart. *Soubs Neron.*
29.	III.	g	1252.	Pierre Moyne Mart. *Eugene III. Henry VII. Emp.*
30.		A	474.	L'inſtit. de la petite Letanie en Fr. *Simplice P. Childeric, Zenon.*

ROMAIN.

11.		c	370	Philippe Euesq de Candie. Sother, M. Aurele & Verus.
12.	X.	d	355	Iulles Pape I. decede, Soubs Constance II. Fils de Const.
13.		e	289	Euphemie Vierge & Mart. Marcellin. Diocletian.
14.	XIII.	f	184.	Tiburce & Valerian Mart. Eleuthere. Commodus.
15.	VII.	g	253.	Olympiade, & Max. Mart. Fabian. Decius.

Le Soleil se leue à 5. heu. 1. qu. & se couche a 6. heures. 3 qu.
Le Iour a 13. heur. & dem. & la nuit 10. heur & demie.

16.		A	39.	Onesim M. E. de Corint. S. Pierre. Caligula.
17.	XVI	b	159.	Anicet Pape & Mar. Soubs Antonin Pie.
18.	IIII.	c	240.	Mappalic Mar. Aphricain. Fabian P. Gordian Emp.
19.		d	444.	Inuētiō du chef S. Iea Le Sol au Leon I. Valētinian II. Taureau.
20.	XII.	e	164.	Sulpice, & Seuerian Mart. Anaclet. Traian.
21.	X.	f	335.	Simeon Euesque de Seleucie. S. Syluestre. Constantin le Grand.
22.		g	287	Gaius Pape & Mart. Soubs Diocletian.
23.	IX.	A	282.	S. George Mart. Sous le mesme.
24.		b	600.	Milles Euel. de Bretaigne. Gregoire I. Maurice Emp.
25.	XVII	c	64.	Marc. L'an 8. de Neron.

CALENDRIER

MAY. V.

Il a xxxi. Iours, La Lune xxx.
Le Soleil se leue a 4. heur. 3. quarts, & se couche à 7. heur. 1 quart.
Le Iour a 14 heur. & demie, & la nuit 9. heu. & demie.

Les iours du Moys.	Nõbre d'Or.	Lettre Dom	Ans de Christ.	
1.	XI.	b	63.	S Iacques & S Philippes Apost. Soubs Neron.
2.		c	334.	Athanaise E. d'Alexandrie. S. Siluestre. Constantin le Grand.
3.	X. X.	d	326.	L'Inuention S. Croix. Par s Helene mere de Constantin.
4.	VIIX.	e	396.	S. Monique, mere de S. Augustin. Anastaise. P. Theodose Emp.
5.		f	393.	Sainct Augustin cõuerti par Sainct Ambroise.
6.	XVI.	g	83.	S. Iean porte Latin. S. Clete P. Domitian Emp.
7.	V.	A	335.	Cyriac E. de Ierusalem. S. Syluestre. Constantin.
8.		b	494.	L'Apparition S. Michel. Gelaise P. Anastaise Emp.
9.	XIII.	c	390.	Gregoire Nazianzene Euef. Siricye P. Theodose Emp
10.	II.	d	364.	Gordian, & Epimache Mart. Libere P. Iulian l' Apostat Emp.

ROMAIN.

MAI

La terre ayant repris sa uerte robe donne
A ung chacun suget de maint contentement
Mais ce que l'un y seme ung autre le moissonne
Et tous deux ont plaisir bien que diversement.
S. Iea. 4

CALENDRIER

27.		g	102.	Quadrat disciple des Apost. *Anaclet P. Traian Emp.*
28.	XIIII.	A	806.	Guillaume Duc d'Aquitaine. *Estienne IIII. Charlemaigne.*
29.	XIII.	b	275.	Felix Pape & Mart. *Soubs Aurelian.*
30.		c	84.	Maxime Euesque d'Aix. *S. Clete P. Domitian Emp.*
31.	XII.	d	35.	S. Petronille Vierge. *Soubs Tybere.*

CALENDRIER

11.		e	476.	S. Mamers E. de Vienne. *Simplice P. Zenon Emp.*
12.	x.	f	287.	S. Pancrace Mart. *Marcellin P. Diocletian Emp.*
13.		g	680.	Gangolf Mar. Bourguignon. *Agathon P. Constantin III.*
14.	XVIII.	A	398.	Epiphanius E. de Salamine. *Syrice P. Arcadius & Honorius Emp.*
15.	VII.	b	144.	S Sophie, & ses filles Mart. *Fabian P. Antonin Pie.*

Le Soleil se leue à 4. heur. & demie & se couche à 7. heures & demie.
Le iour a 15. heures & la nuit 9.

16.		c	144	Peregrin prem. E. d'Auxerre. *Soubs les mesmes.*
17.	XV.	d	454.	Iuuenal E. de Ierusalem. *Leon I. P. Valentinian le Ieune.*
18.	IIII.	e	58.	Torpet Mart. de Pise. *Soubs Neron.*
19.		f	124.	Potentiaine Vier. Rom. *Sixte prem. Adrian Emp.*
20.	XII.	g	262.	Babyle Vierge Mart. *Sixte II. Galien Emp.*
21.	Y.	A	554.	Hospitié recluz. *Pelage P. Iustinian Emp. Childebert*
22.		b	241.	Cha. & Emy. Mar. Le Soleil és *Fab. P. Gordian Emp.* Iumeaux. ♊
23.	IX.	c	411.	Didier E de Langres. *Innocent prem. Honorie Emp.*
24.		d	290.	Donatian & Rogatian à Nantes. *Soubs l'Emp. Diocletian.*
25.	XVII.	e	222.	Vrbain prem. Pape & Mart. *Soubs Heliogabale.*
26.	VI.	f	196.	Eleuthere Pape & Mart. *Soubs Commodus.*

e iij

CALENDRIER

IVIN VI.

Il a xxx. Iours, & la Lune XXIX.
Le Soleil se leue à 4. heures 1. quart, & se
couche à 7. heures 3. quarts.
Le iour a 15. heures & la nuit 9.

Les iours du Moys.	Nôbre d'Or.	Lettre Dom.	Ans de Christ.	
1.		e	41.	Nicomedes M. Disc. de S. Pierre. *Soubs l'Empereur Claudius.*
2.	XIX.	f	293.	Marcellin & Pierre Mart. *Marcellin Pape. Diocletian Emp.*
3.	VIII.	g		Eraime Euesque & Mart. *Soubs les mesmes.*
4.	XVI.	A	1264.	L'institution de la feste DIEV. *Par Vrbain IIII. Scismes en l'Empire.*
5.	V.	b		Boniface E. de Mayence. *Gregoire III. Leon III Emp.*
6.		c	275.	S. Benigne de Dijon, Mar. *Felix I. Aurelian.*
7.	XIII.	d	290.	Lucian Prestre Mart. *Marcellin I. Diocl. & Max.*
8.	II.	e	537.	S. Medard, Euesque de Noyon. *Agapit prem. Iustinian Emp.*
9.		f	291.	Prime & Felician, Mart. *Marcellin I. Diocl. & Max.*
10.	X.	g		Basilides, & ses Compp. Mart. *Soubs les mesmes.*

ROMAIN.
IVING

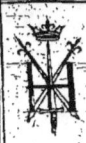
Laudelipet du tout, son esperance vaine
Aux tresors & toûiours, amasse sans cesser.
Est il mort, quelquun vient, qui toût desa paine
Et du bien quil auoit trauaillé d'amasser.
S. Lu. 12.

CALENDRIER

27.	XIX.	c	53.	Les sept dormans d'Ephese. *Soubs Neron.*
28.		d	39.	Crescent disc. de S. Paul. *Soubs Caligule.*
29.	XX.	e	70.	S. Pierre & S. Paul Mart. *Soubs Neron.*
30.		f		Luscine Vierg. disc. de S. Pierre. *Soubs le mesme.*

ROMAIN.

11.		A	50.	S. Bernabé Apoſt. Mart. *Soubs Neron.*
12.	XVIII.	b	290.	Baſilide, Cyrin, Nabor M. *Soubs Diocl. & Maxim.*
13.	VII.	c	1231.	S. Anthoine de Padoüe. *Greg. 9. Le Roy S. Loys.*
14.		d	288.	Valerian, & Ruffin, M. *Marcellin P. Maximin Emp.*
15.	XV.	e		Vitus, Modeſtus Creſcent, M. *Soubs les meſmes.*

Le Soleil ſe leue à 4. heur. & ſe couche a 8.
Le iour à 16. heur. & la nuit 8.

16.	IIII.	f	175.	Ferut Diacre diſciple d'Irenee. *Euthician, P. M. Aurele. Emp.*
17		g	288.	Paule Vierge & Mart. *Marcellin Pape Diocl. & Max. E.*
18.	XII.	A		Marc & Marcel, Mart. *Soubs les meſmes.*
19.	I.	b	51.	S S. Geruais & Prothais. Mar. *Soubs Neron.*
20.		c	534.	Syluere Pape & Mart. *Soubs Iuſtinian.*
21.	IX.	d	306.	S Alban Mar. Anglois. *Euſebe Pape. Diocletian Emp.*
22.		e	116.	Les X. mille Mart. en Alexand. *Alexandre prem. Adrian Emp.*
23.	XVII.	f	425.	Paulin E. de Nole. Le Soleil en *Celeſt. P. Theod. Em.* l'Ecreuiſſe
24.	VI.	g		La Natiuité S. Iean Baptiſte. *Soubs Auguſte. S. Luc. I.*
25.		A	630.	S. Eloy E, de Noyon. *Honore prem. P. Horacle Emp.*
26.	XIIII.	b	364.	SS Iean & Paule Mar. *Libere Pape. Iulian l'Apoſtat, Em.*

CALENDRIER

IVILLET VII.

Il a XXXI, *Iours*, & *la Lune* XXX.
Le Soleil se leue à 4. *heures* & *se couche à* 8.
Le iour a 16. *heures la nuit* 8.

Les jours du Moys.	Nôbre d'Or.	Lettre Dom.	Ans de Christ.	
1.	XIX.	g	1050.	Theobald E. de Vienne. *Leon. II. Henry III. Henry I. R. de F.*
2.	VIII.	A	1388.	La Visitation nostre Dame. *Par Vrb. VI. Vueceslaus Emp. Charl. VI*
3.		b	274.	Felix Prestre Martyr. *Felix prem. Aurelian.*
4.	XVI.	c	914.	Vlrich E. d'Ausbourg. *Anastaise III. Conard I. Charl. III.*
5.	V	d	1090.	Anselme E. de Cantorbie. *Vrbain II. Henry IIII. Philip. I.*
6.		e	584.	Goar Confes. Aquit. *Pelagius II. Maurice.*
7.	XIII.	f	39.	Pantene disc. de S. Marc. *Sous Caligule.*
8.	II.	g	630.	Kilian E. de Vvisbourg. *Honoré I. Heracle.*
9.		A	432.	Cyrille E. d'Alex. Mart. *Celestin Theodose le Ieune.*

ROMAIN.
IVILLET

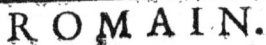

Plusieurs ne menent point leurs troupeaux a l'herbage,
Ains les uont deumans, & vivent de leur laict.
Mais le bon pasteur paist les siens, & les soulage,
Et larron est celluy qui le contraire fait.
S. Iea. 10.

CALENDRIER

26.	XIIII	d		S. Anne mere de la Vierge Marie.
27.	III	e	74.	Ruffe difc. des Apoft. Mar. S. Lin. Vefpafian.
28.		f	288.	Pahtaleon Mart. Marcellin I. Maximian.
29.	XI.	g	64.	Nazaire & fes comp. Mar. Neron.
30.	XIX.	A	63.	Abdon & Sennen. Mart. Soubs le mefme.
31.		b	422.	S. Germain E. d'Auxerre. Boniface I. Theodofe le Ieune.

ROMAIN.

10.	x.	b	145.	Les Sept freres Mart. *Pie I. Antonin Pie*
11.		c	156.	Iceluy Pie Pap. & Mar. *Soubs Antonin dessusdit.*
12.	XVIII.	d	58.	Hermog. E. d'Aquilee, Mart. *Sous Neron.*
13.	VII.	e	1265.	S. Bonauenture Card. E. d'Albane *Il fleurissoit soubs Clement IIII.*
14.		f	104.	Phocas E. & mart. *Anaclete Traian.*
15.	XV.	g		Quirit & Iulite. *S. Vast.*

Le Soleil se leue a 4. heures 1. quart. & se couche à 7. heures, 3. quarts.
Le iour a 15. h. & de. & la nuit 8. h. & dem.

16.	XIIII.	A	747	Translat. du Chef S. Ica, à Amies. *Zacharie P. Constantin, V.*
17.		b	398.	S. Alexis Confes. *Siricye. Archade, & Honoré.*
18.	XIII.	c	58.	Materne E. de Triefues, disc. de S. *Sous Neron.* (Pierre.
19.	I.	d	400.	Arsenie Hermite Thebain. *Siricye. Archade, & Honoré.*
20.		e	476.	S. Marguerite Vierg. & Mart. *S. Simplice. Zenon Isaurique.*
21.	IX.	f	639.	Arbogaste E. de Strasbourg. *Seuerin Heracle Emp. Dogobert, I.*
22.		g.	84.	La Magdelaine. Decede à Mar- *S. Clete Pape Domitian.* (seille.
23.	XVII.	A	74.	Appollin. E. de Rau. M. Le Sol. *S. Lin, Pap. Vespasian.* (au Lyon. ♌
24.	VI.	b	288.	Christine Vierge Mart. *Marcellin I. Diocletian.*
25.		c	36. 364.	S. Iacq. le Maieur Apostre, Mar. *S. Chrestofle.*

CALENDRIER

AOVST VIII.

Il a xxxi. Iours, la Lune xxx.
Le Soleil se leue a 4. heures & demie, & se
couche à 7. heures & demie.
Le iour à 15. heures, & la nuit. 9.

Les iours du Moys.	Nōb. d'Or.	Lettre Dom.	Ans de Christ.	
1.	VIII.	c	36.	S. Pierre aux Lyens. *Soubs Herode Agrippe.*
2.	XVI.	d	270.	Estienne Pape & Mart. *Soubs Galienus.*
3.	V.	e	417.	L'Inuention S. Estienne. *Innocent prem. Honoré.*
4.		f	150.	Iustin Martyr. *Pie prem. Antonin Pie.*
5.	XIII.	g	deceda 220.	S. Dominique, Instit. des freres *Honoré III. Otton IIII. (Presch*
6.	II.	A	254.	Sixte II. Pap. & Martyr. *Soubs Decius.*
7.		b	288.	Afre Martyre. *Marcellin I. Diocletian.*
8.	X.	c	289.	Cyriaque Mart. Rom. *Soubs les mesmes.*

9.

ROMAIN.

AOVST

Il est tantost saison, que noz ames moissonnent
La parolle de Dieu, Mais ces phariseans
Blasment les actions, de ceux qui nous la donnent
Tant leur malice est grande, & qu'ilz sont mescreans

S. Matt. 12.

CALENDRIER

25.	III.	f	1227.	S. Loys Roy de France. *Innocent IIII. Federic II. Emp.*
26.		g	208.	Zepherin Pape & Mar. *Caracalla Emp.*
27.	XI.	A	995.	Gebbard E. de Constance. *Gregoire V. Othon III.*
28.	XIX.	b	432.	S. Augustin E. d'Hippone. *Deceda sous Sixte III. Theodose le ieu.*
29.		c	31.	Decolation S. Iehan Bapt. *Soubs Tibere.*
30.	VIII.	d	288.	Felix & Adaucte Mart. *Marcellin I. Diocletian.*
31.		e	359.	Paulin, E. de Trieues. *Libere Constance, Emp.*

ROMAIN.

9.		d		Romain Gendarme & Mar. Les mesmes encores.
10.	XVIII.	e	253.	S. Laurens, Mart. Corneille P. Decius.
11.	VII.	f		Tyburce Mart. Rom. Marcellin I. Diocletian.
12.		g	1254.	S. Claire V. Canon. par. S. Loys IX. Alexandre IIII. Henry VII.
13.	XV.	A	253.	Hippolite Mar. Rm. Corneille. Decius
14.	IIII.	b	378.	Eusebe E. de Verseil. Damase. Valens.
15.		c	380.	L'Assumption nostre Dame. Par Damase. Valens

Le Soleil se leue à 4. heu. 3. qu. & se couche à 7. heures. 1. quart.
Le Iour a 12. h 3. qu. & la nuit 11. h. 1. qu.

16.	XII.	d	1290.	S. Roch, Confess. Nicolas IIII. Adolph. E. Philip. IIII.
17.	I.	e	273.	S. Mammez. Mar. Felix prem. Aurelian, Emp.
18.		f		Agapet Mar. Les mesmes.
19.	IX.	g	1324.	Ludouic E. de Tholose. Canonisé par Iean 22.
20.		A	1152.	S. Bernard, Abbé de Cleruaux. Eugene II. Federic prem.
21.	XVII.	b	273.	Anastase Mart. Felix prem. Aurelian Emp.
22.	VI.	c		S. Syphorian Mart. Soubs les mesmes.
23.		d	68.	Zachee E. de Ierus. Le Soleil en Soubs Neron. la Vierge. ♍
24.	XIIII.	e	70.	S. Barthelemy Apost. Mart. Le mesme.

CALENDRIER

SEPTEMBRE IX.

Il a xxx. Iours, & la Lune xxix.
Le Soleil se leue à 5. heures 1. quart, & se couche à 6. heures 3. quarts.
Le iour a 11. heu. & dem. & la nuit 12. & dem.

Les iours du Moys.	Nõbre d'Or.	Lettre Dom.	Ans de Christ.	
1.	XVI.	f	600.	S. Loup, Euesque de Sens. *Soubs Clotaire II.*
2.	V.	g		Antonin Martyr.
3.		A	53.	Phebé Vierge disc. de S. Paul. *Soubs Neron Rom. 16.*
4.	XIII.	b	284.	Theodosie Vier. & Mart. *Caius P. Diocletian.*
5.	II.	c	27.	Herculain Mart. *Felix I. Aurelian Emp.*
6.		d	590.	S Eleuthere Abbé de Spolete. *S. Gregoire P. Maurice Emp.*
7.	X.	e	530.	S. Cloud fils de Clodomir R. de B. *Soubs Childebert, & Clotaire I.*
8.		f	l'an du monde	La Natiuité nostre Dame. *Soubs Auguste Cesar.*
9.	XVIII.	g	3943. 28;.	Gorgonie Mart. *Caius Pape. Diocletian.*

ROMAIN.

SEPTEMBRE.

L'arbre qui rend son fruit en saison a son maistre
Est digne de louange & qui veut connestre
Mais cit qui ne se fait comme vous il doit estre
Abatu mis au feu mourir sera vaserue

CALENDRIER

25.		b	60.	Cleophas l'vn des 70. disc. *S. Pierre, Neron.*
26.	XI.	c	255.	S. Cyprian, E & Mart. *Corneille P. Gallus Emp.*
27.	XIX.	d	290.	Cosme & Damian Mart. *Marcellin Diocletian.*
28.		e	974.	Vvenceslaus Duc de Boheme, Mar. *Benoist XII Othon prem.*
29.	VIII.	f	500.	S. Michel Arch. *Sa solemnité fut instituée, sous Anastaise II. & Anast. E.*
30.		g	425.	S. Ierome Docteur de l'Eglise. *Celestin, Honoré, & Theodose.*

ROMAIN.

10.	VII.	A	465	Hilaire Pape. Leon prem. Emp.
11.		b	288	Felix & Regula Mar. Caius P. Diocletian & Maxim.
12.	XV.	c	420	Maxime E de Thurin. Zozime P. Archade & Honoré Em.
13.	IIII.	d	340	Pamphile Martyr. Fabian Pape. Volusian Emp.
14.		e	614	L'Exaltation Saincte Croix. Boniface IIII. Heracle Emp.
15.	XIX.	f	85	Nicomedes Mar. disc. de S. Pier. Clete Pape. Domitian. Emp.

Le Soleil se leue à 5 heur. 3. quarts & se couche a 6. heures 1. quart.
Le iour à 12. heur. 1 quart La nuit a 11. heur. 3. quarts.

16.		g	279.	Euphemie Vierge & Mar. Caius. Carus & Numerian
17		A	760.	S. Lambert E. & Mart. Paule I. Pepin Roy de France.
18.	IX.	b	288.	Ferreol, Martyr. Marcellin prem Diocletian.
19.		c	289.	Ianuaire E. & Mar. Soubs les mesmes.
20.	XVII.	d	82.	Tobie E de Ierusalem. Clete. Titus.
21.	VI.	e	70.	S. Matthieu. Apost. & Euang. Lin Pape. Vitellius.
22.		f	289.	S. Maurice, & ses comp. Mar. Marcellin I. Diocletian.
23.	XIIII	g	80.	Lin Pape & Mart. Le Soleil és Soubs Titus. Balances
24.	III.	A	52.	Tecle Vierge Mart. Soubs Claudius Emp.

I iij

CALENDRIER

OCTOBRE X.

Il a xxxi. Iours, La Lune xxx.
Le Soleil se leue à 6. heures & demie, & se couche à 5. heures & demie.
Le iour à 11. heures, & la nuit. 13.

Les iours du Moys.	Nōb. d'Or.	Lettre Dom.	Ans de Christ.	
1.	xvi.	A	500.	S. Remy E. de Reims. (Roy de F. Symmache. Anastaise E. Clouis I.
2.	v.	b	680	Ligier E. d'Authun, Mart. Agathon. Constantin IIII.
3.	xiii.	c	71.	Crispe, & Caius, Mart. Lin P. Vitellius Emp.
4.	ii.	d	1226	S. François instituteur des Cordel. Gregoire IX. Federic II.
5.		e	289.	Constant Alexand. Mart. Marcellin I. Diocletian.
6.	x.	f	288.	Fide Vier. & Mar. Dagenes. Sous les mesmes.
7.		g	338.	Marc Pape apres Siluestre. Constantin le Grand.
8.	xviii.	A	285.	Pelagie Penitente d'Antioche. Caius. Carus & Numerian.
9.	vii.	b	90.	S. Denys. Rustic. Eleuthere, Mar. S. Clement. Domitian.

ROMAIN.

OCTOBRE

Le Seigneur baillé a ferme a des meschans sa vigne
Au terme de païer il enuoye des siens
Mesme son propre filz que ceste gent maligne
Met a mort, tant elle est affamee de biens.
S. Mat. 2 v.

CALENDRIER

26.	XIX.	e	254.	Ragatian & Felicissime, Mar. *Corneille. Decius.*
27.	—	f	288.	Demetrié Mar. à Thessalonique. *Marcellin I. Maximian.*
28.	VIII.	g.	102.	S.S. Simon & Iude Apost. *Anaclete Traian.*
29.		A	290.	Narcisse Euesque. *Marcellin I. Diocletian.*
30.	XVI.	b	182.	Serapion E. d'Antioche. *Eleuthere. Commode.*
31.	V.	c	292.	S. Quentin. *Marcellin. Diocletian.*

ROMAIN.

10.		c	301.	Gereon & ses comp. Mart. Marcel.I. Diocletian.
11.	XV.	d	940.	Bruno Arche. de Cologne. Estienne VIII. Othon le Grand.
12.	IIII.	e	479.	4976 Catholiques Mart. Par Hunrich Roy des Gath Arrian.
13.		f	70.	Carpe disc. de S. Paul. S. Lin. Vitellius.
14.	XII.	g	226.	Calixte Pape & Mar. Soubs Alexandre de Mammee.
15.	I.	A	454.	Aurelie Vierge de Strasbourg. Leon I. Valentinian.
16.		b	631.	Gall. Abbé Escossois. Honoré prem. Heracle.

Le Soleil se leue a 6. heures 3. quart. & se couche à 5. heures, 1. quart.
Le iour a 10. h. & la nuit 14.

17.	IX.	c	105.	Heron E. d'Anth. disc. de S. Ignace Anaclet. Traian.
18.		d	74	S. Luc Euangeliste. Il deceda soubs Titus.
19.	XVII.	e	299.	Ianuaire, & ses comp. Mart. Marcel. Maximian.
20.	VI.	f		Capraise Mart. d'Agenes. Soubs les mesmes: & Dacian.
21.		g	450.	Vrsule & ses comp. Mart. Leon I. Valentinian.
22.	XIIII.	A	215.	Seuere Euesque de Rauenne. Zepherin. Caralle.
23.	III.	b	388.	Seuerin E. de Col. Le Soleil au Siricye. Theodose I. Scorpion. ♏
24.		c	388. 730.	S. Iea Dam. Moy. Sous Th. I. L'autre dőt nous auős les œuures, fous Leon 3
25.	XI.	d	289.	5 S. Crespin, & Crespinian, Mar. de Marcellin I. Diocletian. (Soissős.

CALENDRIER

NOVEMBRE XI.

Il a xxx. Iours, la Lune XXIX.
Le Soleil se leue à 7. heur. 3. quarts, & se couche à 4. heur. 3. quart.
Le Iour a 9 heur. & demie, & la nuit 14. heu. & demie.

Les iours du Moys	Nôbre d'Or.	Lettre Dom.	Ans de Christ.	
1.		d	613.	La solemnité de tous les Saincts. Par Boniface. III. Phocas, Emp.
2.	XIII.	e	314.	La commemorat. des Trespassez. Soubs les mesmes.
3.	II.	f		S. Marceau E. de Paris.
4.		g	184.	Quartus, Euesque de Berythe. Anaclet. Traian.
5.	X.	A	1145	Mal'achie E. d'Irlande Eugene 3. Conrad 3. Le Roy Loys, 7.
6.		b	404.	S. Lienard Confes. Anastaise, l'Archade & Honoré
7.	XVIII.	c	712.	Vvillorod E. d'Vtrect. Gregoire II. Tibere.
8.	VII.	d	288.	Les quatres SS. coronez Mart. Marcellin I. Diocletian.
9.		e		Theodore Mart. Soubs le mesmes.

ROMAIN.
NOVEMBRE

Le maistre aiant prie plusieurs gens au comitiue
Des nopces de son filz, ou pas ung ne venoit,
Semond ung chacun. Mais mal prent & arriue
A qui n'y vient orné, ny paré, comme il doit.
S. Mat. 22.

CALENDRIER

26.		A	972.	Conrard E. de Constance. Benoist VI. Othon. I.
27.	viii.	b	289.	Pierre E. d'Alex. Mart. *Marcellin prem. Maximin.*
28.		c	58.	Sosthene Corint. disc. de S. Paul. *Soubs Neron.*
29.	xvi.	d		Saturnin, & Compp. *Soubs le mesme.*
30.	v.	e	71.	S. Andre Apost. & Mart. *Apres la mort de Neron.*

ROMAIN.

10.	xv.	f		S. Martin Euesque de Tours.
11.	IIII	g	420	Boniface I. Arcade & Honoré.
12.		A		S. Brixe, Euesque son successeur.
13.	xii.	b	643	Martin I. Pape & Mar. Constantin III.
14.	I.	c	368	Verain Euesque. Damase. Valens.
15.		d	287	Felix Euesque de Nole. Marcellin I. Maximin.

Le Soleil se leue à 7. heur. & demie & se couche à 4 heures & demie.
Le iour a 9. heures & la nuit 15.

16.	ix.	e	853	Othmar confesseur. Leon III. Lothaire prem.
17.		f	404	Anian E d'Orleans. Innocent I Honoré Emp.
18.	xvii.	g	238	Pontian Pape & Mart. Soubs Maximin.
19.	vi.	A	1226	Elizabeth Langraue de Hesse. Honoré II. Federic II.
20.		b	1043	Odon Abbé de Cluny. Syluestre III. Henry III.
21.	xi.	c	1464	La présentation nostre Dame. Par Paule II. Federic III.
22.	III.	d	224	S. Cecile Vier. & M. Vrbain I. Heliogabale. Le Sol. au Sagitaire. ♐
23.		e	102	S. Clement Pape & Mart. Soubs Traian.
24.	xi.	f	289	Chrysogon, Mart. Marcellin prem Diocletian.
25.	xix.	g	312	S. Catherine Vierge & Mart. Melchiades. Maxence.

CALENDRIER

DECEMBRE XII.

Il a xxxi. Iours, & la Lune xxx.
Le Soleil se leue à 7. heures 3. quarts &
se couche à 4. heures 1. quart.
Le iour a 8. heu. & d. & la nuit 15. & dem.

Les iours du Moys.	Nôbre d'Or.	Lettre Dom.	Ans de Christ.	
1.		f	630.	S. Eloy, E. de Noyon. (de Fr Soubs Seuerin P. &c. Dagobert Roy
2.	XIII.	g	363.	Fabiane Vier. & Mart. Libere P. Iulian l'Apostat, Emp.
3.	II.	A	59	Lucius disc. de Timoth. Vn peu apres Neron.
4.	X.	b	288.	S. Barbe Vierge & Martyre. Soubs Marcell. Dioc. & Maxim E.
5.		c	288.	Crispine, Vier. & Mar. Soubs les mesmes.
6.	XVIII.	d	343.	S. Nicolas Euesque. Iulius prem. Constantin Emp.
7.	VII.	e	353.	Agathon Martyr. Tertul. L. Decius.
8.		f	1466.	La Conception nostre Dame. Soubs Sixte IIII. Federic III.

9

ROMAIN.
DECEMBRE

Ioseph se haste fort, auec Marie enceinte,
D'aller en Bethleem pour accomplir l'edit
Que Cesar auoit fait: puisqu'ils leur ame attainte
De douleur, ny trouuant a loger, ny credit.

CALENDRIER

24.	xix.	A	291	Gregoire Prestre Spoletain. *Marcellin l'Diocletian & Maximin*
25.		b	1.	La Natiuité du SAVVEVR. *Cesar Auguste.*
26.	VIII.	c	34.	S. Estienne premier Martyr. *Soubs Tibere.*
27.		d	100.	S. Iean l'Euāgel. deceda en Asie. *S. Clement, Traian.*
28.	XVI.	e	1.	Les Saincts Innocens. *Soubs Auguste. par Herode.*
29.	v.	f	1156.	S. Thomas E de Cantorbie, M *Adr. à IIII Federic Barberousse, Emp*
30.		g	60.	Trophin E. d'Arles. *Soubs Neron.*
31.	XIII.	A	330.	Siluestre I Pape. *Soubs Constantin le Grand.*

ROMAIN.

9.	xv.	g	291.	Leocadie Vierge & Mart. *Marcellin I. P. Maxim. Emp.*
10.	IIII.	A	313.	Melchiades Pape & Mart. *Galerius.*
11.		b	386.	Damase Pape. *Gratian fils de Valentinian. Emp.*
12.	XII.	c	51.	PaulE. de Narbone disc. de S. Paul *S. ainct Pierre. Neron Emp.*
13.	I.	d	253.	Luce Vierge & Mart. *Iull. prem. Decius Emp.*
14.		e		Ieusne des 4. Temps. *De l'institution des Apostres.*
15.	IX.	f	253.	Valerian Eueſq. *Sixte II. Iulian l'Apostat.*

Le Soleil se leue à 8. heur. & se couche à 4.
Le iour a 8. heures & la nuit 16.

16.		g	631.	Nicaise Arche. de Reims. *Honoré prem. Heracle, Emp.*
17.	XVII.	A	84.	Lazare que Iesvs reſuſc. E. de Mar- *Clete, P. Domitian, Emp.* (ſeille
18.	VI.	b		Gacien prem. E. de Tours.
19.		c	252.	Nemese Mar. Egyptien. *S. Fabian P. Decius Emp.*
20.	XIIII.	d	60.	Aristarche E. & Mar. *Soubs Neron. Coloſ. 4*
21.	III.	e	63.	S. Thomas Apostre des Indes. *Peu apres Neron.*
22.		f	253.	ChiridoM. d'Alexad. Le a pr au *S. Corneille, P. Decius E. Caprie.*
23.	XI.	g	593.	Seruol Romain. *Iean III. P. Phocas, Emp.*

TABLE PERPETVELLE

Lettres Domini.	Cycles des Epactes.	Septuagesime.	Les Cendres.	Pasques.
A	23.22.21.20.19. 18.17.16.15.14.13.12. 11.10.9.8.7.6.5. 4.3.2.1.*29.28. 27.26.xxv.25.24.	12. Ian. 29. Ian. 5. Feb. 12. Feb. 10. Feb.	8. Febur. 15. Febu. 22. Febu. 1. Mars. 23. Auril.	26. Mars. 2. Auril. 9. Auril. 16. Auril. 23. Auril.
B	23.22.21.20.19.18. 17.16.15.14.13.12.11. 10.9.8.7.6.5.4. 3.2.1.*29.28. 27.26.xxv.25.24.	23. Ian. 30. Ian. 6. Febur. 13. Feburr. 20. Febu.	9. Febur. 16. Febur. 23. Febur. 2. Mars. 9. Mars.	27. Mars. 3. Mars. 10. Auril. 17. Auril. 24. Auril.
C	23.22.21.20.19.18.17. 16.15.14.13.12.11.10. 9.8.7.6.5.4.3. 2.1.*29.28.27.26.xxv. 25.24.	24. Ian. 31. Ian. 7. Febur. 14. Febur. 21. Feur.	10. Feur. 17. Feur. 24. Feur. 3. Mars. 10. Mars.	28. Mars. 4. Auril. 11. Auril. 18. Auril. 25. Auril.
D	23. 22.21.20.19.18.17.16. 15.14.13.12.11.10.9. 8.7.6.5.4.3.2. 1.*29.28.27.26.xxv.25.24.	18. Ian. 25. Ian. 1. Feur. 8. Febur. 15. Feur.	4. Feur. 11. Feur. 18. Feur. 25. Feur. 4. Mars.	22. Mars. 29. Mars. 5. Auril. 12. Auril. 19. Auril.
E	23.22. 21.20.19.18.17.16.15. 14.13.12.11.10.9.8. 7.6.5.4.3.2.1. *29.28.27.26.xxv.25.24.	19. Ian. 26. Ian. 2. Feur. 9. Feur. 16. Feur.	5. Feur. 12. Feur. 19. Feur. 26. Feur. 5. Mars.	23. Mars. 30. Mars. 6. Auril. 13. Auril. 20. Auril.
F	23.22.21. 20.19.18.17.16.15.14. 13.12.11.10.9.8.7.6. 5.4.3.2.1.* 29.28.27.26.xxv.25.24.	20. Ian. 27. Ian. 3. Feur. 10. Feur. 17. Feur.	6. Feur. 13. Feur. 20. Feur. 26. Feur. 6. Mars.	24. Mars. 31. Mar. 7. Auril. 14. Auril. 21. Auril.
G	23.22.21.20. 19.18.17.16.15.14.13. 12.11.10.9.8.7.6. 5.4.3.2.1.*29. 28.27.26.xxv.25.24.	21. Ian. 28. Ian. 4. Feur. 11. Feur. 18. Feur.	7. Feur. 14. Feur. 21. Feu. 28. Feur. 7. Mars.	25. Mars. 1. Auril. 8. Auril. 15. Auril. 22. Auril.

DES FESTES MOBILES.

L'Ascension.	La Pentecoste.	La feste Dieu.	Les Dimanches entre la Pent. & l'au.	Le 1. Dimanche de l'Ad.
4. May.	14. May.	25. May.	28.	3.
11. May.	20. May.	2. Iuin.	27.	3.
18. May.	28. May.	8. Iuin.	26.	3. Decemb.
25. May.	4. Iuin.	15. Iuin.	25.	3.
1. Iuin.	12. Iuin.	22. Iuin.	24.	3.
5. May.	15. May.	26. May.	27.	27.
12. May.	22. May.	2. Iuin.	26.	27.
19. May.	29. May.	9. Iuin.	25.	27. Nouemb.
26. May.	5. Iuin.	16. Iuin.	24.	27.
2. Iuin.	12. Iuin.	21. Iuin.	23.	27.
6. May.	16. May.	27. May.	27.	28.
13. May.	23. May.	3. Iuin.	26.	28.
20. May.	30. May.	10. Iuin.	25.	28. Nouemb.
27. May.	6. Iuin.	17. Iuin.	24.	28.
3. Iuin.	13. Iuin.	24. Iuin.	23.	28.
30. Auril.	10. May.	21. May.	28.	29.
7. May.	17. May.	28. May.	27.	29.
14. May.	24. May.	4. Iuin.	26.	29. Nouem.
21. May.	31. May.	11. Iuin.	25.	29.
28. May.	7. Iuin.	18. Iuin.	24.	29.
1. May.	11. May.	22. May.	28.	30.
8. May.	18. May.	29. May.	27.	30.
15. May.	25. May.	5. Iuin.	26.	30. Nouem.
22. May.	1. Iuin.	12. Iuin.	25.	30.
29. May.	8. Iuin.	19. Iuin.	24.	30.
2. May.	12. May.	23. May.	28.	1.
9. May.	19. May.	30. May.	27.	1.
16. May.	26. May.	6. Iuin.	26.	1. Decemb.
23. May.	29. Iuin.	13. Iuin.	25.	1.
30. May.	9. Iuin.	20. Iuin.	24.	1.
3. May.	13. May.	24. May.	28.	2.
10. May.	20. May.	31. May.	27.	2.
17. May.	27. May.	7. Iuin.	26.	2. Decemb.
24. May.	3. Iuin.	14. Iuin.	25.	2.
31. May.	10. Iuin.	21. Iuin.	24.	2.

ō iij

POVR SCAVOIR LES festes mobiles perpetuellement par autre maniere.

NOTEZ que la pasque s'est tousiours celebree & se celebrera perpetuellement le Dimanche suiuant d'apres la pleine Lune, qui se faict despuis l'equinoxe brumal du moys de Mars qui est le xxi. dudict moys, Et L'ascension quarante iours apres Pasques, la Pentecoste cinquante, la feste DIEV, soixante vn iour apres pasques.

LES QVATRE TEMPS DE L'ANNEE.

Les mecredy, vendredy, & samedy, d'apres le iour des Cendres.

Les mecredy, vendredy, & samedy, d'apres le iour de Pentecoste.

Les mecredy, vendredy, & samedy, d'apres le iour de l'exaltation sainte Croix en Septembre.

Les mecredy vendredy, & samedy, d'apres la sainte Luce en Decembre.

TEMPS POVR SE MARIER.

Il est permis à vn chacun pourueu qu'il soit capable de bailler ou receuoir la benediction du saint mariage en tout temps, excepté depuis le premier samedy de l'aduent iusqu'au iour des Roys finis & accomply, & depuis le iour des Cendres iusqu'au 8. iour d'apres la feste la Resurection de nostre Seigneur.

POVR SCAVOIR LE nombre d'Or sans Almanach.

IL faut adiouster vn au nombre de l'annee & diuiser l'addition par 19. & ce qui restera sera le nombre d'Or.

EXEMPLE.

L'AN mil vj. c.x. adioustez y vn, faict 1611. & diuisez par 19. le contenu donne 84. cicles passez depuis l'incarnation de nostre Seigneur reste 15.

POVR SCAVOIR L'EPACTE sans Almanach.

Il faut multiplier vnze par le nombre d'or qui est 12. & adiouster 20. au produit, & diuiser l'addition par 30. le nombre qui restera donnera l'Epacte, & si l'additiō est moindre que 30. le nombre d'icelle donnera iceluy nombre de l'Epacte & s'il ne restoit rien le nombre seroit trente.

EXEMPLE.

L'AN 1610. le nombre d'or est 15. lequel multiplié par l'indiction Romaine, qui est tousiours 11. le produit donne 133. auec 20. l'addition fait 165. lesquels diuisez par 30. le contenu donne 7. & reste 5. pour l'Epacte de la presente année 1610.

Sic benedicam te in vita mea, et in
nomine tuo levabo manus meas.

INSTRVCTION
CHRESTIENNE.

IEV tout puissant & eternel apres auoir creé Adam, nostre premier pere, à son image & semblance spirituelle, forma de la coste d'iceluy, la femme laquelle seduite par le serpent, induisit Adam, de gouster du fruict de l'arbre de science du bien, & du mal, que DIEV, luy auoit deffendu, d'ou s'ensuiuit le banissement, de l'vn, & de l'autre, du Paradis terrestre, ou ils estoient colloquez, & l'entree du peché au monde, auquel nous tous, qui en descendons, sommes des nostre naissance participans, ainsi que nous eussions esté, aux dons de grace, que DIEV leur auoit departy, entre autres de l'immortalité, s'ils n'eussent poinct peché, & par consequent, sujects à la mort, damnation, & tirannie du diable.

LE Monde croissant, ainsi feit le peché, par la malice, & impieté, des hommes, qui fut cause, que DIEV, respandit icy bas, le deluge de son ire, & qu'il destruisit, toutce qui estoit sur la terre fors Noé, qui se trouua seul digne de grace, auquel il donna benediction, de procreation nouuelle, fit alliance auec luy & en suitte promit à Abraham, Isaac, Iacob, & autres des anciens, qu'il enuoyeroit son fils IESVS CHRIST, pour nous racheter, de la seruitude, ou nous estions tombez par le peché, & à fin, de nous y preparer par vn amandement de vie, bailla à Moyse la loy escrite, ordonna les Sacrifices, & hosties, de la loy, seruant seullement, de figures de la vraye oblation

Gen.
17. 1
*6. 2
21
53. 1
27.
23. 2
17
Ose.
6. 7
Rom
5. 2.
Gen.
8. 21
Gen.
1. 6.
7. 10
*7. 1.
12. 3
*13
35. 11
†14
18.

INSTRVCTION

que IESVS-CHRIST, debuoit faire, de son Corps, pour l'expiation de noz pechez.

Mat.
I.
17.
Mat.
II.
Luc
13.
Iea.
17.
*
19.
I.
Cor
II.
34.

Ce mistere de nostre redemption accomply, & par le merite de la mort de IESVS CHRIST, esté adoptez enfans de DIEV, & capables d'heriter auec luy le Royaume celeste, DIEV, nous donne son Sainct Esprit pour nous communiquer ses vertus & dons spirituels, à qui plus, à qui moins comme la Foy, l'Esperance, la Charité & autres, dont les fruits sont de croire à DIEV, & à IESVS-CHRIST son fils, l'attente de la vye eternelle, l'accomplissement des comandemens de DIEV, & les bonnes œuures qui nous iustifient & sanctifient par la vertu de la grace de DIEV, & du merite de la satisfaction que IESVS-CHRIST a faict pour nos pechez, ainsi qu'il nous est amplement monstré par le mesme S. Esprit, tant en la Loy escripte, que non escripte, gardee, & maintenue tousiours par l'Eglise Catholique, Apostolique, & Romaine, a fin de nous donner de plus en plus cognoissance de nostre salut, & de nous confirmer en toutes les articles de la Foy qui ensuiuent.

Articles de la foy, autrement dits le Simbole des Apostres.

Gen
i.
Eccl
18.
i.
Iean
i.
Act.
4.
24.
Gen.
45.
5
Sap
2.
13.

Ie croy du tout en DIEV, le pere tout puissãt,
La premiere personne, en la Trinité sainte,
Createur de la terre & du ciel reluisant,
Ou l'on voit sa puissance en ses œuures empreinte.

En son vnique fils IESVS, nostre Seigneur,
La seconde personne esgalle à la premiere,
Engendré de tout temps, en puissance en honneur
Ainsi que DIEV, le pere autheur de la lumiere.

Conçeu du saint esprit, & qui du haut des cieux
Pour purger noz pechez à pris nostre nature
Icy bas en la terre, au ventre precieux

CHRESTIENNE.

De la Vierge Marie, immaculee, & pure.

Qui pour nous a souffert (tant il nous à cheris)
Maints tourmés soubz Pilate, esté mis dessus l'arbre
De la croix, par les Iuifs de fureur tous espris,
Où rendit son esprit, & feut mis sous le marbre.

Qui feut dans les enfers malgré le vain effort
De Sathan pour tirer hors du Limbe les peres,
Qui veinqueur de la mort, trois iours apres sa mort,
Resuscité fut veu des siens comme n'agueres.

Il monta puis aux cieux, triumphant au meillieu
De sa celeste court, rauie en ce mistere :
La hault il est assis à la dextre de DIEV,
Son pere tout puissant, moderant sa colere.

Il doibt de là venir iuger en equité
Les viuans, & les morts, tremblans deuant sa face,
Et pour rendre à chacun, ce qu'il a merité,
Soit de bien, ou de mal, sans plus d'espoir de grace.

Ie croy pareillement au benoist saint Esprit,
La troisiesme personne aux trois qui ne sont qu'vne,
Issu de DIEV le Pere, & du Fils IESVS-CHRIST,
Ayant toute puissance auec eux, & commune.

L'Eglise Catholique, vne & de mesme foy,
Dessoubz vn seul Pasteur successeur de S. Pierre,
Et la communion qu'elle comprent en soy
Des saincts qui sont au ciel, & ça bas sur la terre,

Esa.
7.
14.
Mat.
1. 20
Luc.
1. 31
Iea.
1. 14
Heb.
1.
Esa.
53.
Mat.
18.
17.
†
20.
18.
T.
27.
Mar.
9 12
Psc.
6. 3
Mar.
16.
27.
Mar.
9. 1.
Iea.
5. 8.
Aua.
au
Sim.
Ro.
12.
8.
Cor.
12.
12.

INSTRVCTION

Ezech 18 21
A la remission des pecheurs penitens
Qui sont dedans l'Eglise, & reueremment vsent
De ses sainctz sacrements, comme vrais repen
tans

*Mat 16, 19 *18 18*
De leurs transgressions, & qui point n'en aba-
sent.

La resurection de la chair sans changer
Dan 12, 2
Au iour plein de fureurs, que la magesté sainte
De IESVS reuiendra, pour icy bas iuger
L'vniuers tout tremblant deuant ses yeux de
crainte.

Et la vye eternelle, ou git entierement.
Mat 25
Tout le diuin bon-heur, & les cheres delices,
Rom 14 10
Que DIEV promet à qui le sert fidellement,
Met en luy son espoir, & garde ses iustices.

I Iea. 5
Rom 12
Rom 11.
DIEV a enseigné ces sentences, aux Apostres, les Apostres à l'Eglise, & l'Eglise à nous. Les huit premieres articles, contiennent, trois principalles parties, qui contiennet, & respondet, a la tressainte & inseparable trinité de DIEV, le pere, de DIEV le filz, & de DIEV, le saint esprit, en vn seul DIEV, vray, eternel, infiny, & incomprehensible, duquel, par lequel, & auquel, sont toutes choses, la premiere, qui est de la creation du Monde, se rapporte à DIEV, le pere, la seconde de la redemption du gere humain, à DIEV le filz, & la troisiesme, de la sanctification & gouuernement, de l'Eglise Chrestienne, à DIEV, le saint esprit. La neufuiesme article, appartient, à l'Eglise, en laquelle sont trois benefices principaux, qui nous sont monstrez, par les trois articles suiuantes, le premier par la remission des pechez, laquelle d'ennemis de DIEV, que nous estions, au moien du peché, nous rend ses

CHRESTIENNE.

amys & enfans. Le second, que ceux qui au dernier iour se trouueront auoir eu la remission des pechez, retourneront en vie Et le troisiesme qu'ilz iouiront, d'vne entiere, & parfaicte felicité, de l'ame, & du corps, dont chacun, sera sans enuie remply selon la capacité, qui est le souuerain bien que nous aquerrons pour estre dans l'Eglise.

Oraison Dominicalle.

OSTRE *pere, & Seigneur, qui resides*   Mat.
es Cieux   6 9
De toute eternité, soit ton nom glorieux,   Luc.
Sanctifié ça bas, & remply de louanges,   11. 2
Ainsy qu'il est au ciel, & reueré des anges.

Auienne ton saint regne, à la gloire des tiens,   Mat.
Que le monde mesprise, & ne font point des   6. 10
siens,   Luc.
Et ta volonté soit entierement suiuie,   11. 1
ainsy qu'elle est au ciel, & regle nostre vie.

Donne nous à ce iour ainsy que tous les iours,   Mat.
Nostre pain ordinaire en ta grace tousiours,   6. 11
Et nous pardonne, aussy Seigneur, plein de clemēce,   Luc.
Comme nous pardonnons à qui nous faict offense.   11. 1;

Ne nous induitz Seigneur, à la tentation,
Du peché qui poursuit, nostre perdition,
Mais sois nostre Sauueur, & tes enfans libere,
Par ta sainte bonté, de mal, comme vn bon pere

CHRESTIENNE.

EXO.
20.7
Leu.
19.12
Deut.
5.11

Des choses de ce monde, où n'est aucun espoir,
Ie suis ton DIEV, ialoux qui punit l'insolence,
Des meschans, & pardonne, à qui fait mon
    voulloir.
Tu ne prendras aussy, le nom, hault, & supresme,
De ton Seigneur en vain, que tout l'vniuers craint

Gen.
2.2
EXO.
20.8
Iere.
17.
21.

Car DIEV, ne tiendra point innocent, qui blas-
    pheme,
Et prophane le nom de son Seigneur, tout saint

Celebre le saint iour du Dimanche, & trauaille,
Six iours, mais le septiesme, est le iour du repos,
De ton Seigneur, ton DIEV, qu'entre tous, il
    te baille,
Pour le glorifier, & seruir, à son los.

Seconde Table.

EXO.
20.
12
Deu.
5.16
b
Mat.
15.
24.
*20.
13.
Deu.
5.17
Mat.
5.21

APRES ton DIEV, honore, & ton
    pere, & ta mere,
A fin que tes iours soient prolongez
    longuement
Icy bas sur la terre, & de mesme reuere,
Ceux qui sont establiz pour ton gouuernement.

EXO.
20.
14.

Tu ne porteras point ton voulloir & courage,
Et moins ta main encor, pour espancher à bas,
Le sang de to prochain s'il t'a fait quelque outrage,

Laisse

CHRESTIENNE.

Laisse moy le venger il ne t'appartient pas.   EXO 20

Tu garderas ton ame à tout vice enclinee,   14
D'appetits de la chair, hors celuy qui t'espoint   Deut
En loyal mariage, à fin d'auoir lignee   18.
Que te donne, à celuy, qui n'en abuse point.   Mat. 5. 27

Tu ne desroberas, & n'auras point ton ame,   EXO
Chargee aupres de moy, du bien de ton prochain,   20.
Par vsure, par dol, par quelque voye infame,   15
Et si pris en auois, tu le rendras soudain.   Leui. 19. 11. Deut

Tu ne tesmoigneras, faucement de personne,   5. 19.
N'y ne mentiras point, feust ce à ton detriment,   EXO
Car ie hay le menteur, & celuy qui blasonne,   20. 16.
Son prochain, par enuie, haine, ou bien autre-   Leu.
  ment.   19. 11. Deu. 5. 20.

Tu ne conuoiteras, la femme, & la cheuance   EXO
De ton prochain & bref, chose qui soit à luy,   20. 17.
Car tu ne peux, non plus, sans blasme, & sans of-   Deu.
  fence,   5. 21.
Desirer, comme auoir ce que possede autruy.   Mat. 5. 21.

Ces commandemens, ont esté faits de Dieu, escripts
par luy premierement, és cœurs des hommes, & puis apres,
en deux tables qu'il donna, à Moyse, necessaires à tous,   Exo 3. 13.
pour estre sauuez, ils se terminent en deux points princi-   4.
paux, l'vn, d'aymer Dieu, de tout son cœur, & l'autre,
son prochain, comme soy mesme. Le premier comprent   Leu. 19.
les trois commandemens de la premiere table, qui appar-   18.
tiennent, à la charité de Dieu, en tant qu'il nous enseigne,

ii

INSTRVCTION

Conseils Euangeliques.

Pauureté volontaire.

Mat
19.
21.

Qui veut estre parfait, & suiure au monde
 encore
IESVS CHRIST, *nostre guide, au Royaume*
 des cieux,
Son bien vende, & le donne, au pauure qui l'implore,
Il aura dans le ciel, vn thresor pretieux.

Chasteté perpetuellé.

Mat
19.
12.
Luc.
1. 14
1
Tim
5. 12.

Que de pudicité face vn vœu saint au monde,
Ne souille point son corps, afin qu'il soit parfaict
Dehors, come dedans, pur, entier, chaste, & munde,
Et que son vœu ne fauce, apres qu'il l'aura faict.

Obedience entiere.

Face de mesme vœu de parfaite obseruance,
Renonce à soy du tout, mesme à son iugement,
Garde la saincte regle, & la iuste ordonnance
De son superieur, religieusement.

Il y a plusieurs saints conseils, pour obseruer ces commandemens auec plus de perfection, mais ces trois cy dessus nous ont esté proposez, par nostre Seigneur IESVS CHRIST, non comme necessaires, pour estre sauuez, mais comme plus expediens, à ceux qui les reçoiuent, d'au

CHRESTIENNE.

IEVSNE *au temps, & les iours, que l'Eglise*
  t'ordonne,
Pour macerer ta chair & tu ne mangeras,
Rien qu'elle ayt deffendu si l'Eglise n'en donne
La dispence, au besoin, dont tu la requerras.

Cō.
 grāg
 & de
 Lat

CONFESSE *tes pechez, afin de les dissoudre,*
Au moins vne foys l'an à ton loyal pasteur,
Ou bien à cil qu'il a commis pour t'en absoudre,
Dessoubs le bon plaisir, de ton cher redempteur.

Iacq.
 5.16.

REÇOY *tō* DIEV, *souuent ou bien que tu le faces*
A Pasques pour le moins, auecques ferme foy,
Afin que ton ame aye accroissement de graces,
Ayant le Roy, des Roys, pour ton hoste, & chez
  toy.

Act
 2.42
 *20
 27

FVY, *tous ceux la qui sont, en chemin*
  d'anathesme,
Et principalement, les denoncez pour telz,
Comme membres pourris, & que l'Eglise
  mesme,
Priue des Sacremens, ainsi que des autels.

Mat.
 18.
 1.
 Cor
 5
 Tit.
 3.10

L'Eglise, conduite du saint Esprit, recerchant, tout ce qui
peut estre agreable, à DIEV a fait & adiousté ces commandemens qui sont necessaires car il ne nous entretienent
ny nourissent seulement pas, de plus en plus à la crainte de
DIEV. Mais ils seruent, d'vn bon ordre, au seruice diuin,
& a la discipline Chrestienne.

ü ij

INSTRVCTION

<small>Mar.
6.13.
Iacq.
5 14.
Mat.
10.
Mar.
5 19
Luc.
9 1.
Gen
2 24
Mat.
19 5.
Mar.
10 7
S.
Au
l 3 de
do.
chr.
S.
Am.
l 2.
de.
Sa.</small>

L'extreme onction, marche à son tour, & prent
place.
Le malade elle allege, en ses tourmens alors.
Qu'il meurt par les saincts mots, qu'on dit, &
l'efficace,
De l'huyle que l'on met, ou conuient sur son corps.
L'ordre vient sur les rangs qui donne la puis
sance
Entierement au Prebstre & autres designez.
Par l'Eglise, pour bien & auec cognoissance,
Faire chacun l'office, où ils sont destinez.
Finallement paroist le sacré mariage,
Qui legitimement, sans offence conjoint,
L'homme, & la femme, afin de soulager leur
aage,
Auoir don de lignee & ne paillarder point.

Dieu & Iesus-Christ, ont institué en la nouuelle loy
pour nostre sanctification, ces Sacremens qui sont signes
visibles de leurs graces inuisibles, baillez par tradition des
Apostres, gardez & maintenus, tousiours en l'Eglise, com
me remedes tressalutaires contre le peché, & moiens, pour
amplifier, à tous fidelles Chrestiens, la grace de DIEV,
qui est en eux.

Des vertuz.

LA vertu, c'est vne qualité sainte.
Qui se reçoit dans nostre ame & qui fait,
Que l'homme est bon equitable & parfait,

CHRESTIENNE.

tant, qu'ils ostent les empeschemens, de la parfaicte charité, qui sont, trois. Le premier l'amour des richesses, lequel est osté par la pauureté volontaire. Le second, l'amour des plaisirs charnels, osté par la chasteté perpetuelle, & le troisiesme l'amour de l'honneur, & puissance, par l'obedience entiere, autrement par vne abdenegation de soymesme.

Les saincts sacremens de l'Eglise.

Entre les Sacremens, celuy du sainct Baptesme,
Tient son rang le premier, par luy nous sommes tous,
Regenerez en grace, & de l'offence extresme,
De nostre premier pere entierement absous.

Iea.
3,22
Rom
6. 3
Gal.
3,27

LA confirmation, suit que l'Eglise ordonne,
A ceux ja baptisez, viuans dessoubz sa loy,
Et par les sacrez motz & cresme qu'on leur donne
La foy s'accroist en eux, come eux, croissent en foy,

Act.
8. 7
* 10.
6.
H
6 2
Cōc
de
Flo.
& de
Me-
aux.
Mat
26.
16
Mar
14.
12.
Luc.
22, 9

Celuy de l'autel vient, ou IESVS CHRIST
vray homme,
Ainsi comme vray DIEV, tout à fait est en fin,
Apres que le Prestre à dict, & consacré comme,
IESVS CHRIST, auoit fait, & le pain, & le vin.

La penitence apres tient rang, & nous fait estre.
Absoubz de nos pechez quant auec desplaisir,
Nous les confessons tous, ingenument au Prebstre,
Et qu'il nous les remet, suiuant nostre desir.

INSTRUCTION

Pour le respect la crainte & l'amour seul de luy,
Et le prochain encor, pour l'amour de luy mesme.

LES fruicts de ces trois vertus, sont de croire en Dieu, & à tous les articles du Simbole des Apostres, cy deuant declarez. L'attente de la vie eternelle, qui nous est enseignee, par l'oraison Dominicalle, & l'amour de Dieu & du prochain, qui nous est aussi demonstré, par les commandemens de Dieu. La foy s'appuie, sur la verité infalible de Dieu. L'esperance, sur sa misericorde infinie. Et la Charité sur son amour incomprehensible, ceste derniere, est la plus grande & telle, que qui ne l'a ne peut estre sauué, combien, qu'il aye toutes les autres vertus, bref qui a la Charité a tout, & qui ne l'a point, n'a rien.

Mat.
17.
26.
1
Cor.
13.
2.

Les quatre vertus Cardinalles.

EN SVITTE de ces trois, viennent les Cardinalles,
Qui sont quatre en credit, au monde contenant,
Toute façon de viure, honneste, & soustenant.
Les autres comme gonds, en leur puissance esgalles.

La Prudence.

LA Prudence, à son rang, premiere comme guide,
Des moralles vertus, conduit leur mouuement,
A toute chose bonne, & nous monstre comment,
Il faut preueoir le mal, & le tenir en bride.

CHRESTIENNE

Vit selon DIEV, cheminant en sa crainte.

Trois Vertus principalles.

ON cognoist trois vertus entre autres prin-
   cipalles,
Qui monstrent comme il faut, premier cognoistre
   DIEV,
Esperer en sa grace, & l'aimer en ce lieu,
Que pour ceste raison, l'on dit Theologalles.

1.
Cor
13.
Sap
8.

De la Foy.

LA Foy, c'est vn sainct don de DIEV, plein
   de lumiere,
Dont nostre esprit estant, vne fois esclairé,
Croit, ce que DIEV, nous dit, & nous est declairé,
Par l'Eglise, ou l'on doit auoir creance entiere.

Eph.
2. 8.

De l'Esperance.

L'ESPERANCE, apres vient qui fait qu'a-
   uec fiance,
Et vne ferme foy, nous atendons les biens,
De nostre cher salut, que DIEV promet aux siens,
Qui mettent dessus luy toute leur confiance.

Ro
5. 2.
1.
Pier
1. 21

De la Charité.

La charité qui suit est vn amour extresme
Que nous portõs à DIEV qui seul est nostre appuy,

Luc
10.
27.

INSTRVCTION

Iustice. La troisiesme, l'intemperance, & l'insensibilité, ou la quatriesme, la couardise, & l'audace.

Dons du sainct Esprit.

De la Sapience.

Iob
28.
28.
Prouer.
1.7.
Sap.
8.

LA Sapience, enseigne à l'homme ce que c'est,
Premier de craindre DIEV, comme il veut qu'on l'adore,
Qu'elle est sa discipline, & comme il faut encore,
Faire choix icy bas, de tout ce qui luy plaist.

De L'entendement.

L'ENTENDEMENT nous rend propres à conceuoir,
Les misteres de DIEV, voila sa prouidence,
Icy son grand amour, en ce fait sa prudence,
En ces lieux sa iustice, & la son grand pouuoir.

De Conseil.

Le Conseil, nous enseigne ainsi qu'il faut vser,
Des biens que DIEV nous fait, viure dedans le monde,
Cognoistre les abus & maux dont il abonde,
Pour s'en deffendre, & non, afin d'en abuser.

La Iustice.

La Iustice, apres vient, à vray dire l'image,
De l'essence Diuine, elle rend à chacun,
Esgallement le droit sans en excepter vn,
Et nous conioint à DIEV, par son diuin vsage.

La Temperance.

La Temperance, fait qui nous est neces-
saire,
C'est elle, qui regit, l'esprit moderement,
Par raison, & qui nous, compose entierement,
A tout ce qu'on voit bon iuste, & seant de faire.

La Force.

La force apres paroist, que le danger la crainte,
Ne sçauroient, desmouuoir, de se porter au lien,
a constance paroist s'il y va du soustien,
De la gloire de DIEV, dedans soy toute emprainte.

Ces quatre vertus, sont principalles, & comme fontaines de toutes les autres vertus morales, & humaines,
la prudence, gouuerne l'intellect, la Iustice, la volonté,
la temperance, l'appetit concupiscible, & la force l'iraci-
ble, toute vertu, consiste au millieu de deux vices contraires, qui sont aux extremitez. Ainsi la premiere, à l'imprudence, & l'astuce. La seconde, l'Iniustice, & la trop grande

INSTRVCTION

*C'est le commencement, aussi de la sagesse,
Et qui DIEV craint il l'aime, & qui l'aime il le
craint.*

ENTRE tous les dons du Sainct Esprit ceux cy, sont les principaux, que le Prophete nous enseigne auoir reposé sur nostre Seigneur IESVS CHRIST, & sont ceux qui nous conduisent à la perfection de la vye Chrestienne. La Sapience nous enseigne ce qui est de DIEV, L'entendement apres y auoir conceu les misteres, nous esleue à la contemplation d'iceux. Le conseil resiste aux artifices du Diable, pour nous destourner de nostre salut. La science nous donne cognoissance d'iceluy, & de ce qu'il faut faire pour y paruenir. La force nous tient tousiours preparez à toutes choses pour la priere de DIEV. La pieté nous excite, & nous enflamme aux bonnes œuures, & la crainte nous retient en l'obeyssance des salutaires Loix, de l'amour de DIEV.

Fruicts de l'esprit.

Gal. 5.

LES doux fruicts de l'Esprit, sont Ioye, &
  Charité,
Paix, Longanimité, Patience, Clemence,
Bonté, Benignité, Loyauté, Continence
L'aimable Modestie, & la Pudicité.

AV fruict, l'on cognoist l'arbre, ainsi par ceux de l'esprit, l'on cognoist les gens de bien & deuots, viuant selon l'esprit, d'entre les meschans & desbauchez, viuans selon la chair, dont les œuures sont comme dit Sainct Paul, Paillardise, Souillure, Idolatrie, Sorcelerie, Debats, Noyses, & autres choses semblables.

CHRESTIENNE.

De Science.

La Science, comprent tout ce qui peut tomber
Dessoubz le sens humain, en donne cognoissance
Guide le iugement, augmente la puissance,
Des vertus, & qui l'a ne sçauroit succomber.

De Force.

La force, est l'vn des biens, de l'ame, en la
    raison,
Qui mesprise la mort, & volontiers supporte,
Toutes sortes de maux pour l'amour qu'elle porte,
A tout ce qui paroist honneste, iuste, & bon.

De Pieté.

La pieté, nous porte, à bien faire, en tout lieu,
Empraint dans nostre cœur, l'amour, la reuerence,
Que nous portons à DIEV, nostre vnique espe-
    rance,
Et l'amour du prochain, pour l'amour seul de
    DIEV.

De la Crainte.

La crainte suit l'amour de DIEV, tout bon,   Iob
    tout saint,   8
En elle, il se nourrit, quant elle cesse, il cesse.   28
                                                                                                     Pro
                                                                                            17

INSTRVCTION

Car DIEV, prendra inceſſamment d'eux cure,
Et de tous biens les comblera ſoudain.

Cinquieſme.

Mat.
5.7.
BIEN heureux ſont, & benis en tous lieux,
Ceux qui font grace, & ſont pleins de clemence,
Car DIEV, de meſme oublira leur offence,
Et leur ſera miſericordieux.

Sixieſme.

Pſe.
24.
4.
Mat.
5.8.
BIEN heureux ſont, les purs, & nets de cœur,
Qui ſont touſiours en vn eſtat de grace,
Car ils verront du Seigneur, DIEV la face,
Ou giſt du tout le ſouuerain bon heur.

Septieſme.

Mat.
5.9.
BIEN heureux ceux qui ſont icy bas veuz
Aimer la paix abondante & feconde,
Car ils feront nommez par tout le monde,
Enfans du Ciel, & pour tels recogneuz.

Huictieſme.

Mat.
5.10.
BIEN heureux ceux, qui ſont à deſcou-
uerts,
Perſecutez pour l'amour de Iuſtice.

CHRESTIENNE

Beatitudes Euangeliques.

La Premiere.

O BIEN heureux, sont les pauures d'esprit,
Que tout le monde abandonne & moleste,
Car c'est pour eux le Royaume celeste,
DIEV, comme siens les ayme & les cherit.

Mat.
5.3
Luc.
6.20

Seconde.

BIEN heureux, sont les affables tousiours,
Qui craignent DIEV, l'ont esleu pour partage,
Car ils auront la terre en heritage
Et puis le ciel à la fin de leurs tours.

Mat.
5.4
Luc.
6.21.

Troisiesme.

BIEN heureux sont les pauures desolez,
Qui menent dueil, & qui sont en detresse,
Car l'on verra changer en allegresse,
Leur grande angoisse, & seront consolez.

Mat.
5.5
Isa.
63.

Quatriesme.

BIEN heureux ceux que l'on voit auoir faim,
Et soif aussi, de iustice & droiture,

Pse.
37.
11.
Mat.
6.5

INSTRVCTION

La Loy, nous enseigne le bien.

CE bien, nous est monstré par la Loy naturelle,
La diuine, & l'humaine, ou chacun doit auoir,
Recours, qui veut au monde exercer son deuoir,
Pour paruenir, vn iour, à la vie eternelle.

Le bien, vient de la Loy.

DE ceste cognoissance, au Chrestien necessaire,
Iointe auec le bon heur, de la grace de DIEV,
Procede, ce que nous operons en ce lieu,
De bon, de saint, de iuste, à fin de luy complaire.

Principaux genres, de bonnes œuures.

AINSI, que de pechez, il est diuerses sortes,
De bonnes actions, les principalles sont,
Celles par qui l'on est iuste, & celles qui font
Que le ciel, nous reçoit, & nous ouure ses portes.

Le Ieusne.

Tob.
12.
8
Mat.
6.16
Ec-
clef.
9.17

TROIS choses sont icy que DIEV sur toutes
prise,
Le ieusne meritoire à tous extresmement,
Se gardant de peché ne mangeant nesmement
Le chose qui n'est point permise par l'Eglise

L'oraison.

CHRESTIENNE.

Car ils auront le ciel tousiours propice,
A leurs saincts veux, & son Royaume ouuert.

CEs beatitudes, feurent enseignees par IESVS-CHRIST, à la montagne, par lesquelles, ceux qui semblent plus malheureux, sont les plus heureux, car tout ce qui nous empesche la perfection, pour paruenir à la vraye beatitude, sont les richesses, les honneurs, & les plaisirs, IESVS CHRIST nous monstre par les trois premieres, de laisser ces empeschemens, dont nous auons aussi parlé cy deuant, les richesses, par la pauureté, ou faisant vœu d'icelle, les honneurs, par la debonnaireté, en les cedans à tous, & les plaisirs par la contrition de nos pechez en faisant penitence. Par les quatre suiuantes d'acquerir la perfection de la vye actiue, consistant à l'accomplissement de ce que la Iustice, & la Charité nous obligent, comme aussi la perfection de la vraye contemplatiue, retirant nostre cœur du monde, l'esleuant à DIEV, par continuelles meditations, & pacifier, nostre ame. Et par la huictiesme, & derniere, d'endurer, & supporter patiemment, toutes choses, pour l'honneur, & la gloire de DIEV, moyennant quoy nous serons ses enfans, semblables à nostre Pere, saincts, & parfaicts.

Mat.
5. 1

Du bien, & des bonnes œuures.

TOVT le bien, qui consiste, aux œuures est de
  faire,
Franchement, ce que DIEV nous enioint, icy
  bas
Suiure son sainct vouloir, & de ne faire pas
Chose qu'il nous deffend, & luy puisse desplaire.

INSTRVCTION

Qui donnant à manger aux pauures ayans faim
De bonne affection, & d'amour fraternelle.

Donner à boire, à ceux qui ont soif.

Vestir ceux qui sont nuds.

Mat
24.
35.
Ila.
58.7
Ez.
18.7

Qui desalterant ceux, que l'ardante soif presse,
Et qu'on voit abatus, de sa dure langueur,
Qui reuestissant ceux, qui sont nuds, de bon cœur,
Pour garder que le froid, aussi ne les oppresse.

Racheter les prisonniers.

Visiter les malades.

Mat
25.
36.
Ec.
7.39

Qui tirant des liens & prisons inhumaines,
Les pauures prisonniers, & les va rachetant,
Qui plein de charité, va tousiours visitant,
Les malades, & qui les soullage en leurs peines.

Loger les pellerins.

Ensepuelir les morts.

Gen.
23.19
†
25.9

Qui donnant la retraite, aux pellerins sans cesse
Aux pauures estrangers, languissans harassez,
Qui donnant sepulture à ceux qui sont passez,
De ceste vie, en l'autre, où gist toute liesse.

CHRESTIENNE.

Les sept œuures de misericorde spirituelles   *Isa. 11.
Mat. 5.
*.25

Corriger les defaillans

La spirituelle a de mesme, & de la sorte,
Entre autres œuures, Sept, paroissantes en nous,
Qui reprenant son frere, auec vn propos doux,   Mat 18.
Du mal, qu'il luy voit faire, afin qu'il s'en   15.
    deporte.   1.th 5.14.
1.th.
5 11

Enseigner les ignorans,

Bien conseiller les douteux.

   Iacq
Qui remonstrant de mesme, aux ignorans la route   5 14
Qu'il faut tousiours tenir, pour tirer au bon port,
Qui donnant a propos, vn conseil sain & fort,
A ceux, qu'il voit perplex, & tous remplis de doute.

Prier DIEV, pour le salut de son prochain.

Consoler les desolez.

Qui priant volontiers le Seigneur debonnaire,
Pour le salut de tous, mesme de son prochain,
Qui consolant aussi, par vn debuoir humain
Les pauures desolez, ne pouuant mieux, leur
   faire,

INSTRVCTION

Porter les iniures patiemment.

Pardonner l'offence.

<small>Mat
5.39.
Luc.
9.28</small> *Qui suportant encore auecques patience*
Pour le respect de DIEV, *l'iniure qu'on reçoit,*
Et qui faisant pardon de mesme à tel qui soit,
Iamais du mal reçeu ne poursuit la vengeance.

<small>2
Iac.
14.*
25.</small> Il ne suffit au Chrestien, de faire les commandemens de Dieu, garder ceux de l'Eglise, recourir aux Sacremens, auoir les vertus, & dons du sainct esprit, & fuir le peché mais il faut faire le bien, s'employer aux bonnes œuures car la foy, sans les œuures, est morte, ainsi des autres vertus, ce sont elles, qui nous acquierent, la promesse, & la recompence, de ceste vie presente, & de l'eternelle, appaisent l'ire de DIEV, conseruent, & amplifient sa grace en nous, & qui ne les faict, en ayant le moyen, monstre n'auoir telle foy, en DIEV, qu'il requiert de nous, pour nostre salut.

Trois causes, nous peuuent excuser, d'accomplir sept, des œuures de misericorde, l'vne quant l'on à l'impuissance, & besoing de toutes ses œuures pour soy, comme les paures, l'autre, quant l'on sert DIEV, en vn estat plus haut, que la vie actiue, comme les saints hermites, & Religieux, qui sont reclus, dans la sollitude, & l'autre, quant nous ne trouuons personne, qui ayt necessité notable, de nostre secours, quant à celle, qui est de prier DIEV, pour le prochain, tous la peuuent faire, & n'y à point d'excuse.

Des pechez en general.

Le peché plein de maux, est, ou commission,
Ou bien obmission, à l'homme volontaire,

CHRESTIENNE.

Contre la loy de DIEV, venant à luy desplaire,
Soit par commission, ou par obmission.

Peché originel.

Naissant, nous apportons, le peché quant & nous
De la commission de nostre premier pere,   Iob.
Qui changea tout soudain, son bon heur, en misere,   14.4
Se feit serf de la mort, & de mesme nous tous.

Peché actuel.

Or l'actuel peché comprent confusement,
Ce que l'on fait & dit que l'on pense & desseigne,
Contre la loy diuine & ce que nous enseigne,
L'Eglise de garder religieusement.

Peché mortel.

De ce dernier peché, l'on en voit naistre deux,
L'vn s'apelle mortel, à cause qu'il entame,   Eze
De son funeste coup, mortellement nostre ame,   18.4
Et luy donne la mort, tant il est dangereux.   20.

Peché veniel.

Le veniel est c'il que DIEV, fort aisement,
Nous pardonne, & sans qui nul ne peut icy viure
Non pas mesme le iuste or qu'il tache d'ensuiure,

INSTRUCTION

Le mandement de DIEV qu'il garde incessament.

Source des Sept Pechez mortels.

DE ce peché mortel ainsi que d'vn estang,
Il en coule sept grands qui sont sans fonds sans riue
Nommez aussi mortels, dont encores desriue,
Plusieurs autres pechez, qui n'ont n'y nom n'y rang.

Orgueil.

L'orgueil, vient le premier, rehaussant le sourcil,
Le desdain, le conduit, l'ambition le porte,
L'audace, va deuant, la vanité l'emporte,
La rebellion, suit, auecques son fusil.

Enuie.

L'enuie marche apres, d'vn pas qui n'est esgal,
Pleine de faux rapports, de haine & mesdisance,
Ayant autour de soy, la triste desplaisance,
Du bien d'autruy que fait le plaisir de son mal.

Gen.
4.5.
*26.
14.*
27.
41.
Luc.
15.
18.

Ire.

L'ire grinçeant les dents, toute esmeue y suruient,
Le discord l'entretient, l'effroy, bat la campagne,
L'impatience, auec la fureur l'accompagne,
Le blaspheme, la suit, & le meurtre apres vient.

Auarice.

L'auarice, à son tour, y prend rang sans repos,
Vn mauuais ieu faisant a tous & bonne mine,
Ayant à ses costez l'vsure & la rapine,
Le mensonge, le dol, & ses autres suppos.

La gourmandise.

La gourmandise, suit, pleine d'inuentions,
De seruir à son ventre, & prendre ses delices,
Ayant auecques soy, les banquets, les blandices,
Le luxe, le mensonge, & les detractions.

Luxure.

Luxure vient apres pleine d'impurs desirs,
L'insolence, la suit, la pompe la courtise,
L'oisiueté luy plaist, & rien, elle ne prise,
Que le têps qu'elle employe, en tous ses vains plasirs.

Paresse.

La paresse à pas lents vient à son tour aussi,
Le dormir l'entretient, l'aise ses pas deuance,
L'oubly vient à sa suitte, auec la nonchalance,
Et la coustume encor, de ne rien faire ainsi.

    Les sept pechez mortels, sont nommez capitaux ; par ce qu'ils sont comme chefs, & source des autres, les vngs sont spirituels, & les autres charnels, orgueil, enuie, ire, &

INSTRUCTION

auarice, font spirituels, luxure, & gourmandise, charnels, paresse tient des deux, l'Euangeliste S Iean les reduit a trois sortes, quãt il dit, que tout ce qui est en ce mõde, ou est concupisance de la chair, ou concupisance des yeux, ou superbeté de la vie, la premiere en produit trois, luxure, gourmandise, & paresse, la seconde, auarice, & la troisiesme, l'orgueil, l'ire, & l'enuie, que les accompare, à des bestes farouches, & qui a des maladies incurables, l'orgueil au Lyõ, & a l'enflure du corps, l'enuie au chien, & à la lepre, l'ire au loup, & à la phrenesie. l'auarice au herisson, & a l'hydropisie, la gourmandise à l'ours, & a l'epilephie, luxure, au pourceau, & à la fiebure, la paresse à la Sue, & a la lethargie.

1. Iean
2.

Les sept vertus, contraires aux sept pechez mortels.

L'humilité.

L'humilité qu'on voit à l'orgueil opposee,
S'auance la premiere, ayant au tour de soy,
La douceur, le respect, la crainte de la Loy,
Et d'autres vertus dont sa suitte est composee.

La Charité.

La Charité la suit bien forte, & bien munie,
De tout contre l'enuie, ayant la pieté,
L'amour de son prochain, la debonnaireté,
L'aise du bien d'autruy qui luy font compagnie.

La Patience.

La patience, vient, contre ire & luy fait teste,
Ayant de son party, la tollerance aux maux,
La generosité, le courage aux trauaux,

CHRESTIENNE.

Pour tout ce que l'on voit iuste, bon, & honneste.

La Liberalité.

La liberalité, contraire à l'auarice,
Marche honnorablement, la raison la conduit,
Le merite, est deuant, la recompense suit,
S'ouure aux autres vertus, & se reserre au vice.

L'abstinence.

Et l'abstinence, aussi contraire à gourmandise,
Paroist auec vn œil, remply d'humanité,
Au millieu des douceurs, de la frugalité,
Et serieux propos, ou gist sa friandise.

La Chasteté.

La chasteté, cogneuë ennemie formelle,
De paillardise suit tenant les yeux en bas,
La honte va deuant, l'honneur, guide ses pas,
Ayant pour entretien, son ouurage fidelle.

La Diligence.

La Diligence au bien, contraire à la paresse,
Marche d'vn pas leger, ayant pour entretien,
Le zele de la foy, la ferueur à tout bien,
Et le soin de seruir, & prier DIEV sans cesse.

Ces vertus se peuuent reduire à deux principales, pour mener tant le riche que le pauure à salut, le riche, par la charité, en exerçant les œuures de misericorde, tant corporelles, que spirituelles, & le pauure, par la patience, en

INSTRVCTION

souffrant pour l'amour, & l'honneur de Dieu, les trauaux
& persecutions du monde.

Pechez, contre le Sainct Esprit.
Presomption de la grace de DIEV.

De ceste qualité, sont six lien dangereux,
Dont il nous faut garder, qui tient premier la place,
C'est la presomption, de la diuine grace,
Ou de l'impunité, de ses faits malheureux.

Desespoir de la grace.

Le second, qui le suit est le fol desespoir,
De la misericorde, & de la grace extresme,
De nostre Seigneur DIEV, vraimēt la mercy mesme
En qui nous faut auoir tousiours vn ferme espoir.

Impugnation de la verité.

Le troisiesme peché est l'impugnation,
De la verité sceuë, approuuee, & certaine,
Monstrant par consequēt, cōbien l'on tient en haine.
DIEV, dont elle prent l'estre, & sa perfection.

Enuie, au bien de son frere.

Le quatriesme, est c'il, qui procede, & qui part,
De l'enuie, qu'on porte, au bon heur de son frere,
S'esiouissant tousiours, plustost de sa misere,
Que non pas de son bien au lieu d'y prendre part.

Obstination, en son peché.

Le cinquiesme, prouient, d'vne obstination,

CHRESTIENNE.

En son peché qu'on a sans amander sa vie,
Bien, que DIEV, tous les iours, nous y porte, & conuie,
Estant marry de voir, nostre perdition.

Impœnitence.

Le sixiesme peché, c'est le mespris qu'on fait,
Apres auoir failly, de faire pœnitence
Et sans, en ressentir condigne repentence,
Ainsi que nous deuons, mourir en son forfait.

Ces pechez, sont nommez contre le Sainct Esprit, d'au- | Mat.
tant, qu'ils ne sont commis, n'y par fragilité, n'y par igno- | 12.
rance, ains d'vne pure malice, contraire à la bonté diuine, | 31.
qui est attribuee, au S. Esprit, ainsi que la fragilité, contrai- | Mar.
re à la puissance diuine, attribuee au Pere, & l'ignorance, | 3.28
contraire à la Sapience diuine, appropriee au Fils. Ils ne | Luc.
sont pardonnez, en ce monde icy, ne en l'autre, IESVS- | 12.
CHRIST, l'a ainsi declaré, en l'Euangile. | 10.

Pechez crians contre le Ciel.

Homicide volontaire.

Gen
4.10

Le premier, qui paroist, ainsi deuant noz yeux,
Rouge de sang tout prest, ce semble de mal faire,
Est l'homicide prompt, resolu, volontaire,
Dont le sang qu'il espand, crie vengeance aux Cieux.

Gen.
18.
20.
†
La Sodomie.

19.
Leu.

La Sodomie, suit trainant auecques soy,

19.
23.

INSTRVCTION

Toute l'infection, la salleté, l'ordure,
Des salles appetits qui sont contre nature,
Et donnent y pensant seullement de l'effroy.

Oppression des pauures.

En suitte de ces deux, suruient l'oppression,
Des pauures, detenus, en miserable angoisse,
Des veufues, orphelins, que le monde delaisse
Qui n'a point pitié d'eux, n'y de compassion.

Leu
19.
13.
EXO
22.
22
ECC
35.
15.
Leu
19.
13.
Deu
24.
14.

Retention de seruice.

Celuy qui vient apres en son rang le dernier,
C'est la retention sans suiet de salaire,
Que l'on doit iustement au pauure mercenaire,
Et qu'on ne luy doit point tenir, n'y desnier.

Le premier de ces pechez, est non seullement contre la Loy de DIEV, mais celle de nature, qui deffend de faire à autruy ce que l'on ne voudroit endurer. Le second, contre l'ordre de nature, pour ce qu'il se commet contre l'ordre du sexe. Le troisiesme, contre l'honneur que nous deuons à DIEV, par le contemnement, que nous faisons de luy en ses pauures, qui sont ses membres. Et le quatriesme, contre la reigle d'equité, & l'ordre de droit. La cruauté, & l'iniustice, de ces pechez, est si grande & si manifeste, qu'elle ne se peut couurir, ny cacher, c'est pourquoy, ils crient vengeance au Ciel, par le tesmoignage de DIEV, mesmes, & de IESVS-CHRIST.

Peché d'autruy.

Il s'offre maintenant, les offences d'autruy,
Dont nous sommes motifs, soit petite, ou soit haute,
Car celuy peché autant, qui suggere la faute,

CHRESTIENNE.

Comme qui la commet, & se diuise en luy.

Meschant conseil.

Par neuf moyēs perdāt autruy, nous nous perdōs,
Qui par les faux conseils dont l'on se doit distraire,
Que desia les humains enclinez à mal faire,
Suiuent plus volontiers, que les iustes, & bons.

Commandement de mal faire.

Qui par commandement, abusant du pouuoir,
Qu'il à dessus les siens, les contraint d'entreprēdre,
Chose qu'on sçait iniuste, au lieu de leur deffendre,
Et de les retenir, tousiours en leur deuoir.

Prouocation au mal.

Qui par induction, à tout ce qu'on voit vain
Mauuais, pernitieux, ou ruyne est apperte,
Ne se contentant pas, seulement de sa perte,
Mais se perdant, de perdre, encores son prochain.

Louange, & flaterie.

Qui par fauce louange, & par flateux propos,
Fait qu'autruy croit de soy, ce qu'il ne deuroit croire,
Qu'il met en oubli DIEV, qu'il se donne la gloire,
De tout, & non à DIEV, fort ialoux, de son los.

Conniuence au mal.

Autre, par conniuence en se taisant des maux,
Qu'il cognoist qu'autruy fait au lieu, d'ē faire instāce

INSTRUCTION

A fin qu'il soit puny, selon la circonstance,
Et n'ayt plus le moyen, d'en faire de nouueaux.

Dissimulation, au mal.

Qui simulant le mal ou bien donnant faueur,
A quelque meschant acte, en façon, & maniere
Que la punition, n'en soit point faite entiere,
Au detriment, de ceux, dont le fait, touche au cœur.

Participation au mal d'autruy.

Qui de mesme ayant part, à ce qu'on à cogneu.
D'autruy, quoy que ce soit, & que reputions nostre,
N'ayans nõ plus de droit, n'y de pouuoir que l'autre
Qui le peut auoir pris, & l'auoir mal reçeu.

Consentement au mal.

Qui par consentement, au mal, qui ne vaut rien,
Au lieu de l'empescher, de toute sa puissance,
Retenant vn chacun, dessoubs l'obeissance,
Et la crainte de DIEV, *d'ou procede tout bien.*

Protection du mal.

Qui soustenant autruy malitieusement
En vn mal apparent, cause qu'il se renforce
En sa meschante vie, ayant en main la force,
Et que le peché regne imperieusement.

Ce sont les pechez, desquels Dauid, desiroit estre purgé, quant il disoit purgez moy, ô Seigneur DIEV, de mes pechez secrets, & ne pardonnez ceux d'autruy.

CHRESTIENNE

Les quatre fins dernieres de l'homme,
De la mort.

La mort, est le tourment, le suplice & la peine,
Des pechez ordonnee à chacun d'entre nous
Incertaine à chacun, bien, qu'elle soit certaine,
Et bien que l'heure en soit, determinée à tous.

Gen.
2.
17.
Ro
5.12

Du Iugement.

Le iugement, sera le iour remply de crainte,
Que chacun reprendra son corps, son action,
Deuant le tribunal, de la majesté sainte,
Pour entendre sa grace, ou sa damnation

Pse.
61.
15.
Mat.
16.
27.

De l'Enfer.

L'enfer, est aux bas lieux, ordõné pour les peines,
Des meschans, condēnez pleins d'eternels tourmēs.
De suplices, de feux, de gesnes inhumaines,
Ou l'on n'entend, que cris, & que gemissemens.

Sap.
5.

De la gloire celeste.

La gloire celeste, est, le bien, qui suit, la grace
Ordonnee à tous ceux qui sont iustifiez,
La l'on y voit son DIEV, sans cesse, face, a face,
La gist le parfait bien des saincts glorifiez.

Sap
3.7.
Isa.
25.
9.

Ressouuiens toy de tes dernieres fins, dit le Sage, & tu ne pecheras point, ainsi sont appellees, ces quatre choses, car la mort, est la fin, de la vie, & la derniere chose qui nous doit arriuer en ce monde. Le iugement, le dernier de tous les iugemens, l'Enfer, le dernier mal, aux meschans, & le Paradis, ou est la gloire celeste, le dernier bien, aux bons, que les vns, & les autres, auront eternellement.

Quid retribuam Domino pro omnibus quæ retribuit mihi?

PSEAVMES DE DAVID,

RAPORTEZ, VERSET POVR VERSET, SELON LA VERSION Latine receuë en l'Eglise.

Pseaume premier.

BEATVS VIR, QVI NON ABIIT.

ARGVMENT.

LE PROPHETE, commence par vne exclamation, du bon heur qui accompagne les gens de bien : viuans en la crainte de DIEV, & au contraire, de la misere des meschans, qui mesprisent ses sainctes ordonnances, ce qu'il poursuit par plusieurs belles comparaisons conuenables au sujet.

1. MON DIEV, que l'homme est heureux,
Qui fuit le conseil dangereux,
Des meschans remplis d'insolence,
Qui ne tient le trac des mauuais,
Et qui ne s'est assis iamais
En la chaire de pestilence :

A

PSEAVMES

2 Mais bien qui forme son vouloir,
Et met seulement son espoir,
En la loy que DIEV luy propose,
Qui la medite nuit, & iour,
Ierē.
17.8.
Et qui constant en son amour,
Ne cherche en ce monde autre chose.
3 Chacun le verra paroissant,
Comme vn bel arbre florissant,
Planté sur le cours delectable
D'vne eau, qui l'arrose à foison,
Donnant son fruit en sa saison,
A l'œil doux, au goust aggreable.
4 Cest arbre, qui sera couuert,
D'vn beau feüillage, tousiours vert,
De l'hiuer ne craindra l'haleine,
Ios.
1.8.
Vne feuille n'en tombera,
Et tout ce qu'il desirera,
Luy viendra sans aucune peine.
5 De mesme ne prospereront
Ierē.
17.8.
Les peruers, ny ne dureront,
Chacun faict aux meschans la guerre:
Mais bien comme poussiers mouuans,
Seront tousiours souflez des vens,
Dessus la face de la terre.
6 Doncques les meschans pleins d'orgueil,
Ne pourront plus releuer l'œil,
En iugement deuant ta face,
Et parmy les iustes trouuez,
N'auront iamais ces reprouuez,

DE DAVID.

Aucun rang en ta bonne grace.
7. Car Dieu, qui n'ignore icy rien,
Cognoist ceux qui sont gens de bien,
Ce sont eux qu'il comble de ioye,
Au lieu qu'on verra les peruers,
Tresbucher soudain à l'enuers,
Au milieu de leur fole voye.

ORAISON.

Faites nous ce bien ô Seigneur nostre Dieu, que nous soyons trouuez deuant vos yeux arbres verdoyans, & portans bon fruit, & qu'estans arrosez des eaux de vostre diuine grace, nous possedions la beatitude que les hommes iustes acquierent, & qu'en fin apres auoir cheminé par la voye que vos saincts commandemens nous ont prescrite, nous puissions resusciter en la compagnie des esleus, pour iouir de l'eternelle felicité. Au nom de nostre Seigneur Iesus Christ.

PSEAVMES

PSEAVME II.

QVARE FREMVERVNT GENTES.

ARGVMENT.

PAR ce Pseaume sont representees les vaines entreprises des Iuifs, & leurs adherans, comme aussi des potentats de la terre, contre IESVS CHRIST, auec l'establissement du regne de DIEV: enfin, ils sont admonestez de le recognoistre, & d'euiter ses couroux.

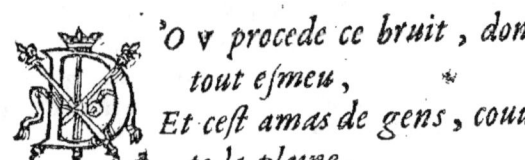

1. 'Où procede ce bruit, dont l'air est tout esmeu,
Et cest amas de gens, courant toute la plaine,
Qu'elle humeur les a pris, quel sujet ont ils eu,
De s'esmouuoir ainsi, d'une entreprise vaine?
2. Quoy? les Roys de la terre, ont ils bien presumé,
Et tous les potentats d'exciter ces alarmes,
Contre le tout puissant, & son Christ bien aymé,
Et luy faire la guerre, auec leurs foibles armes?
3. Sus rompons & brisons, disoient ces obstinez
Ce lien qui nous tient, sous leur obeissance:
Pensent ils par ces fers nous tenir enchaisnez,
Au miserable ioug de leur vaine puissance?
4. Mais celuy la qui faict sa residence aux Cieux,
A qui sont icy bas toutes choses soumises,

Se mocque des projets de ces audacieux,
Et regarde en riant, leurs foles entreprises.
5 S'il allume son ire, & s'il vient à parler,
Quelque grande que soit de leurs ames l'audace,
On les verra bien tost, pleins de fraieur bransler,
Et troublez s'en-fuir deuant sa saincte face.
6 D'où prouient (dira-il) ceste transgression,
Puisque c'est mō vouloir, qui veut m'estre contraire?
Ie t'ay sacré pour Roy, sur le mont de Sion,
C'est toy seul desormais, en qui ie me veux plaire.
7 De l'arrest souuerain en ma faueur donné
Ie veux rendre à chacun l'enseignement notoire,
Tu es mon fils (dit-il) auiourd'huy tu m'es né.
En toy i'ay respandu mon honneur & ma gloire.
8 Ce que tu requerras, tu l'obtiendras de moy,
Toutes les nations, te viendront faire hommage,
Et ce que la rondeur du monde tient en soy,
Tu l'auras, ie le veux, ce sera ton partage.
9 D'vne verge de fer tu les gouuerneras,
Que si rempliz d'orgueil ils t'anoncent la guerre,
Aux yeux de l'vniuers, tu les fracasseras
Comme faict vn potier, ses ouurages de terre.
10 Vous donc, Princes, & Roys, qui portez en
     voz mains,
Les Sceptres du Seigneur, dont vous estes l'image,
Et vous pareillement, ô iuges souuerains,
Soit vn chacun de vous en sa puissance sage.
11. N'abusant du pouuoir, qu'il vous donne au-
     iourd'huy,

Act.
13.33
Heb
1. 5.
*5.5
Apo.
2.16

Apo.
19.
15.

A iij

Rendez honneur & gloire, à sa Maiesté saincte
Et lors que vous voudrez vous esiouir en luy,
Soyez accompagnez, de respect, & de crainte.
12. *Receuez sa doctrine, & ne la quittez pas,*
De peur que son courroux, domptant vostre malice,
Ne vous face tomber au milieu de vos pas,
Folement esgarez, du chemin de iustice.
13. *Alors que le Seigneur, iustement rigoureux,*
Enflammera soudain son ire, & sa vengeance,
A bon droict lon dira, les hommes bien heureux,
Qui mettent seulement, en luy leur confiance.

ORAISON.

Fils de l'Eternel, nostre DIEV, verbe du Pere, engendré deuant l'aube du iour, DIEV de DIEV, Roy qui estes estably pour dominer sur toute creature, Nous vous suplions que vostre ire, & vostre fureur, ne nous froisse point de mesme que faict vn potier ses ouurages de terre. Au contraire, faictes nous tant de bien, & tant de grace, qu'embrassans la saincte doctrine de l'Euangile, nous vous seruions en crainte & reuerence, perseuerans en la voye de verité, & de Iustice. Ainsi soit il.

PSEAVME III.

DOMINE QVID MVLTIPLICATI SVNT.

ARGVMENT.

DAVID, reduit à l'extremité par ses ennemis, & fuyant deuant Absalon son fils, remet son esperance en DIEV, qui ne delaisse iamais au besoin ceux qui ont recours à luy.

Pseaume de Dauid, lors qu'il fuioit deuant Absalon son fils.

I. ROIS 15. 14.

1 SEIGNEVR DIEV, cõbien ie voy,
D'oppresseurs, fondre dessus moy,
Qui croissent tousiours pour me nuire :
Que ie voy d'ennemis debout,
Et de gens esleuez par tout,
Pour m'accabler, & me destruire.
2 Plusieurs d'entre eux disent tout haut,
(Croyant que tout secours defaut
A mon ame ainsi poursuiuie),
Qu'il n'espere plus en son DIEV,
Son DIEV, iamais en aucun lieu,
Ne conseruera plus sa vie.
3 Toutesfois malgré leur effort,

Tu seras Seigneur, mon support,
Toute ma gloire, & ma deffence,
Par toy mon vnique secours,
I'iray malgré tous leurs discours,
La teste droite en leur presence.
4 Alors que i'estois oppressé,
A DIEV, ie me suis addressé,
Et l'accent de ma triste plainte,
Ne luy vient iamais à desdain:
Ma vois il exauça soudain,
Du haut de sa montagne saincte.
5 Si du sommeil ie suis atteint,
A la faueur de son nom sainct,
Sans craindre rien ie me repose,
Ie suis à mon resueil ioyeux,
Car DIEV, ne ferme point les yeux,
Tandis que ma paupiere est clause.
6 Quant bien ie me verrois soubmis,
Au milieu de mille ennemis,
Ie ne craindrois point leur furie,
I'en sortirois auec honneur,
Monstre toy seulement, Seigneur,
Et me sauue, ô DIEV, ie te prie.
7 Tu t'es esleué par courroux,
Et frappé ceux de rudes coups,
Qui sans sujet me sont contraires:
Le peruers en est terrassé,
Et ta forte main à cassé
Les dents de tous tes aduersaires

DE DAVID.

8 *Tout nostre salut vient tousiours*
De DIEV, *nostre asseuré recours,*
C'est toy Seigneur bening encore
De qui l'extreme affection,
Respand sa benediction,
Dessus le peuple qui t'adore.

ORAISON.

SEIGNEVR IESVS CHRIST, qui pour expier nos pechez, auez souffert vne mort volontaire, & resuscité des morts apres auoir esté enclos trois iours dans le Sepulchre, conseruez vostre peuple Chrestien, & respandez sur luy vostre saincte benediction, afin que le nombre infiny de vos ennemis qui l'enuironnent, soit dissipé, & confondu entierement.

PSEAVMES

PSEAVME IIII.

CVM INVOCAREM EXAVDIVIT.

ARGVMENT.

LE PROPHETE implore le secours de DIEV, contre la rebellion d'Absalon, & mesme exhorte ses ennemis à la recognoissance des benefices, & graces d'iceluy.

Pseaume de Dauid, au Maistre de la Chapelle, sur les instrumens de Musique.

QVAND *ie l'inuoque, & demande iustice,*
DIEV *de m'a cause, en qui iay ferme foy*
Me tend l'oreille, & m'est tousiours
   propice,
Et si ie suis pressé de quelque esmoy,
Il m'en deliure, & le chasse de moy.
2 *En ma faueur fais reluire, ta grace,*
Et ta bonté, maintenant au besoing,
Tourne vers moy ta pitoyable face,
Reçois ma plainte, & ne la iette au loing,
Monstrant à tous, que tu prens de moy soing.
3 *Fils des humains, les mignons de nostre aage,*
Qui triumphez de la felicité,
Iusques à quand tiendra vostre courage,

DE DAVID.   11

Et suiurez vous la fole vanité
Et le mensonge, au lieu de verité?
4 Sachez mortels que comme vne merueille
Le tout puissant, a releué son sainct,
Qu'il ma comblé de gloire nompareille,
Si bien qu'en moy, tout le monde le craint,
Et qu'il entend mon cœur lors qu'il se plaint.
5 Si vous auez du couroux en vostre ame,
Ne vous portez à mal faire pourtant,
Mais faictes mieux, qu'vn chacun le reclame,
Estant à part sur son lit repentant,
Et n'allez plus sa fureur irritant.
6 Sacrifiez vn iuste sacrifice,
Ayant espoir en sa saincte douceur,
Il ne punit tousiours nostre malice:
Maints vont disant, où sera le plus seur,
Pour d'vn tel bien, se rendre possesseur?
7 Monstre leur donc (quoy qu'ils en soyent indignes)
Ta saincte grace, & ne leur cache rien,
Fais esleuer dessus nous les vrays signes,
De la clarté de ton diuin maintien,
Qui comprend tout nostre souuerain bien.
8 Cela faisant i'auray plus de liesse,
Et dans mon cœur, plus de contentement,
Qu'ils n'en ont pris en la grande largesse,
Des fruits du vin, de l'huile, & du froment,
Que tu leur as enuoyé largement.
9 Faisant ainsi sur moy ta grace luire,

Eph.
4.
26.

Ie dormiray seurement desormais,
Sans auoir peur que rien me puisse nuire
Et gousteray les douceurs de ta peine,
Me reposant auec eux à iamais.
10 Car c'est toy seul, ô Seigneur debonnaire
Qui constitue, & qui mets notamment
Mon asseurance, en ta grace ordinaire,
Si que l'ayant tousiours pour fondement,
Ie ne redoute aucun empeschement.

ORAISON.

DIEV de Iustice, & d'equité, exaucez nous en nos tribulations, & prenez pitié de nous, faictes Seigneur, que nous ne respirions que vous seul, qui estes nostre souuerain bien, vous dis-je qui daignez respandre sur nous les beaux rais de vostre visage, ne permettez ô bon DIEV, que les biens de ce monde nous arrestent, Mais que plustost nous ayons tousiours les yeux fichez sur la gloire eternelle, que vous nous preparez en nostre Seigneur IESVS-CHRIST. Ainsi soit il.

DE DAVID. 13

PSEAVME V.

VERBA MEA AVRIBVS.

ARGVMENT.

DAVID, se voyant calomnié d'aspirer à la couronne de Saül, s'absente pour sauver sa vie, recourt à DIEV, qui n'abandonne jamais l'innocent, & le iustifie à la confusion de ses ennemis.

Au surintendant de la Musique, pour chanter sur le Nehiloth.

1. *VVRE ton oreille saincte,*
O doux Seigneur, à ma plaincte,
Et ne luy ferme ton cœur.
Oy les souspirs de mon ame,
Et comme elle te reclame,
En sa cruelle langueur.
2. Preste ton oreille entiere,
A la voix de ma priere,
Qui s'esleue iusqu'à toy,
Gaigne sur ta patience,
En ma faueur audience,
O mon Seigneur, & mon Roy.
3. C'est à toy vers qui i'addresse
Ma priere, en ma detresse,

Et qui prompt me deuançant,
Auant que la nuit qui passe,
Au clair iour donne la chasse,
Ma voix iras exauçant.
  4 *A la pointe de l'aurore,*
A toy mon DIEV, *que i'adore*
Ie me viendray presenter,
Et tu me seras propice,
Car tu ne peux l'iniustice
Aucunement suporter
  5 *De l'homme plain de malice,*
Tu ne peux soufrir le vice,
Il t'est tousiours odieux,
Et iamais d'vne seule heure,
L'impieté ne demeure
O Seigneur deuant tes yeux.
  6. *Tu vois les meschans à peine,*
Ton cœur à tousiours en haine,
Les ouuriers d'iniquité,
Tu perdras en ta colere,
Celuy qui tousiours profere
Mensonge, & fuit verité.
  7 DIEV, *tient pour abominable,*
Le meurtrier impitoyable,
Et le trompeur effronté:
Mais moy certain de ta grace,
Ie parois deuant ta face,
Pour reclamer ta bonté.
  8 *Asseuré de ta clemence,*

Auec grande reuerence,
I'entreray en ta maison,
Pour adorer en ton temple,
Ta grandeur qu'on y contemple,
En crainte, & en oraison.
9 Ne fais que ie me desuoye,
Conduis mes pas en la voye
De ta loy, iusqu'à la fin :
Ne soufre ô DIEV, qu'on m'opresse
Mais incessamment adresse
Deuant tes yeux mon chemin,
10 Car leur bouche detestable,
Ne dit rien de veritable,
Et tend tousiours au meffaict,
Ce n'est au dedans de mesme,
Que corruption extresme,
Dont leur cœur est tout infect.
11 Leur gorge tousiours beante,
Est corrompue, & puante,
Comme vn ord sepulchre ouuert,
Et leur langue du tout vaine,
Est aussi de fraude pleine :
Iuge les à descouuert.
12 Fais choir sur eux tout l'encombre
De leurs cœurs, & pour le nombre
De leurs pechez pleins d'horreur,
Chasse-les en toute place,
Puis qu'ils ont bien eu l'audace,
De prouoquer ta fureur.

Psea.
14.4.

Rom
3.13.

13 Lors auront l'ame contente,
Ceux qui marchent en ta sente,
Et dont l'espoir (ô mon DIEV,)
Prent de toy son asseurance,
Et tu feras demeurance
Auec eux en chacun lieu.
14 Ainsi les ames heureuses,
Qui sont vrayment amoureuses
De ton nom, se donneront
Gloire en tes graces sans cesse:
Tu feras ceste largesse
Aux iustes qui t'aimeront.
15 Soubs le bouclier admirable,
De ta faueur desirable,
Ils feront leur doux seiour,
Car ton œil qui les regarde,
Les ayant pris en sa garde,
Veille pour eux nuict & iour.

ORAISON.

ESCOVTEZ fauorablement nos prieres, ô DIEV des DIEVX, escartez de nous les tenebres de peché, vous estes le Soleil de Iustice, daignez respandre sur nous vos saincts rayons, vous estes nostre bouclier, & nostre couronne: rebouchez pour nous tous les traicts du Diable nostre aduersaire, & nostre calomniateur. Nous vous en supplions tres humblement au nom de nostre Seigneur IESVS-CHRIST. Ainsi soit il.

DE DAVID. 17

PSEAVME VI.

DOMINE NE IN FVRORE.

ARGVMENT.

LE PROPHETE, abatu au lict d'vne griefue maladie, reclame DIEV au besoing, recognoist l'auoir irrité par ses offences, causes de l'estat où il est, le supplie de luy pardonner, & de luy restituer sa santé, contre l'attente de ses ennemis.

Pseaume de Dauid, pour chanter sur les instrumens de Musique en Octaue.

1. EN ta fureur (mon DIEV) ne reprens mes offences,
Oppose à tes rigueurs, tes supremes clemences,
Et durant tes courroux iustement amassez,
Helas ne me chastie, attens qu'ils soyent passez.
2. Pardonne à ce pecheur, qui reclame ta grace,
Que ta main qui l'a fait, ainsi ne le desface!
Car ie suis plein de mal, & ta grande rigueur,
Esbranle tous mes os, gueris donc ma langueur.
3. Mon ame est deuenue à cest heure troublee,
Pour les aspres tourmens dont elle est accablee:
Mais helas (ô Seigneur tesmoin de mes ennuis)

Psea. 37.1

B

Iusques à quand seray-ie, ainsi comme ie suis?
4 Iette l'œil de pitié sur les maux que i'endure,
Retourne toy vers moy, qui suis ta creature,
Deliure d'eux mon ame, ô DIEV de mon
 soucy.
Fais moy misericorde & ne me pers ainsi.
5 Car bien que ton renom, soit d'eternelle gloire,
Pense-tu qu'en la mort on en face memoire,
Et que dans les enfers pleins d'horreur, & d'effroy
Les esprits mal-heureux, se retournent à toy?
6 Ie n'en puis tantost plus, tant ie sens de martyre,
En mon gemissement, tempere vn peu ton ire,
Toute la nuict ma couche est detrempee en pleurs,
De mesme que mon lict, tesmoin de mes douleurs.
7 Me yeux auant ces maux qui luisoyent
 amiables,
Tous noirs, & tous batus, sont ores effroyables,
Ma force est affoyblie, ainsi tu l'as permis,
Et que ie sois vieilly, parmy mes ennemis.

Mat
7.23
* 15.
41.

8 Ministres de peché, soyez esmeus de crainte,
Tirez vous loin de moy, car la voix de ma
 plainte,
Et les eaux de mes pleurs, ont en fin adoucy,
Les courroux de mon DIEV, qui m'a pris à
 mercy.

Luc.
13.
27.

9 Le Seigneur, qui reçoit volontiers la priere
Des humbles desolez, ne m'a mis en arriere,
Il a receu la mienne, & m'a faict la faueur
D'ouyr entierement les souspirs de mon cœur.

10 Ainsi mes ennemis, pleins de trouble, & de honte,
Voyans comme mon DIEV, fait de moy si grand conte,
S'en aillent tous confus, & que ce troublement,
Leur cause à la parfin, vn bon amandement.

ORAISON.

SEIGNEVR, qui deuez vn iour venir iuger le genre humain, auec iugement horrible & espouuentable, ayez pitié de nous en ceste vie, de peur qu'au iour de la vengeance, nous ne soyons condamnez aux rigueurs des supplices eternels, changez mon DIEV, la rigueur de vostre iustice, en douceur, & en misericorde. Conseruez nos ames, & faictes s'il vous plaist, que tousiours vostre grace assiste nostre infirmité. Ainsi soit il.

PSEAVME VII.

DOMINE DEVS MEVS IN TE SPERAVI.

ARGVMENT.

DEVOTE priere, que le Prophete faict à DIEV, pour estre deliuré de la persecution de ses ennemis, soit de Saül, ou Absalon, auec sa deffence contre la calomnie qu'on luy imposoit d'aspirer au regne, ou bien de Semej. Il represente son innocence, en requiert la conseruation, & que ses aduersaires soyent punis.

2. Rois. 16.

Pseaume de Dauid, chanté au Seigneur, pour raison des propos de Chusi, fils de Iemini.

1 N toy mon DIEV mon esperance est mise,
Las sauue moy de ces fiers inhumains:
Deliure moy, Seigneur, de leur surprise,
Et ne permets que ie tombe en leurs mains.
2 Fais que le chef de ceste troupe infame,
Comme vn lion, me voyant sans secours,
Plein de fureur ne rauisse mon ame,
Et ne termine en martyre mes iours.
3 Seigneur mon DIEV, qui voit, & considere,
Ce qui reside en moy de plus caché:
Sy i'ay ce faict, dont il me vitupere,
Si tant soit peu, ie m'en treuue entaché.

4 Si ie rens mal à ceux-la qui m'en veullent,
Et notamment auec qui i'ay la peine
Si ie n'ay point à tous ceux qui se deullent,
Donné secours, apres maintz tours mauuais.
5. Que renuersé ie sois faict la despouille.
A l'ennemy, qui me va poursuiuant,
Que dans mon sang, son bras vengeur il mouille
Et que ma gloire il abandonne au vent.
6. Leue toy donc, ô Seigneur, ie te prie
En ton courroux contre mes ennemis,
A leur fureur, oppose ta furie,
Et reduits-les en l'estat qu'ilz m'ont mis.
7. Esueille toy, mon DIEV, ne me delaisse,
Vien maintenir les decretz de ta loy,
Et l'on verra soudain la tourbe espaisse
Des nations sans cesse autour de toy.
8. Pour ce sujet qui te touche, remonte,
En ton hault throsne, & là hors du commun,
Rendz la iustice, afin que l'on raconte,
Le Seigneur iuge, & faict droit à chacun.
9. O DIEV treshault, l'espoir, & le refuge,
Des innocens, & le liberateur.
Selon ma cause, & ma iustice iuge,
Sois de mon droit, & iuge, & protecteur.
10 Faictz donc Seigneur, que l'enorme malice,
Des gens malins, soit renuersee à bas,
Releue ceux, qui cherchent ta iustice,
Toy, qui cognois noz plus eslongnez pas.
11. Le vray secours en qui i'ay confiance

B iij

22 PSEAVMES

Est en ta grace, & ta saincte douceur,
Qui sauue ceux, qui prennent patience,
Ont l'ame bonne, & qui sont droitz de cœur.
12 Le Seigneur est vng iuge veritable,
Le bien, le mal, luy sont presents tousiours,
Il est bening, ensemble redoutable,
Comme à son ire apparoist tous les iours.
13 Si le meschant ne reclame sa grace,
DIEV, branslera le fer de son courroux,
Et de son bras qui desia le menace,
Il tendra l'arc contre luy deuant tous.
14 Car du grand DIEV, les fureurs allumees,
Contre son chef sont prestes à lascher,
Leurs traictz morielz, leurs fleches enflamées,
Pour tout d'un coup le monde en despescher.
15 Le cœur de roche au lieu de prendre peine
A s'attirer ta pitté dessus luy.

Iob.
15.35
Isa.
59.4

Voicy qu'il donne encore à chose vaine,
Tout son labeur, & ne conccoit qu'ennuy.
16 Permetz Seigneur, que tout le mal extresme
Dont il pensoit me faire succomber,

Psa.
9.15.

Sur luy retourne, & qu'en la fosse mesme,
Qu'il m'auoit faicte on le voye tomber.
17 Que la douleur, que la peine infinie,
Qu'il m'a donnee, a tort & sans sujet,
Dessus luy chee & sa teste punie,
Porte le mal, conceu de son proiet.
18 Me voyant lors auoir sur luy victoire,
Par ta bonté mon Seigneur, & mon DIEV,

DE DAVID.

l'exalteray ta iustice, & ta gloire,
Et chanteray ton saint nom en tout lieu.

ORAISON.

O Bon Dieu, en la misericorde duquel nous esperons, & non point en nostre vertu, & en nostre iustice, deliurez nous Seigneur, de noz pechez, de peur que le diable, qui veille à l'entour de nous, comme vng lyon rugissant, ne rauisse noz ames: vous estes nostre seul Sauueur. Nous n'en voulons point recognoistre d'autre. Nous vous confessons pour tel, & desirons de viure & mourir en ceste cognoissance. Ainsi soit il.

PSEAVMES

PSEAVME VIII.

DOMINE DOMINVS NOSTER.

ARGVMENT.

LE PROPHETE, celebre la grandeur, & puissance de DIEV, la merueille de ses œuures, de la preeminence & dignité de l'homme sur toutes les creatures, ce qui conuient à IESVS CHRIST, qui deuoit prendre chair humaine.

Pseaume de Dauid, au Maistre des chantres
sur l'instrument de Gittith en la
saison des vendanges.

1. SEIGNEVR, *nostre* DIEV *combien*
Par toute la terre admirable,
Que ta main a produit de rien,
Ton nom est sainct, & venerable.
2. Car ton pouuoir est releué
Par dessus la circonference
Des Cieux, où tu t'és esleué
En grandeur, & magnificence.
3. Tu fais que ton nom triomphant,
Pour mieux destruire l'infidelle,
Se voit celebré par l'enfant
Qui pend encore à la mamelle.

Mat. 21. 16.

DE DAVID.

4. Mais quand ie considere, & voy,
Les Cieux de tes mains les ouurages,
La lune & feux, mouuans de soy.
Disposez à diuers vsages.
5. Qu'est-ce Seigneur, de l'homme tant,
Que tu prens de luy souuenance.
Et que tu le vas visitant,
Auec si grande bienueillance?
6. Il est certain, que tu l'as faict,
Vn peu moins, que ne sont les Anges,
Et comme vn ouurage parfait,
Couronné d'heur, & de louanges.
7. Tu l'as constitué Seigneur,
Dessus tes œuures plus parfaites,
Et soubz ses piedz en son honneur,
Rendu toutes choses sujettes.
8. Fiers animaux, brebis & bœufz
Qui broutent l'herbe au boys sauuage,
Ou bien par les pastis herbeux,
Tu les as faictz pour son vsage.
9. Les oyseaux, qui nouent dans l'air
Où leurs especes se conseruent,
Et les poissons dedans la mer,
Aussy pour son vsage seruent.
10. Combien ô Seigneur, nostre DIEV,
Ta gloire est grande, & nompareille,
Et que ton nom en chacun lieu,
Remplit noz espritz de merueille.

Heb.
4. 6.

1.Co
15.
27.

ORAISON.

SEIGNEVR de qui le nom est respandu par toute la terre vniuerselle, vous qui rendez eloquens & sages les petitz enfans, & confondez les superbes & la doctrine du monde. Vous auquel tout genoüil fleschit, escoutez nos oraisons Faictes Seigneur, que pour la gloire de vostre nom nous vous honorions tousiours comme createur, & tousiours vous aymions comme redempteur. Filz de DIEV qui pour nous vous estes vn petit faict moindre que les Anges lors que vous auez pris nostre chair humaine, donnez nous ceste faueur que iamais nous ne recognoissions autre Seigneur que vous qui estes benit eternellement.

DE DAVID. 27

PSEAVME IX.

CONFITEBOR TIBI DOMINE.

ARGVMENT.

ACTION de graces de Dauid, apres la victoire contre ses ennemis, où il magnifie la bonté & iustice de DIEV, à la conseruation des bons, & ruyne des meschãs Les vns l'attribuent apres la mort d'Absalon, les autres de Goliath. Ce chant triumphal s'entend mistiquement du triumphe de IESVS CHRIST, contre le monde.

Au Maistre de la Chapelle, Pseaume de
Dauid, pour les affaires Secretz du
Filz, ou sur la deffence de l'abbea
ou Nabal.

1 *Vs ie veux en grand honneur,*
 O Seigneur,
 Loüer tes faicts admirables,
Et de tout mon cœur chanter,
Et conter,
Tes vertus incomparables.
2 *Ie veux en toy m'esiouir,*
Et iouir,
Des doux fruicts de ma victoire,
Et ton renom ô treshaut,

Comme il faut
Celebrer à la memoire.
3. Le Seigneur, a combatu,
Et batu,
Mon ennemy plein d'audace,
En vain fuyant tes courroux,
Deuant tous,
Il est mort dessus la place.
4. Toy doncques par cest exploit,
Comme on voit,
Ma iustice as faict cognoistre,
Et qu'en ton throsne monté
Ta bonté,
Au besoing tu fais paroistre.
5. L'on a veu fuyr les gens,
Insolens,
Au bruit de ta renommee,
Et du meschant sans appuy,
Auec luy.
La memoire est consommee.
6. Les glaiues des ennemis,
Or soubzmis,
Sont brisez en pieces villes,
Et l'on voit de tous costez,
Leurs citez,
Ruinees, & seruilles
7. Leur memoire soubs le faix
Pour iamais
De leur perte est demeuree:

Mais du Seigneur, grand, & fort,
Mon support,
La demeure est asseuree.
8. Il a posé dans les Cieux,
Radieux,
Son throsne iuste, & propice,
Son equité iugera,
Et fera,
A tout le monde iustice.
9. Tu seras au languissant,
Bien faisant,
Le refuge en sa misere,
Tu prendras de luy le soing,
Au besoing,
Et luy seruiras de pere.
10. Ceux qui cognoissent ton nom,
N'ont sinon,
Qu'en toy seul, leur esperance,
Car tu n'as onc delaissé
L'oppressé,
Ains l'as tiré de souffrance.
11. Dediez doncques voz sons,
Et chansons,
Au Seigneur Dieu, qui habite,
Dans Sion allez vantans,
Et chantans.
Parmy les gens son merite.
12. Du sang du iuste espandu,
Et perdu

Il se fera rendre compte:
Il aura soing des douleurs
Et clameurs,
Des pauures que l'ennuy dompte.
13 Lors Seigneur, disois-ie en moy,
Tourne toy,
Ta main ne soit endormie,
Voy Seigneur, comme ie suis
Plein d'ennuys,
Voyant l'armee ennemie.
14 Toy qui m'as tiré du pas
Du trespas,
Afin que ie chante encore
Ta gloire, & ton sacré los,
Dans l'enclos.
De Sion, ou l'on t'adore.
15 Faicts mon DIEV, qu'en ton secours
Mon recours,
I'aye vne ioye parfaicte:

Pse.
7.16

Voicy les gens succombez,
Et tombez,
En la fosse qu'ils ont faicte.
16 Leurs pieds se sont trouuez pris,
Et surpris,
Au lac mesme, & dans le piege,
Qu'ils cachoient pour m'atraper
Et tromper:
Ore ils ont leué le siege.
17 O Seigneur que ton pouuoir

Se fait voir
En tes iugemens supreme:
Ta iustice faict perir,
Et mourir,
Le meschant par son faict mesme.
18 Puissent tomber les peruers,
Aux enfers,
Sans que l'on daigne les plaindre,
Et ceux qui n'ont point icy.
De soucy,
De t'honorer, & te craindre.
19 Car le pauure desolé,
Affolé,
Tu ne metz en oubliance,
Et iamais des affligez,
Outragez,
Vayne n'est la patience.
20 Leue toy Seigneur, sus vien,
Et retien
L'effort de l'humaine race,
Fais venir en iugement,
Promptement,
Les peuples deuant ta face.
21 Impose vn ioug rigoureux,
Dessus eux,
Et leur donne congnoissance,
Qu'ils sont hommes, & non plus,
Pleins d'abus,
Sans vertu, force, & puissance.

ORAISON.

Seigneur Iesus Christ, nostre Sauueur & redempteur, qui par vostre glorieuse resurrection auez triomphé de la mort & de Sathan, assistez nous de vostre grace, & faictes s'il vous plaist que nous puissions auoir victoire sur nos ennemys, & participer vn iour à la gloire que vous auez preparee à tous ceux qui se seront monstrez courageux contre le peché, & pour la querelle & deffence de l'honneur de vostre sainct nom. Ainsi soit-il.

PSEAVME X.

Selon les Hebrieux.

VT QVID DOMINE RECESSISTI LONGE.

ARGVMENT.

CE PSEAVME, est par les Hebrieux party auec le precedent, mais l'Eglise ne le des-joint, & n'en faict qu'vn seul, toutesfois ie n'ay delaissé de changer la mesure des vers, qui m'a semblé plus conuenable à la grauité des beaux, & rares traits qu'il y a, tendans en fin à monstrer, comme il est dit cy deuant, la ruyne des meschans, & la consolation des bons, en la grace, & misericorde de DIEV, qui leur est certaine.

22 HELAS Seigneur, pourquoy retires
   tu si loin,
 A nostre grand besoin,
Ta face, qui nous est si douce, & debonnaire?
Et d'où vient que tes yeux, ont de nous escarté,
Leur diuine clarté,
En vn temps maintenant, si rude, & si contraire?
23 Le meschant plein d'orgueil, voyant que ton
   œil doux,
 Ne luit plus dessus nous,
Sur le pauure innocent, il exerce sa rage:
Il croit que c'est en vain, qu'on reclame ton nom,

Mais monstre luy que non,
Et fais tomber sur luy, de ses desseings l'orage.
24 Croyant qu'à son pouuoir tout le monde est soubmis,
Et que tout est permis,
Son ame en ses desirs il enfle, & glorifie
Son cœur biens dessus biens, sans fin va conuoitant,
Et n'estime rien tant
Que l'auaricieux, qui sur ses biens se fie.
25 Il ne craint ô grand DIEV, ton courroux enflamé,
Car il t'a blasphemé,
Et jamais ce peruers, quelque chose qu'arriue,
Il ne recherchera le bien, n'y le bon-heur,
De ta grace Seigneur,
Tant il est orgueilleux, & son ame retiue
26 Enflé de sa fortune, il despite les Cieux,
Et n'a deuant ses yeux,
Nulle crainte de DIEV, n'est il pas à reprendre?
Le cœur de ce meschant, à la malice né:
Il est bien obstiné
De viure ainsi tousiours meschâment sans se rendre.
27 Son esprit n'est porté qu'au mal tant seulement,
Et s'il faict autrement,
Il deçoit sa pensee, & son ame inhumaine,
De tous tes iugemens, ô Seigneur, il se rit,
Et ne pense en l'esprit,
Qu'aux moyens d'outrager ceux qu'il à pris en haine.

DE DAVID.

28 En son cœur endurcy par le succez heureux,
De ces faits mal-heureux,
il dit, ie ne crains rien qui me porte nuisance,
DIEV, regne dans le Ciel, & moy ie regne icy,
Dont il n'a de soucy,
Et quand il en auroit, ie n'en crains la puissance.
29 De sa bouche ne sort que maledictions,   Rom.
Et qu'imprecations   3.14.
Tant sa langue est souillee, & sale d'amertume,
Son cœur ne conçoit rien, que fallace, & qu'ennuy,
Pour affliger autruy,
Et plus va en auant au mal il s'accoustume.
30 Il s'embuche es destours secrets, & dangereux,
Des palais plantureux,
Pour se ruer dessus le iuste sans deffence,
Prendre son auantage, auancer son trespas,
Et pour souiller son bras,
Au sang des gens de bien viuans en innocence.
31 Ses yeux ne ferment point, ny les nuits ny les iours,
Ils aguettent tousiours,
Le pauure desolé, qui suit la bonne voye,
Et pour mieux l'attraper, & luy donner la mort,
Il se cache en son fort,
Ainsi que le lion, pour faire quelque proye.
32 Son esprit ne repose, il veille incessamment,
Et ne fait seulement,
Que penser aux moyens d'aporter du dommage,
Et d'attirer au lac que sa main a dressé
L'indigent oppressé

C ij

Pour assouuir sur luy, sa venimeuse rage.
33 Tout le monde diroit, a voir son faux maintien,
Qu'il est homme de bien,
Il est humble, & courtois, il est doux, il nous flatte,
Il est tousiours muny de bons enseignemens,
Et ses desguisemens,
Font tomber à la fin les simples soubs sa patte.
34 Se voyant absolu, & de nul contredit,
Ce miserable dit,
DIEV, n'en tient plus de côte il n'en à plus memoire
Il en a destourné la clarté de ses rais,
Ie croy qu'à tout iamais
Il me les à laissez, pour seruir à ma gloire.
35 O Seigneur, leue toy, que ton iuste courroux
Descouure aux yeux de tous,
La force de ton bras, estens le sur la place,
Venge toy du meschant, monstre à tes ennemis
O DIEV, que tu n'as mis
En oubly laffligé, qui se fie en ta grace.
36 Pourquoy l'impie ainsi, sans cesse, & en tout
lieu,
Blasphemera-il DIEV?
Viura sans foy, sans loy, suiuant sa fantasie,
Qu'en son cœur il dira plein de fiel qui l'espoint,
Que Seigneur tu n'as point
D'esgard à ce qu'il fait, & qu'il ne t'en soucie?
37 Mais tu le vois pourtant, & d'vn soin nompareil
Incessamment ton œil
Considere les maux, la peine, & la tristesse,

Qu'il donne aux innocens : Puis leur donnes la main
Et les mets tous soudain
A couuert soubz ton aisle, alors que l'on les presse.
38 Les pauures affligez, tu n'abandonne pas,
Ils sont entre tes bras,
Et ta protection incessamment les garde:
Tu prens la cause en main, & deffends du malin,
Le droit de l'orphelin:
L'humble & le desolé sont en ta sauuegarde.
39 Du foudre que tu tiens la haut dedans les airs,
Rompt le bras du peruers,
Fracasse aux yeux de tous, sa force, & son audace,
Quand tu l'auras ainsi iustement recherché,
De son meschant peché,
Il ne paroistra plus, deuant ta sainte face.
40 Le Seigneur, doibt regner en toute eternité,
Et par l'infinité
Des Siecles auenir, mais vous fusils de guerre,
Ministres de tous maux pleins de fiel, & venin
Vous perirez en fin,
Et vous serez destruitz du tout dessus sa terre.
41 Reçoi donc ô Seigneur, en ceste aspre saison,
Des pauures l'oraison,
Desbouche ton oreille, & ne leur sois seuere,
Faisant par ce moyen qu'en toy soit consolé
Leur cœur tant desolé,

Et qu'il ait quelque bien, apres tant de misere.
42 Deffens les tiens, Seigneur, des effortz vio-
lens
De tous ces insolens,
Faictz leur faire raison, & rendre la iustice,
Afin que desormais, l'inhumain orgueilleux,
N'estende point sur eux
Sa main voyant, Seigneur, que tu leur és propice.

ORAISON.

O CREATEVR de l'vniuers, gardez nous des fraudes de l'Antechrist, faites que les portes d'Enfer n'ayent point de puissance sur ceux qui esperent en vous, vous estes l'vnique fils de DIEV, nostre Christ, & nostre SAVVEVR: honneur, & gloire soit doncques à vous, à vostre Pere Eternel, & au S. Esprit. Ainsi soit il.

PSEAVME X.

*Heb.*11

IN DOMINO CONFIDO QVONIAM.

ARGVMENT.

LE PROPHETE, conseillé de s'enfuir pour euiter les entreprises de ses ennemis, monstre sa constance, & grande confiance qu'il à en DIEV, Et que ceux qui esperent en luy, sont en sauueté par tout où ils sont, & qu'au contraire, les meschans n'ont aucune retraicte asseuree, & qu'en quelque part qu'ils aillent, seront poursuiuis par sa iustice, & periront en fin

Pseaume de Dauid au M. des Chantres.

1 Ev qu'en Dieu, mon ame s'appuye,
Et qu'en luy ses attentes sont,
Comment dites vous qu'elle fuye,
Ainsi que l'oyseau sur le mont?
2 Que le peruers deça, la guette,
L'homme de bien prest à lascher
Les traicts de son arc en cachette,
Pour le faire à bas tresbucher.
3 Que les lieux de la forteresse,
De son asile, & son secours,
Sont destruicts, & n'a plus d'adresse,

Point de refuge, & de recours.
4 Comme si DIEV, *de son saint temple,*
En son throsne assis dans les cieux,
Qui de là, tout voit, & contemple,
Ne iettoit plus sur luy les yeux?
5 Mais si fait, & ne iette arriere
Ses regards des pauures honteux,
Il ne clost iamais sa paupiere
Aux humains, qui sont souffreteux.
6 Le Seigneur DIEV, *que ie reclame,*
Esprouue le iuste, & le meschant,
Mais celuy la hait sa propre ame,
Qui commet du mal le sachant.
7 Il fera pleuuoir sur les testes
Des meschans pour les foudroyer,
Des feux, des soufres, des tempestes,
Et c'est la part de leur loyer.
8 Car le Seigneur, est équitable
Il aime la iustice & voit,
Auec un visage agreable,
L'homme iuste, & venge son droit.

ORAISON.

O DIEV de nostre salut, iettez vostre regard fauorable sur vostre peuple Chrestien Ne le corrigez point suiuant la grandeur de ses pechez, mais plustost pardonnez à ses fautes selon la grädeur de vostre misericorde, octroyez Seigneur, que nous puissions decouurir les fraudes & les malices des heretiques, afin que les euitant nous cheminions en toute droiture & en toute equité.

DE DAVID.

PSEAVME XI.

Heb. 12.

SALVVM ME FAC DOMINE.

ARGVMENT.

AVID prie DIEV, de rendre les infidelitez & trahisons de ses ennemys vaynes, monstre qu'il n'y à plus de iustice, & de foy, entre les hommes, mais toute impieté, & corruption de bonnes mœurs, & le prie de garâtir la simplicité des bons, contre les insolences des meschans.

Au Maistre des Musiciens, Pseaume de
Dauid, pour chanter, & iouër
sur l'Octaue.

Las Seigneur, sauue moy, & me sois fauorable,
Car entre les mortelz, l'on ne voit plus de loy,
Et toute leur bonté iadis tant admirable,
Decline ore à noz yeux, ainsi que fait leur foy.
2 Leur bouche est maintenant ouuerte à tout mensonge,
Chacun de vains discours entretient son prochain

*Si leur langue dit vn, leur feint cœur d'autre
  songe,*
Et si l'vn est trompeur, l'autre est de fraude plein
3 *Vueille dōc le Seigneur, ces levres fraudulcuses,*
Retrancher en son ire, & son foudre esclatant,
Passer tout au travers, ces langues orgueilleuses,
Qui blasphement son nom, & te vont irritant
4 *Par noz dorez discours, qui faict qu'on nous
  admire,*
Aux grandeurs (disent-ils) chacun se poussera,
*Nos levres sont à nous pource qu'il nous plaist
  dire,*
Mentons, flatons, trompons, qui nous maistrisera?
5 *Pour la grande misere, & perte lamentable.*
Des pauures affligez, pour leurs gemissemens,
Ie me veux or leuer, dit le DIEV *redoutable,*
A fin de les tirer de tant de durs tourmens.
6 *En lieu de seureté & de toute fiance,*
Ie les retireray loing de ces imposteurs,
Et les asseureray parmy la deffiance,
Qu'ilz ont de leurs appas, & propos enchanteurs.
7 *La parolle de* DIEV, *n'est pas moings nette, &
  pure,*
Que l'argent raffiné par le feu longuement,
Et que pour mieux purger, & de crasse, & d'ordure
L'on met dans le creuset, sept fois pareillement.
8 *Fais donc luire sur nous, ô* DIEV, *ta saincte
  face,*
Et par ta grand bonté, sauue, & garanty nous,

De ceste gent maligne, & contre leur audace,
Maintiens nous à iamais, & nous conserue tous
9 Car le peuple abusé, suit ces ames traistresses,
Les courtise & cherit quand les plus inhumains,
Sont poussez aux grandeurs, aux estats, aux richesses,
Et que tout à souhait, leur tombe dans les mains.

ORAISON.

FAICTES nous tant de bien & tant de faueur (ô nostre Dieu) qu'en ce grand naufrage du monde, où la clarté de la vraye doctrine & de la verité defaillent, nous puissions estre esclairez de la lumiere de l'Euangile & de vos saincts commandemens: Ne nous perdez point Seigneur IESVS CHRIST fils de DIEV, conseruez nous, car nostre support & nostre consolation ne procede que de vous. Ainsi soit-il.

PSEAVME XII.

Heb. 13.

VSQVEQVO DOMINE OBLIVISCERIS ME

ARGVMENT.

APRES plusieurs batailles perdues, & fuitte de Dix ans, deuant Saül, Dauid implore ardemment l'ayde de Dieu, à ce que son ennemy, ne triomphe de sa ruine, mais au contraire, que l'honneur luy demeure de la victoire, & qu'il luy en rendra les condignes louanges, ce Pseaume enseigne la patience, sert à l'Eglise, & à chacun particulier en calamité.

Au M. des Chantres, Pseaume de Dauid.

1 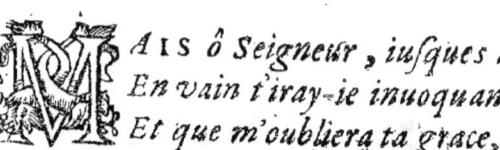 AIS ô Seigneur, iusques à quand
En vain t'iray-ie inuoquant,
Et que m'oubliera ta grace,
Las sera ce pour iamais,
Et iusqu'à quand de ta face,
Me cacheras tu les rais?
2 Ne cesseray-ie en mes iours,
D'agiter ainsi tousiours,
De diuers conseils mon ame,
Mon cœur, d'ameres douleurs,
Et mon DIEV, que ie reclame,
Verser sans cesse des pleurs?

3 Iusqu'a quand verray-ie aussy,
Mon fier aduersaire ainsi
Prendre sur moy l'auantage
Deuant chacun, & tu vois
Où le porte son courage:
Exauce Seigneur ma voix.
4 Ne sois plus tant escarté,
Donne à mes yeux ta clarté,
Et ne permetz ie te prie,
Que ie m'endorme à la mort,
Et mon ennemy ne die,
Ie suis ores le plus fort.
5 Si ie tombe en son pouuoir,
Tous ceux qui desirent voir,
Ma perte, accroistront sa gloire.
Mais i'espere en ta bonté,
Donne moy donc la victoire,
Et fais qu'il soit surmonté
6 Mon cœur deliuré d'esmoy,
Se voyant sauué par toy,
Chantera de place, en place,
Au Seigneur DIEV, comme il faut
De beaux cantiques de grace,
Louant le nom du treshaut.

ORAISON.

NE mettez point en oubly nos oraisons ô nostre DIEV, & durant que l'orage des tribulations nous agite, ne vueillez point destourner de nous vostre face pitoyable. Illuminez les yeux de nostre entendement, & ne permettez point que nous nous endormions dans la mort du peché. Que le diable nostre calomniateur & nostre aduersaire n'aye aucune prise sur nous: mais que plustost nostre cœur se resiouisse en nostre SAVVEVR IESVS CHRIST, vostre cher fils, de qui le nom glorieux est benit eternellement.

DE DAVID. 47

PSEAVME XIII.
Heb. 14.
DIXIT INSIPIENS IN CORDE SVO.

ARGVMENT.

LE PROPHETE, voyant les impietez, violences, & blasphemes, qui sont parmy les hommes, pour n'auoir aucune cognoissance, ny crainte de DIEV, souhaite, & prie pour la venuë du MESSIE, a fin de ramener chacû en la voye de salut, ce qu'il promet prophetiquemēt apres la captiuité.

Au M. de la chappelle, Pseaume de Dauid.

1 Es insensez, & remplis de malice,
Dedans leurs cœurs disent que DIEV
n'est pas,
Viuans ça bas,
Sans craindre rien, sans foy, ny sans iustice.
2 Mais telles gens, sont tous abominables,
Et pas vn seul de tous ces vicieux,
N'est soucieux,
De son salut, tant ils sont miserables.
3 Du haut des Cieux, DIEV rabaisse sa face
Sur les humains, pour voir s'il cognoistra,
Et paroistra
Quelque aduisé qui recherche sa grace.

Pse.
52.1
ROIS
3.10.

48 PSEAVMES

Pse.
5. 11
Rom
3. 13.

Pse.
139.
3.

Isa.
57. 7.

4 Mais pas vn d'eux du mal ne se retire,
Tout est perdu, nul ne s'addonne au bien,
Ne faisant rien,
Que prouoquer, par leurs pechez son ire.
5 Leur gorge n'est, qu'vne tombe puante,
Leur langue n'est que fraude ô DIEV, benin,
C'est vn venin
D'aspic, caché soubs leur leure meschante.
6 Leur bouche n'est pleine que de blaspheme,
Que de vengeance, & leur pied agité
D'agilité,
Pour courre au sang, & leurs mains tout de
  mesme.
7 Bref leur vie est digne de penitence
Pour leurs pechez, ils ne sceurent iamais,
Quelle est la paix,
Ny du Seigneur, la crainte, & reuerence.
8 Viendront ils point, vn iour à se cognoistre
Tous ces meschans, au courage inhumain,
Qui comme pain,
Mangent mon peuple, ainsi qu'on voit paroistre.
9 Pour n'auoir mis au Seigneur leur attente,
Ny reclamé son nom en le seruant
Ils ont souuent,
Tremblé de peur, sans raison apparente.
10 Car le Seigneur, demeure en la semence
De l'homme iuste & puis vous fermez l'œil,
Au bon conseil,
Du pauure, qui s'attend en sa clemence.

DE DAVID. 49

Qui sauuera Israël de tristesse
Du hault Sion, DIEV, retirant les siens
De leurs liens:
Iacob, aura comme Israël liesse.

ORAISON.

REGARDEZ nous (Seigneur) de vostre Ciel, & faictes que nous recognoissions le chemin de paix & de verité a fin que marchans en vostre crainte, nous soyons faits vrays enfans de Iacob, & soyons trouuez dignes bourgeois de la celeste Hierusalem, preparee aux vrays Israelites. Ainsi soit-il.

50 PSEAVMES

PSEAVME XIIII.

Heb. 15.

DOMINE QVIS HABITABIT.

ARGVMENT.

Pse. 1. & 23.
Mat 11.

EN ce lieu, sont representees les qualitez que doit auoir celuy, qui veut esperer la beatitude eternelle, qui sont aussi touchees cy deuant, & cy apres, en sainct Matthieu, les dix commandemens de DIEV, y sont compris & ce, qui a esté aussi declairé par IESVS CHRIST au nouueau testament.

Mat 5. & 22.

Pseaume de Dauid.

Pse. 23.3.

1 MON DIEV, dis moy qui sera-ce,
Qui bienheureux aura sa place,
En ta chere maison, ou sont
Tous biens, & possedant ta grace,
Reposera sur ton sainct mont?

Isa. 33.15

2 L'homme de bien, l'ame innocente,
Qui chemine en la droite sente,
Ne faict rien que bien à propos,
Qui faict iustice, & patiente,
Ayme la paix, & le repos,

3 Qui dit vray, selon ce qu'il pense,
En son cœur, en sa conscience,

DE DAVID.

Ainsi que le Seigneur enjoint,
Qui ne blaspheme, qui n'offense
Personne, & qui ne trompe point.
4 Qui vit bien, & qui ne procure
A son prochain aucune iniure,
Ne luy fait que ce qu'il voudroit
Que l'on luy fit, & qui n'endure
Qu'on en face quiconque soit.
5 Qui ne hante, & ne favorise
Les peruers, & qui les mesprise:
Mais bien qui faict estat de ceux,
Qui craignent bien DIEV, sans feintise
Et sont de le seruir soigneux.
6 Qui ne trompe, & ne se pariure,
Ne met son argent à l'usure
Rend la iustice, & ne prend rien,
A fin de faire vne imposture,
Et condamner l'homme de bien.
7 Qui faict ainsi, ayant la crainte,
Du Seigneur, dans son ame emprainte,
Esbranlé ne sera iamais,
Et dessus ma montagne saincte,
Demeurera sans fin en paix.

D ij

ORAISON.

FAICTES nous cesté faueur, ô nostre DIEV, que sans tache, & sans macule, nous puissions entrer en vostre saincte Eglise, destournez de nostre courage tout dol, & toute fraude: que les oppressions, les vsures, qu'on exerce sur le prochain n'ayent jamais de possession sur nostre ame, afin que par ce moyen, nous ne soyons point retranchez de la compagnie des fidelles, par vous, nostre Seigneur IESVS-CHRIST, qui estes nostre vray chef, & capitaine.

DE DAVID. 53

PSEAVME XV.

Heb. 16.

CONSERVA ME DOMINE.

ARGVMENT.

CE Pseaume, est particulierement approprié au nouueau regne DE IESVS CHRIST, & de son Eglise, ainsi qu'il est monstré par S. Pierre aux Actes, où il allegue les quatre derniers versets, & S. Paul tout de mesme.

Pseaume de Dauid, sur le chant de Mischthon, chant Royal, & elegant.

1 CONSERVE *moy, Seigneur, parmy les insolences,*
Des ennemis iurez de ton nom, & ta foy,
I'espere en ta bonté, contre leurs violences:
I'ay dit, Seigneur, tu es mon Seigneur & mon Roy,
Et tu n'as point besoing, de mes biens, ny de moy.
2 Il ta pleu me donner vn vouloir de bien faire,

D iij

Et desir singulier de secourir tous ceux,
Qui par la droite voye, & sainte, & debonnaire,
Meritent icy bas, le nom de glorieux,
Et toutce que iay peu, i'ay tousiours faict pour eux
3 Les autres au mespris, de tes sainctes parolles,
Et de ton ordonnance, ainsi comme insensez,
Multiplient des DIEVX, adorent les idoles,
Y presentent leurs vœux, vainement adressez,
Et ne sont plus pour toy, les autels encensez.
4 Le ciel puisse à iamais, desastres, sur desastres,
Malheur, dessus malheurs, mon DIEV, leur pro-
  curer,
L'on ne me verra point parmy ces idolatres,
Verser le sang comme eux, ny de mesme iurer
Par leur nom, que i'abhorre, & ne puis endurer.
5 Le Seigneur est la part de mon grand heritage,
C'est le lot desiré, dont ie suis glorieux,
Qui m'est escheu suiuant mon desir en partage,
Bref de ma coupe est, le vin delicieux,
Et le saint protecteur, de mon bien en tous lieux
6 Doncques au Seigneur DIEV, consiste ma
  richesse,
Mon partage est escheu, en vn tresbon terroir,
DIEV ne pouuoit pas mieux, me monstrer sa lar-
  gesse,
Ny son amour, & moy, ne pouuois receuoir
Vng meilleur heritage, ainsi que l'on peut voir.
7 Ie loueray à iamais mon DIEV, plein de puis-
  sance,

Qui m'a faict tant de biens, sans auoir merité,
De sa sainte bonté, si grande cognoissance:
Qui m'a pour son amour ardemment incité
A penser iour, & nuict, à ce bien souhaité.
8 Aussy le Seigneur DIEV sans fin ie me propose
A mes yeux, à mon cœur i'y pense tous les iours,
Ma bouche n'a iamais pour discours autre chose,
Ie ne crains qu'on m'esbranle, ayant vn tel se-
   cours,
Qui veille à mon costé, pour mon salut tousiours.
9 C'est le sujet qui rend, mon ame tant contete
Mon cœur ainsi ioyeux, magnifiant ton loz,
Ma langue en ces discours, ainsi gaye, & coulante,
Estant bien asseuré, qu'vn eternel repos,
Couurira pour tous iours, mes cendres, & mes os.
10 Car iamais ta bonté Seigneur, que ie reclame,
Dedans l'obscurité des enfers tenebreux,
Ne delaissera point mon esprit ny mon ame,
Et ne souffriras point que dans leurs cachots creux
Ton oingt, soit corrompu comme les malheureux.
11 Mais bien plustost Seigneur, me monstreras
   la trace
De la vie immortelle, afin d'y paruenir,
Car à la verité le regard de ta face,
Comprend tout le bon-heur, qui nous peut auenir,
Et tu tiens les plaisirs qu'en main on peut tenir.

ORAISON.

C'Est en vous seul que nous esperons ô nostre DYEV, nous sommes la portion de vostre heritage, monstrez nous les voyes de verité, & de vie, afin qu'vn iour en la generale resurrection des morts, nous puissions nous resiouyr auec tous les fidelles.

DE DAVID.

PSEAVME XVI.

Heb. 17.

EXAVDI DOMINE IVSTITIAM MEAM.

ARGVMENT.

DAVID, se voyant accablé des persecutions de ses ennemis, mesme de Saül, a recours au Seigneur, & l'inuoque ardemment, à ce qu'il luy plaise l'en deliurer, le tout mistiquement se rapporte à la personne de IESVS CHRIST,
& de son Eglise, comme aussi des gens de bien, contre leurs
aduersaires, tant spirituels que corporels.

Oraison de Dauid.

Ne iette point en arriere,
O Dieu, ma iuste priere.
Las escoute en cest endroit.
Sois fauorable, & propice,
Et rendz Seigneur la iustice
A quiconque a le bon droit.
2 Ouure ton oreille saincte,
A ma priere, à ma plainte,
Venant de leures Seigneur,
Qui te parlent sans feintise,
Et d'vn cœur qui ne desguise

Pour t'esmouuoir à faueur.
3 Seigneur DIEV, de mon refuge,
Voy ma raison, sois-en iuge,
Soustiens mon droit s'il te plaist.
Que ce soit deuant ta face,
Et considere de grace,
Ma cause, & mon interest,
4 Les pensees plus profondes
De mon cœur la nuit tu sondes,
Tu m'as Seigneur esprouué,
Comme vn metal dans la flamme,
Et tu n'as veu dans mon ame,
Rien d'iniuste, & reprouué.
5 Mes levres n'ont dit langage,
Qui tournast à l'auantage,
Des faicts des meschans, mon DIEV,
Et durant toute ma vie,
I'ay ta parolle suiuie,
Et maintenue en tout lieu.
6 Prens donc en main ma deffence,
Et mes pas pleins d'innocence,
Asseure en tes saints sentiers,
Mon pied appuye, supporte,
Faisant par ta grace en sorte,
Qu'il ne bronche volontiers.
7 A toy Seigneur, ie m'adresse,
Car tousiours en ma detresse,
Seigneur, tu m'as exaucé:
Preste donc à ma parolle

Ton oreille, & me console,
Et souuien toy du passé.
8 Comme ta gloire est supreme,
Rends ta bonté tout de mesme,
Et toute admirable en soy,
Toy qui les iustes preserues,
Qui maintiens, & qui conserues
Ceux qui n'esperent qu'en toy.
9 Prens moy en ta sauuegarde,
Ne me tiens moins en ta garde,
Que la prunelle de l'œil,
Contre ceux que l'on voit estre,
Animez contre ta dextre
Et ton pouuoir nompareil.
10 Couure moy Seigneur, soubz l'aisle,
De ta faueur eternelle,
Et me deffens à iamais,
Contre ces ames peruerses,
Qui m'ont fait tant de trauerses,
Et ne me laissent en paix.
11 Ils ont mon ame affligee,
De toutes parts asiegee,
Ils sont gras pleins d'enbon-point,
En parlant ilz se boursouflent,
Et leurs bouches qui ne souflent
Qu'orgueil, ne te louënt point.
12 Quelque part où ie m'auance
Tousiours quelqu'vn me deuance,
Et m'arreste sur mes pas,

Sans fin leur veuë est dressee,
Ainsi comme leur pensee,
Pour me renuerser à bas.
13 Ils sont chauds à leur conqueste,
Comme vne fere à sa queste,
Et vn petit lionceau,
Qui tapi hors de la voye,
Guette au passage la proye,
Pour en faire vn bon morceau.
14 Fais toy paroistre, & te monstre,
Preuien-le, marche à l'encontre,
Et que par terre il soit mis,
Tire mon ame qui tremble,
Et le glaiue tout ensemble,
Des mains de tes ennemis.
15 Oste les donc, & separe
De ce petit nombre, & rare,
De gens de bien demeurez,
Qui de tes bien-faits n'abusent,
Et tout autrement en vsent,
Que ne font ces esgarez.
16 Ils ont plus qu'à suffisance,
De toute chose abondance,
Et leurs enfans aussy bien.
En ont plus qu'ils n'en demandent,
Iusqu'à tous qui d'eux descendent,
Et ne se soulent de rien.
17 Mais moy Seigneur debonnaire,
Ie seray tout au contraire,

Deuant toy plein d'equité,
I'auray mon ame contente,
Voyant ta gloire apparente.
Car c'est ma felicité.

ORAISON.

SEIGNEVR IESVS CHRIST, de qui la croix est salut des miserables, nous vous suplions, bien que pauures pecheurs, & indignes de vostre faueur, de nous cõseruer, comme la prunelle de vostre œil. Cachez nous soubz l'ombre de voz aisles qui sont misericorde, & charité, conseruez nous, & faictes qu'estans éppurez par le feu, nous puissions vn iour apparoistre iustes deuant vostre face, lors que vous apparoistrez en gloire. Benit soit vostre nom, aux siecles des siecles. Ainsi soit-il.

PSEAVMES

PSEAVME XVII.
Heb. 18

DILIGAM TE DOMINE.

ARGVMENT.

Hymne solemnel, de remerciement, & action de grace, que Dauid rend à Dieu, apres qu'il fut paisible & victorieux de ses ennemis. Toutes ses affaires soubs la persecution de Saül, & ses autres aduersaires y sont representees, où il y a plusieurs misteres spirituels cachez, tendans la pluspart aux predictions du Messie.

Au maistre de la Chappelle, Cantique de Dauid, seruiteur du Seigneur, qu'il chanta, lors que le Seigneur le mit hors des mains de Saül, & de tous ses ennemis en disant.

2 Rois 22.

1 J'AVRAY de ton amour sans fin l'ame eschaufee,
O Dieu, de mon recours, ma force, & mon trophee,
Le Seigneur est mon fort, mon refuge, & secours.
2 Mon Dieu, me tend les bras, m'ayde en ma souffrance

2. Heb. 13.

J'ay mis en sa bonté aussi mon esperance,
A nul autre qu'à luy, ie n'ay point de recours.

DE DAVID.

3. C'est mon cher protecteur, c'est la corne inuincible,
La force, la vertu, de mon salut visible,
C'est la fidelle garde, où ie me suis commis :
4 En donnant à son nom louange, honneur, &
  gloire,
Ie le reclameray, il en aura memoire,
Et me garantira de tous mes ennemis.
5 I'en ay veu les effects, mon ame estant enceincte, | Pse.
De mortelles douleurs, n'ayans plus que la plainte,| 114.
Tout troublé des torrens des meschans odieux, | 15.
6 Inuesty des tourmens des affreuses tenebres,
De l'enfer plein de cris, & complaintes funebres,
Et saisi des liens de la mort en tous lieux.
7 Reduit en cest estat plein d'effroy, de misere,
I'inuoque la bonté du Seigneur, où i'espere,
I'esleue vers mon DIEV, mes cris comme mon cœur.
8 Il exauce aussi tost ma voix de son sainct
  temple,
Mon cry fut iusqu'à luy, il me voit, me contemple,
Et touché de pitié se leue en ma faueur.
9 La terre de frayeur en deuint toute esmeuë,
L'assiete des haults monts, sans fermeté fut veuë,
Tesmoignant du Seigneur, les courroux allumez.
10 Il sortoit de son ire, en haut vne fumee,
Et des bouillons de feu de sa face allumee,
Les charbons de son foudre en estoient enflamez.
11 Il a baissé les Cieux pour icy bas descendre,
Maints nuages espais soubs ses pieds se vont rendre,
L'air grossy de brouillarts, chāge nos iours en nuicts

12 Porté sur Cherubins en cest endroit il vole
Et sur l'aisle des ventz que regit sa parolle,
Il se porte ou i'estois, ainsy remply d'ennuys.
13 Dans le nuage obscur estoit sa grandeur sainte
Maintes noires vapeurs, la terreur, & la crainte,
Faisoient son tabernacle & le rendoyent affreux.
14 Soudain qu'il apparoist, & que ses raiz s'es-
pandent,
Les tenebres s'en vont, les nuages se fendent,
Et couurent l'air de gresle, & de brandons de
feux.
15 DIEV, tonne de son ciel, il en esmeut la terre,
Le tres-haut faict ouyr sa voix comme vn ton-
nerre,
Gresle, & charbons de feu, dont il arme son bras,
16 Lance ses dardz vengeurs sur les prophanes
testes,
De mes fiers ennemys, redouble ses tempestes,
Les dissipe, les rompt, & les renuerse à bas.
17 Les fontaines des eaux à ceste heure tarirent
Les fermes fondemens de la terre se virent,
Comme en vn tournemain, çà de là descouuertz,
18 Tant ilz furent surpris des frayeurs de son
ire,
Et des ventz de l'esprit, que son courroux respire,
Qui rendoit tout esmeu le corps de l'vniuers.
19 Tandis auec vn œil propice, & fauorable,
Il me tendit d'en-haut sa dextre secourable,
Me prit, & retira des grandz flotz pleins d'effroy

20 M

DE DAVID.

20 Me recourut des mains de mes fiers aduer-
saires,
Insolens, & puissans, & de tous mes contraires,
Qui troubloient mon repos, & me donnoient la loy.
21 Ils ont tendu maints lacs pour attraper ma vie,
Lors que d'afflictions ils la verroient suiuie,
Mais Dieu plein de douceurs s'en est rendu l'appuy.
22 Le Seigneur m'a tiré de leurs funestes pieges,
Rendu vains les efforts de ces mains sacrileges,
Le tout pour ce qu'il m'aime, & que i'espere en luy.
23 Voila comme mon Dieu, fauorable, & propice,
A tousiours guerdonné ma cause, & ma iustice,
Selon la pureté de mes faicts & mes dicts.
24 Tousiours le Seigneur, Dieu, m'a reco-
gneu fidelle,
Iamais à son vouloir on ne m'a veu rebelle,
I'ay sans cesse obserué sa voye, & ses Edits.
25 Iamais on ne m'a veu perdre la souuenance,
Des sacrez mandemens de sa saincte ordonnance,
Ie n'ay point rejetté ses loix de mes esprits.
26 Il m'a cogneu tousiours entier à tout af-
faire,
Tousiours prompt d'obeir, me gardant de mal faire,
Et de commettre chose où ie serois repris.
27 Le Seigneur m'en a faict condigne recompense,
Il me rendra tousiours selon mon innocence,
Car de la pureté tu contentes tes yeux.
28 Tu feras comme à moy tousiours à tous de
mesme,

1 sam.
22.
22.

Aux saincts tu seras saint, vers l'innocēt qui t'aime,
Innocent, & tousiours misericordieux.
29 Dōcques ô DIEV, benin, enuers nous tu te portes,
Ainsi que nous faisons vers toy en toutes sortes,
Aux bons tu seras bon, & aux mauuais, mauuais.
30 Ainsi tu sauueras l'affligé du naufrage,
Et tu rabaisseras auec le vain courage
Les yeux des orgueilleux, icy bas pour iamais.
31 Ie recognois aussi que c'est ta grace entiere,
Qui fait reluire en moy, ceste belle lumiere,
Et tire de ma mort vn clair, & luisant iour.
32 Tu m'as souuent sauué du peril des batailles,
Au sainct nō de mō DIEV, i'ay franchy les murailles,
Et trauersé par tout, sans crainte, & sans d'estour
33 Les sētiers de mon DIEV, sōt nets, & ses oracles
A l'espreuue du feu: ses faits sont des miracles,
Iamais son ferme appuy ne fraude nostre espoir
34 En mon DIEV seulement mon ame se contente,
Car qui se peut vanter pour DIEV, de nostre attēte,
Si ce n'est ce grand DIEV, merueilleux en pouuoir
35 C'est luy, qui me remplit de vigueur, & de force,
Qui me garde aux perils, au besoin me renforce,
Et qui m'ouure la voye à toute pureté.
36 Qui rend esgaux mes pieds, a la grande vitesse
Des cerfs prompts, & legers, alors que l'on me presse,
Pour trouuer au sommet des monts ma sauueté.
37 C'est luy qui duit mes mains, & les façon-
ne aux armes.
Qui renforce mon bras, aux perils, aux alarmes,

Voire pour rompre vn arc, combien qu'il feust d'airain,
38 Tu m'as donné l'escu, dont ie me sauue, & garde,
Et ta dextre qui m'a pris en sa sauuegarde,
Me soustient aux hasars, & rend leur effort vain.
39 Incessamment Seigneur, ta saincte discipline
A corrigé mon ame, empesché ma ruyne,
Et ton instruction, sans fin m'enseignera.
40 Aussi plus que iamais tu dilates mes sentes,
Tu faicts voir dessus moy, tes faueurs eminentes,
Mon pas du droit sentier, point ne declinera.
41 I'ay chassé, i'ay blessé, i'ay raualé l'audace,
De mes fiers ennemis, fuyans de place, en place,
Et ne suis retourné, sans les auoir rompus.
42 I'en ay fait tel fracas, que chacun les deplore,
Si que ie ne crains point, que pas vn se puisse ore,
Releuer soubs mes pieds, où ie les tiens confus.
43 Tu m'as aussi Seigneur, d'vne main debonnaire,
Armé d'vn tel pouuoir qu'il passe l'ordinaire,
Et ceux qui s'esleuoyent fait tomber dessous moy,
44 Ton courroux a soudain dissipé leur armee,
Tu les as estonnez, & reduit en fumee,
Ceux qui m'ont procuré tant de fascheux esmoy.
45 Ils ont en vain crié, chacun les abandonne,
L'on n'a point pitié d'eux, personne ne leur donne
La main, & le Seigneur, n'a leurs vœux exaucez,
46 I'en ay fait vn debris, comme poudre qui roule,
A la mercy des vents, & veinqueur ie les foule,
Ainsi que du lymon, tant ils sont abaissez.
47 Tu m'as sauué des flots & tiré de la rage,

Des peuples mutinez, destournant leur orage,
Et m'as establi chef de maintes nations,
48 *Ceux qui n'avoyent de moy de cognoissance*
  aucune,
Se sont venus ranger soubs ma bonne fortune,
Au seul bruit de mon nom, & de mes actions.
49 *Maints estrangers vaincus, cedans à leurs*
  disgraces,
Desguisant leur regret, ont reclamé mes graces,
D'autres i'ay fait trembler, dans leurs propres
  rempars :
50 *Vive donc de mon* DIEV, *la clemence notoire,*
Benist soit le Seigneur, qui me donne victoire,
Et puisse-je sa bonté louer en toutes parts.
51 *O* DIEV, *qui m'as donné la force, & la ven-*
  geance,
Assujetty maint peuple, en mon obeissance,
Et fait tous ces meschans tresbucher à l'enuers,
52 *Deliure ton seruant de ceux la qui s'esleuent*
A present contre luy, ne permets qu'ils le greuent,

Rom
1.9.

Et tombe à la mercy Seigneur, de ces peruers.
53 *Donc pour tant de bienfaits, suiet de mes*
  louanges,
Ie porteray ta gloire aux nations estranges,
Et ie psalmodiray en ton honneur aussi.
54 *Toy qui hors des perils mets en magnificence*
Ton cher Roy, faits encor, qu'en ta grande cle-
  mence,
Ayt part ton Oingt Dauid, & sa lignee ainsi-

ORAISON.

PRotecteur de noz Ames, corne de noftre falut, noftre force, & noftre firmament ô DIEV vnique refuge des fideles, deliurez nous de tous nos ennemis vifibles & inuifibles, oftez nous du deftroit de l'angoiffe, & mettez nous dans le champ fpatieux de la confolation, & de l'efperance, Illuminez les tenebres de noftre Cœur, & faites SEIGNEVR, que nous ne laiffions point Inueterer nos pechez dans nos courages, & que iamais nous ne decliniōs point, des vrays fentiers de noftre Seigneur IESVS CHRIST, qui regne eternellement. Aufi foit il.

PSEAVMES

PSEAVME XVIII.

Heb. 19.

CÆLI ENARRANT.

ARGVMENT.

Le Prophete, monstre la grandeur de Dieu, par la merueille de ses œuures, qui se descouurent à nos yeux, & de là nous tire à la cognoissance de la bienueillance & charité de Dieu, enuers nous, par l'obseruation de sa sainte loy, mandemens & Iustice, d'où depend nostre felicité en ce monde, & la beatitude eternelle en l'autre.

Au Maistre Musicien, Pseaume de Dauid.

1 TANT de Beautez qu'on voit es cieux,
Racontent la gloire en tous lieux,
Du Seigneur, & luy font hommage,
Et l'enceinte du firmament,
Annonce à tous incessament,
Que de ses doigtz elle est l'ouurage.
2 Le iour apres l'autre coulant,
Des faicts du grand DIEV va parlant,
Et de la sainte sapience,
Et la nuit qui de feux reluit,
Passant soudain en l'autre nuit,
Enseigne à son tour sa science.

3 En la grandeur de l'vniuers,
On ne voit peuples si diuers,
Ne si differens en l'vsage,
De langue, & de meurs mesmement,
Qui n'entendent le mouuement
Des Cieux, resonner le langage.
4 Par tout où la terre s'estend,
Leur son harmonieux s'entend,
Et leurs parolles rauissantes,
Font retentir de tous costez,
Du Souuerain DIEV les bontez,
Le loz, & ses œuures puissantes.
5 Afin que tout y feut pareil,
Il a faict au luisant Soleil,
Vn palais d'où son excellence,
Sort bien paree aux yeux de tous,
Comme faict vn nouuel espoux,
De sa chambre en magnificence.
6 Il se porte ioyeux au cours,
Auec tous ces brillans atours,
Comme vn geant plein d'allegresse,
Il sort flambant, & radieux,
Et se monstrant d'vn bout des cieux
Il poursuit sa course sans cesse.
7 Il tournoye le ciel par tout,
En vn iour atteint l'autre bout,
Sans se detraquer de sa sente,
Si bien qu'il n'est chose icy bas,
Que l'on voit, & qu'on ne voit pas.

E iiij

Qui de sa chaleur ne se sente.
8 Du tout puissant, la sainte loy,
N'a rien que de parfait en soy,
C'est elle seule qui r'adresse,
L'ame esgaree au bon chemin,
Et son tesmoignage diuin,
Remplit les petitz de sagesse.
9 La saincte loy du Seigneur DIEV,
Est iuste, & nous comble en tout lieu,
De la vraye, & parfaite ioye,
Et son sacré commandement,
Est pur, esclairant ardemment,
Les yeux de nostre ame en sa voye.
10 La crainte de DIEV, tout puissant,
Aux siecles n'ira finissant:
Bien-heureux sont ceux qui s'y fient,
Ses veritables iugemens,
Surpassent nos entendemens,
Et d'eux mesme se iustifient.
11 L'or n'est pas si delitieux,
Ny les ioyaux si precieux,
Comme sont tes loix nompareilles,
Et leur douceur passe de loing,
Les raiz du miel, qu'auec grand soing,
Font dans leurs ruches les abeilles.
12 Aussi ton humble seruiteur,
En est soigneux obseruateur,
Et se promet la recompense,
Grande, & certaine, à tes seruans,

DE DAVID

Qui vont ô Seigneur, obseruans,
Tes edits, auec reuerence.
13 *Mais quel esprit est si parfait,*
Qui peut comprendre tout à fait,
Tous ses pechez? Seigneur efface,
Ceux la qui me sont incongneuz,
Et de ceux qui sont apperceuz,
A d'autres, sauue moy de grace.
14 *Car si telz vices n'ont pouuoir*
Sur moy, comme on leur voit auoir,
Et dominer ainsi mon ame,
Lors ie seray parfaitement
Sans tache, & net entierement,
Seigneur mon DIEV, *que ie reclame.*
15 *Lors tu feras estat de moy,*
Et tousiours ainsi deuant toy,
I'auray tes graces fauorables,
Et tous mes dits, & mes pensers,
O Seigneur mon DIEV, *que ie sers*
Te seront du tout agreables.
16 *O Seigneur, tu es mon support,*
Mon redempteur, & mon confort,
Ma sauuegarde, & ma deffence,
Ie ne requiers point d'autre appuy,
Ny d'autre secours que celuy
Qui procede de ta clemence.

ORAISON.

Seigneur, qui apres auoir daigné sortir des flancs impolus de la vierge, estes monté derechef à la dextre de vostre pere, nous vous requerons de nous vouloir eslargir vostre misericorde, faictes que nous soyons illuminez par la loy de vostre Euangile, afin qu'estans nettoyez de tous nos pechez, nous soyons vn iour trouuez dignes de iouyr de vostre gloire. Ainsi soit il.

DE DAVID. 75

PSEAVME XIX.
Heb. 20.

EXAVDIAT TE DOMINVS.

ARGVMENT.

Devote priere à Dieu, d'vn peuple biẽ affectionné enuers son Roy, allant à la guerre pour le salut de luy, & de son armee, en fin est vne action de graces pour la victoire obtenue contre ses ennemis, l'Eglise chante aussi ce Pseaume, Mistiquement pour tous les bons magistrats, & pour chacun en particulier, estans en necessité de corps, & dame.

Au M. de la Chappelle, Pseaume de Dauid.

1 V temps que les mal-heurs, d'vne guerre cruelle
Semblent vouloir sur nous descocher tous leurs traits,
Le Seigneur soit propice aux saincts vœux que tu faits,
Et le Dieu, de Iacob, prenne en moy ta querelle,
2 Vueille ouyr du saint lieu tes prieres sans cesse,
Auoir de ton salut aux perils tousiours soing,
Tenir prest son secours, lors qu'en auras besoing
Et du haut de Sion, te maintienne en liesse.

3 Luy plaise à tout iamais conseruer la memoire
De tes oblations, & s'en resouuenir,
Vueille ton holocauste, incessament benir,
Et soit deuant ses yeux consommé à sa gloire.
4 Face tousiours sur toy luire sa bienueillance,
Soit sans fin fauorable aux desirs de ton cœur,
Te conduise aux combats, t'en rameine vainqueur,
Et ioigne à tes conseils, & l'heur, & la vaillance.
5 Lors que victorieux reuiendras des allarmes,
Puissions nous au deuant comblez de ioye aller,
Et louans le Seigneur, en triomphe estaller,
Des ennemis vaincus la despouille, & les armes.
6 Puisse donc l'Eternel, les porter tous par terre,
Accomplir ta demande, & tous les iustes vœux:
Il l'a fait, & desia triomphant il est d'eux,
Il à sauué son oingt des hazards de la guerre.
7 Il à faict sa valeur en nostre roy cognoistre,
Et le soing qu'il à pris de l'exaucer aussi.
Du plus haut ciel tousiours: le salut est ainsi
Au pouuoir de sa dextre, & l'a biē fait paroistre.
8 L'vn auoit en ses bras, mis sa fole asseurance,
L'autre en ses chars de guerre, & l'autre en ses
 cheuaux,
Mais nous inuoquās DIEV, contre ces prochains
 maux,
Mettions en sa bonté toute nostre esperance.
9 Aussi sont-ils tombez, sur la place en arriere,
Et des mesmes liens qu'ilz auoient aprestez,
Pour les traisner captifz on les voit arrestez,

DE DAVID. 77

Et nostre armee encor plus que iamais entiere.
10 Ainsi nous soit tousiours, le Seigneur secourable
Qu'il conserue le Roy, plein de prosperité,
Et quand nous le prirons en nostre aduersité
Qu'il luy plaise se rendre, à noz vœux fauorable.

ORAISON.

EXAVCEZ nous de vostre ciel, ô nostre DIEV, vous qui estes le salut de nostre dextre, faites qu'en vraye foy, & en vraye esperáce, nous puissiós resusciter de la mort de nos pechez, au nom de nostre Seigneur IESVS CHRIST de la resurrection de qui, nous nous puissions autant resiouir comme nous sommes affligez de sa passion. Ainsi soit il.

PSEAVME XX.

Heb. 21.

DOMINE IN VIRTVTE TVA.

ARGVMENT.

ACTION de graces solemnelle de tout le peuple Israëlite, pour la victoire, salut, & félicité & longanimité de la vie de leur Roy, elle se rapporte mistiquement à IESVS-CHRIST, qui doit en fin triumpher de tous ses ennemis, & regner eternellement.

1. QVE Seigneur, en ta force admirable,
S'esiouyra, le Roy victorieux,
Lors qu'il verra ta dextre fauorable
Pour luy cōbatre, & le tirer des lieux,
Où les hasars de la guerre,
Le pouuoient par terre?
O qu'il en sera ioyeux.
2. A ces souhaicts, le chemin tu luy traces,
Et son desir n'est pas plutost conceu
Dedans son cœur, tout comblé de tes graces,
Qu'il est soudain par ta bonté receu,
Il ne t'a faict onc requeste,
Que ta bonté tousiours preste,
Ne l'ait mesme preuenu.

3 Tu le preuiens par grace singuliere,
Comme tu faits tous ceux qui sont des tiens,
Tu l'oys auant qu'il face sa priere,
Tu le remplis de bon-heur, & de biens,
Tousiours ta grace enuironne
Sa teste du couronne,
Que toy mesme tu soustiens.
4 Il t'a requis luy conseruer sa vie,
Et pour vn temps n'en souster le flambeau,
Tu l'as voulu & qu'elle feust suyuie,
De tant de iours, exempte du tombeau,
Qu'elle fust comme immortelle,
Aussi Seigneur elle est telle,
Tant son aage, est long, & beau.
5 Le los est grand, & la gloire de mesme,
Qu'il à receuë en ton diuin secours,
Et ton salut par vne grace extresme
De ta bonté, qui luit sur luy tousiours,
Et de nouuelles victoires,
De triomphes, & de gloires,
Le combleras tous les iours.
6 C'est ton esleu, colloqué sur la terre,
Pour y seruir de benediction
A tout iamais, tant en paix, comme en guerre,
Et la remplir de ta perfection,
Où tu le maintiens sans cesse,
Par ton regard en liesse,
Non sans admiration.
7 Car le Roy, met du tout son esperance,

Au Seigneur DIEV, son refuge est à luy,
Il vit heureux ayant ceste asseurance,
Et ne craint rien, qui peut luy faire ennuy,
Ayant si fidelle garde
Qui son throsne contregarde,
Et vn si puissant appuy.
8 Qu'incessamment aux combatz aux alarmes,
Tes ennemis soient trouuez sous ta main,
Qu'elle les rompe, & que leurs fortes armes,
Ne rendent point l'effort de ton bras vain,
Et tes haineux au semblable,
De ta dextre inexorable,
Rencontrez aussi soudain.
9 Lors qu'ils feront chose qui te desplaise,
Et que Seigneur, tu te courrouceras,
Aux yeux de tous comme en vne fournaise
Soudainement tu les consumeras.
Ils periront en ton ire
Et des feux qu'elle respire,
Ainsi les deuoreras.
10 Ce qu'ils auront en terre de semence
Sera destruict, comme ils ont merité,
Il portera comme eux la penitence
A tout iamais de leur iniquité,
Et sur la terre où nous sommes
Entre tous les autres hommes
Sera sans posterité
11 Car ilz ont bien esté si temeraires,
Que de vouloir entreprendre sur toy,

Et pour troubler le bien de tes affaires,
Chercher chacun quelques moyens en soy,
Mais leur meschante pensee,
En ces desseings renuersee,
Ne t'a point donné d'esmoy.
12 *S'ils ont encor le courage, & l'audace,*
De s'esleuer, c'est faict pour iamais d'eux,
Tu les feras fuyr de place, en place,
Ou bien passer par ton fer glorieux,
Et ceux qui tourneront teste,
Ta main sera tousiours preste,
Pour leur tirer droit aux yeux.
13 *Leue toy donc Seigneur, en la puissance,*
Qu'en pareil faict tu fais apperceuoir,
Et donne leur mon DIEV, *la cognoissance*
De ta vertu, qu'on ne peut conceuoir,
Esclaire, tonne, foudroye,
Et nous chanterons de ioye,
Par cantiques ton pouuoir.

ORAISON.

RESPANDEZ sur nous benedictions de douceur, ô nostre DIEV, afin que nous puissions faire retentir vos diuines louanges, & en fin acquerir la felicité, qui dure aux siecles, des siecles. Ainsi soit il.

F

82 PSEAVMES

PSEAVME XXI.
Heb. 22.

DEVS DEVS MEVS RESPICE IN ME.

ARGVMENT.

CE PSEAVME est du nombre de ceux qui sont particulierement attribuez à nostre SAVVEVR, sa passion, sa mort, sa resurrection, y sont si distinctement representees, qu'il semble que soit plustost vne narration de chose auenue, que non pas à venir, & peut seruir à tous ceux qui sont en affliction.

Au maistre des chantres, Pseaume de Dauid, pour le sacrifice du matin.

Mat.
27
46.
Mar.
15.
34.

1 MON DIEV, helas mon DIEV, iette
    sur moy ta veuë,
Considere en pitié mon ame toute esmeuë,
Pourquoy l'as tu laissee en ce mortel esmoy,
Tenu loing ton secours, à la voix de mes plaintes?
2 I'implore iour, & nuit, tes bontez toutes saintes,
Mais c'est las vainement, tu n'as plus soing de moy,
Tant ton ire est enflee, & ses ondes sont hautes,
Et tout cela ne vient, neantmoings pour mes
    fautes.

DE DAVID.

3 Tu ne laisse pourtant d'estre enuers qui t'offence,
Tousiours tout sainct, tout bon, tout remply de clemence,
La gloire d'Israël, son refuge, & son soin,
Et son fidelle appuy, quand quelque ennuy la presse,

4 Nos ayeux en ont faict espreuue en leur detresse,
Tu n'as iamais fraudé leur espoir au besoin,
Tu leur as faict souuent voir plutost le riuage,
Qu'ils n'ont veu dessus eux se preparer l'orage.

5 Ils ont haut inuoqué le secours de ta grace,
Se confians en toy, Soudain ta saincte face
S'est tournee enuers eux, tu les as mis au port,
Et non point delaissez, confus en leur attente.

6 Mais moy helas en vain, ie crie, & me lamente,
Ie ne suis pas vn homme, ains vn ver sans support,
Chacun me foule aux pieds, en la terre où nous sommes,
Et ie suis le mespris, & l'opprobre des hommes.

7 Vn chacun qui me voit languir en ceste angoisse, Mat.
Et que le Ciel du tout m'abandonne, & me laisse, 27.
Se rit de moy Seigneur, & la morgue me faict, 30.
Tesmoigne son mespris en secouant sa teste, 31.

8 Où est (dit-il) son DIEV, dont il fait tant de feste
Ce DIEV, qui donne aux siens toute chose à souhait

84 PSEAVMES

Ide.
27.
43.

Que ne le tire-il de honte, & de martyre,
S'il luy veut tant de bien, ainsi qu'il nous vient dire?
9 Mais n'es tu pas celuy qui des flancs de ma mere,
M'as tiré sans d'anger, & sans douleur amere,
Qui des le tetin est mon espoir, mon appuy:
Tu m'as entre tes bras receu des ma naissance,
10 Et des le ventre auant que i'eusse cognoissance:
Tu me peux retirer de souffrance, & d'ennuy,
De misere & d'angoisse, auant qu'elle s'augmente,
Ne me laisse donc point, Seigneur, & ne t'absente.
11 Car las ie n'en puis plus, l'heure est proche, &
 soudaine,
Qu'il faut que mõ cœur cede, à ma peine inhumaine,
Et boiue le calice, apres tant de langueurs,
I'ay beau tẽdre les mains, la main on ne me dõne.
12 Ie n'ay point de secours, un chacun m'abandonne,
Et suis enuironné d'insolens, & mocqueurs,
Estourdis comme veaux, d'autres remplis d'enuie,
Ainsi que toreaux gras, ont assiegé ma vie.
13 Eschaufez de fureur, leur queüe est tremous-
 sante,
Ils ont ouuert sur moy, leur gueule rauissante,
Faisant aux enuirons par tout retentir l'air,
Comme vn lion qu'on oyt rugir apres sa proye.
14 Mon ame s'en estonne, & mon cœur s'en
 effroye,
Ma force n'en peut plus, ie la sens escouler,
Comme eau, car la terreur tous mes os desassemble,
Si qu'on les conteroit l'un apres l'autre ensemble.

15 Ie suis deuenu froid, ma chaleur se retire,
Mon cœur plein de douleurs s'est fondu côme cire,
Dans mon foible estomach, rien plus ne le souftiët,
Et sa vigueur du tout à ce coup est laschee.
16 Ma vertu m'a laissé, ma force est dessechee,
Ainsi qu'vn test de pot, toute ma langue tient
A mon triste palais, tu m'as mis en la poudre
De la mort, & du tout terrassé de ton foudre.
17 Car plusieurs gros mastins, pleins d'vne af-
freuse rage,
Se sont iettez sur moy, comme sur vn carnage,
La tourbe des meschans sans pitié m'entouroit,
Ils ont dessus mon corps exercé leur furie.
18 Ils m'ōt pris, & traisné droit à la boucherie, | Mat.
M'ont percé pieds, & mains, si qu'ores l'on diroit | 27.
Le nombre de mes os dont ils n'ont tenu conte, | 35.
Tant ils m'ont procuré de misere, & de honte. | * 15.
                    | 24.
19 Ils ont rēply leur cœur de ioye, & d'allegresse,
Lors qu'ils m'ōt veu cōblé de martyre, & detresse,
Vn partage ils ont faict de mes accoustremens,
Ont mis ma robe au sort, pour marque de leur gloire: | Mat.
20 Mais mon DIEV qui vois tout, à qui tout est | 27.
notoire, | 35.
Sois esmeu de pitié, contemple mes tourmens, | Luc.
Ne tarde ton secours, il est temps qu'il s'auance | 23.
Et prens de ces meschans exemplaire vengeance. | 33.
21 Ne m'abandonne point, ô Seigneur ne se- | Iea.
iourne, | 19.
O DIEV, Sauue la vie, à ton fils, & d'estourne | 33.

De ta main le cousteau prest d'en trancher le cours.
Oste aux pates des chiens, las mon ame affligee,
22 Recour moy de la gueule effroiable, enragee,
Du lyon qui s'aprete à deuorer mes iours,
Et mon infirmité tire d'entre les cornes
De ces affreux toreaux, & cruelles licornes.

Heb.
v. 1.
12.

23 Sus donc deliure moy, des griffes de ces feres,
Et racontant tes faicts ô Seigneur, à mes freres
Auecques les vertus de ton nom hautement,
Ie te rendray louange, & gloire en pleine Eglise,
24 Ainsi vous qui craignez le Seigneur sans
    feintise,
Louez tous sa douceur, & vous pareillement
Semence de Iacob, glorifiez encore,
Le grand DIEV Souuerain, & que chacū l'adore.
25 La race d'Israel en face tout de mesme,
Qu'on craigne d'offencer la majesté supreme,
De son nom glorieux, car il n'a mesprisé
Ny desdaigné le pauure en sa iuste priere,
26 Il n'a point d'estourné sa sainte veuë arriere
De son humble seruant, ains l'a tousiours prisé
A ses vœux exaucez & tient la souuenance,
Chere de ceux qu'il voit auoir en luy fiance.
27 A toy Seigneur aussi, humblement ie me vouë,
Et veux en pleine Eglise où l'on t'adore & louë,
Te payer tous mes vœux deuant les gens de bien
Qui viuent en ta crainte, & ton obeissance.
28 Les pauures mangeront, auront à suffisance.
Dequoy les substanter, ne manqueront de rien,

Et celuy qui te cherche aueoques vn bon zele,
Te louant en son cœur aura vie eternelle.
29 *Par tout les boutz du monde où luisent ses*
 merueilles,
L'on chantera de DIEV, *les graces nompareilles,*
Toutes les nations se tourneront à luy,
Au bruit de sa clemence, & de sa renommee,
30 *Sa deité sera pour iamais reclamee,*
Des familles des gens, il sera leur appuy,
Les peuples prosternez deuant son saint visage
Heureux l'adoreront, & luy feront hommage.
31 *Car au Seigneur, regnant dãs le ciel où i'aspire*
Appartient d'icy bas comme d'enhaut l'empire,
Il regnera sur ceux, qui sont humiliez,
Tout le vaste pourpris que ce grand globe enserre,
32 *Tous les plus releuez, & puissans de la terre,*
Mangeans du sacrifice inclinez à ses pieds
L'adoreront, & ceux qui reuont en la fange,
Releuez deuant toy, chanteront sa louange.
33 *Mon ame qui s'atend & se fie sans cesse,*
En sa grande douceur, apres tant de tristesse,
Aura vie à sa gloire, & ma posterité
En seruant sa grandeur, se fera recongnoistre.
34 *Et la lignee encor que l'on en verra naistre,*
S'auoura pour iamais a sa diuinité,
Et les cieux qu'il à faicts pour nostre seul vsage
Diront à leurs neueux, ses hauts faits d'aage, en
 aage.

PSEAVMES

ORAISON.

O DIEV, seule bonté, & gloire de l'Eglise Catholique, qui pour nous auez esté faict opprobre, & ignominie, pendu, & cloué au bois de la croix, & percé d'vne lance, ne permettez Seigneur, que nous oublions de si grāds benefices, mais plutost, que nous esperiōs tousiours en vous qui estes nostre vnique deffenseur & liberateur, ne differez point vostre secours, il n'est aucun qui nous puisse assister que vous seul, benist soit vostre nom, aux siecles des siecles. Ainsi soit il.

DE DAVID.

PSEAVME XXII.

Heb. 23.

DOMINVS REGIT ME.

ARGVMENT.

DAVID, celebre les benefices qu'il à receus de DIEV en son exil, & fuite deuant Saül, & la grande confiance qu'il à en sa bonté, & prouidence. Icy est vne allusion mistique, soubs vn stile rural, à l'office de nostre vray pasteur en l'Eglise, qui est IESVS CHRIST.

Pseaume de Dauid.

1 LE DIEV, qui me guide
Commande, & preside
Aux monts & valons,
De rien ie n'ay faute,
Par tout l'herbe est haute,
Et les pastis bons.
2 D'vne eau nourrissante,
A l'œil fort plaisante,
M'abreuue à souhait,
Si le mal m'afolle,
Mon ame il console,
Et mon cœur refait.
3 Il me guide en ioye,

Isa.
40.
11.
Eze.
34.
23.
Ica.
10.
11.
1.
Pier.
2.25.

Par la droite voye,
Sa grace m'enceint,
D'autant que mon ame
La faueur reclame,
De son nom tressaint.
4   *Quand dans la nuit sombre,*
Au milieu de l'ombre
De la mort i'irois,
En ta compagnie
Diuine, & benie,
Ie ne la craindrois.
5   *Ta grace est congneuë,*
Tu m'as à la veuë,
De mes ennemis,
D'vn mets delectable
Fait couurir ta table
Où ie me suis mis.
6   *Tu m'as oingt la teste.*
D'vne huile celeste,
Et de plus remply,
Ma coupe luisante,
Et resplandissante
D'vn vin accomply.
7   *Que tant que ie viue,*
Ta bonté me suiue,
Conduisant mes pas,
Et que ie ne quite,
Ta sente prescrite,
Et n'en sorte pas.

8 *Afin que ie tire,*
Aux lieux où i'aspire,
Où le Seigneur est,
Et que ie demeure,
En sa garde seure,
Tousiours s'il luy plaist.

ORAISON.

NOvs vous suplions ô nostre Dieu, que le Diable n'ayt point de puissance sur nos ames, conuertissez nous Seigneur, & dressez nous par le chemin de verité. Renforcez nous en nos aduersitez, enniurez nous du calice de vostre sang pretieux, saoulez nous du pain celeste, & faictes qu'en fin nous habitions en vostre saincte demeure preparee à vos fidelles deuant les siecles. Ainsi soit-il.

PSEAVMES

PSEAVME XXIII.

Heb. 24.

DOMINI EST TERRA.

ARGVMENT.

DAVID, monstre que par droit de creation, toute la terre, & tout ce qu'elle contient appartient a DIEV, Enseigne les qualitez de son vray peuple, & sa generation, leur recompense & felicitez.

Pseaume de Dauid.

1.
Exo.
19
1 Cor.
10.
16.

LE Seigneur possede la terre
Son estendue & son pourpris,
De mesme tout ce qu'elle enserre
Dessous son empire est compris:
L'enclos de la masse ronde,
La terre, le Ciel, & l'onde.

2. Car dessus l'element liquide
Qui n'a ny riuage ny fonds
Il a mis la terre solide,
Et sur les abimes profonds
Des eaux il l'a suspendue,

DE DAVID.

Et sa matiere estendue.

3 Mais qui peut auoir ceste grace,
De monter sur le mont de DIEV:
Ou qui plein de gloire aura place,
Ainsi qu'il souhaite au sainct lieu,
Et l'aimable iouyssance
A iamais de sa presence.

4 Celuy dont l'ame est innocente,
Les mains pleines de pureté,
Le cœur net, la langue prudente,
Qui ne dement la verité,
A celle fin de surprendre,
Son prochain par faux entendre.

5 Cest homme aura pour recompense,
La faueur de DIEV tous les iours,
Le Seigneur, remply de clemence,
Benira de ses ans le cours,
Et donnera debonnaire
A cestuy, son salutaire.

6 C'est l'heur dont est accompagnee,
La vie tousiours de tous ceux,
Qui ne sont auec leur lignee,
A le rechercher paresseux,
Voulans voir auec leur race,
Le DIEV, de Iacob en face.

7 Grandes portes richement belles,
Haussez vous iusques dans les cieux,
Vous aussi portes eternelles,
Esleuez vos frontz radieux,

Si haut qu'il en soit memoire,
Et qu'entre le Roy de gloire.
8 Qui peut estre ce roy de gloire?
C'est le Seigneur, fort, & puissant,
Qui de triomphe, & de victoire,
Apparoist tout resplendissant,
Et dont la force indicible
Est aux combats inuincible.
9 Sus donc portes richement belles,
Pour luy faire entree haussez vous,
Vous aussi portes eternelles,
Esleuez vous haut dessus nous,
Si haut qu'il en soit memoire,
Et qu'entre le Roy de gloire.
10 Qui peut estre ce Roy de gloire?
Le Seigneur, le DIEV, des DIEVX,
Plein de triomphe, & de victoire,
C'est ce grand Roy tout glorieux,
Dont la sagesse profonde,
A formé de rien le monde.

ORAISON.

Iesvs Christ, Roy de gloire, à qui toute la terre vniuerselle rend hommage, donnez nous vostre benediction, à nous qui sommes regenerez par l'eau sacree du Baptesme, faictes que nous foulions aux piedz les delices & les vanitez du monde, & que ne recherchans autre salut, que celuy qui procede de vous: nous puissions vn iour par uenir à la gloire eternelle, le vray & l'vnique contentement. Ainsi soit il.

PSEAVMES

PSEAVME XXIIII.

Heb. 25.

Ad te Domine levavi animam meam.

ARGVMENT.

DAVID, abbatu d'affliction, implore la bonté de DIEV, recognoist ses fautes, & luy en demande pardon, faict voir le bien qui vient de garder ses commandemens, & de la beatitude de ceux, qui vivent en sa crainte, en fin prie pour soy, & pour l'Eglise, les versets de ce Pseaume, sont cottez par les Hebrieux, des lettres de leur Alphabet, pour en monstrer l'excellence.

1 RESSE' de tant d'ennuis, Seigneur, que ie reclame,
J'esleue à toy mes yeux, comme ie fais mon ame,
Las pren pitié de moy
Auance ton secours, ne ren vain à cest heure,
Mon espoir mis en toy.
Et ne fais que la honte, à iamais m'en demeure.
2 Las que mes ennemis, voyant que tu me laisses,
En se riant de moy, n'accroissent mes angoisses,
Ie serois le premier
Que tu n'aurois sauué, des flots de la tourmente,

DE DAVID.

Tu n'es point couſtumier
D'oublier tes ſeruans, ny frauder leur attente.
3 Mais bien ſoyent en deſordre, & la fable du mõde,
Ceux qui mettent leur ame, au mal dont il abonde,
Qui portent leur deſir
Au meſpris du Seigneur, & leur ſalut rejettent.
Et qui prennent plaiſir,
Deſplaiſans à chacun, aux grands maux qu'ils
    commettent.
4 Pour ne faire comme eux, tourne vers moy ta face,
Rends moy doreſnauant capable de ta grace,
Enſeigne volontiers
A ton humble ſeruant, ta ſalutaire voye,
Montre luy tes ſentiers,
Et ne ſoufre ô mon DIEV, que plus il ſe deſuoye.
5 Dreſſe Seigneur, mes pas, ſois à mes vœux propice,
Selon ta verité, & ta ſaincte iuſtice,
Aſſiſte moy touſiours
O DIEV, de mon ſalut, que te prie, & t'adore
Sans ceſſe tous les iours,
Mon appuy, mon ſupport, & mon eſpoir encore.
6 Ton ire contre moy iuſtement enflammée,
Ne te face oublier, ta grace accouſtumée,
Traicte moy doucement:
O Seigneur, ſouuiens toy, de tes grandes clemences,
Et qu'eternellement,
Elles ſont en faueur, de toutes nos offences.
7 Mais bien pluſtoſt mon DIEV, ie te requiers oublie
Mes enormes pechez, Seigneur, ie te ſuplie

G

Ne punis durement,
Les maux que ma ieunesse, enclinee à tout vice
A iadis folement
Commis par ignorance, autant que par malice.
8 Garde le souuenir, conserue la memoire,
De ce pauure pecheur, faits reluire ta gloire,
Non point en la rigueur,
De ta saincte iustice, & moins selon mes fautes
Ne me traite Seigneur,
Mais selon tes bontez qui sont encor plus hautes.
9 Le Seigneur est tout bon, il n'ayme la defaite
Du pecheur qui cognoist la faute qu'il à faicte,
Mais sa conuersion,
Il nous monstre sa loy, nous exhorte sans cesse,
Et par compassion
Cōbien que nous faillios, tousiours il nous r'addresse.
10 Il conduira tous ceux, qui sont d'humble nature,
Au chemin souhaité de sa saincte droiture,
Et monstrera benin
Aux affables d'esprit, les sentiers qu'il faut suiure,
Pour paruenir en fin
A la vie eternelle, & pour sainctement viure.
11 Les sentes du Seigneur, sont verité concorde,
Bonté, compassion, il faict misericorde,
A ceux qui constamment
Le suiuent en leurs iours, tiennent son alliance,
Gardent son testament,
Et qui mettent en luy, toute leur confiance.
12 Pour l'amour de ton nō, que i'honore, & ie prise,

DE DAVID.

Entends mon oraison, ô Seigneur fauorise,
Ton seruant à ce coup,
Pardonne moy mon DIEV, mō forfait est extreme,
Et i'ay failly beaucoup,
Mais ta clemence est plus, que ma faute, supreme.
13 Tout hōme qui craindra le Seigneur debonaire,
Il apprendra de luy tout ce qui luy faut faire
Pour estre bien-heureux,
Et le chemin plus seur, qu'il doit au monde eslire,
Dont il est desireux
Pour paruenir vn iour au bien où il aspire.
14 Au milieu de tous biēs, que sa dextre nous baille,
Demeurera son ame, & sans que rien luy faille,
Ses iours se passeront,
Laissant apres aux siens, la terre en heritage,
Ils la possederont,
Et tous leurs descendans, à leur tour d'aage, en aage.
15 Le Seigneur est si bon, que luy mesme descouure,
Sans cesse aux gens de bien ses secrets, & leur ouure
Le profond de son cœur,
Leur fait toucher au doigt, & tout de mesme enseigne
La grace, & le bon-heur
De sa saincte alliance à qui ne le desdaigne.
16 Aussi comme mō cœur les yeux vers luy ie dresse,
C'est le but de mes vœux, ie n'ay point d'autre adresse,
Ny plus certain recours,
Car ie suis asseuré quoy qu'on face, & puisse estre,
Que i'auray son secours,
Il tirera mes pieds, du fort lacs qui m'empestre.

G ij

17 Regarde à moy Seigneur, voy l'estat pitoyable,
Où m'ont mis tes courroux, ie suis tout effroyable,
Sois esmeu de pitié,
Tu m'as fait si petit, que chacun m'abandonne,
Me laisse d'amitié,
Et ne me plaint encore, au mal que l'on me donne.
18 Les Trauaux de mon Cœur, de iour en iour
 s'augmentent,
Plus qu'ils n'ont iamais fait, sans cesse ils me tour-
 mentent,
Et croissent leur effort,
Ie n'en puis tantost plus, ne me pers en ton ire,
Qui me presse si fort,
Et tire moy Seigneur, de peine, & de martyre.
19 Tourne sur moy tes yeux, & mes maux considere,
Il ne se trouue au monde, une esgale misere,
A la mienne auiourd'huy :
O Seigneur n'ay-ie pas, ainsi comme i'estime
Tantost assez languy,
Doncques pardonne moy & me remets mon crime.
20 I'ay besoin maintenant de ta saincte assistance,
Plus que ie n'ay point eu, pour faire resistance,
Et rompre le desseing,
De tous mes ennemis qui tous les iours s'accroissent,
Et dont le cœur est plein
De haines contre moy, sans raisons qui paroissent.
21 Garde au besoin mon ame, & ta main secourable
Paroisse à mon secours tout autant fauorable
Qu'elle a fait autrefois,

Ne permets que ie tombe en leurs mains ie te prie,
Et qu'aussi ie ne sois
Mis en confusion, puisqu'à toy ie me fie.
22 Ceux dont le cœur est droit, qui sont pleins d'innocence
Ont pris ma cause en main, soustenu ma defence,
Et tenu mon party,
Pour ne m'estre iamais Seigneur, en qui i'espere
Tant soit peu diuerty
De ton obeissance, & que i'y perseuere.
23 Voy doncques de bon œil Israël, & rappaise
Tes courroux enflamez, mets-le hors de malaise,
Et hors d'aduersité,
Oublie à tout iamais, bannis la souuenance
De son iniquité,
Et fais qu'il garde ô DIEV, sans fin ton ordonnance.

ORAISON.

Ô DIEV, seul & vnique protecteur des fidelles, ne mettez point en oubly vos misericordes, mais plutost pardonnez nos offences; que les excez de nostre folle ieunesse, ne repassent point deuant vos yeux, & donnez nous tant de grace ô Seigneur DIEV, que nous puissions desormais suiure le chemin de vie, & de verité & qu'en fin nous puissions paruenir au seiour eternel, pour y iouyr du fruit de l'heritage preparee à vos esleuz, au nom de nostre Seigneur IESVS CHRIST, ainsi soit il.

PSEAVME XXV.
Heb. 26.
IVDICA ME DOMINE.

ARGVMENT.

DAVID, fuyant deuant Saül, & sentant sa conscience nette des calomnieuses accusations faictes contre luy, recommande son innocence à DIEV, le supplie d'en estre le iuge, & le protecteur, & ne le mettre point au nombre des meschans, dont il preuoit la ruyne, ce Pseaume mistiquement est aproprié à IESVS-CHRIST, & à toute son Eglise, comme aussi à toute ame innocente, persecutee de calomnies.

Au maistre des chantres, Pseaume de Dauid.

1  DIEV, sois iuge de mon droit,
Fais qu'il se vuide en ta presence,
Car tu cognois mon innocence,
Et que i'ay tousiours marché droit :
Puisque i'espere en ta clemence
Ie ne crains point que l'on m'offence.
2 Fais moy sonder, esprouue moy,
Seigneur mon DIEV, que ie reclame,
Et fais passer dedans la flame,
Mes reins, & mon cœur, deuant toy,
Pour voir s'il se trouuera chose,
Qui reuienne à ce qu'on m'impose.

DE DAVID.

3 Car i'ay tousiours deuant mes yeux,
Comme dans mon cœur qui me iuge,
Ta bonté mon iuste refuge,
Tes faicts misericordieux,
Et ie prens vn plaisir sans cesse,
En ta veritable promesse.
4 Ie ne hante point les menteurs,
Ny du temps les vaines idoles,
Dont les oracles sont friuoles,
Les mesdisans, ny les flateurs,
Ny les trompeurs pleins d'artifices,
Qui changent en vertus leurs vices.
5 Ie deteste, & i'ay en horreur,
Des malings la troupe aueuglee,
Si d'esbauchee, & desreglee,
Qu'elle donne à chacun terreur,
Et fuis par tout la compagnie,
Des meschans pleins de calomnie.
6 Mais ie me plais auec les bons,
Qui mettent en toy leurs attentes,
Et laue mes mains innocentes
Comme eux, tournant es enuirons
Des autels fumans d'holocaustes,
Dressez à tes majestez hautes.
7 L'on m'entend chanter auec eux
A pleine voix mon DIEV, ta gloire,
Louer ton nom, & la memoire
De tous tes faicts miraculeux,
Dont l'on ne scauroit assez dire,

Mais sufit que l'on les admire.
8 Ainsi i'ay toufiours bien aimé,
Le puis-ie dire à la bonne heure,
Le beau sejour de ta demeure,
Où ton seruice est renommé,
Et le lieu plein de reuerence,
Où ta gloire faict residence.
9 Prens pitié de moy, & ne pers,
Seigneur mon ame qui t'honore,
Qui te craint, te louë, & t'adore,
Oste moy du rang des peruers,
Et ma vie encore de celle,
Des meurtriers remplis de cautelle.
10 Ils n'ont aucune humanité,
Viuent barbarement sans crainte,
Leur main est toufiours toute tainte,
Comme leur cœur d'iniquité,
Leur dextre, & leur cœur s'abandonne
A qui leur porte, & qui leur donne.
11 Mais moy i'ay toufiours cheminé
En vne integrité de vie,
Les dons, la vengeance, & l'enuie,
Ne m'ont DIEV mercy, dominé:
Sauue moy donc, & ne me laisse
Seigneur, toufiours en ceste angoisse.
12 Mon pied n'est point sorty du cours,
Du droit chemin que tu nous traces
Ie tiens ce bon-heur de tes graces,
Aussi benirai-je toufiours,

Parmy la troupe des fidelles,
Tes bontés qui sont eternelles.

ORAISON.

PARDON Seigneur, pardon : que vostre misericorde paroisse maintenant sur vos fidelles, qui vous requierent. Donnez nous tant de grace que nous puissions desormais euiter la compagnie des peruers, & qu'estans ioincts en troupe dans vostre temple, nous y facions retentir hautement la gloire de vostre nom à iamais. Ainsi soit il.

PSEAVME XXVI.
Heb. 27.

DOMINVS ILLVMINATIO MEA.

ARGVMENT.

DAVID, abandonné de tout secours humain, ne se tient abandonné de DIEV, se confie en luy, mesprise les dangers dont il est menacé, & le prie de luy permettre la demeure en sa sainte maison, c'est à dire, en l'vnion de la vraye Eglise, où est nostre salut. Ce Pseaume mistiquement conuient à IESVS CHRIST, & à toute son Eglise, comme aussi à la constance des martyrs, & generalement à tous ceux qui souffrent constamment des persecutions pour son nom.

Pseaume de Dauid, auant qu'il fust sacré Roy.

1 LE Seigneur est le fanal ordinaire,
Qui me garde, & m'esclaire,
En mes ennuis mon salutaire port,
Qui me peut donc mal faire,
Qui dois-ie craindre ayant si bon support?
2 C'est le soustien asseuré de ma vie,
Le baston qui l'appuye,
Qui peut auoir DIEV pour son deffenseur,
A qui prendroit enuye,
De l'ataquer, & dequoy a-il peur?
3 Quand les malins, pour assouuir leur rage

Ainsi qu'un grand orage,
Sont venus choir sur moy pensant m'auoir,
Amolissans leur rage
Ils ont manqué de cœur, & de pouuoir.
4 *Mes ennemis dis-ie qui me trauaillent,*
Et rudement m'assaillent,
Quand i'ay paru sont tournez sur leurs pas,
Leurs cœurs tremblans leur faillent,
Et de fraieur se laissent choir à bas.
5 *Que tout vn camp verse dessus ma teste*
L'orage, & la tempeste,
Qu'il se prepare à fondre dessus moy,
Qu'a me perdre il s'appreste,
Mon cœur sera sans crainte, & sans effroy.
6 *Ie ne crains point ces furieux alarmes,*
Ny d'en venir aux armes,
Puis que ie suis soubs vn si bon appuy,
Car durant ces vacarmes,
Plus qu'en mes mains i'aurois recours à luy.
7 *I'ay supplié le Seigneur que i'honore,*
Et ie le fais encore,
Que ie reside en sa sainte maison,
A fin que ie l'adore
Durant ma vie, & luy face oraison.
8 *Afin qu'heureux en sa sainte demeure,*
Ie le louë à toute heure,
Me conformant aux vœux de son desir,
Et auant que ie meure
Le visitant dans son temple à loisir.

9 Car le Seigneur, m'a pris en sa tutelle,
Et mis dessoutz son aisle,
Durant le cours de mes grandes douleurs,
Et m'a caché fidelle
Dans sa maison, au fort de mes malheurs.
10 Afin que moings l'on m'offence, & me greue
Entre tous il m'esleue
Sur le sommet d'vn roch, où ie suis mis,
Et luy plaist que ie leue,
Ma teste haut dessus mes ennemis.
11 Au souuenir de tant de benefices,
I'ay ces autelz propices
Deuotement aux yeux de tous enceint,
Et fait des sacrifices
Hauts resonnans sa gloire, & son nom saint.
12 O DIEV des DIEVX, que ie prie, & reclame
Voy le mal qui m'entame,
Preste l'oreille à ma plaintiue voix,
Pren pitié de mon ame,
Exauce moy Seigneur, à ceste fois.
13 En la rigueur de mon cruel martire
Ton esprit m'a faict dire,
Cherchez mes yeux, le Seigneur, vostre DIEV,
C'est pourquoy ie desire
Te rechercher, & te voir en tout lieu.
14 Ne cache donc de moy ta sainte face,
En tes courroux fay reluire ta grace,
Vueille tousiours estre mon protecteur,
Et quoy que l'on me face,

DE DAVID.

Ne te depars d'auec ton seruiteur.
15 Sois mon support mon DIEV, ne me delaisse,
En ceste amere angoisse,
Ie n'en puis plus, ne me desdaigne pas
En ma dure detresse,
Assiste moy, ne retire ton bras.
16 Ie suis helas, qu'elle douleur amere,
Laissé de pere, & mere,
Tous mes amys me quittent au besoing,
Mais DIEV de qui i'espere
Toute douceur, à de moy tousiours soing.
17 M'ayant recoux, ne me sois auersaire,
Mais me guide au contraire
En tes sentiers aux tiens non espineux,
Et que ton œil m'esclaire,
Au droit chemin malgré tous mes haineux.
18 N'expose point ton seruant qui te prie,
A la forcenerie,
De ces bourreaux, on les voit esleuez,
Contre moy de furie
Ces faux tesmoings, pleins de faicts controuuez.
19 Mais nonobstant leur maligne arrogance,
I'ay bien ceste creance,
D'auoir encor dans ton seiour viuant
Part à la iouyssance
De tes biens faicts, ainsi qu'auparauant.
20 Mets donc en DIEV, mon ame ton attente,
Si l'orage s'augmente,
Monstre au besoing, ta constance tousiours,

Ne cede à la tourmente,
Mais repren cœur, attendant son secours.

ORAISON.

NE nous reiettez point, ô Dieu de nostre salut, Seigneur que vostre courroux face place à vostre douceur, ne destournez point les raiz de vostre visage loing de nous pauures pecheurs, mais plutost escoutez nos oraisons, exaucez nous, & ayez pitié de nous, conduisez nous par la voye de vostre saint Euangile, voye droite, & chemin de iustice, afin que par ce moyen, nous meritions vn iour de iouyr des biens eternels en la terre des viuans. Ainsi soit-il.

PSEAVME XXVII.

Heb. 28.

AD TE DOMINE CLAMABO.

ARGVMENT.

DAVID, persecuté de son propre fils Absalon, fait ceste feruente priere à DIEV, à ce qu'il luy plaise l'en deliurer, & ne le comprendre en la perte des meschans, elle represente mistiquement celle de IESVS CHRIST en la croix, & l'Eglise contre ceux qui la persecutent.

Pseaume de Dauid.

1 *A Toy Seigneur mon* DIEV, *ma voix*
  i'esleueray,
  Ne clos point ton oreille à ma plainte
dolente,
Car si tu ne l'entens sans doubte ie seray
Semblable à ceux qui sont dans la fosse relante.
2 Exauce s'il te plaist par ta grande bonté
Le desir de mes voeux, lors que ie te reclame,
Et que dans ton saint temple où ton nõ est chanté
I'esleue à toy mes mains, comme ie fais mon ame.
3 Ne m'abandonne point auec les malheureux,
Aux flames qui leur sõt pour, leurs fautes certaines,
Seigneur, ne me pers point, en ton droit rigoureux

Comme les condamnez aux eternelles peines.
4 Deſſoubz vn feint langage, & ſoubs le nom d'amis,
Ils pipent leur prochain, par vn effect contraire,
Puis s'en mocquent, croyans que tout leur eſt permis
Et ne penſent à rien dans leurs cœurs qu'a mal faire.
5 Traite les dónc Seigneur, cöme ils ont merité,
Fay que leurs peines ſoient à leurs œuures eſgales,
Ren pareil leur tourment à leur iniquité,
Et punis iuſtement ces ames deſloiales.
6 Car leur meſchanceté monte ſi hautement,
Que l'œuure de leurs mains merite qu'on leur face,
Reſſentir ſans pitié le plus cruel tourment
Qu'eſpreuuent les peruers remplis de telle audace
7 Pour ce qu'ils n'ont de DIEV, de ſes œuures ialoux,
Conſideré les faicts, ny point ietté leur veuë,
Sur l'œuure de tes mains, tu les deſtruiras tous
Sans eſpoir de rentrer en ta grace congneuë.
8 Louange ſoit à DIEV, faite en toute ſaiſon,
Et puiſſe à tout iamais eſtre remply de gloire:
Le Seigneur, d'enhaut ouy mon oraiſon,
Et monſtré par effect qu'il en à eu memoire.
9 Le Seigneur comme on voit eſt mon fidelle appuy,

DE DAVID.

Il est mon protecteur, il me garde sans cesse,
Mon cœur n'a mis en-vain son esperance en luy,
Quand ie suis affligé il m'oste de tristesse.
10 Mon cœur se reuoyant soustenu de sa main,
En a tressailly d'aise, & ma chair languissante,
Le voyant à repris sa vigueur tout soudain,
Ie louë aussi tousiours sa bonté paroissante.
11 L'eternel est la force, & l'appuy renommé,
De son peuple qu'il sçait au besoing bien deffendre,
C'est le sainct protecteur de son Christ bien aymé,
Et des graces qu'on voit dessus son chef descendre.
12 Fay donc surgir ton peuple au desirable port
De ta grace, (ô mon DIEV) benis ton heritage,
Gouuerne-le tousiours, sois sans fin son support,
Esleue tes esleus à jamais d'aage en aage :

ORAISON.

ESCOVTEZ nos prieres ô DIEV, de nostre protection, soyez nous propice ô Seigneur, qui par vostre croix, & vostre passion auez racheté la race des hommes, Benissez vostre heritage, & guidez nous par le sentier de iustice, qui nous meine au seiour eternel des viuans. Ainsi soit il.

PSEAVMES

PSEAVME XXVIII.

Heb. 29.

AFFERTE DOMINO FILII DEI.

ARGVMENT.

PAR ce Pseaume, Dauid excite chacun à recognoistre la grandeur de DIEV, qui se manifeste en la voix & force de son tonnerre, & represente mistiquement la puissance de la parolle de DIEV, & lumiere Euangelique.

Pseaume de Dauid, apres que le tabernacle fut acheué.

1 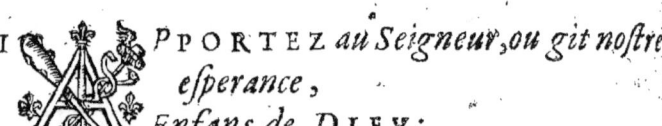PPORTEZ *au Seigneur, ou gît nostre esperance,*
Enfans de DIEV:
Apportez au Seigneur auecques reuerence,
Au sacré lieu,
Voz victimes d'agneaux tendres,
Pour les consommer en cendres.
2 *Donnez au tout puissant, louange, honneur, &*
  gloire,
C'est nostre appuy:
Donnez gloire à son nom, afin qu'il soit memoire
Tousiours de luy,

Adorez le debonnaire
En son sacré sanctuaire.
3. La voix du Seigneur est sur les eaux des nuages
Vogans en l'air,
Il tonne en magesté, ses esclairs, ses orages,
Font tout trembler,
Et DIEV, le frein lasche, & serre,
Aux rauages sur la terre.
4. La voix du Seigneur est extrememēt puissante,
Il apparoist,
La voix du Seigneur est de mesme paroissante
Toute gloire est,
On ne voit rien de semblable
A sa voix esmerueillable.
5. La voix de l'Eternel, rompt, fracasse, & renuerse,
D'vn tonnant son,
Les cedres les plus hauts, & encores bouleuerse
De la façon,
Ceux du liban plus superbes,
Et les rend pareils aux herbes.
6. Sa voix les fait sauter ainsi que sur vn feste
Au renoueau,
On voit bondir en haut, quelque folastre beste,
Ou quelque veau :
Faict baisser des monts les cornes,
Et sauter comme licornes.
7. De la voix de DIEV, sort de grands brandons de flamme
Remplis d'horreur :

Faict trembler les deserts, les'ouure, & les entame
De sa terreur:
Le desert de Cadés mesme
En tremble, & deuient tout blesme.
8 La voix du Seigneur fait faonner d'espouuante
La biche au bois,
D'escouure des forests la ramee tremblante
Comme tu vois,
Lors chacun qui se contemple,
Luy donne gloire en son temple.
9 Le Seigneur est assis sur les eaux, il les guide
Auec effroy,
Sa domination est sans fin, & preside
Ainsi que Roy,
Et sa puissance bien vouluë,
Se rend tousiours absoluë.
10 C'est doncques le Seigneur, en vertus indicible
A tout jamais,
Qui renforce son peuple & le rend inuincible
Auec la paix,
C'est luy qui benit encore,
Son cher peuple qui l'adore.

DE DAVID. 117

ORAISON.

NOvs vous supplions ô Seigneur nostre DIEV, Nous qui sommes vostre peuple, de vouloir respandre sur nous vostre benediction, nous assister, & nous faire la grace de pouuoir passer le deluge de ce monde, en vraye foy, & saincte conuersation, si bien qu'en fin nous puissions paruenir à la cité celeste, promise en nostre Seigneur IESVS-CHRIST. Ainsi soit il.

H iij

PSEAVME XXIX

Heb. 30.

EXALTABO TE DOMINE.

ARGVMENT.

Le Prophete, glorifie la bonté de Dieu, luy rend graces de son salut, admoneste chacun de faire de mesme, En suitte il prie Dieu, de luy prolonger ses iours, afin qu'il ait moyen d'establir ce qui appartient à sa gloire. Mistiquement il introduict Iesvs Christ, rendant graces à Dieu son pere, de ce qu'il l'a esleué si haut au regne eternel, de la bassesse de nostre chair & l'Eglise tout de mesme, que Dieu a esleuë pour son espouse.

Pseaume de Dauid, seruant de cantique au dediement de la maison.

1 EIGNEVR, i'exalteray les biens-faicts ordinaires,
 Que ie reçois de toy, mon fidele sou-
 stien,
Qui n'as permis qu'vn seul de tous mes aduersaires
Se soit ri de mon mal, comme ils esperoient bien.
2 Soudain ô Dieu, des Dieux, aux paures se-
 courable,
Que i'inuoquay ton nom, ta grace, & ta bonté,

Ton secours apparut à mes vœux fauorable,
Et mon malheur se vit aussi-tost surmonté.
3 Du profond des enfers tu retires mon ame,
Vaincueur de mes douleurs, & de leur rude effort,
Redonnant à ma vie vne nouuelle flamme,
Et gardant de tomber dans le lac de la mort.
4 O vous, ses saincts aimez, donez-en à DIEV
  gloire,
Et pour tant de biens faicts exalté soit son nom,
Chantez pseaumes à DIEV, *celebrez la memoire*
De sa saincte bonté: benissez son renom:
5 Car sa colere est briefue, & dure peu d'espace,
Au lieu que sa douceur dure toussiours lõgtemps,
Et son plaisir est tel que de nous faire grace
En nous donnant la vie, & nous rendant contens.
6 Si le soir nostre DIEV *quelques fois nous enuoye*
Des pleurs, pour nous punir de nos iniquitez,
Il nous consolle apres le matin de sa ioye
Et nous comble de biens, & de felicitez.
7 Mais moy disois-ie lors de la grande abondance
De ces faueurs sur moy qui m'auoient esblouy,
Mon heur est permanent, ie n'en crains l'inconstãce,
Et ne redoute rien qui m'esbranle auiourd'huy.
8 Et de fait ô Seigneur, tout cela sembloit estre,
Et qu'en vn mesme estat ie deusse demeurer,
Voyant quil t'auoit pleu sur moy faire paroistre,
Tes benedictions pour mon regne asseurer.
9 Mais quand de tes regars la clarté feut estainte,
Que tu m'abandonnas, & que ie t'eus perdu,

Mon bon-heur se changea en vne froide crainte
Me glacea tout le cœur, & ie feus esperdu.
10 *A l'instant ie poussay auecques violence:*
Mes pitoyables cris & plaignant mes mal-heurs,
I'inuoquois de mon DIEV, *la supresme clemence*
Et le priant ainsi ie fondois tout en pleurs.
11 *Quel proffit(ce disois-ie en m'escriant)retire*
Ta rigueur ô mon DIEV, *d'auancer mon trespas*
Et quand ainsi pressé de peine, & de martyre,
Corrompu comme vn mort, ie descendray là bas
12 *O Seigneur, qui m'as mis en cest estat estrãge,*
Et souflé de mes iours tantost le vif flambeau,
La poudre pourra elle anoncer ta louange,
Et ta verité sainte, apres dans le tombeau?
13 *Ne me defaicts mõ* DIEV, *mõ peché ne t'ẽporte,*
Si ta bonté me manque où sera mon recours?
Lors mon DIEV, *m'etendit, & m'exauça de sorte*
Que soudain i'esprouuay son ayde, & son secours.
14 *Tu chãgeas lors Seigneur mes ennuis en liesse*
Et ma plainte funebre en chants victorieux,
Et tu m'ostas le sac de deüil, & de tristesse,
Afin de me vestir de plaisirs gratieux.
15 *Aussi pour tant de biẽ, ma gloire la plus belle*
Et ma grandeur sera Seigneur, de t'exalter,
Publiant à iamais ta faueur eternelle,
Et ton los immortel, ne cessant de chanter.

ORAISON.

Conservez nous nostre Dieu: exaucez nous, & chágez en liesse noz plaintes, & noz souspirs. Daignez nous par le saint mistere de nostre resurrection, nous esleuer en la gloire celeste, d'où vous estes pour nous descendu aux enfers: honneur & gloire soit à vous, qui regnez auec le Pere, & le S. Esprit. Ainsi soit il.

PSEAVMES

PSEAVME XXX.
Heb. 31.

IN TE DOMINE SPERAVI.

ARGVMENT.

DAVID, se voyant fermé de toutes parts de ces enhemis, Saül, Absalon, & autres, se iette entre les bras de DIEV, luy represente le deplorable estat de ses affaires, Implore son secours, luy rend graces de sa deliurance, & du soin qu'il a des siens, lesquels il exhorte à l'aymer pour tant de benefices, ce Pseaume conuient entierement à IESVS CHRIST.

Au M. de la Chappelle, Pseaume de Dauid, en Octaue.

EIGNEVR sois à mes vœux fauorable, & propice.
Puisque i'espere en toy,
Que ie ne sois confus, mais selō ta iustice
Deliure, & sauue moy.
2 Incline ton oreille, à mon humble priere,
Vueille estre mon recours,
Et fay veoir au besoing, ta bonté coustumiere,
Auance ton secours.
3 Sois mon saint protecteur, & mes vœux fauorise,
Qu'au fort de ma douleur

DE DAVID.

Tu me sois pour retraicte, & pour lieu de franchise
Encontre le mal heur.

4. *N'es tu pas ô* MON DIEV, *ma seure forteresse,*
Mon refuge en tous lieux,
Guide, & maintiẽs moy dõc, pour la gloire sãs cesse
De ton nom pretieux:

5. *Depestre moy des lacs, par ta grande clemence*
De tous mes ennemis,
Fay leurs veoir que tu prẽs en ta main ma deffẽce,
Et que tu m'as remis.

6. *Ie remets ô* MON DIEV, *mõ ame en ta puissance,* Luc.
Mets moy à sauueté, 23.
O Seigneur veritable, & dont la bienueillance, 16.
M'a des-ia racheté.

7. *Tu prẽs en haine ceux qui n'ont en tes paroles*
Esperance, ny foy,
Mais qui vont s'arrestant, apres des choses folles,
Et non Seigneur à toy.

8. *Mais moy i'ay mis en* DIEV, *quoy qui vienne,*
   & qu'on face,
Tout l'espoir de mon mieux,
Aussi m'esiouiray-ie en la diuine grace,
Du Seigneur, en tous lieux.

9. *Car mon humilité il a considerée,*
En mon affliction,
Et deliuré mon ame, a ses pieds atterrees
De tribulation.

10. *Tu ne m'as point enclos dãs es mains sacrileges*
De l'ennemy confus,

*Ains as tiré mes pieds au large, & hors des pieges,
Que l'on m'auoit tendus.*
11 *Pren dõc pitié de moy, mõ* DIEV, *que ie reclame,
Et voy comme ie suis,
Voy mõ œil en langueur, ma poitrine, & mõ ame
Sont tous troublez d'ennuys.*
12 *Ie me consomme tout en cruelle detresse,
Les fascheux desplaisirs,
Accompagnent mes ans, qui passent leur vitesse
En larmes, & souspirs.*
13 *Ma force est abatue, & du tout afoiblie,
I'ay perdu ma vigueur,
Mes os se sont laschez, & rien plus ne les lie
Tant grande est ma langueur.*
14 *Las! i'ay serui d'opprobre, & de risee extresme,
Parmy tous mes haineux,
A mes voisins si fort que tous les autres mesme,
En ont eu crainte entre eux.*
15 *Ceux qui me souloient voir, ce sont ceux qui
me fuyent
Ie n'en ay nul support,
Ils m'ont mis en oubly, & de moy se soucient,
Aussi peu que d'vn mort.*
16 *Entre eux ils m'õt tenu, cõme vn vase inutile,
Vase qui ne sert plus,
Entendant contre moy, mainte parolle vile,
Mains propos dissolus.*
17 *Ils se sont assemblez, pleins de mortelle enuie,
Pour auiser comment,*

DE DAVID.

Ils pourroient attraper ma miserable vie,
Par fraude meschamment.
18 Et toutesfois Seigneur, en ta bonté i'espere,
Aussi i'ay dit tousiours,
Le Seigneur est mon DIEV, qui voit bien ma misere.
Et conserue mes iours.
19 Fais que mes ennemis leurs desseins n'executēt,
Sauue moy de leurs mains,
Et de ceux qui sans cause, ainsi me persecutent
Rends tous les proiects vains.
20 Dessus ton seruiteur, fais reluire ta face,
Ta grace, & ta mercy,
O DIEV, ne ren iamais confuz en nulle place,
Qui te reclame ainsi.
21 Plutost que les meschans frappez, & mis par terre
Soient confuz desormais,
Et les tropeurs attains, de ton vengeur tonnerre,
Muetz à tout iamais.
22 Il ne font que souiller par leurs meschans lan-
gages,
Comme l'on voit à l'oeil.
L'honneur des gens de bien, ils se mocquent des
sages,
Auec vn grand orgueil.
23 Combien est souhaitable ô DIEV, ta bonté
sainte,
D'où coulent tant de biens:

Biens reseruez à ceux qui viuent en ta crainte,
Et du nombre des tiens.
24 Tu l'as biē faict paroistre icy bas ou nous sōmes
A ceux qui planté ont
En toy leur esperance, à la face des hommes,
Et voir ta bonté font.
26 Tu prens leur cause en main, tu les couures de
  l'ombre
De ta face au besoing,
Tu les gardes d'iniure, & chasses tout encombre
A l'entour d'eux bien loing.
26 Tu les mets à couuert dans ta saincte demeure,
Et tu les vas gardant
De la langue outrageuse, & ta main les asseure
Contre ses traicts mordans.
27 Beny soit le Seigneur, & la gloire infinie
De mon cher protecteur,
Qui par sa grand douceur, en ville bien munie
Garde son seruiteur.
28 Mais quand il me falut soudain prēdre la fuite,
Et laisser ces doux lieux,
Hors de moy, ie disois, mō DIEV, a'ocques me quite,
Plus ne verray ses yeux.
29 Pourtāt tu ne le feis, tant ta grace est parfaite,
Lors qu'entendis la voix
De mon humble priere en faisant ta retraite,
Et que ie t'inuoquois.
30 O vous saints aimez donc, d'vne amour eter-
  nelle

DE DAVID. 127

Noſtre DIEV merueilleux,
Car il conſerue ceux de qui l'ame eſt fidelle
Et pert les orgueilleux.
31 Et vous qui ne mettez qu'au Seigneur, voſtre attente,
Soyez touſiours conſtans,
Il nous confortera ſi l'orage s'augmente,
Et nous rendra contans.

ORAISON.

NOvs qui auons mis noſtre eſperance en vous Seigneur, remettons nos ames entre vos mains, deliurez nous DIEV, de noſtre protection, & de noſtre refuge, afin que nous ne ſoyons point confus eternellement, faictes nous la grace que nous puiſſions ſi bien fonder noſtre eſperance ſur vous, qu'enfin nous puiſſions paruenir à ceſte gloire celeſte, preparee aux fidelles, & cachee aux pecheurs. Ainſi ſoit il.

PSEAUME XXXI.

Heb. 32.

BEATI QVORVM.

ARGVMENT.

David, attenué de griefues maladies, & d'autres afflictions, à l'occasion de ses pechez, fait vne exclamation du bonheur de ceux à qui Dieu fait la grace de remettre leurs offences, & qui n'en ressentent point le chastiment, recognoissant combien il à souffert pour auoir voulu cacher son peché, & l'alegement qu'il a senty depuis l'auoir declaré, exhortant les meschans à son exemple, de se conuertir à Dieu, & ne faire comme les bestes priuees de raison, & se resiouyr en l'esperance de leur salut.

Pseaume d'Erudition de Dauid.

1 HEVREVX ceux que Dieu,
Exauce en ce lieu
Remet leurs offences,
Selon ses clemences,
Et de qui les pechez, & les transgressions,
Sont dessoubs le couuert de ses compassions.
2 Heureux l'homme on voit,
Equitable, & droit,

A qui

DE DAVID.

A qui rien d'iniuste,
Le Seigneur, n'impute,
Qui n'a de fraude en l'ame, & ne desguise point
Deuant DIEV son offence, & le mal qui le poingt.
3 Pour t'auoir caché
Seigneur, mon peché
Redoutant ton ire,
I'ay eu maint martyre,
Ie criois tous les iours, & mes os comme moy,
Sont helas! enuieillis, de chagrin, & d'esmay.
4 Les nuicts, & les iours,
Ie sentois tousiours,
Ma faute presente,
Et ta main pesante,
Qui rend mon humeur seche en ce triste malheur,
De mesme qu'vn esté, tout bouillant de chaleur.
5 A cœur tout ouuert,
Ie t'ay d'escouuert,
Ma faute commise,
Ie ne la desguise,
Ie ne t'ay point celé ny ne feray iamais,
Mes fautes deuant toy, Seigneur, comme tu sçais.
6 Aussi quand i'ay dit,
O DIEV, mon delit
I'auoue, & confesse,
Ta main vengeresse,
De moy s'est destournée, & tu m'as à souhait,
Remis l'impieté du peché que i'ay fait.
7 C'est aussi pourquoy,

I

Tout cœur plain de foy,
Qui vit en ta crainte,
S'en viendra sans feinte
Reclamer ta bonté, soudain qu'il en verra
Naistre l'occasion, & ne differera.
8 Lors il sera fort,
Et vienne un debort,
De toutes miseres,
Il ne craindra gueres,
Leurs flots impetueux, n'iront point iusqu'à luy,
Car DIEV, garde les siës, & de crainte, & d'ennuy
9 DIEV, de mon secours
A toy i'ay recours,
Quand quelque detresse,
Me vient, & me presse,
D'ocques ô Seigneur DIEV, recoux moy maintenãt.
De tous ceux qui me vont ores enuironnant.
10 Ie t'inspireray,
Et t'enseigneray,
De bon cœur en ioye,
La sincere voye,
Ou tu chemineras, & tousiours au besoing,
Ie te r'adresseray, mon œil en aura soing.
11 Mais ne sois brutal,
Comme le cheual,
Et mulet rebelle,
Vuide de ceruelle,
Que personne ne peut guider, & qui n'ont pas,
Iugement, ny raison pour conduire leurs pas.

DE DAVID.

12 A qui tousiours faut,
Tenir le mors haut,
La bouche sugette,
Serrer la gourmette,
Et les renes aussi, qui les veut empescher
De faire les mauuais, de ioindre, & d'approcher.
13 Ainsi ceux qui sont,
Iniustes seront,
Tenuz court de mesme,
En misere extresme,
Mais qui met son espoir au Seigneur DIEV, sera
Plein de grace, & le Ciel ne le delaissera.
14 Sus donc iustes tous,
Resiouyssez vous
Au Seigneur ensemble
Et que l'on s'assemble,
Pour le glorifier, & vous pareillement,
Qui viuez en droiture, & marchez rondement

ORAISON.

NOvs vous prions Seigneur, de nous octroyer intelligence, & sagesse, iettez sur nostre repentance voz yeux de grace, & de misericorde. Nous confessons noz iniustices, & vous prions de n'entrer point en compte auec nous pour noz pechez. Iustifiez nous, à fin qu'vn iour nous puissions auoir iouyssance de vostre vie eternelle, Ainsi soit-il.

132   PSEAVMES

PSEAVME XXXII.

Heb. 33.

EXVLTATE IVSTI IN DOMINO.

ARGVMENT.

RESIOVISSANCE, auec action de graces que font les gens de bien à DIEV, de sa bonté, & protection contre les meschans, auec vne exhortation à tous de louer, & craindre DIEV, par sa puissance, & ses œuures, monstrant comme par sa parole, il a creé toutes choses, qu'elle est pleine de droicture, Et qu'en sa prouidence seule qui est infaillible, il nous faut confier entierement.

Au Maistre de la Chappelle,
Pseaume de Dauid.

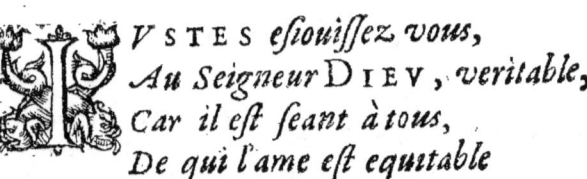*VSTES esiouissez vous,*
Au Seigneur DIEV, *veritable,*
Car il est seant à tous,
De qui l'ame est equitable
De le benir,
Au Souuenir.
2 Donnez donc gloire au Seigneur,
Sus la lire, & qu'on accorde,
Des Pseaumes à son honneur,

DE DAVID.

Au doux son du decacorde,
Que tant aimez,
Et estimez.
3 *Chantez luy quelqu'air nouueau*
Digne de luy je vous prie,
Et qu'a l'accord le plus beau
Vng chacun de vous marie,
Sa douce voix
A ceste fois.
4 *Car la parolle de* DIEV,
Est droite, equitable, & saincte,
Et ses œuures en tout lieu,
Sont fidelles, & sans feinte,
Ne faisant point
Chose qu'à point.
5 *Il aime parfaitement*
La clemence, & la Iustice,
Et la terre entierement
Est pleine du benefice,
De ses bontez,
Sus donc chantez.
6 *Les Cieux ont esté posez*
Par sa parole eternelle,
Et leurs ordres disposez,
Par sa bouche aussi fidelle
Et l'esprit grand
Qu'elle respand.
7 *Il ioint comme en vn vaisseau*
Les eaux de la mer profonde,

Gen.
1.6.

Met les abismes soubs l'eau,
Et les cache aux yeux du monde,
Comme thresors
Sans sortir hors.
8 Que le terrestre element
Le craigne donc à tout heure,
Et tous ceux pareillement,
Qui font au monde demeure,
Soubs sa grandeur
Tremblent de peur.
9 Car tout soudain qu'il eut dit,
Toutes choses feurent faictes,
Commendant, il les rendit
Ainsi que l'on voit parfaites,
Monstrant auoir
Vn plain pouuoir.
10 Les Conseils pernitieux
Des gens, le Seigneur, renuerse,
Et des grands ambitieux
Les grands estats, il bouluerse,
Et rend tous vains
Leurs fors desseings.
11 Mais de DIEV, le saint conseil
Est tousiours ferme, & durable,
Et le penser nompareil
De son cœur tant venerable,
Et tout benin,
Dure sans fin.
12 Heureux le peuple qui rend

DE DAVID.

A ce grand DIEV, tout hommage,
*H*eureux celuy qu'il deffend,
*E*t choisit pour heritage,
*E*t tient tousiours
*P*our ses amours.
13 Le Seigneur, iette des Cieux
Sa veuë en bas où nous sommes,
Rien ne se cache à ses yeux,
Il voit tous les fils des hommes,
Auec leurs fais
Bons ou mauuais.
14 De son tabernacle haut,
D'où les vertus nous excitent
A bien faire comme il faut
Tous ceux qui la terre habitent
Nostre DIEV, voit,
Et leur pouruoit.
15 D'vn chacun qu'il a formé
Les cœurs, & pensers il sonde,
A ses yeux, rien n'est fermé
Tant caché soit-il au monde,
Le plus couuert
Leur est ouuert.
16 Le Roy, ne sera sauué
Par l'effort de ces gens d'armes,
Ny le Geant conseruè
Par ces forts bras duis aux armes,
Car tout l'effort
Quite le fort.

Pse.
146
7.

17 Que l'on le mette au cheual
Maintenant son esperance,
Bien qu'il soit fort, & loyal,
Il n'y faut prendre asseurance,
Car aux combas
Ne sauue pas.
18 Mais bien l'œil du tout puissant
Garde, qui vit en sa crainte,
Qui l'aime, est obeissant,
A mis en sa bonté sainte
Tout son espoir,
Comme on peut voir.
19 DIEV, luy mesme tend son bras
A leurs ames qu'il estime,
Il les tire du trespas,
Les nourrit, & les anime,
Les rend contens
En fascheux temps.
20 Doncques nostre ame s'attend,
Au Seigneur, plein de clemence,
Car il nous garde, & deffend,
Empesche qu'on nous offence,
Il nous maintient
Comme il conuient.
21 Aussi nostre cœur tousiours,
Sera ioyeux en sa gloire,
Gais nous passerons noz iours,
Faisant de son nom memoire,
Voyant qu'en luy

DE DAVID.

Est nostre appuy.
22 Ainsi Seigneur, desormais
Soit dessus nous euidente
Ta douceur à tout iamais
Comme nous auons attente,
En ta mercy,
Et soit ainsi.

ORAISON.

SEIGNEVR, de qui la misericorde remplit toute la terre, qui auez dit, & faict à mesme instant, qui auez commandé, & creé tout ensemble, regardez nous de vostre throsne celeste des yeux de vostre grace, & aiez pitié de nous. Repaissez nous de pain celeste, & soulez nous de vostre Verbe duquel nous auons faim en ceste voye de pellerinage. O Seigneur IESVS-CHRIST, nous esperons en vous.

PSEAVME XXXIII.

Heb. 34.

BENEDICAM DOMINO, IN OMNI TEMPORE

ARGVMENT.

I.
ROIS
21.(
23.

DAVID, deliuré du peril où il estoit, lors qu'il feut contraint de se desguiser deuant Abimelech, loüe DIEV, & luy rend graces de sa deliurance, Incite vn chacun à faire le semblable, & monstre de plus en plus l'infaillible prouidence de DIEV. Les Hebrieux cottent par les Lettres de leur Alphabet ce Pseaume, pour en monstrer l'excellence.

De Dauid, quant il desguisa sa façon de faire
deuant Abimelech, qui le chassa,
& laissa aller.

1 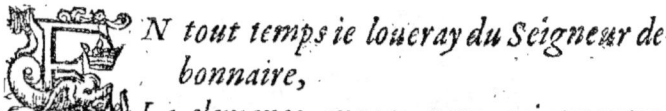N tout temps ie loueray du Seigneur debonnaire,
La clemence enuers ceux qui recourent à luy,
Et ma bouche dira sa faueur ordinaire
Où i'ay mis mon espoir, & mon fidelle appuy.
2 Mon ame en le loüant, sera tousiours louee,
Et le glorifiant ie seray glorieux,
Vous humbles qui sentez sa douceur esprouuee

Qu'on m'entende, & qu'en luy chacun soit tout
    ioyeux.
3   Que chacun auec moy, magnifie à la veuë
Du Seigneur, sa clemence, exalté soit son nom,
Confesse sa bonté qui nous est recongneuë,
Et pousse iusqu'aux Cieux, sa gloire, & son renom.
4 Tombay-ie en quelque ennuy, reçois-ie de la
    peine,
Ie n'ay pas le Seigneur aussi tost supplié,
Qu'il m'exauce, & me tend d'vne façon humaine
Sa main prompte au secours du pauure humilié.
5 Venez humbles d'esprit, pres de luy qu'on s'ap-
    proche,
Receuez la clarté de ses rayons diffuz,
Ne craignez de rougir de honte, & de reproche,
DIEV, ne trompe les siens, & ne les rend cōfuz.
6 Voyez cōme au besoing pas vn il ne delaisse,
Lors que quelqu'vn l'inuoque en sa triste lāgueur,
Aussi tost il l'exauce, & le tire d'angoisse,
Où l'ennemy le tient, en extreme rigueur.
7 Tousiours l'Ange de DIEV, garde ceux qui
    le craignent,
Se campe à l'entour d'eux, prend leur defence en
    main
Contre leurs ennemis, les oit quād ils se plaignēt,
Et s'ils sont en danger, les en tire soudain.
8 L'on iuge par le fruit de la bonté de l'ente,
Goustez, & voyez tous que le Seigneur, est bon,
Heureux l'homme qui met donc en luy son attēte,

Qui ce don a du Ciel n'a pas vn petit don.
9 *De la crainte de* DIEV, *tout bien prend sa naissance,*
Vous saincts qui ce bon heur poursuiuez en tout lieu,
Craignez, & vous aurez de tout à suffisance,
Rien ne default à ceux, qui tousiours craignent DIEV.
10 *Les riches ont eu faim, auecques leur richesse,*
Et bien souuent disette, auient au plus refait,
Mais celuy qui craint DIEV, *qui l'a pour son adresse,*
N'a disette de rien, tout luy vient à souhait.
11 *Venez donc mes enfans, & que chacun entēde*
La crainte du Seigneur, ie vous l'enseigneray,
Voulez vous donc sçauoir tout cela qu'il cōmande,
Venez, & de bon cueur ie vous le monstreray.

1. pier. 3.10.
12 *Voulez vous tous auoir longue, & heureuse vie,*
Vne santé parfaite exempte de douleurs,
Surmonter tous les maux dont la vie est suiuie,
Et ne craindre l'espine, en moissonnant les fleurs.
13 *Soyez doux, gratieux, & gardez ie vous prie*
Vostre langue de mal, de toute impureté,
Et vos levres aussy de dol, de flaterie,
De calomnie, & bref de toute fauceté.
14 *Fuyez sages le mal, & de vostre puissance*
Embrassez les vertus, qui peuuent estre en vous,
Suiuez tousiours le bien, aymez la iouyssance

DE DAVID.

De la paix icy bas, & la pourchassez tous.
15 Le Seigneur, ne clost point sur les bons les paupieres,
Il a ses yeux ouuers sans cesse à leur besoing,
Son oreille est tousiours ouuerte à leurs prieres,
Iamais loing de son peuple il n'escarte son soing.
16 Mais deuers le meschāt, le peruers, & l'impie,
Qui n'a point de luy crainte, & qui ne suit ses pas,
Il ne tourne iamais son œil qu'en sa furie,
Pour en exterminer le souuenir ça bas.
17 Les iustes au Seigneur, ont dressé leurs pēsees,
Le Seigneur, de leurs cœurs a les vœux escoutez,
Et leurs ames d'ennuis, & de douleurs pressees,
A mis en liberté tant il a de bontez.
18 Iamais les affligez il ne laisse, & ne quite,
Il est tousiours prest d'eux, les console en leurs maux,
Ainsi fait des petits, & sa main fauorite
Les garde incessamment de peine, & de trauaux.
19 Sans tempeste, sans bruit, sans foudre, & sans orage,
Les gens de bien souuent ne passent point leurs iours,
Mais le Seigneur, en fin les met sur le riuage,
Et garentit leur nef du naufrage tousiours.
20 Il a soing de leurs os, craint qu'il ne leur auienne
Quelque mal, met sur eux sa saincte esle, &
l'estend.

142 PSEAVMES.

Tellement que pas vn quelque chose qui vienne,
Ne sera point brisé, puisque DIEV, les deffend.
21 Au lieu que tristement mourrōt en leur malice,
Les malins reprouuez, sans grace, ny mercy,
Ils periront, tous ceux qu'n'ayment la iustice,
Et qui vont haissans les gens de bien aussi.
22 Ainsi n'est pas de ceux, qui DIEV, seruent en crainte,
Il les rachete tous, il les meine à bon port,
Et ceux qui n'ont espoir qu'en sa bonté tressainte,
Ne periront iamais, ayant si bon support.

ORAISON.

ESCLAIREZ nous Seigneur, nostre DIEV, des raiz de vostre grace, afin que nous puissions gouster combien c'est vne chose douce de fonder son esperāce en vous, faictes que vostre Ange accompagne nos pas, qu'il nous deffende des embuches du Diable nostre aduersaire, & de la cruelle mort des pecheurs. Ainsi soit-il.

DE DAVID.

PSEAVME XXXIIII.

Heb. 35.

IVDICA DOMINE NOCENTES ME.

ARGVMENT.

DAVID, poursûiuy par Saül, & ses compagnons, Doeg, Semei, & autres, prie DIEV, de prendre sa deffence en main, se confie en luy : en ceste asseurance desdaigne l'effort de ses ennemis, en remet la vengeance à sa diuine iustice laquelle il souhaite, & au contraire toute felicité aux gens de bien. Le sens mistique, conuient à IESVS CHRIST, contre Iudas, les Phariseans, & autres Iuifs, comme aussi à l'Eglise, contre ses persecuteurs, & à chacun en particulier, contre ses aduersaires.

Pseaume de Dauid.

S*EIGNEVR, remply de iustice,*
Sois fauorable, & propice,
A ma cause en cet endroit,
Contre ceux qui me trauaillent,
Combats, & soustiens mon droit,
Contre tous ceux qui m'assaillent.

2 Arme toy donc, & destache
Lance, bouclier, & rondache,
Et te leue à mon secours,
Faicts toy sur les rangs cognoistre,
Monstre que le droit tousiours
Tu deffens, & fais paroistre.
3 Tire hors le cimeterre,
Mets, & renuerse par terre,
Tous ces cruels ennemis,
Et chastiant leur audace,
Dis à mon ame ie suis,
Et ton salut, & ta grace.
4 Que ceux qui remplis d'enuie,
Coniurent contre ma vie,
Sans nul suget aparent,
Soient confuz, & pleins de honte,
Voyant leurs desseings au vent,
Et qu'ainsy ta main les dompte.
5 Seigneur, en force supresme,
Faicts ie te prie de mesme
De ceux qui m'ont voulu mal,
Faicts les tourner en arriere,
Auec leur cueur inegal
Et la honte toute entiere.
6 Comme poussiere que l'halaine
Des vents, chasse sur la plaine,
Ca, dela, confusement,
Ainsi soient, & qu'à la file,
L'ange de DIEV, viuement,

Pse. 69. 2.

Les suiue, & les esparpille.
7 Que leurs chemins, & leurs sentes,
Soient obscures, & glissantes,
Et toutes plaines d'horreur :
Que l'Ange sans cesse encore
Les poursuiue en sa fureur,
Et qu'il n'en reste vn seul ore.
8 Car sans aucune apparence
Seigneur, ma seulle esperance,
Ils me dressent en effect
Maints lacz (chacun le peut dire,)
Et font encor sans sujet,
Ce qu'ils peuuent pour m'occire.
9 Ainsi toute la ruine
Que ce meschant me machine,
Toute la peine, & l'esmoy,
Luy vienne tost, & n'eschappe
Le piege dressé pour moy,
Et tombe en sa propre trappe.
10 Alors mon ame contente,
Le voyant de son attente,
Trompé & du tout forclos,
Auec vne extreme ioye
Chantera de DIEV, le los
Pour le salut qu'il m'enuoye.
11 Mes os mesme susceptibles
De tes graces indicibles,
Diront, n'ayant plus d'effroy,
O DIEV, Seigneur admirable

K

Qui peut estre esgal à toy,
Et se dire comparable?
12 Tu retire de miseres
L'affligé, tu le liberes
Des mains de plus forts que luy,
Et le pauure du pillage,
Sans support, & sans appuy,
Et que tout le monde outrage.
13 Pour combler leur violence,
Contre ma foible innocence,
Plusieurs faux tesmoins se sont
Esleuez, qui me demandent
Cela que i'ignore, & n'ont
Nulle apparence où ils tendent.
14 Au lieu d'auoir fauorables,
Ces meschans inexorables,
Ils m'ont rendu mal pour bien,
Mon ame ils ont poursuiuie,
Si qu'il ne tint presque à rien,
Qu'elle ne me feut rauie.
15 Toutesfois ayant fiance
En toy, j'auois patience,
Et quand ils iettoient leur feu,
I'estois bien tant debonnaire,
Que tous ces maux m'estoient peu,
Et portois tousiours la haire.
16 I'ay Seigneur, que ie reclame
Souuent affligé mon ame
Par ieusnes que ie faisois,

Pour expier leurs offences,
Et pour eux ie reclamois
Comme pour moy, tes clemences.
17 En leur douleur plus amere,
Tout de mesme qu'vn bon frere,
Ie me suis porté vers eux,
Toute ma face estoit pleine
De dueil, ainsi que mes yeux,
Et leur mal me donnoit peine.
18 Ils n'en ont faict de la sorte,
Pendant ma misere forte,
Au contraire ils s'en sont ris,
Et pour monstrer leur puissance
Des choses ont entrepris,
Dont ie n'auois cognoissance.
19 Chacun apres se diuise
Pour mettre à fin l'entreprise
Sans helas me regreter,
Et rians de ma detresse,
Ne faisoient rien que ietter
Les brocards picquans sans cesse.
20 Iusqu'à quand Seigneur, ces choses
Qui sont à ta veuë escloses,
Auras tu horreur de voir?
Tire mon ame assoupie,
De leur inique vouloir,
Et du lion qui l'espie.
21 Alors ie rendray louange
Mon DIEV, vers qui ie me range,

K ij

A ta bonté tous les iours,
Et parmy la tourbe espaisse,
Ie loueray aussi tousiours
Ta grace qui ne me laisse.
Iea. 22 Fais donc que mes aduersaires
15.15 Sans suiet ainsi contraires
N'enflent de gloire leur cœur,
Et que ceux qui me haissent,
Me guignans d'vn œil mocqueur,
De mes maux ne s'esiouissent.
23 Car à les ouyr ensemble,
C'est toute amitié ce semble,
Mais dessoubs le traitre apas,
De parolles amiables.
Ces meschans n'epargnent pas
Les humbles, & les affables.
24 Pensans des-ja voir ma perte
Sur moy leur bouche est ouuerte,
Ils ont dit de ioye espris
Auec vne voix esmeuë,
Ha, ha, le voila surpris,
Nous en auons eu la veuë.
25 Toy qui vois ceste insolence,
Ne la passe soubs silence,
Sans leur rendre vn iour mon DIEV,
N'eslongne de moy ta face,
Et me defens en tout lieu
Des effects de leur menace.
26 Leue toy pour ma deffence

Seigneur, tout plein de clemence,
Prend mon DIEV, ma cause en main,
Entens à moy, ie t'appelle,
Fais que leur effort soit vain,
Que mon droit soit ta querelle.
27 De mesme que mon refuge,
Sois mon DIEV, mon iuste iuge,
Et donne ton iugement,
Selon le droit ie te prie,
Et que plus insolemment
Le meschant de moy ne rie.
28 Abaisse leur le courage,
Et que plus vn tel langage
On n'entende proferer,
Ha, ha, donc pour la conqueste
Rien ne reste à desirer,
Elle est des-ja toute preste.
29 Que tous ceux qui se delectent
En l'angoisse, où ils me mettent
M'en voyant libre, & dehors,
Soient pleins de honte durable,
Et retombe sur eux lors
Le mal qui si fort m'accable.
30 Ainsi soient pleins ces infames
De reproches, & de blasmes,
Ces ministres de nos maux,
Qui par toute compagnie
Font de moy des discours faux,
Et tous pleins de calomnie.

31 Mais ceux qui menent liesse
De mon bon droict, soient sans cesse
Ioyeux, disans à jamais
A DIEV, soit gloire eternelle,
C'est le salut & la paix
De son seruiteur fidelle.
32 Lors ma langue bien disante
Ta iustice triomphante
Incessamment chantera,
Et tout le iour de ta gloire
Hautement celebrera
La louange, & la memoire.

ORAISON.

TENDEZ nous vostre main secourable en nostre affliction ô Seigneur DIEV, repoussez nos persecuteurs, & nostre ame se resiouira en IESVS CHRIST, nostre salutaire. Faites Seigneur, qu'estans couuerts du bouclier impenetrable de vostre iustice, nous meritions la iouissance des biens eternels, & de l'allegresse immortelle, dont les esleus ont iouissance. Ainsi soit il.

PSEAVME XXXV.
Heb. 36.

DIXIT INIVSTVS.

ARGVMENT.

DAVID, voyant l'endurcissement de Saul, Absalon, & autres ses ennemis en leur impieté se console en la parolle de DIEV, represente ses graces qu'il communique à tous, Mais qu'elles tournent en fin à la confusion des meschans qui en abusent.

Au Maistre de la Chapelle, chant de Dauid, seruiteur de DIEV.

1. VOIR les faicts odieux
De l'iniuste reply d'une folie extresme,
Il n'a point deuant les yeux
La crainte du Seigneur, côme il dit en luy mesme.
2. Or il le tesmoigne bien
Tant il se plaist au mal, & mesme en sa presence,
Pour rendre par ce moyen
Plus odieuse encor sa detestable offence.
3. Tous ces familiers discours
Sont pleins d'iniquité, de malice, & d'enuie,
Il ferme aux sages tousiours

Pse. 147.

Ses oreilles, à fin de n'amender sa vie.
4 *Il pense en son lit sans fin,*
A ses impietez, & moyens de les faire,
Il prent vn mauuais chemin,
Il ne veut rien ouyr, à fin de s'en distraire.
5 *Toutesfois ta charité*
Est ô Seigneur mon DIEV, *iusqu'au Ciel releuée,*
Et ta saincte verité,
Au plus hault du sommet de la nuë esleuee.
6 *Ta Iustice, rien ne doit*
En hauteur aux grands monts, elle en passe les cimes,
Et tes iugemens qu'on voit,
En vaste profondeur, surpassent les abismes.
7 *Les hommes, les animaux,*
Tu maintiens icy bas auec ta prouidence,
Tu les garentis de maux,
O DIEV, *que ta bonté est pleine d'excellence.*
8 *Aussi bien heureux seront*

Hie.
10.
24.

Les hommes, qui mettront en toy leur esperance,
Et qui se retireront
Soubs l'ombre de ton esle, où git nostre asseurãce.
9 *Sans cesse en toute saison,*
Tu les rassasiras des douceurs, & blandices,
Dont abonde ta maison:
Ils boiront aux torrens de tes cheres delices.
10 *Car de toy,* DIEV *tout puissant*
Coullent les clairs ruisseaux de la vie eternelle,
Et le grand flambeau luisant

Dont naistra nostre iour, en la vie eternelle.
11   Fais que ta douceur ainsi
Paroisse à ceux qu'on voit auoir ta congnoissance,
Et que ta iustice aussi
Garde les droicts de cœur, soubs ton obeissance.
12   Ne permets que l'orgueilleux
A ta face Seigneur, de son pied me supplante,
Et que l'impie outrageux
Me pousse de sa main, & qu'il me violente.
13   Là dedans ces lieux profonds
Tomberont les meschans, & sans espoir de grace
Seront repoussez au fonds,
  Quoy que leur cœur peruers machine, inuente,
  & face.

ORAISON.

SEIGNEVR, source, & origine de tous biens, multipliez sur nous vostre misericorde, faites que nous puissions si bien nous eniurer de l'abondance de vos graces, qu'estans illuminez par la cognoissance de vostre saint nom, puissions vn iour paruenir à la iouyssance des fidelles. Ainsi soit-il.

PSEAVMES

PSEAVME XXXVI,
Heb. 37.

NOLI ÆMVLARI.

ARGVMENT.

PSEAVME consolatif pour les affligez, par lequel Dauid, monstre que les gens de bien, qui viuēt en la crainte de DIEV, & qui ont quelques fois des trauerses, ne doiuent estre esbranlez par la prosperité des meschans, ny faire cōme eux, d'autant que leur fœlicité n'est pas de durée, mais celle des bons eternelle, & permanente, Et qu'il faut tousiours perseuerer au bien. Mistiquement en la personne de Dauid, DIEV exhorte son Eglise, & chacun en particulier, à la constāce cōtrē les persecutions : les Hebrieux pour mōstrer pareillement l'excellence de ce Pseaume, ont cotté les versets d'iceluy par les Lettres de leur Alphabet.

Pseaume de Dauid.

Prouer
23.
17.
†
24.
1.

1 NE troubles point dēnuis les beaux iours
    de ta vie,
Si tu vois quelquesfois dominer les
    peruers,
Et ne portes iamais aux iniques enuie.
2 Car tu verras bientost leur grādeur à l'enuers,
Cheoir comme foin qu'on coupe, & deuenir sechee,
Ainsi que l'herbe verte, apres qu'elle est fauchee.
3 Mais espere au Seigneur, & t'adonne à biē faire,

Si tu veux acquerir vn asseuré repos,
Et de ces biens tousiours dequoy te satisfaire.
4 Doncques esiouis toy, mets ton cœur en depos,
Es mains du tout puissant, & point ne le retire,
Tu receuras de luy ce que ton cœur desire.
5 Remets en la bonté du Seigneur, ta conduite,
Repose toy sus luy, tu ne seras deceu,
Lors il t'accordera le fruit de ta poursuitte.
6 Tõ droit cõme vn clair iour, sera par tout cogneu,
Il fera deuant tous luire ton innocence,
Patiente, & tandis inuoque sa clemence.
7 Ne porte donc enuie, & point ne te contriste,
Si tu vois pour vn temps prosperer le meschant,
Qu'il a tout à souhait, & que rien n'y resiste.
8 Laisse là ce despit de peur qu'en te faschant,
Ainsi que luy trompé, & en la mesme sorte
Au mal & non au bien, ton esprit ne t'emporte.
9 Car tous ceux qui font mal n'aurõt iõ aduãtage,
Ils seront ruinez, mais ceux qui craignent DIEV,
Possederont tousiours la terre en heritage.
10 Attens encore vn peu, car le meschant au lieu,
Où n'aguere il estoit plein de pompe & de gloire,
Ne paroist nullement, & n'est de luy memoire.
11 Mais les humbles de cœur, les simples, & dociles   Mat.
Iouyront de la terre auec contentement,   5.5.
En viuant y verront toutes choses tranquilles.
12 Car les meschans tousiours espiront vainement
Les iustes qui n'ont rien plus cher que la Iustice,
Et grinceront les dents de rage, & de malice.

13 De tous leurs grondemens DIEV, n'en fera
 que rire,
Et se mocquera d'eux, congnoissant que le iour
De leur destruction vient bien tost, & s'expire.
14 Tandis ils sont sus pied pour quelque mau-
 uais tour,
Ont tiré du fourreau leurs espees luisantes,
Et preparé les arcs de leurs flesches poignantes.
15 C'est à fin d'affliger le monde dauantage
Surprendre au despourueu le pauure qui n'a rien,
Faire mourir celuy qui sert DIEV, de courage.
16 Mais leur glaiue mouillé du sang des gẽs de biẽ,
Puisse leur propre cœur trãspercer cõme vn foudre,
Et soient leurs arcs brisez, ainsi menus que poudre.
17 Mais que l'hõme de bien ayt tout à suffisance,
Il est contant tousiours, peu de chose il luy faut.
Et ce peu suy sert plus, qu'au meschãt l'abõdance.
18 Car bien qu'il ayt beaucoup, sans fin tout luy
 defaut,
La force des peruers, sera brisee encore,
Mais DIEV, fortifira le iuste qui l'adore.
19 Le Seigneur, ayme auoir vne vie innocente,
A soin des iours de ceux qui gardent l'equité,
La gloire de leur bien est grande, & permanente.
20 Ils ne seront confuz en temps d'aduersité,
Ains seront satisfaicts es iours pleins de famine,
Où sera des peruers la totalle ruine.
21 Les ennemis de DIEV, bien qu'ils soient en
 grand nombre,

DE DAVID.

Pensant monter en gloire, on les verra par bas
Passer comme fumee, & de mesme qu'vne ombre.
22 Sans fin l'inique emprunte, & ne trouuera pas
Dequoy rendre, & paier, mais le iuste au contraire
S'eslargit, donne au pauure, & sort tousiours d'af-
 faire.
23 Ceux qui le beniront sont certains qu'ë la terre,
Ils auront bonne part, ceux qui le maudiront
En seront arrachez par son vengeur tonnerre.
24 Ses secourables mains sans cesse conduiront
Les pas des gens de bien, leur seront fauorables,
Et leurs sentiers tousiours, au Seigneur agreables.
25 S'ils venoient à tomber par mauuaise fortune
De quelque eminent lieu, n'en seront fracassez,
Car DIEV, les soustiendra de sa main opportune
26 I'ay esté ieune d'ãs mes beaux iours sont passez Ec-
Mais ie n'ay iamais veu que le Seigneur delaisse clef
Le iuste, & ses enfans, à laumosne en angoisse. 25.
27 Il fait incessãment quelque œuure charitable,
Secourt le pauure, & ceux qui recourent à luy,
Sa lignee est aussi beniste, & perdurable.
28 Au Seigneur, seulement soit doncques ton
 appuy.
Fuis le mal, fais le bien, à cela DIEV, t'appelle,
Ainsi tu paruiendras à la vie eternelle.
29 Le Seigneur veut le droit, & ceux qui sans
 feintise.
L'embrassent ardemment, il ne laisse au besoin,
Tousiours ses seruiteurs il garde, & fauorise.

30 Mais il hait le meschant, & n'en a point de soin,
Sinon pour le punir, ainsi qu'il le merite,
Et pour en ruiner la semence maudite.
31 Tous les iustes auront la terre en heritage,
Et leur possession sera pour vn long temps,
Car ils en iouïront à iamais d'aage en aage.
32 Sa sagesse ils louront, tous ioyeux, & contens,
Et ne sortira rien de leur langue benigne,
Qui ne soit iuste, saint, & de leur vertu digne.
33 Car la loy du Seigneur, dans leur cœur est emprainte,
Ils s'en rendent tousiours fort grands obseruateurs,
Aussi sont asseurez, & n'auront de cheoir crainte.
34 Combien que les peruers & leurs persecuteurs,
Soient sans cesse sus pied à fin de les surprendre,
Et pour voir s'ils pourront les occire, ou les prēdre.
35 Mais on ne verra point que le Seigneur permette
Qu'ils tombent en leurs mains, & puis qu'en iugement
On les condamne à tort, ny que l'on les reiette.
36 Espere donc en DIEV fais son cōmandement,
Tu seras exalté, & sur terre paisible,
Tu verras des méschans, la ruine infalible.
37 I'ay veu haut colloqué, plein d'honneur, & richesse,
L'impie abominable encor plus qu'on ne voit
Les Cedres du Liban d'incomparable hautesse,

38. Mais comme en se montant sa gloire s'en
    alloit,
Et repassant par là, ie n'ay veu que la place,
En vain ie le cherchay, ie n'en vis point de trace.
39. Contemple l'innocent, voy comme DIEV,
    l'assiste,
Le iuste tout de mesme, & tu verras comment,
L'homme paisible ainsi que sa race subsiste.
40. Au contraire on verra l'impie incessamment
Exterminé du monde, & toute sa lignee
Du seiour des viuans du tout exterminee.
41. Ainsi DIEV, sauuera le iuste, & debonnaire,
Il les met soubs son esle, & les conserue alors
Qu'ils ont le temps mauuais, orageux, & cotraire.
42. Il est tousiours leur aide, il les retire hors
A la face de tous de la main violente
Des meschans, pour auoir mis en luy leur attente.

ORAISON.

DIEV, tout puissant, DIEV de nostre salut, exaucez
nous, & accordez nous les vœuz de nostre cœur, ad-
dressez nous par le chemin des iustes, & lors que nous serons tombez en la fosse du peché, tendez nous vostre main
secourable, de peur que nous ne soyons precipitez au fonds
de l'abisme auec les impies, octroyez nous ceste grace, à fin
que nous puissions vn iour auoir part a l'heritage des sauuez. Ainsi soit-il.

PSEAVMES

PSEAVME XXXVII.

Heb. 38.

DOMINE NE IN FVRORE TVO.

ARGVMENT.

DAVID, se voyant pressé d'vne grande maladie, & de plusieurs autres afflictions ensemble, à cause de ses pechez, implore la bonté de DIEV, Et qu'il luy plaise ne le traiter à la rigueur, ayant esgard tant à la contrition de ses fautes qu'il confesse, & dont il luy demande pardon, qu'au pitoyable estat où il est reduit, il y a en ce Pseaume plusieurs beaux trais meslez qui conuiennent à IESVS CHRIST.

Pseaume de Dauid, En souuenance du iour du Sabath.

AVANT *tu voys ô* MON DIEV, *l'horreur*
De mon peché qui me martyre,
Ne me reprens en ta fureur,
Et ne me chastie en ton ire.
2 *Car ie suis tout nauré de trais*
Et ie sens ta main qui me presse:
Le souuenir de mes forfais
Redouble tousiours ma detresse.
3 *Ma chair n'est plus saine deuant*
Tes courroux pleins de violence

Et mes

Et mes os comme auparauant
N'ont de repos pour mon offence.
4 Helas mes enormes pechez,
Sont montez iusques à leur feste,
Et comme fardeaux attachez
Ils me pesent dessus la teste.
5 Vn sang tout noir, & tout polu,
Coule de mes playes sans cesse,
Pour auoir esté dissolu
Et plein d'excez en ma ieunesse.
6 Ie suis (ô mon DIEV,) poursuiuy
De tant de maux que ie m'incline
Vers la terre, & tout plein d'ennuy
A peine ie marche, & chemine,
7 Car l'humeur me poingt tellement,
L'humeur en mes reins enflammee,
Que ie n'ay rien que du tourment,
Ni chair qui ne soit entamee.
8 L'affliction m'a mis si bas,
Que ie suis moins qu'vn ver de terre,
Ie crie helas, ie tends les bras,
Mais en vain, dont mon cœur se serre.
9 Tous mes desirs te sont ouuerts,
Et les souspirs qui mon cœur pressent,
Ne te sont cachez ny couuers,
Ton œil les voit auant qu'ils naissent.
10 Mon cœur est troublé de trauaux,
Ma vigueur s'est tournee arriere,
Et mes yeux esteins en mes maux,

L

Ont perdu pour moy leur lumiere.
11. Mes amis voyant mon esmoy,
Et ma misere tant extresme,
Se sont tous eslongnez de moy,
Et mes plus prochains tout de mesme.
12. Mes voisins en ont fait autant,
Ils s'esloignent de ma tristesse,
Et mes haineux me vont guetant
Par tout d'autre costé sans cesse.
13. Ils sont dessus pied tous les iours
Pour m'accabler, & me destruire,
Ils font de moy de faux discours,
Et n'essayent qu'à me seduire.
14. Mais ie suis sourd, & l'air esmeu
De leurs vains complots ne me touche,
Comme vn muet ie me suis teu,
Et iamais ie n'ouure ma bouche.
15. Ie suis deuenu tout ainsi
En ma misere comme vn homme,
Qui n'entend, & n'a point aussi
De replique au mal qui l'assomme.
16. Mais toy mon DIEV, tu respondras
Pour moy, i'ay bien ceste creance,
C'est toy qui m'exauçant prendras
Soing de me donner allegeance.
17. Fais moy ceste grace Seigneur,
Et ne permets qu'ils s'esiouïssent,
Si mes pieds pressez de langueur
A leur face bronchent, & glissent.

DE DAVID.

18. Ie cloche, & ne puis faire vn pas
Seigneur, ma ruine est presente,
La douleur ne m'eslongne pas,
Et jamais de moy ne s'absente.
19. Parmy tous les souspirs cachez
De tant de maux que ie supporte,
Ie te declare mes pechez,
Et le grand ennuy, que i'en porte.
20. Tandis mes ennemis ioyeux,
Ont du credit, & de la force,
Et le nombre des enuieux
Grossit tousiours, & se renforce.
21. Bref tous ceux qui rendent le mal
Pour le bien me sont aduersaires,
D'autant qu'ils me voyent legal,
Et bon mesme à tous mes contraires.
22. Ne me laisse donc au besoing
Seigneur, tourne vers moy ta face,
Et ne tiens point le secours loing,
Secours que i'espere en ta grace.
23. Haste vistement ton secours,
Tire moy de tant de souffrance
O DIEV, mon vnique recours,
Mon salut, & mon esperance.

ORAISON.

NE nous chastiez point Seigneur, en vostre fureur, puis que nous recognoissons nos fautes, nostre cœur est tout troublé, nostre chair à perdu son enbon-point. Ne nous habandonnez Seigneur, & ne nous priuez point de vostre grace, tendez nous vostre main secourable ô IESVS-CHRIST, autheur de nostre salut, de qui le nom est beny aux siecles des siecles. Ainsi soit il.

DE DAVID.

PSEAVME XXXVIII.

Heb. 39.
DIXI CVSTODIAM VIAS MEAS.

ARGVMENT.

LE PROPHETE, attenué pareillement de maladie, & d'autres afflictions, nous apprend à son exemple de ne point murmurer contre DIEV, des prosperitez, qui accompagnent la vie scandaleuse des meschans, & ne dire chose dont ils pourroient faire leur profit, reclame l'assistance de DIEV, recognoist l'infirmité & vanité humaine, en fin il prie DIEV, pour la prorogation de ses iours.

Au maistre des chantres Idithum, Pseaume de Dauid.

1 'AY dit en moy-mesme ie veux,
Pour ne donner à mes haineux
Quelque prise sur moy, me tenir sur
    ma garde,
Et prendre à mes propos maintenant de pres garde.
2 Ie veux donner vn sage mors,
Si ie puis à ma bouche alors
Que ie seray forcé de parler à l'impie,
A fin que hors de là le peruers ne s'en rie.
3 Ainsi qu'vn muet on m'a veu
Sans dire mot, ie me suis teu,

2. Rois 16.7.

L iij

Mesme de chose bonne à reciter, & dire,
Encor que le silence en accreust mon martyre.
4 De regrets, d'ennuis, & d'esmoy,
Mon cœur s'est enflammé dans moy,
Vn grand feu s'est espris dans ma triste pensee,
Ie ne le puis dompter tant elle est embrasee.
5 Ma langue cedant à l'effort
D'vn feu si violent, & fort,
S'est alors escriee, ô DIEV, plein de puissance,
Donne moy s'il te plaist de ma fin cognoissance.
6 Dis moy ce qui reste du cours
A passer de mes tristes iours,
Auec tant de langueur qui m'estreint & me serre,
Et combien ie dois viure encor dessus la terre.
7 Car voila tous mes iours reduis
Au petit pied comme ie suis,
Et le temps de ma vie, & sa plus longue espace
Est ainsi comme vn rien deuant ta saincte face.
8 Aussi pour vray dire ô mon DIEV,
Tout homme viuant en ce lieu, (abonde,
Quoy qu'en biens, qu'en sagesse, & grandeurs il
Est pure vanité, vanité de ce monde.
9 Ce n'est qu'vn ombre, vne eau coulant,
Ce n'est qu'vn fantosme volant,
Qui ne laisse apres luy, nulle marque apparante
Et cependant le fol pour neant se tourmente.
10 Au moment qu'il vit icy bas,
Il thesaurise, & ne sçait pas
Tant son fol iugement le trompe, & l'abandonne,

DE DAVID. 167

Pour qui las, il amaſſe & d'ennuis il ſe donne.
11 *Et puis que cela l'on peut voir,*
En qui mettray-ie mon eſpoir,
Sinon en ta douceur où tout mon bien repoſe,
Et l'heur qu'à tout iamais mon ame ſe propoſe.
12 *Deliure donc par ta bonté*
Mon cœur de toute iniquité,
Ne permets qu'au malin qui n'eſt iamais affable,
Ie demeure en opprobre, & luy ſerue de fable.
13 *Ie m'en taiſois, tu le ſçais bien,*
Ie n'ay ma bouche ouuerte à rien,
Car tout vient de ta main, DIEV, tout bon, & tout
   ſage,
Mais retire de moy ta playe, & me ſoulage.
14 *A force de coups de ta main,*
Ie ſuis defailli tout ſoudain,
O mon DIEV, c'eſt ainſi que l'homme qui s'oublie
Eſt corrigé de toy par ſa grande folie.
15 *On voit ſa gloire toſt finir,*
Et ſec comme araigne fanir,
Qui pour prẽdre du vẽt ſans ceſſe trame, & file,
Si bien que l'homme eſt vain, & ſa peine inutile.
16 *Helas Seigneur, il eſt ſaiſon,*
D'eſcouter mon humble oraiſon,
Ie n'en puis tantoſt plus, ne la metz en arriere,
Et reçois s'il te plaiſt mes pleurs, & ma priere.
17 *Ne te tais point comme ie voy,*
Car ie ſuis mon DIEV, deuant toy,
Comme vn triſte eſtranger accablé de miſeres,

L. iiij

Et un pauure passant comme ont esté mes peres.
18 *Donne moy doncques du respit,*
A fin que ie puisse vn petit,
Me rafreschir encore aux ondes de ta grace,
Auant que ie m'en aille & delaisse la place.

ORAISON.

Mettez vn frein Seigneur, à nostre bouche à fin que nostre langue ne s'emporte, & ne produise parole qui vous offence. Deliurez nous de nos iniquitez, & faites que les reprehensions ne nous facent destraquer du chemin des iustes. Donnez nous cognoissance de nostre trespas, à fin que nous puissions comprendre ce qui deffaut pour l'amendement de nostre vie. Ne tardez point de nous secourir : car nous sommes de pauures pelerins, & des estrangers de mesme qu'ont esté nos peres. Faites que nous puissions thesauriser le thresor en ce siecle, que vous retribuez vn iour en vostre Ciel. Ainsi soit-il.

PSEAVME XXXIX.

Heb. 40.

EXPECTANS EXPECTAVI DOMINVM.

ARGVMENT.

DAVID, rend graces à DIEV, de ce qu'il l'a sauué des mains de ses ennemis, Et luy en donne louange, parle de l'abrogation de la vieille loy, Et des sacrifices, apres la venue de IESVS-CHRIST, Demande à DIEV la continuation de son assistance, monstre les effects de sa grace certaine à ceux qui ont attente en luy, & de sa misericorde vers les siens. Ce Pseaume, comme interprete Sainct Paul aux Hebrieux, est tout prophetique de la Passion, & Resurrection de IESVS-CHRIST en son regne spirituel, il cō- Heb. uient aussi à toute ame affligee. 10.

Au Maistre de la Chappelle
Pseaume de Dauid.

1 J'AY *constamment attendu*
Le Seigneur, où i'ay mis mon esperāce,
Il a ce coup entendu
Ma plainte & pris pitié de ma souffrāce.
2 *Il a calé ses courroux,*
Et m'exauçant aux desirs de mon ame,
Sa forte main m'a recoux

D'un lac abiect, & d'un bourbier infame.
3 Aux yeux de mes ennemis,
Il a posé mes pieds dessus la cime
D'un ferme roch, & m'a mis
Au bon chemin, tant le Seigneur m'estime.
4 C'est le diuin argument
Du chant nouueau qu'il a mis en ma bouche,
Pour le louer dignement
Comme ie dois, & que le faict me touche.
5 Sur cela maints deffians,
Auront de peur leur ame toute attainte
Et lors en DIEV, se fians
Mettront en luy leur espoir, & leur crainte.
6 O que l'homme est bien heureux,
Qui son attente au nom du Seigneur, fonde
Et qui n'est point desireux
Des vanitez, & folies du monde.
7 Las combien Seigneur, mon DIEV,
Tes faicts sont grands, qui te font admirable,
On le voit en chacun lieu,
Aussi nul autre à toy n'est comparable.
8 I'en ay presché, tu l'as veu,
Et raconté leur gloire à mon possible,
Mais i'en ay tousiours dit peu,
Pour le grand nombre à nombrer indicible.
9 Tu n'as desiré de moy
Oblation, ny fumans sacrifices,
Mais tu m'as tiré d'esmoy,
Car i'ay trouué tes oreilles propices.

Heb.
10.
5.

DE DAVID 171

10 O Dieu, tu ne veux aussi
Pour le peché, d'holocauste bruslante,
Ainsi donc i'ay dit ainsi,
Ie viens moy mesme à toy ie me presente.
11 En teste du liure est dit
De moy Seigneur, que ton vouloir ie suiue,
Et ie n'ay point contredit,
Ta loy demeure en mon cœur tousiours viue.
12 Aussi i'ay fidellement
Aux yeux de tous enseigné ta Iustice,
Et tu sçais que nullement
Ma leure n'a celé ce benefice.
13 Ie n'ay point ton iniquité
Tenuë aussi dans mon cœur sans l'esclore,
I'ay presché ta verité
Et ton salut au temple ou l'on t'adore.
14 Deuant tous ie n'ay celé
Ta grand bonté, tes celestes richesses,
Ie n'ay iamais recelé
La verité, de tes saintes promesses.
15 I'en fais autant tous les iours,
Mais toy Seigneur, ne m'eslogne ta grace,
Fais qu'auec elle tousiours
La verité me garde en toute place.
16 Ie suis entourné d'ennuy,
Des diuers maux le nombre me surmonte,
Autant en est auiourd huy
De mes pechez, dont ie ne sçay le conte.
17 Car le nombre en est si grand

Qu'il passe ô DIEV, les cheueux de ma teste
Mon cœur languit, & se rend,
Et la vigueur plus sur moy ne s'arreste.
18 O Seigneur rends moy veincœur,
Fais que ta dextre à mon secours paroisse,
Mets en liberté mon cœur,
Et tire moy soudainement d'angoisse.
19 Fais ie te prie que ceux
Qui me vouloient ainsi rauir la vie
Deuant moy fuient honteux
Et n'ayent plus sur mon bon heur enuie.
20 Que l'espouuante, & l'effroy,
Soient parmi ceux qui du mal me pourchassent
Mets les tous en desarroy
Fais que tes bras honteusement les chassent.
21 Que de mesme ceux la soient
Tous esperdus de honte, & de vergongne,
Qui crioient, & qui disoient
Ha, ha, ha, sus qu'on le prenne, & l'empoigne
22 Au lieu que les desireux
De leur salut en DIEV, se resiouyssent,
Que leurs iours soient bien heureux,
Et que sans fin le Seigneur ils benissent.
23 Bien que ie sois desolé
Pauure chetif, & comblé de misere,
Ie suis pourtant consolé
En mes ennuis, & DIEV, me sert de pere.
24 C'est le DIEV, de mon recours,
Il est mon ayde, il m'a pris en sa garde,

DE DAVID.

O Dieu, fais que ton secours
Bien tost paroisse, & plus ne le retarde.

ORAISON.

ESCOUTEZ nos prieres nostre Dieu, & tirez nos ames du lac de misere d'ignorance, & de la boüe de la concupiscence de la chair, destournez noz yeux de la vanité, conduisez nos pas par le chemin de l'Euangile à l'eternelle felicité. Que vostre misericorde nous couure souz son esle lors que nos pechez seront multipliez. Ne tardez point vostre secours, Dieu, de nostre assistance, & de nostre protection, au siecle des siecles. Ainsi soit-il.

PSEAVME XL.

Heb. 41.

BEATVS VIR QVI INTELLIGIT.

ARGVMENT.

Le Prophete, gisant au lit d'vne griefue maladie, met son esperance en DIEV, qui l'en deliure contre l'attente de tous ses ennemis, dequoy il luy rend graces, & nous enseigne de faire de mesme. Il y a plusieurs beaux traicts qui sont raportez à IESVS CHRIST, pour le mauuais vouloir que luy portoient les Iuifs, mesmement de la trahison de Iudas, contenue au 10. Verset de ce Pseaume, alleguée en Sainct Iean.

Ieā. 3.

Au Maistre de la Chapelle, Pseaume de Dauid.

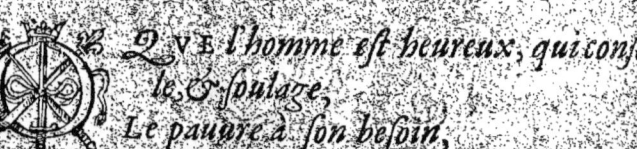

1. Qve l'homme est heureux, qui console, & soulage,
Le pauure à son besoin,
Et qui luy tend les bras sans luy tourner visage,
Le Seigneur, luy rendra tousiours vn pareil soin,
En temps d'aduersité luy sera fauorable,
Et sans fin secourable.

2. DIEV, le conseruera de mal, & de disgrace,
Il viura longuement

DE DAVID.

Heureux dessus la terre ainsi comme en sa grace,
Et ne permetra point qu'il tombe indignement,
Es mains des ennemis qui portent de l'enuie
Au bon heur de sa vie.
3 Si quelque mal l'abat, & sa santé le laisse
Le Seigneur, tout soudain
Le viendra consoler & le mettre à son aise,
Et pour le relever luy donnera la main :
Car tu l'aimes si fort que malade en sa couche
Nul autre ne le touche.
4 Au fort de mon accez, & de la violence
De mon mal rigoureux,
I'ay dit Seigneur mon DIEV, use de ta clemence,
Voy l'estat où ie suis tant pauvre, & langoureux,
I'ay peché contre toy mon DIEV, que ie reclame
Helas ! gueris mon ame.
5 Pendant mes ennemis par tout se reiouissent
Me voiant au declin,
A la face de tous les peruers me maudissent,
Et vont s'entredisans, quand verrons nous sa fin,
Et pour iamais sa vie, au sepulchre enfermee
Auec sa renommee ?
6 Si quelqu'un d'eux venoit me voir en ce
  martire,
C'estoit feinte amitié,
Pour voir le triste estat, & puis apres en rire,
Leurs propos n'estoient rien que regrets, que pitié,
Et leur meschant vouloir, soubz ce traistre lāgage
C'estoit vn faux courage.

PSEAVMES

7 Ils n'auoient pas plustost mis le pied hors la
porte
De ma triste maison,
Que chacun en discourt, & maint aduis en porte
Non ainsy comme il est, mais d'une autre façon,
Faisans helas de moy plusieurs funestes contes
Dont ils n'ont point de honte.

8 Ceux qui les entendoient, & ne me vouloient
gueres
Non plus de bien comme eux,
Murmuroient sourdemét parlant de mes miseres,
Et ne pensoient de moy rien de bõ, ny a'heureux
Faisant dessus mes maux, mes douleurs, & tor
tures,
Diuerses coniectures.

9 Enfin ils ont lasché de leurs leures meschâtes
Ces propos contre moy,
Pour s'en releuer sont ses douleurs trop poignantes
Puis qu'il est abatu, s'en est faict ie le croy,
Et qui pourroit aussi de telle maladie
Se sauuer quoy qu'on die.

10 Voila comme ils parloient de ma misere extresme,
Où reduit lors i'estois

Ioa. Approchant de ma fin, l'un de mes amis mesme
14. Que i'auois esleué sur qui ie me fiois,
38. M'a voulu subla[n]ter en usant de main mise,
Act. Contre sa foy promise.
c. 16

11 Pren donc pitié de moy & contre l'esperance

De tous mes ennemis,
Remets moy ma santé, tire moy de souffrance,
Ressuscite ma vie, & puis estant remis
Faicts moy la grace vn iour que i'en puisse ô DIEV,
    prendre
La raison, & leur rendre.
12 En ce i'ay recogneu mon DIEV, la bienueillance
Qu'il te plaist me porter,
Car encor iusqu'icy ie n'ay point cognoissance
Que mon fier ennemy ait où puisse emporter:
Sur moy de l'auantage, & legere victoire
Dont il peust faire gloire.
13 Car Seigneur il t'a pleu prendre en main ma
    defence,
Et me garder tousiours
En vn estat entier, voyant mon innocence;
Et qu'ils troubloient a tort le repos de mes iours,
Ainsi restabliras deuant ta saincte face
Pour tout iamais ma place.
14 Au Seigneur d'Israël, soit louange immortelle,
Et son nom desormais
Glorifié tousiours, sa grandeur eternelle,
Son renom infiny, sa bonté pour iamais
De siecle en siecle aussi, qu'il se face paroistre
Ainsi soit, & puisse estre.

M

ORAISON.

Eslivrez nous Seigneur, & conseruez nos ames Ayez pitié de nous, car nous auons pechez assistez nous durant que nous viuons en ceste fresle vie de la chair, & repoussez pour nous les attaques de nostre aduersaire, faictes que nos ennemis ne s'esiouissent point de nostre affliction, que vostre benediction s'espandent sur nous, & tandis que d'vne main vous chastirez nos offences, veuillez nous octroyer la grace de l'autre. Ainsi soit il.

DE DAVID. 179

PSEAVME XLI.

Heb. 42.

QVEMADMODVM DESIDERAT.

ARGVMENT.

DAVID, ennuyé de son banissement de la cour de Saül, se plaint de se voir priué de la congregation des fidelles au temple du Seigneur, où il se desire, se console en la bonté & misericorde de DIEV, vers les siens, & en l'esperance qu'il sera reintegré en son premier estat, ce Pseaume conuient à ceux qui ennuiez de cest exil temporel desirent en estre deliurez pour retourner en la vie eternelle, où est leur souuerain bien.

Au maistre des chantres, Pseaume de doctrine pour les enfans de Coré.

1. OVT ainsi que le cerf cherche en fuyant le cours
Des fontaines, ainsi mon ame poursuiuie
De tristesse, & d'ennuy, dont est plaine ma vie,
Te cherche, & aux Ruisseaux de ta grace a recours.
2. Mon cœur qui meurt de soif de ta face Seigneur,
Se fond tout apres toy, la fontaine d'eau viue,
A ces ardens desirs ta grace est bien tardiue?

M ij

Quand pouray-je iouyr helas de ce bon heur,
3 Priué d'un bien si doux qui me rend languissant,
Et le iour, & la nuit, tant mon angoisse est grande,
Ie me repais de pleurs, lors que l'on me demande,
L'on ne voit point ton DIEV que si fut si puissant.
4 Au souuenir aussi qui ne me laisse point
Quant ie menois la troupe auec magnificence,
Au temple du Seigneur, exaltans sa clemence,
Las mon ame s'enfuit tant la douleur l'espoint.
5 Nos voix iointes au son des accords les plus doux
De diuers instrumens espandoient loin ta gloire
Auec ioye, & plaisir, celebrans la memoire,
Des graces qu'il t'a pleu respandre dessus nous.
6 Mais mon ame pourquoy te fais-tu ainsi voir
Atteinte de douleurs, & pleine de tristesse
Que tu te troubles, tant helas dans moy sans cesse
Pour un bien que tu peux encore un iour auoir.
7 Mon ame ie te prie appaise tes douleurs,
Espere en DIEV tousiours tu reuerras sa face,
Libre encors un iour, i'exalteray sa grace
Cesse donc de te plaindre, & de te fondre en pleurs.
8 Mais à la consoler en vain l'on la semond,
C'est donner à ses maux d'autant plus d'accroissance
Qu'elle se resouuient des beaux lieux de plaisance
Que le Iourdain arrose, & d'herman le haut mont.
9 Vn flot en suit un autre, & s'entresuiuent tous,
Vn abisme de maux, un autre abisme attire,
Au fort & bruyant son des torrens de ton ire,
Et des escluses d'eaux de tes puissans couroux.

10 Tous leurs debordemēs, & leurs flots plus esmeus,
Enflez ainsi que monts d'orage, & de tempeste,
Sont fondus dessus moy bien haut dessus ma teste,
Et puis qu'insi te plaist maintenant ils sont veus.
11 Mais ie ne perds courage au meillieu de leurs flos
Croyant que DIEV, fera dessus mon chef reluire
Les raix de sa bonté qu'a present il retire,
Et que i'iray la nuit chantant son sacré los.
12 Car aux ressentimens de mon cruel ennuy,
Encor que la pitié mon courage ne touche,
I'auray ceste oraison tousiours dedans ma bouche,
Le Seigneur est mon DIEV, ma force & mon appuy.
13 Pourquoy donc estant tel en oubly m'as tu mis,
Et d'ou vient qu'au besoin ton secours me delaisse,
Las pourquoy permets tu qu'au dur chemin d'an-
  goisse
Ie chemine au milieu de mes fiers ennemis
14 Ce penser ne me donne vn seul mais cent trespas,
Et ceux qui contre moy la moindre chose exercent
Me faisant ce reproche, ils me semblent qu'ils persent
Mes os, voyant mon DIEV, que tu n'en fais de cas.
15 Tous les iours, (disent il) ma douleur augmen-
  tant,
Ou gist ce DIEV, qui doit te tirer de misere,
Mais mon ame pourquoy t'en est si fort amere
La memoire, & pourquoy t'en affliges tu tant!
16 Donne trefue aux ennuis, qui te troublent si
  fort
Et crains d'offencer DIEV, mets en luy ta fiance.

182 PSEAVMES

Encores de mon bien i'auray la iouissance,
Et ie loueray mon DIEV, mon salut, & mon port.

ORAISON.

NOvs courons apres les fontaines, & les ruisseaux de vostre grace, ô Seigneur IESVS CHRIST, car vous estes la source de vie, & de misericorde ou nous desirons nettoyer les immondices de nostre ame, a fin que lors que nostre pelerinage sera paracheué nous puissions comparoistre deuant vostre face, & meriter la gloire eternelle. Ainsi soit il.

PSEAVME XLII.

Heb. 43.

IVDICA ME DEVS.

ARGVMENT.

DAVID, n'ayant peu auoir raison ne iustice de Saül, Roy & Iuge la demande à DIEV, Et qu'il luy plaise le deliurer de la persecution de ses ennemis, à fin qu'il retourne à Ierusalé pour y celebrer le diuin seruice, auec les autres fidelles, ce Pseaume mistiquement conuient à nostre Saueur IESVS-CHRIST, & à son Eglise, qui reclame DIEV, pour iuge contre ses persecuteurs.

Pseaume de Dauid.

1   SEIGNEVR, Iuge moy,
    Et prens ma cause en main contre la
        violence,
De ces meschans qui sont pleins de toute insolence,
Et de l'homme priué de douceur, & de foy,
Las! deliure mon ame
O DIEV, que ie reclame.
2 N'es tu pas ô mon DIEV,
La force, & le soustien, de ma dolente vie?

Pourquoy de tant de maux est elle donc suiuie;
Helas, helas, pourquoy permets tu qu'en tou-
    lieu,
Ie chemine en tristesse
Qu'ant l'ennemy m'oppresse.
3 Ne te cache à mes yeux,
Fais ores la clarté dessus mon chef reluire
De ta verité saincte, à fin de me conduire,
Et me mene tout droit sur ton mont glorieux
Ou git l'aimable enceinte
De ta demeure sainte.
4 Lors espris d'une ardeur
Plus grande que ie n'ay point resentie encore,
I'iray dans la maison du grand DIEV, que i'adore
Du grand DIEV, qui tousiours de sa gloire, & splendeur
Resiouit ma ieunesse
D'vne sainte liesse.
5 Ie feray tous les iours
Aux accordz les plus doux de ma harpe diuoire
O DIEV, de mon salut, de ta bonté memoire,
Mais las pourquoy mon ame est tu triste tousiours,
Et qu'ainsi tu redouble,
La douleur qui te trouble.
6 Appaise tes douleurs,
Et crains d'offencer DIEV, par ton impatience,
Espere en sa bonté, mets en luy confiance
Car encore louray-ie apres tant de malheurs

DE DAVID. 185

Le DIEV, *de mon attente,*
Et te verray contente.

ORAISON.

DIEV puissant, & eternel, nostre force, nostre vie, & nostre salut, respandez sur nostre chef vostre diuine lumiere, Escartez les tenebres de nostre cœur. Enseignez nous vostre verité, & destournez lerreur de nos ames, a fin que quant nous nous presenterons deuât vostre autel, nous puissions nous mesmes nous offrir comme hosties plaisantes, & agreables ô DIEV, qui estes la lumiere qui nous esclaire, & de qui le nom est benist eternellement. Ainsi soit-il.

PSEAVMES 186

PSEAVME XLIII.

Heb. 44.

DEVS AVRIBVS NOSTRIS AVDIVIMVS.

ARGVMENT.

COMPLAINTES des fideles à DIEV, ou sont exposez les miracles qu'il a faicts du temps de leur ancestres en faueur de la cause qu'ils soustiennēt, Et des graces qu'ils reçoiuent de luy, le priant de leur vouloir continuer les mesmes faueurs, & les deliurer des oppressions ou ils sont. Elle se peut attribuer aux Apostres, & vrais Martyrs au tesmoignage de S. Paul, qui en allegue le 24. Verset aux Romains, comme aussi pour toute ame deuote.

Ro. 8.

Au Maistre de la Chapelle, Pseaume de doctrine des Enfans de Coré.

1 *Ovs l'auons bien ouy Seigneur, de nos oreilles*
Non sans nous estonner de toutes ses merueilles,
Et nous l'ont ainsi raconté
Noz peres louants ta bonté.
2 *Ce que ta main à fait d'admirable en leur âge,*
Qui retourne à ta gloire & pour nostre auantage.
Et long temps mesme auant leurs iours,
Tant tu cheris les tiens tousiours.

DE DAVID. 187

3 Ta main a ruyné les nations rebelles,
Pour planter en leur lieu nos ancestres fidelles,
Ta main à les gens terrassez,
Batus, affligez & chassez.
4 Ce n'est pas leur espee, à qui la gloire est deuë
De posseder la terre ou ta grandeur est veuë,
Ny leurs bras ne les ont jadis
Sauuez, bien qu'ils feussent hardis.
5 C'est ta dextre guerriere, & les rais de ta face
Qui combatans pour eux ont versé sur la place,
Tous leur ennemis tant de fois,
Pour ce qu'ô DIEV, tu les aimois.
6 Aussi c'est toy Seigneur, tout saint, tout debonaire,
Que ie tiens pour mõ Roy, pour le DIEV, tutelaire,
Qui sauue, & qui rend triomphans
De Iacob, ainsi les enfans?
7 Nous irons l'ennemy qui pẽse estre indõptable
Choquer auec ta force à chacun redoutable,
Noz pieds soubs ton nom fouleront,
Ceux qui sur nous s'esleueront.
8 Car ce n'est en mon arc Seigneur, que ie me fie,
Ie n'ay point mis en luy le salut de ma vie,
Et le glaiue aussy ne peut pas
Me conseruer dans les combas.
9 Mais c'est toy qui nous sers de salut, & de pere,
Qui deffens de tout mal lors qu'en toy l'on espere,
Tu rends confus, & tous honteux
Contre leur espoir, nos haineux.
10 Aussi nõ cõfessons qu'en DIEV gist vostre gloire,

DE DAVID.

Nous ferōs chacun iour de ces biens faits memoire,
Et à iamais de son saint nom,
Chacun entendra le renom.
11 Mais voicy maintenant que ta main nous delaisse,
Qu'elle nous chasse au loin en nostre dure angoisse,
Et qu'ores remply de courous
Tu n'est plus veincueur deuant nous.
12 Tu nous as fait fuir tant tu nous est cōtraire
Auec confusion deuant nostre auersaire,
Et ta grand fureur nous a mis
En pillage à noz ennemis.
13 Mais plus outre passant, & tenāt ton courage,
Tu nous as mis ainsi que brebis au carnage,
Nous sommes maintenant espars
Entre les gens de toutes pars.
14 A vil pris (O Seigneur,) tu mets ton peuple en vante,
Et mesme en plein marché tant il te m'escontente:
En tel mespris tu l'as tenu
Que proffit ne t'en est venu.
15 Nous donc de qui jadis chacun faisoit grād côte,
Somme de nos voisins & l'opprobre, & la honte,
Et de ceux la derision
Qui voient nostre affliction.
16 En fin bien que tu sois un DIEV, tout amiable
Pour punir nos pechez tu nous a fait la fable,
Et la risee en l'vniuers
Des gens, & des peuples diuers.

17 Ma vergogne iamais de mes yeux ne s'absente,
Elle me suit par tout, elle est tousiours presente
O Seigneur, la honte en tous lieux
Me couure, & fait baisser les yeux.
18 Mesme lors que i'entēs ô DIEV, que ie reclame,
Que de moy l'on detracte, & qu'a tort on me blame.
Et qu'ainsi ie vois iour, & nuit,
Mon ennemy qui me poursuit.
19 Mais pour tant de malheur qui maintenant nous presse,
Nous n'auons pas laisse de te louer sans cesse,
N'y n'auons quité desloyaux
Ton alliance en nos trauaux.
20 Tu n'as point veu tourner nostre cœur en arriere,
Nostre amour n'a pas moins esté tousiours entiere,
Et nos pas ne sont volontiers
Destournez de tes droits sentiers.
21 Encore que ta main toute esmeuë en ton ire,
Nous ayt precipitez es lieux pleins de martyre,
Et iettez par vn rude effort
Aux obscures ombres de mort.
22 Ques y nous veniōs mettre en oubly les louāges
Du Seigneur nostre DIEV, & qu'à des dieux estranges
Nous tendions nos mains comme a luy,
En quittant son fidelle appuy.
23 DIEV, ne prēdroit-il point raison de cest offence,
Passeroit elle ainsi deuant luy soubs silence,
N'en verroit-il rien, luy qui voit

PSEAVMES

Tous les secrets, & les preuoit.

RO.
8.
35.

24 *Mais c'est pour tō saint nō ô* DIEV, *que ie renome*
Que tous les iours helas! le monde nous assomme,
Ainsi que des humbles agneaux
Qu'on meine au boucher par troupeau.

25 *Seigneur, resueille toy, vois comme ie mescrie*
Helas! pourquoy dors tu, leue toy ie te prie,
Et ne laisse par ta rigueur
Tes seruans en ceste langueur.

26 *Ne verrōs nous iamais à nos maux de riuage,*
Pourquoy nous caches tu les rais de ton visage,
Et si peu ton cœur se souuient
De la misere qui nous tient.

27 *Nostre vie (ô Seigneur) cy deuant estimee,*
N'est plus rien que poussiere, elle est or deprimee,
Et nostre ventre deseschè
Tout plat en terre est attaché.

28 *Leue toy donc Seigneur, & nous sois fauorable,*
Deliure de langueur ton peuple miserable
Pour l'amour ô DIEV, *de ton nom,*
Et pour l'honneur de ton renom.

ORAISON.

O NOSTRE Roy, soubs l'obeissance de qui nous viuons. O nostre DIEV, que nous adorons, leuez vous pour nostre secours. Tirez nous des opprobres du vice, & deliurez nous de ceux qui nous affligent pour l'amour de vostre sainct nom, à fin qu'estans liberez de nos ennemis visibles, & inuisibles, nous puissions paruenir à vous, qui estes nostre louange, nostre gloire, & nostre benediction. Ainsi soit-il.

DE DAVID. 191

PSEAVME XLIIII.

Heb. 45.

Ervctavit cor mevm.

ARGVMENT.

EN ce Pseaume, sont comprins les misteres du regne de Iesvs-Christ, Et le chant nuptial de ces nopces spirituelles, auec son Eglise, ou les vrayes marques y sont aussi representees, & dont l'intelligence, & parabole est expliquee par S. Math. Mat. 25.

Au Maistre des Chantres. Cantique de doctrine, en forme d'Epitalame, pour les enfans de Coré, sur les roses, ou fleurs de Lis, pour le bien aimé, & ceux qui seront nommez.

ON *cœur grossit d'une loüable enuie*
Pour mettre hors vn exellent propos,
Au Roy tres-haut, ie voüe auec ma vie,
Ce mien labeur consacre à son los.
2 *Ma langue ira dans la longue carriere*
Des grands honneurs dont ce Prince est tout plein,
Autant ou plus que la plume legere

Sçauroit aller d'vn bien viste escriuain.
3 O que tu passe en beauté tous les hommes,
O que l'on voit en tes leures d'attrais,
Nous t'admirons tout autant que nous sommes,
Par ce que DIEV t'a beny pour iamais.
4 O Roy, de qui la force nul n'egale,
Qui n'as desgal en tes perfections,
Ceins à tes flancs ton espee Royale,
Et fais toy veoir parmy les nations.
5 Monstre toy donc en ta belle ordonnance,
Marche, & poursuis tes desseins genereux
Que le bon heur se ioigne à ta vaillance,
Et soit ton regne à iamais bien heureux.
6 La verité, la bonté, la iustice,
Suiuant ton char par ta dextre feront
Cas merueilleux, ayant le Ciel propice,
Et tous tes vœux sans fin prospereront.
7 Les trais aigus ô grand Roy, que tu lances
Iusques au fond du cœur, penetreront
Des ennemis tous enflez d'insolences,
Et dessoubs toy les peuples tomberont.

Heb. 8 Ton sacre throsne est à iamais durable,
1.8. Il est planté sur ton eternité
S'en est la baze, & le septre admirable
De ton regne, est le regne d'equité.
9 Tu cheris fort la iustice & sans cesse
Tu prens raison des maux que tu cognois,
Aussi grand Roy d'vne huille de liesse
DIEV, t'a sacré sur tous les autres Roys.

10 Lors

10 Lors que tu sors de tes palais d'iuoire,
Tes habits sont pleins de mirthe, & d'encens;
Fille de Roys accompagnent ta gloire
Et vont croissant la ioye que tu sens.
11 On voit la Royne à ta dextre vestue
D'vn fin drap d'or, & mainte perle autour
De son beau chef briller iusqu'à la nüe,
Et nous donner encore vn autre iour.
12 Escoute, & vois où ton bon heur t'appelle
Ma fille, & tend ton oreille à cecy,
Mets en oubly ta nation fidelle,
Et la maison de ton cher pere aussi.
13 Car ce grand roy, qui tous les Roys surmonte,
Se sent espris des flammes de tes yeux,
C'est ton Seigneur, il t'en faut faire conte,
Cheris sa grace, & l'adore en tous lieux.
14 Auec presens les vierges renommees
De Thir, viendront te voir, & les plus grans
Humilians leurs grandeurs estimees,
Yront ta gloire, en sa gloire adorans.
15 Dedans son cœur ceste royalle fille,
Est toute pleine, & de gloire, & d'honneurs;
D'vn or d'ophir, sa robe par tout brille,
Tissu parmy de plus rares couleurs.
16 En cest estat elle sera menee,
Apres viendront les filles de sa cour
Chacune aussi richement attournee,
Et reluisant de gloire tout autour.
17. Auec grands cris de ioye, & d'allegresse,

L'vne apres l'autre offertes te seront,
Et puis suiuant la royne leur maitresse
Dans le palais de ta gloire entreront.
18 Ne troubles point le serain de ta face
Du souuenir de tes peres ja' vieux,
Car tu verras tes enfans en leur place,
Qui regneront sur la terre en tous lieux.
19 En grand honneur, & ioye solemnelle
De temps en temps, & generation,
Il sera fait de la gloire eternelle
De ton sainct nom memoire, & mention.
20 Ainsi tousiours ton nom sera notoire,
Et pour iamais les peuples en feront
De siecle en siecle, vne saincte memoire,
Et tes faueurs sans cesse inuoqueront.

ORAISON.

IEsvs Christ, verbe du pere, qui auez cree, & creez toute choses, opposez vous à l'effort des peuples congregez pour affliger vostre Eglise, faictes que par le moyen d'icelle, recognoissant la verité, la douceur, & la iustice, nous puissions vn iour reposer au repos des viuans auec nos peres. Ainsi soit il.

DE DAVID.

PSEAVME XLV.

Heb. 46.

DEVS NOSTER REFVGIVM.

ARGVMENT.

CHANT de Triumphe, où sont representez les effects salutaires de la confiance que l'on a en DIEV, contre toutes sortes d'afflictions, & de perils, où nous pouuons estre portez, il y a plusieurs trais qui conuiennent au regne spirituel de IESVS CHRIST, & de la constance de son Eglise.

Au maistre de la Chappelle pour les Enfans de Coré, cantique pour les secrets.

1. IEV nous sert de refuge au besoing on l'espreuue
C'est nostre seur bouclier, nostre appuy, nostre fort,
En temps d'aduersité chacun de nous y treuue
Vn ayde fauorable, vn asseuré support.
2. La terre pourroit estre aussi toute escroulee,
Et les monts renuersez dans le creux de la mer,
Nostre ame pour cela n'en seroit esbranlee,

Et la crainte iamais ne pourra l'entamer.
3 Que des flots mutinez l'orage, & la tempeste,
Remplissent l'air de feux, la terre de frayeur,
Ques des fermes rochers, & des haut mons la teste,
Tremblent aussi d'effroy, nous n'aurons point de peur.
4 Car les aymez ruisseaux, à la cité diuine
Me laissent par leur cours son pourpris d'esgayer,
Et l'abitacle sainct, que sa grandeur benigne
Au dedans à voulu pour luy sanctifier.
5 DIEV, loge au meillieu d'elle, ayant si bonne garde
Rien ne peut l'esbranler, & pour la mieux garder
Son œil en l'admirant sans cesse la garde,
Et dés l'aube du iour il prend soing de l'aider.
6 Que les peuples esmeus, soient donc remplis de crainte,
Les Royaumes troublez de terreurs, & d'effrois,
Que la terre se fonde, & soit de peur atteinte
Au tonnerre esclatant du foudre de sa voix.
7 Le Seigneur des cōbats oubliant nostre offence
Auec nous s'est logé, le DIEV, Iacob est
Nostre garde tousiours, & pour nostre deffence,
Tient en nostre faueur son secours tousiours prest.
8 Venez, entendez tous du Seigneur incroyable,
Les redoutables faits, les miracles diuers,
Il à donné la chasse à la guerre effroyable,
Et remis en son lieu la paix par l'vniuers.
9 De sa main inuincible en l'horreur des alarmes,
Il brise l'arc, & rompt les armes aussi bien,

Les targes, les pauois, & les chariots d'armes
Faict passer par la flame, & les reduit en rien.
10 Sus doncques qu'vn chacun ayt ceste cognois-
sance
Que ie suis DIEV tout seul, & que sans contredit,
Ie suis haut esleué dessus tous en puissance,
Et que par tout s'estend ma force, & mon credit.
11 Puisse ainsi le Seigneur, plein de magnificence
Qui commāde aux cōbats estre auec nous tousiours,
Et le DIEV, de Iacob, prendre nostre deffence
Contre nos ennemis, & bien heurer nos iours.

ORAISON.

DIEV, de nostre refuge, assistance, & vertu, en nos tribulations, ne vous eslongnez point de nous, sanctifiez nous, faictes que le sainct esprit fonde son habitacle dans nostre cœur, a fin que par ce moyen nous puissions repousser les armes de l'iniquité, Ainsi soit il.

PSEAVMES

PSEAVME XLVI.

Heb. 47.

OMNES GENTES PLAVDITE.

ARGVMENT.

LE Prophete, inuite tous les peuples de la terre de s'esiouir & faire memoire de la puissance, & bonté de DIEV, qui les doit appeler à la cognoissance de son Euangile, historiallement ce Pseaume conuient au grand applaudissement, & triumphe auec lequel feut receu l'arche, lors que l'on la portoit en Hierusalem, & qu'elle feut mise au tabernacle. Et mistiquement à la triumphante resurrection de IESVS CHRIST, son Ascension au Ciel, de sa victoire sur le peché, la mort, & Sathan, & de son regne spirituel, & eternel, sur toute la terre au seul bruit de sa doctrine.

Ios.
8.
1 des
Rois
8.

Au maistre des Chantres pour les enfans,
Pseaume.

1. *Vs peuples venez tous,*
Menez ioye entre vous,
Que chacun applaudisse
Des mains chantez à DIEV,
Et que l'on s'esiouisse
Le louant en ce lieu.

2 Esjouir il nous faut
Au Seigneur Dieu, treshaut,
Puissant, & redoutable,
Comme Roy, il fait voir
Par la terre habitable,
Sa force, & son pouuoir.
3 C'est aussi le Seigneur,
Qui range en nostre honneur
Les peuples soubs nostre esle,
Qui rend humiliez
Pour sa gloire eternelle
Les gens dessoubs nos pieds.
4 Nous le voyons ainsi,
Et qu'il nous a choisi,
Pour heureux heritage,
Et que son bien aymé
Iacob, est le partage
Qu'il a tant estimé.
5 Le Seigneur glorieux,
Est remonté aux Cieux
Auec chants de victoire:
Dieu, que nous admirons
Est remonté en gloire
Auec bruit de clairons.
6 Chantez à Dieu, chantez
Chantez, & racontez
Sa gloire qui ne change,
Chantez Pseaumes sans fin
En l'honneur & louange,

2 Rois 6.19

De nostre Roy benin.
7 Car DIEV tient dessous soy
La terre comme Roy,
Ou reluit sa hautesse :
Tout l'vniuers est sien
Chantez auec sagesse
Et qu'on s'accorde bien.
8 Le Seigneur desormais
Regnera pour iamais
Sur les gens redoutable:
C'est le Seigneur, DIEV, craint,
Qui n'a point son semblable,
De qui le throsne est saint.
9 Les chefs des gens changez
Vnis, se sont rangez
Auec le DIEV supresme,
D'Abraham, en tous lieux,
Car la force est extresme
En terre, des faux dieux.

DE DAVID.

ORAISON.

Dieu, grand en force, terrible en Iugement, Roy des Roys, Seigneur des Seigneurs, qui estes assis à la dextre de voſtre Pere, Nous vous addreſſons nos Cantiques, & faiſons retentir Chants de Lieſſe à voſtre nom, de cœur, de bouche, & deffect, car vous eſtes noſtre Createur, & noſtre Redempteur, Faites eſlection de nous, & que participions de voſtre heritage celeſte, & de la ioye immortelle des viuans. Ainſi ſoit il.

PSEAVME XLVII.

Heb. 48.

MAGNVS DOMINVS, ET LAVDABILIS NIMIS.

ARGVMENT.

C'est icy vne commemoration des signalez benefices que Dieu, a faits en Hierusalem, type de la vraye religion entre tous les autres lieux de la terre, ce que le Prophete represente en peu de mots: mais remplis de misteres, Et que de ce lieu comme d'vne source, Dieu doit respandre les ruisseaux de son salut par tous les autres endroits de la terre.

Chant de loüange des Enfans de Coré, pour le second iour du Sabath.

1  E Seigneur, est tresgrand, & son nom glorieux
Dans la saincte cité retentit en tous lieux,
Et sur le mont qu'il a sanctifié luy mesme
Sa grandeur y reluit, & sa gloire supresme.
2 Ce saint mont de Sion, ou l'on voit la cité
Du grand Roy paroissante en telle dignité,
Est deuers l'aquilon ou la contree enserre
Les delices du Ciel, & l'amour de la terre.

DE DAVID.

3 La DIEV, sied en sa gloire aux yeux de l'v-
niuers,
Cogneu pour protecteur de ces Palais diuers,
Et des beaux bastimens d'vne ville si belle
Qu'il a prise en sa garde, & couure de son aisle.
4 En vain, & follement on a veu maintefois
Enuieux de sa gloire assemblez tous les Roys,
Pour y faire entreprise, & tascher de surprendre
La cité du Seigneur, qu'il sçait si bien deffendre.
5 Car au premier regard ces meschans estonnez,
S'en sont des aussi tost sur leurs pas retournez,
Comme leurs pieds, leurs mains, le courage leur
  tremble,
Tant l'effroy les saisit, & l'espouuante ensemble.
6 Ils ont esté reduits à semblable tourment,
Que la femme reçoit en son enfantement,
On a veu leur armee aussi soudain esparse
Que vaisseaux par les vets dessus la mer de tharse.
7 Nos peres nous l'ont dit, nous le voyons aussi,
Que ceste cité sainte est de DIEV, le soucy:
Du Seigneur des combats elle est tousiours gardee,
C'est luy qui de sa main pour iamais la fondee.
8 O DIEV, suiuant l'espoir que nous auons
  conçeu
De ta grande bonté, nous auons tous receu.
Des effects de ta grace, au millieu de ton temple
Ou ta saincte grandeur clairement se contemple.
9 Le bruit de ton saint nom à ta gloire conuient,
Aussi ton los ô DIEV, dont tout bon heur prouiēt

Remplit toute la terre, ou tu faicts voir propice
Ta dextre aux affligez remplie de Iustice.
10 *Que le Mont de Sion, sesiouïsse à iamais*
Au bon heur de ta grace, es faueurs de ta paix,
Et qu'aussi de Iuda les pucelles sans cesse
Voyant tes iugemens Seigneur, meinent liesse.
11 *Enuironnez Sion, tournoyez à l'entour.*
Contemplez son enclos, son admirable tour,
Contez, considerez, de ceste Cité sainte
Les magnifiques tours, & sa superbe enceinte.
12 *Prenez garde de pres à tous ces forts reparts*
Ses bastions affreux, qu'on voit de toutes parts,
A l'ordre des Palais, & riche architecture,
Pour l'anoncer vn iour à la race future.
13 *Car c'est ce lieu cy remply de sainct̃eté*
Que DIEV, *veut habiter de toute eternité,*
DIEV, *qui nous guidera tout le cours de no-*
stre âge,
Iusqu'a l'extremité, & au dernier passage.

ORAISON.

DIEV, de louange, & de gloire, de qui la Iustice remplit toute la terre, faites la grace que nous fondions nostre espoir en vostre vertu, à fin que nous ne venions point à nous esgarer du chemin de vostre saincte cité, ou tous les Roys de la terre se sont assemblez en vnion de foy, Regissez nous, & nous defendez contre noz aduersaires, Et que vostre misericorde nous daigne faire part de vostre Hierusalem celeste. Ainsi soit-il.

DE DAVID. 205

PSEAVME XLVIII.

Heb. 49.

AVDITE HÆC OMNES GENTES.

ARGVMENT.

LE Prophete, admoneste toutes sortes de gens, de ne mettre leur cœur au fauces & transitoires felicitez de ce monde, qui passent comme eux, & ne les garentissent pas du tombeau, mais d'embraser la Iustice, moyennant laquelle, & la misericorde de DIEV, ils paruiendront à la vie eternelle, & iouyront de la vraye, & permanente felicité. Ce Pseaume conuient à l'Eglise de DIEV, & au gens de bien affligez, ou ils trouuent dequoy leur consoler, contre la prosperité des meschans.

Au Maistre de la Chappelle, Pseaume des Enfans de Choré.

PEVPLES escoutez ces choses
Qui sont pleines de veritez,
Les fleurs en sont pour vous escloses,
Et vous qui la terre habitez
Ouurez maintenant vos oreilles,
Et vous entendrez merueilles.
2 Que ma voix par tout espanduë
Des nobles, & des simples gens,

Et des riches soit entenduë,
Comme des pauures indigens,
A celle fin que chacun tire
Profit de ce qu'il m'oira dire.

Pse. 78. 1.
Mat. 13. 35.

3 L'esprit qui m'inspire, & me touche
Nous veuille inspirer en tous lieux,
Rien ne sortira de ma bouche
Qui ne soit sage, & serieux,
Mon cœur ne conçoit, & ne pense
Rien, qui ne soit plein de prudence.

4 Ie veux auoir à mes parolles
L'oreille attentiue auec vous,
Et le sens de mes parabolles
Faire tresbien entendre a tous,
Aux sons plus aimez que i'assemble
De ma lire, & ma voix ensemble.

5 Pourquoy mon cœur craint, & souspire,
A lors qu'il pense seullement
Au iour d'horreur, & de martire,
De crainte, & despouuantement,
Au iour que le peché infame
Ceindra de toutes pars mon ame.

6 Que tous ceux la qui se confient
Sur la grandeur de leur pouuoir,
Et qui trompez se glorifient
En leur thresors, & grand auoir,
Prestent l'oreille à mes sentences,
Et me donnent leurs audiences.

7 Si le frere ne peut son frere,

Racheter de la sourde mort,
C'est en vain qu'vn autre l'espere,
Et bien vain seroit son effort,
Car nul à ce grand DIEV, supresme,
N'a payé rançon pour soymesme.
8 Il n'est point de prix pour la vie
N'y pour vn temps, n'y pour tousiours,
Qui t'empesche d'estre ravie
Comme nous voyons tous les iours,
Alors que nostre heure est venue,
Qui nous est à tous incogneuë.
9 Mais quoy? que pourroit-on bien faire,
Pour fuir tousiours le trespas,
Quant le sage, & le debonnaire,
Esuiter ne le peuuent pas,
Non plus que le plus fol qui viue,
Quant l'vn y va, vn autre arriue.
10 Ils delaisseront leur richesses
A d'autres qu'ils n'ont point cogneus,
Leurs biens s'en iront par largesses
En degast, comme ils sont venus,
Eux aussi pour leur domicille
N'auront rien qu'vn moment fragile.
11 Nos faits glorieux quoy qu'on face
Disent ces fols demeureront,
Et nos Palais de race en race
A iamais renommez seront,
Et nos terres, qui pour memoire
Portent de nostre nom la gloire.

12. Mais toute humaine renommee
De la mort ne se peut parer,
L'homme n'est rien qu'vne fumee,
Aussi l'on peut le comparer
A vne beste sans ceruelle
Puis qu'il meurt, & perit comme elle.
13 Bien que sa voye, & ses pensees,
Portent le scandale odieux,
Leurs posteritez incensees
Les suiuent pourtant en tous lieux,
Et se perdent tous en la sorte
Tant la vanité les emporte.
14 Mais eux auec leur folles testes,
Et leurs fols desseings renuersez,
Comme brebis, & comme bestes,
On les voit par terre versez
Et seruir à la mort de proye,
Tandis pas vn ne s'en effroye.
15 Tous les gens de bien au contraire
Domineront sur eux sans fin,
Cependant que dés l'aube claire
Leur force verra son declin,
Et leur vaine gloire renclose
A tout iamais dedans la fosse.
16 Mais le Seigneur, que ie reclame
Me garantira des enfers,
Aura soin de sauuer mon ame
De leurs gesnes, & de leurs fers,
Car il prent en main la desfence

De mon droit, & mon innocence.
17 Que l'on ne s'esmerueille au monde
A lors que l'on verra quelqu'vn
De qui le plein souhait abonde,
En richesse hors du commun,
Et de celuy qui sans disgrace
Accroist la gloire de sa race.

Iob.
27.
19.

18 Apres son decez miserable
Quel fruit aura-til de son bien
Et toute sa gloire admirable,
Luy peut elle seruir de rien
Toute la vanité le quitte
Dans la terre ou l'horreur habite.
19 Tandis qu'il est en ceste vie,
Il se perd en ces vains plaisirs
Son ame en vanité rauie,
Cherit qui flatte ces desirs
Qui le gratte où il se demange,
Et le fol faict d'vn diable vn Ange.
20 Mais bien qu'en gloire, & qu'en delices
Iusques à l'âge competant,
Il passe ces iours dans les vices,
Si paracheuera-il pourtant
Comme ses peres la carriere,
Et ne verra plus la lumiere.
21 Voila donc comme l'homme ignare
Riche de biens, & plein d'honneur
Parmy les vanitez s'esgare
S'il n'en recognoist le donneur

O

*Et qu'il se rend acomparable
Aux bestes, & du tout semblable.*

ORAISON.

SEIGNEVR, qui estes le prix de nostre redemption, deliurez nostre ame des embuches du Diable nostre aduersaire, & ne permetez pas que la mort, & la geine eternelle, la possede. Donnez nous intelligence, afin que par ce moyen foulans aux pieds les vanitez du monde, nous puissions acquerir, & auoir part aux celestes thresors. Ainsi soit il.

PSEAVME XLIX.

Heb. 50.

DEVS DEORVM DOMINVS.

ARGVMENT.

DAVID, parle du second auenement de nostre Sauueur IESVS CHRIST quant il descendra glorieux pour iuger le monde a la fin du siecle, puis il monstre que le vray sacrifice du chrestien, ne consiste en offrandes, ny immolations de bestes, mais en sincerité, de conscience, pureté, & sanctification de vie, qui nous acquierent la vie eternelle, & que tous autres sacrifices d'hipocrites, luy sont a contre cœur.

Esa. 1.

Pseaume d'Asaph.

1. LE DIEV des DIEVX, qui tient
dedans ses mains
Le monde, a fait entendre sa parolle,
Et par sa voix qui legerement volle,
A conuoqué sur terre les humains.
2. D'ou le soleil nous vient donner le iour,
Iusqu'ou la nuit nous cache sa lumiere,
DIEV de Syon, en beauté la premiere
Hault esleué, reluira tout autour.
3. DIEV, se fera clairement voir à tous,

O ij

En sa grandeur plein de magnificence,
DIEV, nostre DIEV, rompant son long silence
Appaisera son ire, & son courroux.
4 Deuant ses yeux vn horrible torrent,
Rouge de feu, courra par le nüage,
L'on entendra la tempeste & l'orage,
Autour de luy dans le Ciel esclairant.
5 Lors DIEV, d'enhaut, de l'vn & l'autre bout,
Appellera le Ciel, la terre & londe,
Pour tesmoigner la iustice qu'au monde
Il veut auoir de son peuple par tout.
6 Mettez apart dira-il mes esleus
Qui tousiours ont mis en moy leur fiance,
Et ont gardé ma sacrée alliance
Par sacrifice, & qui me sont cogneus.
7 Les Cieux rauis de ce droit iugement
Anonceront ta gloire, & ta iustice,
Aussi cest luy le vray iuge, & propice
A ceux qui font ton sainct commandement.
8 Or sus mon peuple, oy ma voix en ce lieu,
Ie te diray, ce qu'il te faut apprendre,
O Israël, i'ay bien à te reprendre,
Car ie suis seul ton DIEV, voire ton DIEV.
9 Ie ne t'argue, & ne me plains de toy,
Pour le regard de tous les sacrifices
Des gras thoreaux des agneaux, & genices,
Que tous les iours tu poses deuant moy.
10 Ie nay que faire, & tu n'en doutes point
De prendre ainsi des veaux de tes prairies,

DE DAVID.

Ni des toreaux de tes menageries,
Ce n'est cela qui m'esmeut, & me poingt.
11 Car tu sçais bien que de tous animaux
Qui sont es bois, c'est moy qui suis le maistre
Et des troupeaux que l'on voit aussi paistre
Par les hauts monts, les plaines, les costaux.
12 Ie cognois bien tous les oyseaux de l'air,
Ils sont à moy, & tout ce que la terre
De beau, de riche, en son giron enserre
Il m'appartient, seul i'en puis disposer.
13 Si i'auois faim ie ne t'en dirois rien,
Puis que ie suis maistre & Seigneur du monde,
Car en un mot toute la masse ronde,
Le beau le bon, & l'excellent est mien.
14 Quoy mangerois-ie & irois-ie aualant
De tes thoreaux la chair qu'on me presente,
Et de tes boucs pour ligueur nourissante
Boyrois-ie aussi le sang chaut, d'escoulant.
15 Non Israël ce n'est ce qu'il me faut
De tout cela ie ne prens ny ne mange
Fais sacrifice au Seigneur de louange,
Et rend tousiours tes saints vœux au trehaut.
16 Inuoque moy au iour de ta langueur,
Ie te mettay hors de toute souffrance,
Et puis n'oublie apres ta deliurance
D'en donner gloire, & louange au Seigneur.
17 Mais DIEV disoit à l'inique impudent,
Rendz moy raison pourquoy ta langue anonce
Ainsi mes loix, & ta bouche prononce

Pse. 24.1

O iij

Mon alliance, & mon nom si souuent.
18 Veu que tu n'as rien plus tant en horreur
Que mes Edits, & que ma discipline,
Et que ton cœur reiette ma doctrine
Tant tu te plais en ton aueugle erreur.
19 Sy tu voyois vn larron tout soudain
Tu le suiuroys, si peu tu me reuere
Ainsi seroit de l'infame adultere,
Car tu courrois pour luy donner la main.
20 Ta bouche abonde en toute impureté,
Ce n'est rien plus que malice, & blaspheme,
Que toute fraude, & ta langue de mesme
Brasse toussiours quelque meschanceté.
21 Viuant à laise, & ioieux, & contant,
Tu parles mal, & mesdis de ton frere,
Et iusques mesme à l'enfant de ta mere,
Tu faits scandale, & ie lay teu pourtant.
22 Croiois tu pas que i'estois entaché
Ainsi que toy de ton vice ordinaire?
Mais tu seras conuincu du contraire,
Ie remettray deuant toy ton peché?
23 Oyes cecy veuilles y regarder,
Vous qui n'aues plus de DIEV souuenance,
Craignant qu'en fin il n'en prenne vengeance
Sans puis apres qu'on puisse vous ayder.
24 Donc Israel ie veux estre estimé
Que l'on me loüe, & reclame ma grace,
C'est le sentier, la seure & vraye trace
Pour voir de DIEV, le salut tant aimé.

DE DAVID. 215

ORAISON.

DIEV des Dieux, à qui la terre, & tout son contenu appartient, vous qui deuez paroistre manifestement auec vn feu deuorant, accompagné d'vne horrible tempeste, pour iuger les mortels, nous vous supplions humblement que les Holocaustes que nous vous presentons fumans du feu de la charité, & en vraye compunction de cœur, vous soient agreables, à fin que quand nous viendrons à comparoistre en iugement deuant vostre saincte face, nous vous trouuions pour Redempteur, & doux Iuge, gloire vous soit rendüe ô fils de DIEV, au Pere, & au Sainct Esprit eternellement. Ainsi soit-il.

PSEAVME L.

Heb. 51.

MISERERE MEI DEVS.

ARGVMENT.

DAVID, ressentant en l'esprit, ainsi qu'en son corps diuerses afflictions pour le meurtre d'Vrie suiui de l'adultere de Bethsabee inuoque la misericorde de DIEV, luy demande pardon, recognoist son offence, auec vne grande humilité & contrition de cœur, & le prie en fin que l'esprit saint ne luy soit osté, & qu'il en reçoiue tousiours la consolation, Ce Pseaume conuient à tout penitent, qui offre à DIEV, sacrifice de son cœur humilié, auec action de grace comme Manasses.

Ti.1
Cor.
1.

Au Maistre de la Chapelle, Pseaume de Dauid, quant le Prophete Nathan le vint trouuer, apres qu'il eut cogneu Bethsabee.

1 AICTS moy grace ô mon DIEV,
exauce ma demande,
Pardonne à ce pecheur, & prens pitié
de luy.
Si mes pechez sont grands, ta douceur est plus
grande,

DE DAVID.

Et ta misericorde ou iay mis mon appuy.
2 *Tempere tes courroux, Seigneur, par ta clemence,*
Et suiuant la grandeur de tes compassions,
Remets à ta bonté l'oubly de mon offence,
Et pers le souuenir de mes transgressions.
3 *Laue des sainctes eaux qui coulent de ta grace,*
Mon cœur d'impuretez & de vices taché,
Mundifie ô Seigneur, & les marques efface,
Qui demeurent tousiours dans moy de mō peché.
4 *Au triste souuenir qui de moy ne s'absente,*
De mon impieté, ie souffre maint esmoy,
Et pour plus m'afliger mon peché se presente
Soit que ie dorme ou veille, incessamment a moy.
5 *Ie t'ay seul offencé i'ay failly miserable,*
Mais helas ô mon DIEV, *traite moy doucement,* Ro:
Afin que tu sois veu iuste, entier, veritable, 3. 4
En ta parolle ainsi, qu'en ton saint iugement.
6 *O Seigneur, n'as tu pas parfaite cognoissance,*
Sçais tu pas qu'en peché ma mere m'a conceu,
Et que i'estois souillé des ma triste naissance
De la coulpe des maux, qui m'ont depuis deçeu.
7 *Si tu m'as biē aimé comme i'ay fait sans cesse*
Ta saincte verité, que si tu m'as aussi
Enseigné les secrets, de ta saincte sagesse,
Ne me laisse croupir en mes pechez ainsi.
8 *Asperge moy d'hissope, & l'on verra l'ordure,*
Dont ie suis tout souillé s'en aller pour iamais,
Alors ie seray net, & si ta grace dure

Ma blancheur passera la neige desormais.
9   Mets en oubly mon crime, appaise vn peu ton ire,
Comble mon cœur de ioye, escarte mes ennuys,
Renforce ô DIEV, mes os affoiblis de martire,
Et que par ce moyen ils soient tous resiouys.
10 Destourne cependant ta face couroucée,
Et tes yeux sur l'exces de mes crimes commis,
Iusqu'à tant que la tache en soit toute effacée,
Et que ie sois du tout en ta grace remis.
11 Change moy de tout point, que ta bonté supresme,
Crée vn cœur net en moy, qui ne respire rien,
Que ton amour, ta grace, & qu'vn esprit de mesme
Prompt a ton saint vouloir, & tousiours ferme au bien.
12 Ne me bannis mon DIEV, de ta face admirable,
Et ne soit plus ton œil de moy tant escarté,
Quant tu m'auras rendu de ta grace capable,
Et de ton saint esprit, ne m'oste la clarté.
13 Rends moy par ta bonté de ton salut la ioye,
Ainsi comme autrefois, fais moy ceste faueur,
Et à fin qu'à iamais mon pied ne se desuoye,
Ton esprit me soustienne, & dirige mon cœur.
14 Ie n'auray seullement ta voye en la memoire,
Mais ie l'enseigneray à tous les esgarez,
Qui conuertis ensemble anonceront ta gloire,

DE DAVID.

Et de ta grand bonté les effects reuerez.
15 O DIEV, de mon salut, que ie prie, & re-
    clame,
Descharge moy du sang versé deuant tes yeux?
Sang donc i'ay tout couuert, & tout souillé mon
    ame,
Lors ma langue dira ta iustice en tous lieux.
16 Mes leures ont esté long temps assez serreez,
Ouure les moy mon DIEV, de ta diuine main,
Et ma bouche espandra tes gloires reuerees,
Par tout les coings du monde, à tout le genre hu-
    main.
17 Si ton cœur eut voulu des fumans sacrifices,
Soudain i'eusse à ta gloire, enfumé des Autelz,
Mais tu ne les agree, autres sont tes delices,
L'offrande ne te plaist que te font les mortelz.
18 Le Sacrifice à DIEV, plus cher, & agreable,
C'est un esprit froissé, contrit, & repentant,
O Seigneur tu tiendras tousiours pour agreable,
Le cœur qui s'humilie, & qu'on veoit penitent.
19 Ainsi Seigneur tout bon par ta grace eternelle,
Comble Sion de biens, & soit ta volonté
D'edifier les murs d'Hierusalem la belle,
Et qu'on n'y voye rien qu'œuures de ta bonté.
20 A lors tu receuras les iustes sacrifices
D'holocaustes selon que tu l'as dit Seigneur,
Et lors l'on posera des veaux & des genices,
Sur les sacrez Autels vouez à ton honneur.

Leu.
14.
6.
Nõ.
19.
4.

ORAISON.

SEIGNEVR nous vous suplions suiuant la grandeur de voſtre miſericorde, que vous daignez effacer nos iniquitez, nettoyez nous de nos ordures, ſi bien que nous ſurpaſſions en blancheur la neige, Ne reiettez point les prieres que nous vous faiſons tous les iours d'vn cœur contrit, & repentant, Rempliſſez nous de voſtre S. Eſprit, à fin que nous Chantiõs inceſſamment vos loüanges, & qu'en fin nous puiſſions paruenir à la Ieruſalem celeſte, Au nom de noſtre Seigneur IESVS-CHRIST, Ainſi ſoit-il.

DE DAVID. 221

PSEAVME LI.
Heb. 52.

QVID GLORIARIS IN MALITIA.

ARGVMENT.

DAVID, fit ce Pseaume en memoire de la cruauté que Saül exerça par la trahison de Doeg, sur le Prestre Achimelech, & 85. autres Sacrificateurs qu'il fit massacrer en la ville de Nobe, ou ils estoient habituez, qu'il ruina pour l'auoir retiré. Il commence par vne execration contre Doeg, tesmoigne son innocence, & rend graces à DIEV, de sa conseruation la dessoubs est representé la persecution des iustes, & la violence des meschans, qui sont en fin punis, Et le soin que DIEV à des affligez, qui esperent en luy.

1. Des Rois 22.

Au Maistre Musicien, Chant d'Erudition de Dauid, lors que Doeg, Idumeen, vint descouurir à Saül, que Dauid c'estoit retiré chez Achimelech.

Ou procede peruers, que tu te glo-
rifies
Et qu'ainsi tu te fies
En la meschanceté ton ame possedant,
Foy, ny loy, ne gardant.
2 Ta langue incessament ourdit quelque iniustice,

Et quelque malefice,
Et comme le rasoir affilé proprement
Tranche insensiblement.
3 Tu te plais beaucoup plus miserable à malfaire,
Que l'on ne te voit plaire
A bien faire, & bien plus, tenir vn propos faint,
Qu'vn veritable, & sainct.
4 Bref en impieté ton cœur est tant extresme,
Que le vice qu'il aime
Il l'estime en autruy, se plaisant au discours
Qu'on en fait tous les iours.
5 En fin DIEV, te perdant, & t'arrachant du
monde,
Ou ton bon heur se fonde,
Effacera ton nom, & de tous tes suiuans
Du nombre des viuans.
6 Lors les iustes voyans ta grandeur abaissee,
Craindront en leur pensee,
Et se mocquant diront, ô DIEV, voila celuy
Qui fuyoit ton appuy.
7 Celuy la qui m'etoit toute son esperance
En la grande abondance
De ces trompeurs thresors, qui l'ont en fin deçeu,
Comme nous auons veu.
8 Mais moy, i'ay pour tousiours mis en DIEV
mon attente,
Ainsi que la belle ente
De l'oliue plantee, en sa sainte maison
Verte en toute saison.

DE DAVID.

9 Ie veux loüer aussi tes faicts en toute place
En attendant ta grace,
D'ou vient le bien à ceux qui chantent ta bonté
De bonne volonté.

ORAISON.

DIEV, tout puissant, ennemy de la vanité du monde, rendez nous fleurissans en bonnes œuures en vostre Eglise, de mesme que l'oliuier fructifere, Que tousiours Seigneur nous esperions en vostre misericorde, & que vous rendans graces immortelles, nous soyons desliurez de l'iniquité, par la confession de vostre sainct nom IESVS. Ainsi soit il.

PSEAVME LII.

Heb. 53.

DIXIT INCIPIENS IN CORDE SVO.

ARGVMENT.

Ce Pseaume, se rapporte au 13. Le Psalmiste deteste les Impies, dont le nombre est infiny, à ceste cause requiert la venuë du MESSIE, qui est IESVS-CHRIST, pour conseruer les gens de bien contre les meschans.

Au Maistre des Chantres, Pseaume d'Erudition de Dauid, pour chanter au cœur.

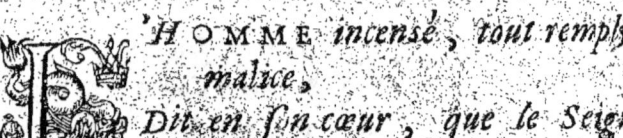

L'HOMME *incensé, tout remply de malice,*
Dit en son cœur, que le Seigneur n'est pas,
Et vit ça bas
Sans craindre DIEV, *sans foy, n'y sans iustice.*
2. *Mais telles gens sont tous abominables*
Pour leurs pechez, nul de ses vitieux
N'est curieux
De son salut, tant ils sont miserables.
3. *Du hault des Cieux* DIEV, *à baissé sa face*
Sur les mortels, à fin d'apperceuoir,

Et

DE DAVID.

Et ceux la voir
Qui l'esprit ont de rechercher sa grace.
4 Mais pas vn d'eux du mal ne se retire,
Ils sont perdus, nul ne s'addonne au bien,
Ils ne font rien,
Que prouoquer par leurs pechez son ire.
5 Viendrez vous pas en fin a recognoistre
Tous vos pechez : courages inhumains
Qui comme pains
Mangez mon peuple, ainsi qu'on voit paroistre
6 Pour n'auoir mis au Seigneur, leur attente
Ny reclamé son nom en le seruant,
Ils ont souuent
Tremblé de peur, sans raison apparente.
7 Car DIEV, rompra les os auec angoisse
Des complaisans aux hommes pleins d'abus,
Et tous confus
On les verra, puis que DIEV les delaisse.
8 Qui sauuera Israel, de tristesse
Du haut Syon DIEV, mettant son peuple hors
Du ioug, alors
Iacob aura comme Israel liesse.

Rom
3.12.

Pse
13.7.

PSEAVMES

ORAISON.

IEttez voz regards pitoyables (ô Seigneur Dieu) sur nous pauures mortels, & miserables pecheurs, a fin que nous vous recognoissions pour seul Dieu, Et foulions aux pieds toute vanité, octroyez nous ceste faueur, que iamais nous ne venions point a decliner de la droite voye, de peur que par ce moyen deuenuz abominables, vous nous retranchiez de vostre gloire, conuertissez nous Seigneur, & faites nous la grace que nous puissions nous resiouyr en IESVS-CHRIST, nostre salutaire. Ainsi soit il

DE DAVID

PSEAVME LIII.

Heb. 54.

DEVS IN NOMINE TVO SALVVM ME FAC.

ARGVMENT.

DAVID, reduit en vn extresme peril, se voyant trahy par les Zipheens, qui le descouurirent à Saül, inuoque l'ayde de DIEV, qui n'abandonne iamais les siens au besoin, en memoire de sa deliurance rend graces à DIEV, auec louanges, & sacrifices.

Au Maistre de la Chapelle, pour chanter sur les Instrumens, Cantique de doctrine de Dauid, quant les Zipheens vindrent dire à Saül, Ne sçais tu pas comme Dauid est caché chez nous.

r. Des Rois 23.

 1   DIEV, *plain de bonté, qui tousiours ne delaisses*
Les pauures affligez languir en leurs detresses,
Vueille par ton sainct nom ou i'ay mis mon appuy
Faire qu'en mon secours maintenant tu paroisses.
Monstre pour me sauuer ton pouuoir auiourd'huy
2 *Escoute ma priere, & mes ennuis soulage,*

P ij

PSEAVMES

Sois touché de pitié, ne cache ton visage,
Et par ma bouche entens l'estat ou ie me voy,
Exauce moy Seigneur, destourne au loing l'orage
Qui vient de tous costez fondre, & tober sur moy.
3 Car helas ô Seigneur, toute la terre tremble
Au bruit des estrangers qui se sont mis ensemble
Pour me faire passer par leur fer glorieux,
Des ja les plus puissans en trionphent ce semble,
Et pour y paruenir n'ont DIEV deuant leurs yeux
4 Mais voicy que mon DIEV, ma seure & ferme
   attente.
Afin de m'assister sur les rang ses presente,
Et donne cœur à ceux qui mont suiuy tousiours,
Les asseure au combat, & iette l'espouuente
Parmy l'ost ennemy, surpris d'vn tel secours
5   Le mal puisse tomber sur l'armee aduersaire
Qu'elle pensoit Seigneur sans tō secours me faire,
Soient destruis les desseins de tous mes ennemis,
Si qu'il n'en reste vn seul qui me soit or con-
   traire.
Ainsi que tu me l'as par ta grace promis.
6 Ie t'en feray Seigneur de bon cœur sacrifice
Exaltant deuant tous ta grandeur, ta iustice,
Et la saincte vertu de ton nom mon confort,
Et de ta dextre aux tiens fauorable, & propice,
Qui ne les laisse point au besoing sans renfort
7 Car tu ne m'as Seigneur, en qui tousiours j'espere
Deliuré seullement de mon angoisse amere,
Mais plus outre passant tu m'as faict voir a l'œil

DE DAVID. 229

De tous mes ennemis la perte, & la misere:
Ta main à terrassé deuant moy leur orgueil.

ORAISON.

SAvvez nous Seigneur, en la vertu de vostre sainct nom, gardez que nous ne venions jamais à nous destourner de la droicture, & de la pieté, prenez nous plutost soubs vostre sauuegarde, nous deliurant des embuches de nos ennemis visibles & inuisibles, a fin que par ce moyen, nous sacrifions au sainct nom de Iesvs Christ, sacrifices volontaires de louange, & de bonnes œuures. Ainsi soit il.

P iij

PSEAVME LIIII.
Heb. 55.

EXAVDI DEVS ORATIONEM MEAM

ARGVMENT.

Ceste grande plainte que Dauid fait à DIEV, se peut entendre literalement, soit de la desloyauté de Saül, & des siens enuers luy, ou bien de la sedition d'Asaph, & Achitophel, & autres qui auoient esté de son conseil, lesquels se rangerent auec son ennemy. Et mistiquement, de nostre Sauueur IESVS CHRIST, contre Iudas, & les Iuifs ausquels il auoit fait tant de graces: Ainsi de l'Eglise, & de tous les gens de bien contre leurs persecuteurs.

Au Maistre de la Chapelle, Chant de doctrine de Dauid.

1  DIEV, vueille exaucer à ce coup ma
priere,
Voy mon affliction,
Sois esmeu de pitié ne mets point en
arriere,
Ma supplication,
Ouure ton oreille sainte,
Et reçois Seigneur ma plainte.
2 Ie suis triste tandis qu'ainsi ie te reclame,

DE DAVID.

Ie suis saisi de peur
Au bruit des ennemis du repos de mon ame,
Qui me troublent le cœur,
Et de l'ennuy que me baillent
Ces meschans qui me trauaillent.
3 Car ie suis cōme en butte, a ces ames peruerses
Tant qu'ils laschent sur moy,
De leurs iniquitez, & donnent de trauerses
A mon cœur plein desmoy,
Et tant leur ire funeste
Incessamment me moleste.
4 Aussi mō cœur en est dās moy troublé de crainte,
Qui me rend tout esmeu,
Et l'effroy de la mort, sa force apresque estainte,
Si qu'à peine i'ay eu,
La puissance de te dire
Seigneur, mon cruel martyre.
5 Bref mon ame est ô DIEV, viuement as-
saillie
D'horible tremblement,
Et l'effroy dont elle est comme tu vois remplie,
C'est incensiblement
Ioinct à mon cœur miserable
Comme vne nuit formidable.
6 I'ay dit en cest estat plein de fraieurs mortelles,
Qui me pourroit bailler
Comme à quelque pigeon, dessus le dos des aisles
A fin de m'enuoller
En autres lieux à cest heure,

P iiij

Pour y faire ma demeure.
7 Ie m'en fuirois bien tost, & ie prendrois bien
   viste
Ma vollee bien loing
Dedans quelque desert ou ie ferois mon giste,
Et n'aurois autre soin,
Seigneur DIEV, qu'à te complaire
Dedans ce lieu solitaire.
8 Ainsi ie coulerois tous mes iours en l'attente

<small>2.
Des
Rois
5.12</small>

De celuy qui me doit
Sauuer de la tempeste, & de la grand tourmente
De tant de maux qu'on voit,
Que mes ennemis me donnent,
Et qui si pres m'enuironnent.
9 Mais confons les mon DIEV, & pour iamais
   diuise
Leurs malheureux conseils,
Car dedans la cité ils vsent de main mise,
Et tourmens nompareils,
On n'y voit que pillerie,
Qu'outrage, & mutinerie.
10 Iour, & nuit, les meschans font sur les
    murs la ronde,
Et d'vne oppression
Grande, s'il en feut onc, & puisse estre en ce
   monde
Sont en possession,
Et l'iniustice bourelle
Est plantee au millieu d'elle.

11 La falace, & l'vsure, y sont en grand puis-
 sance,
C'est à qui sçaura mieux
En vers, & qui plus en à de cognoissance
Est le plus glorieux,
Et par les places publiques
On ne voit que ces trafiques.
12 Si mon ennemy m'eust procuré tant de blasme
I'eusse possible peu
Sentir moins de douleur que celle qui m'entame,
Ou si quelqu'incogneu
Eust calomnié ma vie
Tant seullement par enuie.
13 Autant i'en eusse fait, & de la mesme sorte
Enuers qui m'eust hay,
Ou me fusse gardé de son mal qu'il me porte
Sans en estre esbahy,
Et ressentir en moymesme
Vne douleur tant extresme.
14 Mais c'est toy, las c'est toy, de qui ie faisois
 conte
Comme de moy meschant,
Sy ton cœur estoit bon? mourois-tu pas de honte?
T'irois tu pas cachant
Peruers, jadis ma conduite,
Et familier de ma suitte.
15 Qui viuois auec moy, qui mangeois à ma
 table
Auec mainte faueur,

A qui ie me rendois courtoisement affable,
Te descouurant mon cœur,
Nous allions ensemble au temple
Ou DIEV, i'adore, & contemple.
16 L'inexorable mort vienne, renuerse, aterre
Ces meschans, ces peruers,
Qu'ils descendent tous vifs au profond de la terre,
Et aux creux des enfers,
Ainsi soit & leur auienne
Et que pas vn n'en reuienne.
17 Car ce n'est rien d'entre eux que blaspheme,
    & malice,
Et que meschanceté,
Dans leurs sales maisons la retraite est du vice,
Bref toute impureté
Reside auec eux sans cesse
Tant ils ont l'ame traistresse.
18 Mais quoy que chacun d'eux continuë, &
    qu'il face
Pour me mettre au declin,
I'inuoqueray mon DIEV, tousiours en toute place,
Et le Seigneur benin
Me sauuera de leurs pieges,
Et de leurs mains sacrileges.
19 Au soir que le Soleil las, & recreu se
    couche,
Et le matin qu'il sort
Pour reprendre son cours tout moiteux de sa
    couche,

En son midy plus fort,
Ie luy diray ma detresse,
Il m'exaucera sans cesse.
20 C'est luy qui tirera mon ame des allarmes,
Et me donnant la paix
Destournera de moy soudainement les armes
Des escadrons espais
De mes ennemis ensemble,
Qui ja me tiennent leur semble.
21 Le Seigneur, m'entendra, DIEV, me sera
    prospere,
Celuy qui va devant,
Tous les siecles, les temps, ainsi comme i'espere
Les ira poursuivant,
Et leur ostant la victoire
Rabaissera bien leur gloire;
22 Car en eux on ne voit d'espoir, n'y d'apparence
De quelque amandement,
Ils ne craignent point DIEV, vivent sans reve-
    rence
De son commandement,
Et leurs mains n'espargnent ore
Ceux qui leur font bien encores.
23 Ces meschans son tombez en si grande ou-
    bliance
Qu'ils ont contaminé
La loy de DIEV, rompu sa sacree alliance,
Et leur cœur obstiné
S'en destourne, & ne respire.

*4
Des
Rois
6.16*

Que mal sans craindre son ire.

24 Mais sur tout, les propos que tient cest infidelle
Sont plus coulans, & doux,
Que l'huile, mais l'atteinte en est autant mortelle,
Et sont poignans leurs coups,
Ainsi que traits qu'on eslance
Auec grande violence.

Mat. 25 En la bonté de DIEV, remets donc, & depose
6. 25
Luc. Tout le soing qui t'espoint:
12. Il te soulagera sans craindre aucune chose,
22. Et ne permettra point,
Phil. Qu'on afflige par malice
4. 6 L'homme remply de iustice.

26 Mais mon DIEV, tu seras à tous ces vœux propice,
Le mettras à bon port,
Ces meschans au contraire au puits, & precipice
D'vne eternelle mort,
Et prendras de ceste engence
Aux yeux de tous la vengeance.

27 Aussi ne voit on point au meillieu de la lice
De ses ans paruenir
L'homme auide de sang, de fraude, & malefice,
Ains touspurs, mal finir.
Mais moy i'auray patience,
Et Seigneur, en toy fiance.

ORAISON.

O DIEV, de noſtre protection, Seigneur en qui nous mettons noſtre aſſeurance, ainſi qu'en vn port de ſalut, enſeignez nous la foy accompagnée de doctrine, de mœurs, & de vertu, Ne fermez point l'oreille à nos prieres, & donnez nous le courage, & la force de ſurmonter noz tribulatiõs à fin que vous louant matin, & ſoir, nous puiſſions eſtre à couuert des tempeſtes du ſiecle. Ainſi ſoit-il.

PSEAVME LV.
Heb. 56.

MISERERE MEI DEVS QVONIAM.

ARGVMENT.

DAVID, pourſuiui par Saül, s'enfuit à Nobé preſſé de faim mangea chez le Prebſtre Abimelech les pains de propoſition, & prit l'eſpee de Goliath, de la il ſe retire vers Achis Philiſtin, Roy de Geth, ou il courut fortune de ſa vie. En ces extremitez durant 10. ans, exclus de ſa religion, & ſocieté des fidelles, Implore l'aide de DIEV contre ſes ennemis, & le ſuplie ſuiuant ſa promeſſe de luy mettre en main le regne d'Iſraël, & que de tout il luy rendra louanges, & action de graces ſolemnelles.

1. ROIS 22.

Au maiſtre des Chantres, pour le peuple qui eſtoit eſloigné des ſaints lieux, Chant Royal de Dauid, lors que les Philiſtins l'arreſterent en Geth.

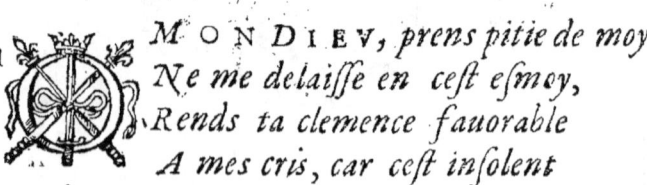

1 MON DIEV, prens pitie de moy,
Ne me delaiſſe en ceſt eſmoy,
Rends ta clemence fauorable
A mes cris, car ceſt inſolent
Me terraſſe, & me va foulant
Soubs ces pieds comme vn miſerable,
Il me va touſiurs trauaillant.

DE DAVID.

2 Mes ennemis à tout moment
M'attaquent furieusement,
J'ay de la peine à m'en defendre,
Plusieurs pour me donner esmoy
Se sont esleuez contre moy,
Ils m'enuironnent pour me prendre,
Et me ranger dessoubs leur loy.
3 Voyant mon ennemy si fort,
Et qu'il luy vient tant de renfort,
J'ay peur, & las ie me defie
D'estre menacé de la hault
(Si ie n'y preuois) d'un grand sault
Mais Seigneur mon DIEV, ie me fie
En ta bonté, qui ne me fault.
4 Toute ma gloire est en mon DIEV,
Tant que ie seray en ce lieu
Ie me repose en ses promesses,
Ayant le Seigneur pour appuy,
Et mis ma confiance en luy,
Ie ne crains ces ames traistresses,
N'y qu'on me face aucun ennuy.
5 Ils me detestent tous les iours,
Et censurent tous mes discours
Ne pouuans pis mon DIEV, me faire,
Ces peruers ne pensent à rien
Qu'a m'attraper en leur lien,
Et pour tout à plat me defaire
Ils cherchent tousiours le moyen.
6 On ne voit que ces malheureux

Pse.
117.
6.

Contre moy conspirer entre-eux,
Ils sont tousiours en embuscade,
Et pour auancer mon trespas,
Ils gettent sans cesse mes pas,
Deça, dela, battent l'estrade,
Et gens par tout ne manquent pas.
7 *Ils s'attendent ainsi d'auoir*
Bien tost mon ame en leur pouuoir,
Mais mon DIEV, *qui vois ma misere,*
Impunis en seroient il bien,
O Seigneur, tu n'en feras rien,
Et tu perdras en ta colere
Ce peuple ennemy de tout bien.
8 *I'ay fait entendre à ta douceur*
Toutes les douleurs de mon cœur,
Tous mes souspirs, & mes allarmes,
Tu m'as promis de les punir,
Et deuant toy tu fais tenir,
Ample registre de mes larmes,
A fin de t'en ressouuenir.
9 *Ainsi donc que tu m'as promis,*
Tu confondras mes ennemis,
Et remplis de honte, & de crainte,
Tu feras qu'ils reculeront
Sus leur pas, & me laisseront
En repos soubs ton esle sainte
Et que plus n'y retourneront.
10 *Tu le fais, & ie l'apperçois*
Car ô mon DIEV, *toutes les fois*

Que

Que mon fier ennemy me presse,
Et que ie vas inuoquant,
On le voit fuyr quant, & quant,
En cela ie voy ta proüesse,
Et que mon DIEV, est trespuissant.
11 Aussi Seigneur, i'esleueray
Haut ta parolle, & me louray
De ta promesse en toute place,
Puis qu'en DIEV, i'ay mis mon espoir,
Ie ne dois point de crainte auoir.
De l'homme, quoy qu'il die, & face,
Puis qu'il à sur luy tout pouuoir.
12 O mon DIEV, voicy que ie veux
Te payer humblement les vœux,
Que ie te dois, & les appendre
Auec des actions d'honneur,
Et de louange à la faueur
Qu'il ta pleu dessus moy respandre,
Sans auoir merité cest heur.
13 Car toy mon vnique support,
As tiré de la blesme mort
Mon ame ô Seigneur debonnaire,
Et mes pas aussi desuoyans
Aux yeux de tous mes poursuiuans,
De la cheutte, afin de te plaire
En la lumiere des viuans.

Pse. 114. 8.

ORAISON.

VNIQVE salut de nostre esperance, consolateur, remunerateur de nos ames, DIEV, par tout iuste, ayez pitié de nous, qui sommes tous les iours assaillis du diable, du môde, du peché, & de nos propres concupiscences, deliurez nos ames de la mort eternelle, & faictes que tandis que nous foulons aux pieds, les delices charnelles, nous puissions vous complaire vn iour, à l'immortalité de la gloire. Ainsi soit il.

DE DAVID. 243

PSEAVME LVI.

Heb. 57.

MISERERE MEI DEVS, MISERE MEI.

ARGVMENT.

CE pseaume, est encores de la suitte du precedent, & des 51. & 52. qui feut lors que Dauid fuyant tousiours deuant Saül, entra dans la cauerne Dodoliani, ou vne araigne apres qu'il feust entré ourdit à l'entree tout freschement sa toille qui fut cause que l'on n'y chercha point ; de là s'en estant fuy en vne autre cauerne dans des rochers inaccessibles au desert d'Engaddy, arriue que Saül, qui le poursuiuoit entra dedans pour ses secrettes necessitez, où Dauid luy couppa le bort du manteau, sans qu'il s'en apperceust, comme le 9. verset le demonstre, ce qu'ayant au sortir faict cognoistre à Saül, il appaisa sa malueillance, dont Dauid, rend graces à DIEV, mistiquement cecy se rapporte à la Passion de nostre SAVVEVR, IESVS CHRIST, iusques au 7. verset, & depuis à sa Resurrection, où il faict parler DIEV, le Pere à son fils, & le fils respondant, qu'il ressucita dés le matin, à la confusion de ses ennemis, laquelle grace il publira à tout le monde, par la predication de son Euangile, ce Pseaume sert aussi de priere pour l'Eglise, & tous les gens de bien contre leurs ennemis.

1 Des
Rois
22.
24.
4.

Au M. de la chappelle, chant royal de Dauid
disāt à DIEV, ne me laisse perir, lors que s'en
fuiāt deuāt Saül, il se sauua en vne cauerne.

1   SEIGNEVR, pitoyable, ayes pitié de moy,
     Ayes pitié de grace,   (toy,
     Car mō ame en ces maux met son espoir en

Q ij

Ne me cache ta face,
Et d'un si doux obiect chasse ô DIEV mon esmoy.
2 Ie me retireray en mon affliction
Soubs l'ombre de ton esle,
Iusqu'a tant que l'iniure, & persecution
De cest homme infidelle
Soit passee, & moy hors de tribulation.
3 Ma douleur poussera ma voix au DIEV treshaut,
Que i'inuoque, & reclame,
Au DIEV mon bienfaicteur, qui iamais ne defaut
A secourir mon ame,
Qui me faict tant de grace, & plus qu'il ne m'en faut.
4 Ie n'auray point en vain refuge, ny recours
En sa douce assistance,
Il m'enuoyra du Ciel, son redouté secours
Contre la violence,
Et l'opprobre de ceux, qui m'assaillent tousiours
5 DIEV, respandra sur moy les bien aymez ruisseaux
De sa grace certaine,
Il recourra mon ame entre les lionceaux
Abatüe en la peine,
Et dessoubs les rigueurs que luy font ces bourreaux.
6 Les fils des hommes sont autour de moy espars
Ardans apres leur queste,
Leurs dens sont tout ainsi que des lances, des dars,
Leur langue est tousiours preste,
Comme vn glaiue affilé trenchant de toutes pars.

DE DAVID.

7 Seigneur, en ma faueur leue toy sus les cieux, </br>
Monstre mon innocence, </br>
Fais paroistre d'enhault ton bras victorieux </br>
Leué pour ma deffence, </br>
Et me sauuant çà bas rend ton nom glorieux. </br>
8 Ils ont faict, & dressé plusieurs lacs à mes pieds, </br>
Afin de me surprendre, </br>
Les lieux de mon salat estoient tous espiez, </br>
Si qu'ils ont pensé prendre </br>
Mon ame, & ne s'y sont ces meschans oubliez. </br>
9 Mais tu ne m'as iamais Seigneur abandonné </br>
A leur main sacrilege, </br>
Et tant s'en faut tu faits qu'eux mesmes ont donné </br>
Dans la fosse, & le piege </br>
Qu'ils auoient deuant moy, pour me prendre ordonné.

Psc. 107. 5.

10 Le souuenir aussi mon DIEV, & tant de bien </br>
Que ie tiens de ta grace </br>
A preparé mon cœur, mon cœur ac ie tout tien </br>
Pour chanter l'efficace </br>
De ta douceur, où git mon asseuré soustien. </br>
11 Resueille toy ma gloire, & laisse le repos, </br>
Resueille toy ma lire, </br>
Et mon psalterion, pour rechanter le los </br>
Du tres-haut, & pour dire </br>
Auec moy sa louange, au point du iour esclos.

Psc. 108. 1.

12 O Dieu, ie te rendray graces de tout mon
 cœur,
Ie publieray ta gloire,
Les peuples assemblez chanteront ton honneur,
Car te feray memoire
Entre les nations de ton sainct nom Seigneur.
13 Car ô Dieu, iusqu'aux cieux ou tu t'es haut
 monté,
Ta clemence est cogneuë,
L'on y chante par tout ta grace, & ta bonté,
Et iusques dans la nue
Ta fidelité monte, & ton los est chanté.
14 Ainsi sois-tu tousiours ô Dieu, des bons l'appuy
Aux meschans redoutable,
Esleué sur les cieux, & par tout auiourd'huy
De la terre habitable
Soit ta gloir' espandue, & ton sainct nom
 ouy.

DE DAVID.

ORAISON.

DIEV, de misericorde, couurez soubs l'ombre de vostre aisle ceux qui esperent en vous, rompez les liens, & descouurez nous les embusches que Sathan nostre aduersaire, & ses supposts inuentent tous les iours pour nous surprendre, & donnez nous la grace de si bien fouler aux pieds les choses temporelles, qu'en fin nous ayons iouyssance de l'eternité, preparee à vos esleuz. Ainsi soit-il.

PSEAVME LVII.

Heb. 58.

SI VERE VTIQVE, IVSTITIAM LOQVIMINI.

ARGVMENT.

VEHEMENTE inuectiue de Dauid, contre les flateurs, & mauuais conseillers de Saül, autheurs de son mal, dont il predit en fin la ruine. Cecy est mistiquement pris, pour IESVS-CHRIST, contre les Iuifs, pour l'Eglise contre ses persecuteurs, & pour chacun, contre ses ennemis.

Au Maistre de la Chappelle, Chant Royal de Dauid, quant il dit ne me laisse perir.

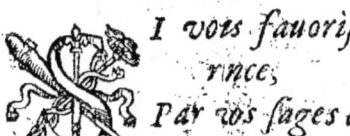

1 *Vots fauorisez autant qu'en apparence,*
Par vos sages discours, le droit, & l'equité,
D'où vient fils des mortels qu'ainsi dessoubs silence,
Vous passez maintenant la pure verité
Pourquoy ne iugez vous, comme vostre cœur pense.
2 *Mais vos propos ne sont que fraude, & qu'artifice*

On le voit aux effects, vous le tesmoignez bien,
Vos cœurs incessamment trament quelque malice,
Et vos sanglantes mains ne font en terre rien
Qu'opprimer l'innocent, le droit, & la iustice.
3 Ce n'est pas seullement par vne complaisance
Que vous faites ainsi, mais naturellement,
Les peruers ont du mal apris la cognoissance,
Ils ont dans la matrice erré pareillement
En discours mensongers dés leurs vile naissance.
4 Vne fureur tousiours les agite & resueille
Vn venin moins mortel, ils n'ont auecques eux
Que celuy du serpent, leur nature est pareille
Moins attentifs au bien, que l'aspic venimeux
A lors qu'il fait le sourd, & bouche son oreille.
5 Il tapit d'vn costé sa teste contre terre,
Et l'autre de sa queüe il couure tout soudain
Qu'il entend l'enchanteur, à fin qu'il ne l'enserre
Aux charmes de sa voix, rédant son trauail vain,
Et tout l'art qu'il employe à luy faire la guerre.
6 O DIEV, iuste vengeur des torts, & de l'iniure
Que l'on exerce aux tiens, brise de ces peruers
Les dents dedans leur bouche infidelle, & pariure,
Et de ces lionceaux affamez, & diuers,
Romps la machoire, & fais que leur rage ne dure.
7 Côme vn deluge d'eau qui soudainement passe,
Qu'il n'en demeure plus, & puissent s'escouler:
DIEV, son arc à bandé, leur donnera la chasse
Tant qu'il les ait deffaits, ils ont beau reculer,
Il attrape à la fin l'impie, & le terrasse.

8 Ainsi soit il ainsi, & puissent comme cire
Fondre soudainement, & pour les consommer
Le feu tombe sur eux, & DIEV, veuille en
son ire,
Ceux qui descendront d'eux en naissant abis-
mer,
Et le Soleil iamais ne puisse pour eux luire.
9 Le Seigneur, veuille encor par ces bontez di-
uines
Ieunes les deuorer, & les ietter au feu
Ainsi que reiettons de ronces & despines,
Auant que leur pouuoir auec l'âge soit creu,
Pour causer comme ilz font ainsi tant de ruines.
10 Lors les iustes voyans, ô mon DIEV, la
vengeance
Que tu prens des meschans, en ioye exalteront
Ta iustice, & dedans le sang de ceste engeance
Leurs innocentes mains ensemble laueront,
Glorifians l'autheur de leur chere allegeance.
11 Tout de mesme Seigneur, vn chacun qui
medite
A tes haults faicts dira, l'homme iuste en tout
lieu
Reçoit sa recompense, en fin qui n'est petite,
Il paroist bien ainsi vrayment, qu'il est vn
DIEV,
Qui sçait rendre à chacun, suiuant ce qu'il me-
rite.

DE DAVID.

ORAISON.

OCTROIEZ nous Seigneur, que nous puissions faire vn droit, & entier iugement de nous mesme, àfin que iamais nous ne venions point à nous esgarer de la voye de verité, & de iustice, dressez nos pas par la lumiere esclairante de vostre parolle, qui nous conduit à l'eternelle felicité. Ainsi soit-il.

PSEAVMES

PSEAVME LVIII.

Heb. 59.

ERIPE ME DE INIMICIS MEIS.

ARGVMENT.

DAVID, se voyant inuesti dans sa maison, par les satelites de Saül, implore DIEV, à son secours qui le sauue miraculeusement par la dexterité de sa femme Michol, preuoit la ruyne de ses aduersaires, proteste de celebrer la puissance, & bonté de DIEV, il conuient mistiquement à IESVS-CHRIST, & à l'Eglise contre ses ennemis.

1. Des Rois 19.

Au Maistre de la Chapelle, Chant Royal de Dauid, disant à DIEV, ne me laisse perir, quand Saül l'enuoya à entourer dans sa maison pour le faire mourir.

 ELIVRE *moy mon* DIEV, *que ie reclame*
Des ennemis du repos de mon ame,
Et me preserue aussi de tout esmoy,
De ceux qui sont esleuez contre moy.
2 Sois à mes vœux, fauorable, & propice,
Garentis moy des ouuriers de malice,
Et me recoux par ta grande pitié
De ces meurtriers, remplis de mauuaitié.

DE DAVID.

3 Sauue mon ame, & la veüille deffendre,
Car les voicy qui sont pour la surprendre
Mainte embuscade, & les plus furieux
Se sont ruez sur moy par diuers lieux.
4 Ce qu'ils en font ce n'est Seigneur, pour crime
Que i'aye fait, n'y point comme i'estime
Pour mon peché, car ie passe le cours
Sans t'offencer, si ie puis de mes iours.
5 En ma faueur leue toy donc, & monstre
Contre eux ta force, & chemine à l'encontre,
DIEV des combats, & d'Israel l'appuy,
Et vois l'estat, ou ie suis auiourd'huy.
6 Ne laisse point sur les tiens entreprendre,
Vueille au besoin, mes prieres entendre
Et visiter tant de peuples diuers,
Sans faire grace, aux meschans, & peruers.
7 Lors que la nuit commence sa carriere,
On les voit tous sortir de leur taniere
Qui ça, qui la, par la cité raudans,
Et comme chiens sans cesse clabaudans.
8 Entre leurs dents ils gromelent de rage,
Leur bouche est pleine, & d'iniure, & d'outrage,
Leurs leures sont de vrais glaiues tranchans,
Et qui nous oit, disent lors ces meschans.
9 Toy qui les vois, & qui les entens dire,
Tu n'en feras en toy-mesme que rire,
Et te mocquant des peuples aussi bien,
Tu reduiras tous leurs efforts en rien.
10 Ainsi ma force en toy seul se soustienne,

Car ie n'ay point de force qu'en la tienne,
N'y d'autre DIEV, comme tel ta faueur,
Me preuiendra sans cesse aussi Seigneur.
11 Le Seigneur, DIEV, me donne encore la grace
De voir confus mes ennemis en face:
Ne les desfaits pourtant si tost, à fin
Que mon peuple ait memoire de leur fin.
12 Mais pour vn temps faicts les en desplaisance
Seigneur, vaguer ça, là, par ta puissance:
Sois cependant mon protecteur, & puis
Soient à la fin ruinez, & destruis.
13 Ton bras vengeur les atteigne, & les touche
Condempne les par l'exces de leur bouche,
Et soient surpris Seigneur de mon repos,
En leur orgueil, & prophane propos.
14 Pour leur mensonge, & blaspheme execrable,
Consomme les de la flamme effroyable
De ton courroux, ô mon DIEV, de tout point,
Et soient ainsi comme s'ils n'estoient point.
15 Ils sçauront lors à leur grande ruïne,
Qu'il est vn DIEV, qui regne, & qui domine
Dessus Iacob, dont le regne est si grand,
Qu'aux quatre coings de la terre il s'espand.
16 Quant le soir vient, & que la nuit s'arreste,
Ils reuiendront comme chiens à la queste,
Iappans, courans autour de la cité
Outrez de faim, pleins de ferocité.
17 Deça, delà, l'on verra ceste engeance,
Traisnant leurs fers, marques de ta vengeance:

Quester en vain, & ne trouuant dequoy
Crier, heurter, par tout auec effroy.
18 Mais moy mon DIEV, mon Seigneur inuin-
  cible,
Ie chanteray ta puissance indicible,
Et te vouant des le matin mon cœur
I'exalteray ta grace, & ta faueur.
19 Car tu n'as point seullement esté iuge
De mon bon droit mais mon fort, mon refuge,
Et mon soustien en ma calamité
Durant les iours de ma necessité.
20 Ainsi grand DIEV, ma force, & ma victoire,
A tout iamais ie publiray la gloire
De ta bonté mon vnique recours
Et d'ou me vient tant d'ayde, & de secours.

ORAISON.

O DIEV, de nostre protection, & refuge, deliurez nous des mains sanglantes de nos ennemis visibles, & inuisibles; accourez à nostre secours, & donnez la grace d'accomplir ce que vous demandez de nous, & de fuir ce que vous nous deffendez, & qu'en fin, nous puissions acheuer le cours, & apres ceste vie paruenir au seiour de vostre gloire. Ainsi soit-il.

PSEAVMES

PSEAVME LIX.
Heb. 60.

DEVS REPVLISTI NOS.

ARGVMENT.

DAVID, ramentoy à DIEV, les calamitez dont il a visité son peuple par le passé, pour ses offences, le supplie de les oublier, & de l'assister en son expedition contre les Idumeens, & ses voisins.

2.
Des
Rois
8.33.
†
10.
7.
1.Pa-
ra.
18.

Au Maistre des Chantres, Chant Royal de Dauid, & d'erudition, sur le tesmoignage des roses, ou des Lis, pour ceux qui seront changez, ors qu'il mit à feu, & sang, la Mesopotamie de Sirie, & Desobai, & quant Ioab retourné deffit 12000. Idumeens en la ville de Salines.

1   DIEV dont nous auons iustement contre nous
  Par nos iniquitez enflamé le courroux
  Tu nous as dissipez, & banis de ta face,
Et puis nous pardonnant, tu nous as repris tous,
Ainsi qu'au parauant au bon heur de ta grace.
2. *Au tonnerre esclatant de ta grande fureur,*

La terre

DE DAVID.

La terre soubs nos pieds à tremblé de terreur,
Et s'ouurant iusqu'au centre elle en est toute at-
teinte.
Rasseüre la sinon, elle cherra de peur,
Car elle est toute esmeüe, encore ô DIEV, de
crainte.
3 Parmy le souuenir de tes cheres faueurs
Ton peuple à resenty, qu'elles sont tes rigueurs,
Tu luy monstres Seigneur, à deuenir plus sage,
En l'abreuuant d'vn vin d'angoisse, & de lan-
gueurs,
Qui luy trouble le cœur, ainsi que le visage.
4 C'est toy Seigneur, c'est toy, qui fais de toutes
parts
Desployer ton enseigne, & tes saints estendars,
A la faueur de ceux qui t'ont en reuerence,
Pour les ramener sains des coups, & des ha-
sars,
Ou les portoit ton nom leur vnique esperance.
5 Ainsi iadis ainsi, Seigneur tes fauoris
Qui sont de ton amour tousiours vrayment es-
pris,
Ont esté deliurez, fais en de nous de mesmes,
Employe icy ta dextre, & n'ayez à mespris
Ma priere au besoing, & monstre que tu m'ay-
mes.
6 I'ay grande confiance en ta parolle ô DIEV,
Tu dis il m'en souuient, dedans ton sacré, lieu
Que ie m'esiouyrois au grand, & beau partage,

Pse. 107 6.

Pse. 107 6.

De Sichem, comme aussi aux confins, & mil-
lieu,
Du valon de Sucoth, riche en tout pasturage.
7 Que Galad comme mien, m'iroit recognois-
sant,
Et Manassés aussi mon sceptre florissant,
Qu'ils viuront soubs les loix qu'il me plaira leur
dire,
Et qu'Ephraim seroit vn seur rempart puis-
sant
Du chef de mon estat, & d'vn si grand empire.
8 Que Iuda qu'on renomme en pouuoir, & gran-
deur,
Sera de mon estat la gloire, & la splendeur,
Et le siege esleué aux yeux de tout le monde,
Moab, le clair vaisseau admirable en honneur
Du l'auoir de mes pieds plein d'eaux dont il abonde.
9 Bref que sceptre, sur sceptre, à mon regne
adioustant,
I'estendray mon soullier tous les iours m'augmen-
tant
Iusques en Idumee, & que de Palestine
Les estrangers veincus, auec elle pourtant
Chanterons eux, & moy, ma gloire, & leur ruine.
10 Ce n'est assez Seigneur, car qui me meinera
Dans la forte cité, quel astre esclairera
En ma faueur au ciel, qui seront mes escortes,
Et qui la deuant moy le chemin tracera
De l'orgueilleux Edom, qui m'ouurira les portes.

DE DAVID.

11 Ne sera-ce pas toy ô grand DIEV, qui ça bas,
Tiens tout comme il te plaist le releue, & l'abas,
Ne sortiras tu pas, auecques nos armees,
Ne marcheras tu pas, le premier aux combas
Contre nos ennemis dans les champs Idumees.

12 Ce sera toy sans doute, ô nostre sainct recours,
Sois nous doncques propice, & nous donne se-
  cours
En nos afflictions, tire nous de la peine
Ou tu nous vois languir elle a trop eu de cours
Car l'aide des mortels, est sans toy folle, &
  vaine.

13 Ainsi par la vertu, la force, & le pouuoir
De mon DIEV, nous ferons de beaux faits d'ar-
  mes voir,
Et le nombre on verra ceder à la proüesse,
Il terrassera ceux qui sans raison auoir
Sont cause de nos maux, & de nostre detresse.

ORAISON.

Qve nos iniquitez Seigneur, ne nous banissent point pour iamais de vostre face, Ayez plutost pitié de nous & desliurez nous de la puissance du diable puis que nous recognoissons que vous estes nostre seulle, esperance, nostre gloire, & nostre vertu, reduisez donc à neant nos vices, qui nous tourmentent, & nos ennemis qui nous persecutent, afin qu'vn iour, nous ayons la faueur de iouyr du fruit de vostre gloire, par Iesvs Christ nostre Seigneur Ainsi soit il.

DE DAVID. 261

PSEAVME LX.

Heb. 61.

EXAVDI DEVS DEPRECATIONEM MEAM.

ARGVMENT.

DAVID reduit en grand peril aux extremitez de la terre de Chanaam, ou il s'estoit retiré pour sa seureté de deuant Saül, prie DIEV, pour sa conseruation qui l'exauce, cecy se rapporte, & conuient au regne eternel de IESVS CHRIST.

Au maistre des chantres hymne de Dauid.

1 EXAVCE *à mon bon droit ô grand*
    DIEV, *ma priere,*
  Ne la reiette point s'il te plaist en ar-
    riere,
Entends ma plainte, & voy, l'estat où tu m'as mis
Et me recoux des mains de mes fiers ennemis.
2 Ie t'inuoque d'vn bout de la terre sans cesse,
Prens pitié de mon cœur accablé de tristesse,
Mets moy hors de danger, & me donne la main
Pour monter sur le roch de mon salut soudain.
3 Tu l'as faict ô Seigneur, enuers moy debonnaire
Quant il me vient aussy sur les bras quelque affaire,

C'est toy mon seul espoir, mon refuge & mon
 fort,
Contre mon ennemy tu rends vain son effort.
4 Ainsi pour tout iamais ie feray ma demeure
En ton sainct tabernacle, & ma retraicte seure
Soubs l'ombre de ton aisle en temps d'aduersité
Dont tu me garderas par ta benignité.
5 Car tu rends exaucé ô DIEV, que ie reclame
La voix de ma priere, & les vœux de mon ame,
Et pourueu pour iamais de l'heritage sainct
Que tu depars à cil qui te sert, & te craint.
6 Pour comble de bonheur, tu donneras encore,
Iours dessus iours Seigneur, à ton Roy qui t'adore,
Et le cours de ses ans ne sera limité
Non plus que celuy n'est, de ton eternité.
7 A iamais il sera deuant la saincte face
Du Seigneur iouissant, des faueurs de sa grace
Et de sa verité son seul, & ferme appuy,
Ainsi qu'il le souhaicte, & desire de luy.
8 Ainsi psalmodiant ianonceray la gloire
De ton nom à iamais dont ie feray memoire,
Et ie te payeray reueremment mes vœux
De iour en iour mon DIEV, comme ie doibs, &
 vœux.

ORAISON.

Escoutez nos oraisons DIEV, de misericorde, & guidez nous au chemin de vie, soubs le couuert de vos aisles, soiez nostre forteresse imprenable, contre les assaults de nos ennemis visibles, & inuisibles, à fin que nous puissions vn iour estre coronez de gloire au seiour bien heureux que vous auez preparé aux viuans. Ainsi soit-il.

PSEAVME LXI.
Heb. 62.

NONNE DEO SVBIECTA ERIT.

ARGVMENT.

LE Pseaume se rapporte au temps de la persecution de Dauid, lors qu'il remettoit l'esperance de son regne entre les mains de DIEV, & non en celle des hommes, n'y en leurs moyens. Cecy conuient mistiquement à la remise que nostre Sauueur IESVS CHRIST faict à DIEV son pere, de sa vocation au regne, durant la fureur des Iuifs comme aussi à l'Eglise, & à toute ame affligée.

Au Maistre de la Chapelle, Ieuthum,
Pseaume de Dauid.

1 VOY qu'il m'arriue icy bas,
DIEV, ne me delaisse pas,
Mon ame est bien donc tenue
Pour tant de grace au Seigneur,
Et de chanter son honneur
Se congnoissant maintenue,
Ainsi fermement par luy
Son salut, & son appuy.
2 C'est le DIEV qui me soustient
Qui m'appuye, & me maintient
C'est m'a seure forteresse,

Et mon refuge en tout lieu,
Ayant la faueur de DIEV,
Ie ne crains rien qui m'opresse,
N'y qu'en temps d'aduersité
Iamais ie sois agité.
3 Mais iusqu'à quant dites tous
Ainsi machinerez vous
Tant de mal, & de rancune
A l'homme de bien tousiours,
En fin l'on verra vos iours
Courir pareille fortune, 4
Et tomber de mesme à coup
Qu'vn vieil meur au moindre coup.
4 Toutesfois ces malheureux,
Ne pensent à rien entre eux,
Que de rabaisser ma gloire,
Tant sont meschants, & jaloux
Le mensonge leur est doux,
Ils en font à tous accroire,
De bouche, les benissant,
Et de cœur les maudissant.
5 Mais toy mon ame pourtant,
Ne te desbauche ainsi tant,
Et pour cela ne retire
De DIEV, ton affection
En ta tribulation
Patiente, & ne souspire
Car DIEV, comme tu peux voir
Sera tousiours mon espoir.

6 Ceſt mon DIEV, puiſſant, & fort,
En mes ennuis mon confort,
Mon ſalut, & mon refuge,
En mon beſoin mon recours,
Sy qu'ayant vn tel ſecours
Arriuaſt il vn deluge
De maux ie n'en ſerois point
Plus esbranlé d'vn ſeul point.
7 En fin il eſt mon ſouſtien,
Mon treſor, & tout mon bien,
Ma gloire, & ma deliurance,
Le Seigneur eſt mon ſuport,
Ceſt ma retraite, & mon port,
Ma force, & mon eſperance.
Sans luy ne ſerois debout,
Bref le Seigneur, eſt mon tout.
8 En DIEV, doncques eſperez
Peuples, & perſeuerez
Sans auoir ailleurs fiance,
Et conſacrons humblement
Au Seigneur, enſemblement
Nos cœurs prenaut patience,
Sans nous douloir deſormais:
Il eſt noſtre ayde à iamais.
9 Ne fondez point voſtre bien
Aux hommes, car ce n'eſt rien
Que vent, menſonge, inconſtance,
Tous les hommes ſont ainſi
Qu'on les mette tous auſsi

DE DAVID.

Pesle mesle en la balance,
On les verra plus legers
Que n'est lalaine des ærs.
10 Doncques de tout point fuyez
Le mal, & point n'y croiez
Qu'à luy plus on ne s'adonne,
Ne conuoitez mesmement
Des richesses indeument,
Si DIEV, beaucoup nous en donne,
Il ne faut tant si fier
Que l'on vienne à l'oublier.
11 Entendez de DIEV la voix,
Il a dit pour vne fois
Deux choses en sa puissance,
C'est ô Seigneur DIEV, qu'à toy
Sont, & la grace, & la loy,
Et qu'auecques cognoissance
De cause, aux hommes tu fais,
Selon leurs biens ou forfais.

Mat.
16.
27.
Ro.
2. 6.
I.
Cor.
3. 8.
Gal.
6. 7.

ORAISON.

SEIGNEVR nostre esperance, & nostre Salut, renforcez si bien nostre courage, que iamais nous ne venions à succomber en nos aduersitez, Que tousiours vous soyez nostre souuerain bien, sans que iamais les grandeurs, les richesses, & les vanitez du monde, nous facent destourner de vostre sainct amour. Ainsi soit-il.

268   PSEAVMES

PSEAVME LXII.

Heb. 63.

DEVS MEVS AD TE DE LVCÆ VIGILO.

ARGVMENT.

1.
Rois
13
14.
DAVID, retiré és solitudes de Iudee, mesme au desert de Ziph, ou de Maon, pour euiter la fureur de Saül, & des siens, se console en l'esperance que DIEV, l'en deliurera, luy adresse ces vœux, & prieres, & s'esiouit en la celebration de ses graces, & benefices, il conuient aussi mistiquement à nostre Sauueur IESVS-CHRIST.

Pseaume de Dauid, estant fugitif és deserts de Iudee.

1
MON DIEV, Mon DIEV, ie veille
à toy
Tu me dois tirer hors d'esmoy,
Et de mon exil miserable,
Tout aussi tost que i'apperçoy
La pointe du iour agreable.
2 Ie n'ay tantost plus de vigueur
Tant mon ame à soif ô Seigneur,
De ta grace, qu'elle souspire,
Et ma chair seche de langueur
Non moings ardemment le respire.
3 En ce lieu sauuage, & desert,

DE DAVID.

Sans chemin, sans eau, sans couuert,
Ie voy ta gloire, & ie contemple
Ton grand pouuoir à descouuert,
Comme si i'estois dans ton temple.
4   Car ta grande bonté mon DIEV,
Sur qui comme sur vn essieu
Mon esprit tourne, est bien meilleure,
Que la vie, aussi par tout lieu,
Ma leure te louë à toute heure.
5   Ainsi puis-ie durant le cours
De mes ans te benir tousiours,
Et mes mains ainsi que mon ame,
Esleuer au Ciel tous les iours,
En ton saint nom que ie reclame
6   Fais que mon ame incessamment
En soit refaite largement,
Que ma leure s'en reiouysse,
Et que ma bouche puissamment
Hault, & clair, tousiours te benisse.
7   Si i'ay au lit eu dans mon cœur
Memoire de toy mon Sauueur,
Las combien le matin dois-ie ore,
Penser à la douce faueur
Dont ta bonté m'assiste encore.
8   Ie m'esiouiray desormais
Soubs l'ombre de ton esle en paix,
Auec mon ame qui s'allie
Et s'vnit à toy pour iamais
Puisque t'a main la recueillie.

9 Si que ceux qui cherchent en vain
Ma vie, abismeront soudain
Au profond de la terre obscure,
Passant par le fer de ta main:
Les renards en feront pasture.
10 Tandis le Roy s'esiouyra
En Dieu, il s'y glorifira
Ainsi qui iure, & se repose
En son nom, Car l'impie aura
Sa bouche menteresse close.

ORAISON.

Dieu, tout puissant autheur de la lumiere eternelle, esclairez nous en ce desert sterile, & tenebreux du monde, Et que nostre ame ayt tousiours soif de vous source d'eau viue, Que vostre misericorde Seigneur, nous couure soubs l'ombre de son aisle, & nous face acquerir l'eternelle felicité.

PSEAVME LXIII.

Heb. 64.

EXAVDI DEVS ORATIONEM MEAM.

ARGVMENT.

DAVID, prie DIEV, pour estre conserué contre ses ennemis, descrit leurs malices, & calomnies, leurs efforts vains, la ruine dont ils sont menacez, à la consolation des gens de bien, qui esperent en DIEV. Mistiquement nostre Seigneur IESVS-CHRIST, prie contre les Pharisiens, l'Eglise, & toute ame affligee contre ses persecuteurs.

Au Maistre des Chantres Pseaume de Dauid.

1. DIEV, quant ie t'inuoque exauce helas ma plainte,
Et vueille deliurer mō ame de la crainte
Qui la suit en oyant mon ennemy tousiours
Me menacer tous les iours.

2. Mets ma vie à couuert soubs l'ombre de tes aisles
Et me sauue mon DIEV, des embusches mortelles
Des malings effrenez, des tumultes diuers
Des meschans, & peruers.

3 Car ils ont affilé leurs langues pestiferes
Comme un glaiue eslancé, leurs parolles
  ameres
Pour tirer sur celuy qui n'est point entaché,
Comme ils sont de maint peché.
4 Ils n'aprehendent point la fureur de ton ire
Ils font tout leur possible, à fin de me destruire
Tant ils sont resoluz en leur mauuais dessein
Sy tu n'y poses la main.
5 Ils consultent tousiours, où ils pourront mieux
  tendre,
Et cacher leur filets, à fin de me surprendre,
Qui deça, qui dela, disans qui les verra
Et si bien les trouuerra.
6 Il n'est meschanceté comme ie pense au monde
Que chacun d'eux ne cherche, & qui de pres
  ne sonde
Le moyen de pecher, pour en faire en tous lieux
Son proffit à qui mieux mieux.
7 Iusqu'aux extremitez où toute la malice
De l'homme peult atteindre, auec son artifice
Ils ont esté portez, & de rien ne leur chault,
Mais DIEV monte encor plus hault.
8 En fin DIEV, le vangeur de tous ces maux
  extresmes,
Tournera de leurs traits, la pointe contre eux
  mesmes,
Comme font des enfans, & les glaiues aussi
De leurs langues tout ainsi.

9 Ceux

DE DAVID.

9 Ceux dont l'œil aura veu l'exemplaire ven-
geance,
Que le Seigneur voudra prendre de ceste engeance.
Auront l'ame estonnee, & tout homme aura peur
Des iugemens du Seigneur.
10 Ils donneront par tout parfaite cognoissance
Des œuures du treshault, & de sa grand puis-
sance,
Et qu'ils ont recogneu par ses faicts merueilleux
Qu'il est vn maistre sur eux.
11 Mais le iuste esiouy d'vne telle victoire,
Mettra son esperance au Seigneur plein de gloire,
Ainsi les droicts de cœur, & chantans leur appuy,
Se resiouiront en luy,

ORAISON.

DIEV la seule, & vnique esperance des croyans, arrachez nous des mains violentes de nos ennemis visibles
& inuisibles, & de la troupe des peruers, qui tachent de
nous destruire, faictes Seigneur, que nous puissions tousiours nous esiouyr en vous, & vous complaire ainsi sait-il.

S

PSEAVME LXIIII.
Heb. 65.
TE DECET HYMNVS DEVS.

ARGVMENT.

Hymne de louange, & action de grace, que Dauid auec toute l'Eglise rend à DIEV, de ses continuels benefices, paix, & tranquilité de la religion, & estat public pareillement pour la fertilité de toutes sortes de biens, mistiquement, nostre SAVVEVR, rend graces a DIEV, son pere, de l'heureux progrez de son regne spirituel & conuersion des gentils à la cognoissance de l'Euangile.

Au maistre de la chappelle, Pseaume de Dauid chanté par Agee, Ieremie, & Ezechiel aux Israelites, lors de leur retour de la transmigration de Babylone.

1. Il est bien deu Seigneur,
Vn hymne à ton honneur,
Et que Sion le chante,
Ores qu'elle est en paix,
Et qu'elle vit contente,
Et qu'aussi desormais
Hierusalem te rende
Ses vœux, & son offrande.
2. Exauce tous les iours

Nos prieres tousiours,
Et toute creature
Se viendra rendre à toy,
Voyant que tu prens cure
Des tiens, & qu'en esmoy
Long temps tu ne les laisses,
Mais les tire d'angoisses.
3 Seigneur, par nos forfaicts
Et les maux qu'auions faicts,
Le funeste langage
Des meschans auoit eu,
Dessus nous auantage,
Mais ton courage esmeu
Par sa grande clemence
Oublie nostre offence.
4 O qu'eureux est celuy,
Qui t'a pour son appuy,
Qui te sert, & t'honore,
Heureux dont tu fais choix,
Qui t'aime, & qui t'adore,
Et vit dessoubs tes loix,
Car ta saincte demeure
Est sa retraicte seure.
5 Nous aurons à foyson
Des biens de ta maison:
Maison tant desirable,
Et des dons precieux
De ton temple admirable
Souhaité de nos yeux,

Ou reluit ta iustice,
Et ta bonté propice.
6 Donc exauce, & maintiens
Touſiours ainſi les tiens,
Mets les hors de ſouffrance,
Menes-les à bon port
Toy l'vnique eſperance,
Et le ſeul reconfort
De tout cela qu'enſerre
Et la mer, & la terre.
7 Par la grande vertu
Dont tu t'es reueſtu,
Et ta force indicible,
Tu rends ferme les monts,
Et de la mer terrible
Aplanis les ſillons
Adouciſſant ſa rage,
Et calmant ſon orage.
8 Les gens feront troublez,
Les peuples reculez
Craindront de te deſplaire,
Tu nous delecteras
Par ton ſainct luminaire,
Et nous eſclaireras
Soit qu'il ſe couche en l'onde,
Ou qu'il ſe monſtre au monde.
9 Ton œil a touſiours ſoing,
Et viſite au beſoing
La demeure des hommes,

DE DAVID.

Tu fais incessamment
Tous les lieux ou nous sommes
Regorger largement
Car ta grace feconde,
Sans fin y surabonde.
10 *Aussi du tout puissant,*
Ne se va tarissant
Au Ciel le second fleuue,
Sur nous tu le respans,
La terre s'en abreuue,
Pour nous produire à temps
Bledz & toutes les choses
A quoy tu la disposes
11 *Tu combles ses rayons,*
Ainsi que nous voyons,
De pluie, qui l'arrose,
Et ses guerets plus fors,
Puis sa semence enclose
Tu fais pousser dehors,
Et meurir d'auantage,
Le tout pour nostre vsage.
12 *Tu couronnes de biens*
L'annee, & nous soustiens
Par ta grand prouidence,
Et quant vient la saison
Nous auons abondance
D'vne riche moisson,
Et de graisse distille
La campagne fertille.

13 Les deserts plus loingtains
En sont de mesmes plains,
Et de gras labourage,
Ils sont bien autant bons
Pour l'herbe, & pasturage
Tant tu les rend fecons,
Ils en font ioye extresme.
Et leurs costaux de mesme
14 Il semble en quelque part
Qu'on iette son regart,
Que ce tout se recree,
Les agneaux bondissans
Dessus la verte pree,
Et les valons plaisans
Pleins de froment auoüent
Tes bontez, & te louent.

ORAISON.

Vueillez Seigneur, enteriner nos requestes, & pardonner nos pechez, tirez nous de la secheresse du peché, pour nous abreuuer du fleuue de vostre misericorde, à fin qu'arrosez d'vn ruisseau si doux, & si delicieux, nous puissions vous chanter hymnes, & cantiques de louanges, & iouyr de la gloire, & de la felicité eternelle auec vos esleus au nom de IESVS CHRIST. Ainsi soit il.

DE DAVID. 279

PSEAVME LXV.

Heb. 66.
IVBILATE DEO OMNIS TERRA.

ARGVMENT.

DAVID, inuite tous les peuples à louer DIEV, & considerer ses bienfaicts, & graces. Ce Pseaume conuient au peuple d'Israël, quant il feut tiré d'Egypte par la mer rouge, & le fleuue Iourdain en la terre de Canaam, & depuis de la captiuité de Babylone, comme aussi Dauid, lors qu'il feut esleu au regne apres la persecution de Saül, & Absalon, mistiquement se rapporte à nostre SAVVEVR, & l'Eglise, & à toute ame deuote, pour action de graces, apres la deliurance de leurs ennemis.

Au maistre de la chappelle, cantique, &
Pseaume de la resurrection.

1 IVSQVES à DIEV, poussez vos cris   Pse.
  de ioye   99.
  Toute la terre, & vous resiouissant,   1.
  Allez son nom sans cesse benissant,
Et que par tout vos climats on vous voye
Rendre louange, & gloire au tout puissant.
2 Dites à DIEV, celebrant sa memoire
O que tes faits sont terribles Seigneur,
Qui soubmis as dessoubs ton bras veincueur,

S iiij

Tous ces peruers ennemis de ta gloire,
Et desmenti leur infidelle cœur.
3 Que donc la terre, ainsi te magnifie
Qu'elle t'adore, & que son peuple induit
Du mesme esprit, puisse estre aussi conduit
A ta loüange, & qu'il se glorifie
En ton saint nom, d'ou ta faueur reluit.
4 Peuples venez, & que chacun contemple
Tant de beaux faits du Seigneur des combas,
Comme au besoin il ne delaisse pas
Les siens, combien merueilleux est l'exemple,
De ses conseils, sur les humains ça bas.
5 C'est luy qui tient la mer soubs sa puissance,
Qui peut son cours comme il luy plaist changer,
Retient ses flots, les fait sous soy ranger,
Il nous a fait auec esiouyssance
Passer le fleuue à pied sec sans danger.
6 Par sa vertu, par sa force eternelle,
Son regne doibt demeurer à tousiours
DIEV, de la hault regarde tous les iours
Les nations, & le peuple rebelle
De qui la gloire, est de bien peu de cours.
7 Sus peuples donc qu'en DIEV, l'on s'esiouysse,
Son œil iamais à nostre ennuy n'est clos,
Sus que chacun chante doncques son los,
Que nostre voix sans cesse retentisse
A son honneur, par ce terrestre enclos.
8 C'est nostre DIEV, qui conserue nostre ame,
Qui la retire icy bas du hasard

De maint naufrage, y iettant son regard,
Et ne permet alors qu'on le reclame,
Que nostre pied chancelle en nulle part.
9 Car ô mon DIEV, doux obiet de nostre aise,
Tu ne nous as iamais veuz ny treuuez
En nul defaut, tu nous as espreuuez,
Comme l'on fait l'argent dans la fournaise
Et separé d'auec les reprouuez.
10 Tu nous as mis en vn cruel seruage,
Et fait souffrir soubs nos fers malheureux,
Ce que l'on sent de tourment rigoureux
Dans les enfers, & que l'homme en sa rage,
Foulast du pied nostre chef langoureux.
11 Tu permettois que la flamme inhumaine,
Et que les eaux nous ayent emportez,
Mais quant ainsi nous estions tourmentez,
Tu prenois soin d'adoucir nostre peine,
Et tu nous as sans cesse confortez.
12 Pour tant de grace, & tant de benefice
Receu de toy, ie veux tout des premiers
Entrer dedans ton temple volontiers,
Et deuant tous auec maint sacrifice,
Ie te rendray mes vœux purs, & entiers.
13 Ainsi Seigneur, en qui tousiours i'espere
Cause du bien ou ie me voy remis
Ie paieray les vœux que t'a promis
Ma bouche alors que i'estois en misere,
Et comme en proye à tous mes ennemis.
14 Ie t'offriray ô mon DIEV, que i'adore,

En holocauste, à ta gloire, & grandeur,
Maints agneaux gras, & la fumante odeur
De boucs, moutons, & de torreaux encore,
Auec mon cœur, non moins fumant d'ardeur.
15 Sus venez donc vous qui viuez en crainte
D'offencer DIEV, Zelateurs de sa loy,
Que l'on m'entende, & qu'on se tienne coy.
Ie vous diray ce que sa bonté sainte
A daigné faire, en mon besoin pour moy.
16 Estant pressé de maux, & de tristesse,
Ma bouche n'eut plustost iusques à luy
Poussé ses cris, qu'il me meit hors d'ennuy:
Aussi ma langue exaltera sans cesse
Sa grand bonté ma force, & mon appuy.
17 Si dans le cœur i'auois quelque malice,
Ie n'eusse pris ceste temerité,
De l'inuoquer en mon aduersité
Aussi mon DIEV, ne m'eust esté propice
Durant le temps de ma necessité,
18 Mais luy qui tient dessoubs son œil captiue
Nostre pensee, à qui tout est cogneu,
En m'exauçeant de pitié feut esmeu
Rendant soudain son oreille attentiue
A ma priere, ainsi que l'on à veu.
19 Loué soit DIEV, que i'honore, & ie prise,
Et soit son nom à tout iamais chanté,
Qui n'a point mis comme i'ay raconté
Ma plainte au loin, mais qui me fauorise,
Et fait sur moy reluire sa bonté.

DE DAVID. 283

ORAISON.

Dieu de gloire, & de loüange, nous vous supplions de viuifier par voftre sainte grace nos ames mortes en peché, à fin que nous soyons trouuez holocauftes dignes de voftre Autel, & finallement eftre receuz en la compagnie de voz esleuz, à la gloire qui demeure eternellement. Ainsi soit-il.

PSEAVME LXVI.

Heb. 67.

DEVS MISEREATVR NOSTRI.

ARGVMENT.

PRIERE pour la remiſſion des pechez, impetration des dons, & graces du S. Eſprit, cognoiſſance de la voye de ſalut, afin que le peuple glorifie DIEV, & la terre produiſe ſon fruit, miſtiquement il ſe prent pour l'auancement de l'Egliſe, & parolle de DIEV.

Au Maiſtre des Chantres, Pſeaume, & Cantique de Dauid, pour ioüer ſur les inſtrumens.

1 DIEV, pardonne à nous tous,
Et pour iamais nous beniſe, & qu'il face
Poindre ſur nous, le Soleil de ſa face,
Et qu'il nous ſoit touſiours propice, & doux.
2 A celle fin mon DIEV,
Qu'à la faueur de ta ſplendide veüe,
Ta voye ſoit ſur la terre cogneüe,
Et ton ſalut des peuples en tout lieu.
3 Que les peuples entre eux

O DIEV, treshault, ton renom magnifient
Tous peuples dis-ie ô DIEV, te glorifient
Et qu'à iamais ils t'adreſſent leurs vœux.
4   Qu'en ta faueur ainſi,
Les nations ſoient pleines d'allegreſſe,
Te voyant iuſte & que par ton adreſſe
Tous marchent droit deſſus la terre auſſi.
5   Tous les peuples alors
O DIEV, loüront ta grace,& ta iuſtice,
Tandis la terre à leur deſir propice
En ſa ſaiſon pouſſera ſon fruit hors.
6   Ainſi donc deſormais
DIEV, noſtre DIEV, nous beniſſe,& careſſe,
DIEV diſ ie encor nous beniſſe ſans ceſſe,
Et ſoit çabas, craint par tout à iamais.

ORAISON.

ESCLAIREZ nous Seigneur des raions de voſtre ſainte face, donnez nous voſtre benediction,& faites que nous vous adorions touſiours, vous Trine en vnité, & que nous reſiouyſſions en noſtre Saueur, & Redempteur IEsvs CHRIST, recognſſions que comme il eſt venu en humilité prendre noſtre chair humaine, il viendra vn iour en gloire iuger le monde, le ſupliant qu'alors il nous ſoit iuge fauorable. Ainſi ſoit-il.

PSEAVMES

PSEAVME LXVII.

Heb. 68.

EXVRGAT DEVS.

ARGVMENT.

CHANT de victoire de Dauid, aprés la deffaite des Siriens, Idumeens, & Ammonites, qui feut la derniere des guerres, qu'il eut contre les nations eſtranges, ſoubs ceſte naration miſtiquement la gloire du regne de IESVS CHRIST, y eſt repreſentee, ſes victoires, & celles de ſon Egliſe contre ſes ennemis, ſa Reſurrection, & Aſcenſion au Ciel, l'enuoy de ſon S. Eſprit, la miſſion des Apoſtres par toute la terre, en fin eſt vne exortation à tous les fidelles, de loüer DIEV, & mettre ſon eſperance en luy.

Au Maiſtre de la Chapelle, Pſeaume & Cantique de Dauid.

No. 1
10.
35.

VE durant ces courroux DIEV s'eſleue, & ſe monſtre,
L'on verra bien ſoudain ſes ennemis eſpars,
Et ceux qui l'ont hay fuir de toutes pars
Deuant ſa face eſmeue, en craindre la rencontre,
Et les rais emflamez de ces vengeurs regars.
2 Comme on voit dedans l'air vn amas de fumee
Diſparoiſtre à noz yeux, & ſe perdre ſoudain,

Comme la cire au feu fondre en vn tourne main
Des iniques aussi l'on verra consommee
L'audace deuant DIEV, & tout leur effort vain.
3 Au contraire tous ceux qui suiuent la iustice
Qui viuët selon DIEV, qui l'ont pour leur appuy,
Seront pleins de liesse, à iamais deuant luy,
Et benissant son nom, & sa bonté propice
Auront de ces plaisirs le cœur tousiours rauy.
4 Chantez, doncques chantez, iustes menez tous ioye,
Et par maint beau Cãtique à la gloire, & l'honeur,
De son nom, exprimez laisé de vostre cœur,
Et en l'aplaudissant faites à celuy voye,
Qui mōté s'est aux cieux, son nom est le Seigneur.
5 Tesmoignez bien heureux ainsi vostre liesse
Aux yeux de ce grand Roy, le Seigneur des cōbas,
Voyant ses ennemis confus & mis à bas,
Il est le pere aussi des orphelins sans cesse,
Prent le fait de la vefue, & ne la laisse pas.
6 Il est en son saint lieu plain de magesté grande,
Tout reluisant de gloire, ou il reçoit tous ceux
Qui viuët sous ses loix, qui luy sacrët leurs vœux,
Et dedans sa demeure, ou monte leur offrande
Tire tous ceux qu'il voit, vnis de cœur entre eux.
7 C'est le Seigneur, aussi le Seigneur qui deliure
Les siens de seruitude, & qui brise leurs fers,
Qui fait vn paradis, de leurs tristes enfers,
Qui confine tous ceux qui ne le veulent suiure
Et qui les abandonne à l'horreur des desers.

8 O Dieu, quant au sortir de la terre d'Egypte,
Tu marchois le premier deuant ton peuple esleu,
Et que pour l'asseurer ton pouuoir estoit veu
Dans les affreux desers luy seruant de conduite,
Et le faisant passer par maint lieu non cogneu.
9 Toute la terre esmeuë tressaillit de crainte,
Les cieux esmerueillez degousterent d'effroy,
En voyant deuant eux leur Seigneur, & leur
   Roy,
Comme au mont de Sinay deuant la face sainte
Du grand Dieu d'Israël, & son royal arroy.
10 O Dieu, tu feis couler vne douce rosee
Dessus ton heritage, afin de l'abonir,
De maigre qu'il estoit, tu le feis deuenir,
Fort gras, de bon rapport, & la terre lassee,
Soulageas au besoin pour mieux la maintenir.
11 Tes innocens troupeaux, auront leur demeu-
   rance
En ce lieu desirable, & par tout abondant,
Ou tu pouruois grand Dieu, comme tresprouident
Les paures desolez, de biens à suffisance
Dont ta faueur les va sans cesse accommodant.
12 Par ce soin paternel & par tant d'indulgence
Le tout puissant donnoit à chacun l'argument
De louër sa bonté, qui luit incessamment
Sur les siens, de parler de sa grande opulence,
Et magnifique armee auec estonnement.
13 Ce grand Roy des combats que l'aleigre vi-
   ctoire

Accom.

DE DAVID.

Accompagné par tout, ainsi prenoit sans fin
Soing de ses favoris, le Seigneur si benin
Dans sa tante chargé de triomphe, & de gloire
Des fuiarts ennemis departoit le butin.
14 Si pour avoir dormy, iusqu'icy en cervelle
Au meillieu des combats, & perils hasardeux,
Vous estes devenus tous noirs, & tous hideux,
Vous serez or plus beaux, que n'est l'argent de l'aile
Du pigeon, & que l'or de son dos radieux.
15 Lors que le tout puissant de sa main foudroyante
Eut mis à la renverse, & dissipé l'orgueil,
Des grands roys de la terre, on la vit lors à l'œil
Blanchir comme Selman, plein de neige luisante:
Le mont de DIEV, n'a point en bonté de pareil.
16 Mont beaucoup trop meilleur, trop plus gras, & fertile
Que n'est le haut Bazan entre tous renommé:
Mais dou vient qu'a ce mont ce mont de DIEV, nommé
Montagnes portez vous, tant d'envie inutile?
Pourquoy desirez vous, veoir son los consommé.
17 En fin c'est le sainct mont, où DIEV, faict sa demeure,
La sont ses doux plaisirs, ce mont il à choisi,
Pour seiour eternel, son soulas son soucy,
Son assiette luy plaist, la plus belle, & meilleure
Qu'autre qui soit au monde, or il la trouve ainsi.
18 Il faict ça bas d'enhaut sa reveue ordinaire,
Son char sont legions d'Anges resplandissans

T

Qui le portent par tout, & se vont rauissans
En si diuin obiect, & dans son sanctuaire
Comme en Sinay paroist entre les plus luisans.

Eph.
4. 8.

19 O grand Roy, qui les roys plus orgueilleux
    surmontes
Au plus haut de ton Ciel ton triomphe est monté,
Emmenant tes captifs, & tout plein de bonté
Et de bienfais, encore vne fois tu les dontes
Et reçois des humains, ce qu'ils t'ont presenté.
20 Mais faisant plus encore, & te domtant toy
    mesme
Pour tousiours au triomphe vn triomphe adiouster,
Les infideles mesme y viendront habiter
Tant ta douceur est grande, & ta clemence extresme.
Tous y viendront Seigneur, sans vn seul excepter.
21 Sus, sus, donc que chacun exalte, & magnifie
Le Seigneur qui nous fait tous les iours tãt de biens,
Qui espand sa faueur, sans fin sur tous les siens
Il veut estre loué, sus qu'on le glorifie:
D E I V de nostre salut, c'est toy qui nous maintiens.
22 C'est DIEV, le DIEV treshaut de nostre de-
    liurance,
Et de nostre salut, qui nous as rachetez
Des perils de la mort, ou nous estions portez
En la main du Seigneur où gist nostre esperance
Est la mort, & la fin de nos iours limitez.
23 C'est le Roy tant puissant, qui d'vn coup de tẽpeste
Escrasera le chef des peruers en fureur,
Et qui d'vn mesme bras tout remply de terreur

DE DAVID.

Tonnant, & foudroyant, saccagera la teste
Des peruers obstinez, en leur meschante erreur.
24 Ie veux dit le Seigneur, te tirer de l'orage
De Basan, & te veux mon peuple guarantir
Du profond de la mer, en te faisant sentir
Les effects de ma grace, empeschant ton naufrage
Auec tous ces meschans dont me veux ressentir.
25 Ie les veux fracasser ils sentiront l'atteinte
De mon bras qui les doit mettre tous à l'enuers,
Sur leurs corps tous sanglans marcheras au trauers,
Et tes chiens de leur sang auront la langue tainte,
Mesme de celuy la du chef de ces peruers.
26 Apres tous ces exploits, & tant de beaux faits darmes
O Seigneur, ils tont veu remonter dans les cieux,
Tout triomphant de gloire, & tout victorieux,
Ils ont dis-ie apperceu le Seigneur des allarmes
Y dresser son triomphe, & son los glorieux.
27 Les princes deuançoient auecques la musique
Le char de son triomphe, & aux rauissans sons
Des soneurs d'instrumēs accordoiēt leurs chansons,
Marchans au beau meillieu de la troupe pudique
Qui sonnoit du tambour, en diuerses façons.
28 O vous de tant de grace & de bonheur comblee
(Disoient ils en chantant) semence d'Israel,
O ruisseaux de sa source, exaltez l'eternel
Et benissant son nom en la saincte assemblee,

T ij

Louez haut sa douceur, & son nom immortel.
29 Entre tous l'on verra dessus les rangs pa-
roistre
Beniamin le petit, mais grand en dignité,
Qui par ces faicts à bien le surnom merité
De grand, ainsi qu'il est, pour s'estre rendu maistre
D'ennemis si puissans de son auctorité.
30 Les princes de Iuda dont le los par tout brille
Pour leur proüesse aussi paroistront des premiers.
Les chefs de Zabulon, ny seront des derniers,
Ny ceux de Nephtali, puis suiuront à la file
Maints autres braues chefs, & valeureux guerriers.
31 Israel ta grand force, au monde recogneuë
Vient de DIEV, non de toy, s'en est l'operateur,
Tu n'es que l'instrument, ô DIEV son bien faicteur,
Parfaits ton œuure en nous, & fais qu'elle soit
veuë
En accomplissement, sois nostre protecteur.
32 Si ce n'est pour l'amour d'Israel (comme in-
digne)
D'vn bien si desirable ô DIEV, fais-le pourtant
Pour ta gloire, & l'honneur de ton sainct temple
estant
Dedans Hierusalem, ou mainte offrande insigne
Les Roys t'offrent san cesse, & qu'ils estiment tant.
33 Parfais Seigneur, parfais, ce bel œuure, & des
peuple
La terre de ces gens, sans cesse embastonnez,
Repousse en leurs ronceaux ces toreaux effrenez,

DE DAVID.

Qui s'assemblent auec les vaches de ton peuple
Trompant ceux que l'on voit comme argent af-
  finez.
34 D'estruis doncques ceux la qui demandent la
  guerre,
Establis vn repos qui soit à tous commun,
Lors les plus grãds d'Egpte, & cõme eux vn chacun
Mesme l'Ethiopie, & bref toute la terre
Tendra les mains à DIEV, sans qu'il en demeure vn.
35 Royaumes de la terre, ayez la cognoissance,
D'ou ceste grace vient, louez de DIEV, les fais,
Qu'on benisse le nom du Seigneur à iamais,
C'est luy qui nous maintient, & non pas la puissance
De nos roys qu'il deffaict, comme il les auoit fais.
36 Chantez à DIEV, chantez & poussez sa l'ouange
Iusques dessus les Cieux où sa diuinité
Est montee en honneur des toute eternité
Dont le pouuoir ainsi que de vos roys ne change,
Car il est infiny, & n'est point l'imité.
37 Voila sa voix, oyez de qu'elle vehemence
Il la pousse, & renforce, au son si furieux
Tout tremble quelque part que vous iettiez les
  yeux,
Rendez donc gloire à DIEV, dont la magnificence
Est dessus Israel, & la puissance es Cieux.
38 O Seigneur, qui les tiens au besoing n'aban-
  donnes,
Qu'on te voit admirable, en ton sainct lieu muny
De tant de force, & dont le cours est infiny,

Aussi c'est toy, c'est toy, DIEV d'Israel qui dōnes
Le pouuoir à ton peuple, ainsi DIEV soit beny.

ORAISON.

SEIGNEVR IESVS CHRIST, DIEV de nostre salut, de qui le nom est benit eternellement, vous qui estes monté à la dextre de DIEV vostre pere, & d'ou vous deuez encore descendre sur vn nuage remply de maiesté, & de puissance, pour iuger tous les mortels, vueillez nous tirer des liens du peché, nous pardonner nos iniquitez, & par vostre saincte grace, nous rendre plus blancs & plus luisans que la nege, a fin que nous puissions habiter en vous, & que vous habitiez en nous. Ainsi soit il.

DE DAVID. 295

PSEAVME LXVIII.

Heb. 69.

SALVVM ME FAC DEVS

ARGVMENT.

DAVID, prie DIEV, pour estre deliuré de la persecution de Saül, Et represente le deplorable estat ou il est, mistiquement nostre Sauueur IESVS-CHRIST, se complaint à DIEV son pere, de ce que les Iuifs luy font souffrir, implore sa grace, & son assistance, afin que les gens de bien le voyant deliuré puissent aussi bien esperer à leur salut.

Au Maistre des Chantres, pour ceux qui seront immuez, Pseaume de Dauid.

Pse.
IX. I.

 *DIEV, pitoyable, & doux,*
Sauue moy, & me recoux
Au besoin ie te reclame,
Voy Seigneur comme ie suis,
Car les eaux de mes ennuis
Ont donné iusqu'à mon ame,
Retenir ie ne les puis.
2 Flot, sur flot, s'entresuiuant
M'ont enfoncé fort auant
Dedans des bourbiers d'angoisse,

Ie n'y voy riues, ny fonds,
Helas tant ils sont profonds,
O mon DIEV, ne me delaisse
Ois ma voix, & me responds.
3 Pour me sauuer haste toy,
Autrement c'est fait de moy,
Le courant de l'eau m'emporte,
Dans le profond de la mer,
Ie m'y voy prest d'abismer
Tant elle est esmeuë, & forte,
Si tu ne la fais calmer.
4 Du tourment que i'ay receu
De tant crier suis recreu,
I'ay la voix rauque, & la veuë
Defaillie en mesme temps,
D'auoir ô DIEV, si longtemps
Apres toy fait la reueuë
En qui i'espere, & m'attens.

Pse. 39. 17.

5 Ceux qui sans aucun remor
Me haissent ainsi fort,
Et qui me procurent ore
Sans cause tant de meschef,
Et de malheur derechef,
Surpassent en nombre encore
Tous les cheueux de mon chef.
6 Doncques ceux qui me vont tant
Comme on voit persecutant
Sans raison pour l'entreprendre,
S'accroissent de force ainsi,

DE DAVID.

Et de malueillance aussi,
Si qu'ils m'ont contraint de rendre
Ce dont ie n'estois saisi.
7 Seigneur, à qui n'est caché
De personne le peché,
Tu cognois mon imprudence,
Mon delit n'est point couuert,
Tu le vois à descouuert,
Et mesme ce que ie pense
Dans mon cœur qui t'est ouuert.
8 O Seigneur, DIEV, des combas,
Fracasse, foudroie, abas,
Tant de forces ennemies,
Ne permets qu'aucun de ceux
Qui te presentent leurs vœux
Reçoiuent des infamies
A mon suget, tu le peux.
9 Ne souffre ô DIEV d'Israel
Que i'endure vn blasme tel,
Et ne fais que le martire
Que ie supporte auiourd'huy
Tombe en mespris à celuy,
Qui t'aime, & qui te desire,
Et met en toy son appuy.
10   Car cest pour toy seulemement
Que ie souffre innocemment
Tant de mal, & de disgrace,
Que i'ay fait tant d'ennemis
Qui m'ont en c'est estat mis,

Iea.
2.
17.
Ro.
15.3.

Et que ie couure ma face
De honte, ou ie suis soubsmis.
11 Sans sçauoir ou me ranger,
Ie suis comme vn estranger
Plein d'angoisse, & de misere,
De tous ie suis mal receu,
Mes freres m'ont mescogneu,
Et tous les fils de ma mere
Me tiennent pour incogneu.
12 Car le zele qui m'induit
De ta maison m'a reduit,
Et consommé de la sorte,
Que l'on ne me cognoist plus,
Et ce qu'on te mettoit sus
D'opprobre, aussi ie le porte
Dont ie suis du tout confus.
13 Si pleurant ie m'affligeois,
Si ie priois, & ieusnois
A fin d'appaiser ton ire,
Et destourner par mes pleurs
Ta vengeance, & leur malheurs,
Ils n'en faisoient rien que rire
Et de toutes mes douleurs.
14 Quãt d'vn sac triste, & crasseux
Ie me vestois deuant eux,
Implorant ta grace extresme
Pour eux, & qu'ils ne pensoient
Seigneur à ce qu'ils faisoient
Au lieu de faire de mesme

Rioient, & me brocardoient.
15 Ie leur seruois d'entretien,
Ils n'auoient vn plus grand bien,
Qu'en riant me contrefaire,
Estans assis à leurs huis
Tenir de mauuais deuis,
En yurognant & de faire
Des chansons de moy les nuis.
16 Mais moy, qui n'ay de l'espoir
Seigneur comme tu peux voir
Qu'en toy, ie te represente
Ma plainte, en te benissant
Au temps que tu vas faisant
Grace, à qui met son attente
En toy Seigneur, tout puissant.
17 Doncques ô grand DIEV, reçois
Ma priere à ceste fois,
Et sois esmeu par ma plainte,
Par ta bonté mon recours,
Dont l'on veoit sans fin le cours
En l'asseurance non fainte
Que i'ay mis en ton secours.
18 Tire moy donc du bourbier
Ou ie me vois en danger,
Ne permets que ie m'enfondre,
Et me sauue des efforts
De mes ennemis si forts,
Et sans aussi me confondre
Dans les eaux, tire m'en hors.

19 Ne souffre ainsi pour ton los
Qu'ils me couvrent de leur flos,
Seigneur rends moy contre eux ferme,
N'y que les gouffres affreux
Ne m'enfondrent dans leurs creux,
N'y que le puis ne se ferme
Sur moy pauvre, & langoureux.
20 La froide peur qui m'espoint,
Faict que ie ne cesse point
D'inuoquer ton assistance,
Exauce moy, & m'entens
Car ta grace est bonne, & prens
Selon ta grande clemence
De moy soin, & me deffens.
21 Ne mets ô pere en oubly
Ton enfant qui n'a failly,
Ne destourne ton visage
De luy, car tu scais comment
Ie supporte de tourment,
Il ne s'en peut d'auantage,
Exauce moy vistement.
22 Ayes de mon ame soin,
Fais auancer au besoin
Ton saint secours qu'elle implore,
Ne rend point son espoir vain
Pren Seigneur ma cause en main,
Sauue moy DIEV, que i'adore
De mes ennemis soudain.
23 Mon opprobre, n'y mes maux

Ne te sont Seigneur, nouueaux,
Tu rendrois bien d'eux bon conte,
Tu cognois ma passion,
Et la grand derision
Que chacun fait de ma honte,
Et de ma confusion.
24 O Seigneur, DIEV, tu cognois
Mes ennemis, tu les vois,
C'est vne marque certaine
Combien tu m'as delaissé
Aussi mon cœur angoissé
N'attend qu'opprobre, & que peine,
Il est desia tout froissé.
25 I'esperois que ma langueur,
Toucheroit plusieurs au cœur,
Personne n'en à fait conte,
Ou bien qu'il viendroit quelqu'vn
Esmeu d'vn deuoir commun,
Me consoler en ma honte,
Mais ie n'en ay veu pas vn.
26 Estant las de m'outrager,
Ils m'ont donné à manger,
Las! du fiel ô chose amere,
Et en ma soif quant, & quant,
Du vinaigre en se moquant
Voyant Seigneur, ou i'espere
Qu'en vain i'allois t'inuoquant.
27 Pour l'outrage qu'en ce lieu
Ie souffre, fais Seigneur DIEV,

Mat.
27.
48.
Iean
19
29.

Ro.
11.9.

Que leur table ainsi seruie,
Leur soit vn lac deceuant,
Et tourne d'oresnauant
Pour loyer dessus leur vie
Mon mal, en les reprouuant.
28 Indignes de voir les cieux,
Couure leurs prophanes yeux
D'vne nuit obscure, & noire,
Afin qu'ils ne voyent plus,
Brise, fracasse au surplus
Pour iamais, & pour memoire
Leur reins meschans, & polus.
29 O Seigneur mon DIEV, respans
Sur eux ton ire, & leur rends
Mal pour mal, ne leur pardonne,
Remplis les aux yeux de tous
Des fureurs de ton courroux,
Et que leur ame felonne
En ressente au vif les coups.

Act.
1.2.

30 Que leurs palais exaltez,
Soient à iamais desertez,
Et qu'aucun plus n'y demeure,
Ains qu'errans par l'vniuers
Auec des tourmens diuers,
Ne trouuent retraite seure
Et tout leur vienne à lenuers.
31 Car ils ont tous à l'enuy
Auec fureur poursuiuy
Celuy, que ta dextre sainte

DE DAVID.

Frappoit, mesme ils rengregeoient
Les maux à ceux qu'ils voioient
Naurez d'vne mesme atteinte
Que luy, dont ils se mocquoient.
32 Donc ne les espargne pas,
Mais fay Seigneur, vn amas
De leurs pechez execrables,
Et ne permets nullement
Qu'ils entrent en iugement
Deuant tes yeux admirables
Confonds les presentement.
33 Efface eux, & leurs suiuans
Du saint liure des viuans,
Et du bon heur de ta face,
Comme maudis reprouuez,
Et qu'ils ne soient point trouuez
Escris au liure de grace,
Entre les iustes sauuez.
34 Mais moy chetif, & dolent,
Bien que mon mal violent
En ma longue patience,
M'ait reduit, & mis si bas
Que i'ay fleuré le trespas,
Ie prens ceste confiance
Qu'encor tu me remettras.
35 Lors tout ioyeux, & content
I'iray son nom exaltant,
Et sa clemence propice
Sans cesse i'exalteray,

Tant que viuant ie seray,
Par solemnel sacrifice
Et iamais ne cesseray.
36 Au Seigneur, sans fiction
Plaira plus ceste action
De loüange, & reuerence,
Qu'vn beuf, ou qu'vn ieune veau
Gras, tendre, douillet, & beau,
Dont l'ongle à poindre commence,
Et la corne au renouueau.
37 Tous les pauures desolez
Seront alors consolez,
Et remplis d'aise & de ioye,
Voyant vn tel changement:
Cherchez DIEV soigneusement,
Et puis nostre ame en sa voye
Aura vie incessament.
38 Car le Seigneur, oit la voix
Des affligez aux abois,
Ils sont en sa sauuegarde,
Il ne tient point à mespris
Ses captifs, il oit leurs cris,
Il en à soin, & les garde
Comme ses plus fauoris.
39 Que les cieux louent sans fin
Donques le Seigneur benin,
La terre le magnifie,
La mer en face deuoir,
Et tout ce qu'ils font mouuoir

Pareillement

Pareillement glorifie
Sa douceur, & son pouuoir.
40   Car DIEV, sauuera Sion
De toute confusion,
Et pour la rendre plus belle,
L'accroissant en dignitez
Il bastira les citez
De Iuda & dessus elle
Croistront ses benignitez.
41   La demeureront les siens
Comblez d'honneurs & de biens,
Et qui plus est, d'auantage
Ils iouïront à iamais
De ses superbes palais
Ce sera leur heritage,
Eternellement en paix.
42   Leur race pareillement
Aura ce contentement
D'en auoir la iouïssance,
Et ceux qui m'aiment siront
Que la gloire de son nom
Y faisant leur demeurance
Psalmodiront son renom.

V

ORAISON.

Filz de Dieu, Eternel, qui par vostre sang pretieux, & vostre mort glorieuse, auez bienheuré, racheté, & viuifié la nature humaine, auparauant mal'heureuse, perduë, & morte, nous vous supplions nous pauures pecheurs, que vous auez sauuez par l'amertume du fiel, par l'aigreur du vinaigre, par les supplices de la croix, par les playes des cloux, & par la gloire de vostre resurrection, de nous vouloir conseruer durant le cours de ceste vie, & nous faire la grace de paruenir vn iour en vostre celeste royaume. Ainsi soit il.

PSEAVME LXIX.

Heb. 70.

DEVS IN ADIVTORIVM MEVM.

ARGVMENT.

AVTRE priere que Dauid fait à DIEV, au souuenir de sa persecution, à ce quil luy plaise confondre ses ennemis, mistiquement nostre Seigneur IESVS CHRIST, est introduit priant DIEV son pere, à mesme fin, son Eglise, & toute ame deuote affligee.

Au maistre des chantres, pseaume de Dauid, en commemoration du danger dont DIEV le sauua.

1   NTENS à mon secours ô Seigneur
    DIEV, soudain,
Fais, que l'espoir que i'ay mis en toy
ne soit vain,
Ie n'en puis plus Seigneur, haste donc, & t'auāce,
Et me tire au besoing de si griefue souffrance.
2 Que ceux qui sur ma vie osent bien attenter,
Et de mille trauaux sans fin me tourmenter,
Soient confuz à iamais, que sans cesse la honte

V ij

Leur couure le visage, & qu'on n'en tienne conte.
3 Autant en puisse prendre à tous ces incensez,
Voyans tous leurs desseins iustement renuersez,
Qu'ils puissent les meschans d'oner du nez en terre,
Et l'orage tomber sur eux de ceste guerre.
4 Que ceux pareillement qui se mocquent de moy
Et qui me gaudissant accroissent mon esmoy,
Qui me tournent le dos soient poussez en arriere,
Et qu'on les tienne au rang d'vne vile poussiere.
5 Mais au contraire en toy soient eternellement
Rauis d'aise tous ceux qui cherchent seullement
Leur salut en ta grace,& qui disent sans cesse
DIEV, soit magnifié, DIEV nous donne liesse.
6 Pren donc pitié de moy chetif, & desolé,
Ne m'abandonne ainsi sans estre consolé,
Haste ô DIEV, ton secours & mon ame ne laisse
Plus long temps ie te prie, en ceste grande angoisse.
7 Mon refuge, est en toy, mon vnique recours,
Et de toy seul aussi i'attens tout mon secours,
Ne tarde plus Seigneur, car tousiours croist l'orage
Donne moy donc la main pour gaigner le riuage.

DE DAVID. 309

ORAISON.

DIEV de nostre recours n'eslongnez point vostre assistance de nous, consolez nous en noz afflictions, & durant que nostre ame est trauersee de douleurs, respandez sur nous vostre accoustumee misericorde, & faictes que nous nous resioüissions tousiours en nostre Seigneur IESVS-CHRIST, nostre salutaire. Ainsi soit-il.

V iij

PSEAVME LXX.

Heb. 71.

IN TE DOMINE SPERAVI.

ARGVMENT.

DAVID, chargé d'ans, de maladie, & d'ennuis, voyant que les ennemis le vouloient suplanter de son regne, ramentoit à DIEV, les faueurs qu'il a tousiours receues de sa bonté, le suplie de les luy vouloir continuer, en l'estat où il est reduict dont il luy rendra graces, & denoncera par tout son pouvoir, & sa bonté. Mistiquement nostre SAVVEVR IESVS CHRIST, prie DIEV, son pere, pour sa deliurance à la confusion des Iuifs, l'Eglise tout de mesme, & toute ame fidelle en ses aduersitez.

Pseaume de Dauid, des fils de Ionadab, & premiers captifs.

Pse. 130. 1.

 N toy Seigneur mon DIEV, i'espere
Ne permets qu'on me vitupere,
N'y confonde à iamais:
Sois à mes iustes vœux propice,
Et me recous par ta iustice
De la main des mauuais.
2 Encline vers moy ton oreille,
Et que ta bonté nompareille

DE DAVID.

Porte iusques à toy.
Ma pleinte, Seigneur, qu'il te plaise
Me tirer de tant de malaise,
Ou reduit ic me voy.
3 Pren Seigneur, en main ma deffece,
Deffens moy de la violence
De tous mes ennemis,
Sers moy d'vne place parfaite,
Pour mon salut, & ma retraite,
Comme tu m'as promis.
4 L'on te voit seul ma forteresse,
Autre que toy de ma detresse
Ne me peut retirer,
Quant il viendroit vn grand deluge
De maux ie n'ay plus seur refuge
Ou ie me dois tirer.
5 Sois moy donc mon DIEV, fauorable,
Et de la main inexorable
Du meschant sauue moy,
Monstre en moy ta douceur extresme,
Me deliurant aussi de mesme
De l'inique sans loy.
6 O Seigneur DIEV, de mon attente
Voy ma condition presente,
Tu sçais que de tout temps,
I'ay mis en toy mon esperance,
Et que mesme dés mon enfance
A toy seul ie m'attens.
7 Car tu m'as serui de bon pere,

V iiij

Et dés le ventre de ma mere
Assité au besoin,
Et m'ayant fait voir la lumiere,
Despuis ta bonté coustumiere
En a tousious eu soin.
8 Sans cesse aussi ie magnifie
Ta douceur, & me glorifie
En elle mon recours,
Cependant ie suis comme vn monstre
Chacun par tout au doigt me monstre,
O DIEV, de mon secours.
9 Quoy que soit, ma bouche soit plaine
Sans fin de ta gloire certaine,
Afin que tous les iours
Ie chante en grande reuerence,
Ta grandeur, ta magnificence,
Et ton saint los tousiours.
10 Chasse de moy toute tristesse,
Et au temps dur de ma vieillesse
Ne me reiette point,
Et quand i'auray l'ame affoiblie.
Ne me laisse ie te suplie
Sans secours en ce point.
11 Redonne alors nauuelle force,
A tous mes sens, & me renforce,
Car desia mes haineux
Ont parlé de moy par enuie,
Et ceux qui guettent ma vie
Tenu conseil entr'eux.

12 Maintenant disent ils ensemble
Que DIEV, le delaisse & qu'il semble
Qu'il s'en veut depescher,
Que l'on l'attrape & le poursuiue,
Car il n'est personne qui viue
Qui nous puisse empescher.
13 Mais las! mon DIEV, ne m'abandōne
Entre leurs mains, & ne leur donne
Sur moy pouuoir en rien,
Ne t'eslongne prens à moy garde,
Haste toy viste, & ne retarde
Ton secours pour mon bien.
14 Remplis de honte, & d'infamie
Ceste engeance mon ennemie
Et de mon doux repos,
Qu'il soient confus, & qu'ils se deullent
Tous ceux qui sans cesse me veullent
Du mal sans nul propos.
15 Mais i'auray tousiours ma fiance
En toy ie prendray patience,
Tandis i'adiousteray
Louanges tousiours, sur louanges,
Deuës à tes œuures estranges,
Et les exalteray.
16 Auec vne bouche faconde
Ie veux aprendre à tout le monde
Seigneur, ton equité,
Combien ton salut souhaitable
Est de mesmes aux tiens profitable

En leur aduersité.
17 Chacun quelque effect en raconte
Mais le grand nombre me surmonte,
Ie diray donc icy
L'honneur de ta toute puissance,
Et puis la seulle cognoissance,
De ta iustice aussi.
18 Tu m'as induit, & fait entendre
Seigneur, dés mon aage plus tendre
Iusqu'icy de louer,
Tes merueilles quoy qu'on me face,
Et tu me donneras la grace
De bien continuer.
19 Ainsi soit, & tousiours paroisse
Ta grace, qui ne me delaisse
Quant ie seray venu
En vieillesse, voire en tel aage
Que i'auray la ride au visage,
Et le chef tout chenu.
20 Mais qu'auant ie laisse à ta gloire
Au moins de ton pouuoir memoire,
Que i'aye recité
Tes faicts à toutes creatures
Et ta puissance & tes droitures
A la posterité
21 Qu'aussi ie n'aye ô DIEV, propice,
Exalté ta sainte iustice
Mise au plus hault des cieux,
Leurs effects te font admirable,

DE DAVID.

Aucun à toy n'est comparable,
O Seigneur DIEV, des DIEVX,
22 Tu m'as fait endurer nagueres
Vne infinité miseres,
Mais retournant tes pas
Vers moy, tu sauues mon ame
Seigneur mon DIEV, que ie reclame
Des gouffres du trespas.
23 Ta louange s'en est acreuë
Tournant ainsi vers moy ta veuë,
Et tu rends ô Seigneur,
Mon ame encores desolee
De ces maux passez consolee,
Et metz hors de langueur.
24 Aussi ie chanteray sans cesse
La verité de ta promesse
Sur instrumens mon DIEV,
Propres à chanter, car ma lire
O Saint d'Israël ne souspire
Que ta gloire en tout lieu.
25 Au souuenir qui ne s'absente
De mon ame ainsi tant contente
Des maux, & des ennuis
Dont tes bontez l'ont deliuree,
Ma leure en chantant se recree,
Et mes sens sont rauiz
26 Ma langue sent mesme allegresse
Chantant ta iustice qui presse
Mes ennemis au sceu.

e tous, & qu'ainsi pleins de honte
Tout le mal qu'ils auoient fait conte
De me faire ils ont eu.

ORAISON.

O DIEV, qui ne permettez point que ceux soient confondus qui mettent leur esperance en vous, soyez nostre protecteur, & deliurez nous de toutes les machinations du diable, Que vostre grace (ô Seigneur de nostre refuge) nous preuienne tousiours, & nous suiue, à fin que nous meditions incessamment à ce qui vous est agreable, & que marchans en droiture, & saincteté, nous paruenions à vostre gloire au nom de IESVS CHRIST nostre Redempteur. Ainsi soit-il.

DE DAVID. 317

PSEAVME LXXI.

Heb. 72.

DEVS IVDICIVM TVVM REGI DA.

ARGVMENT.

DAVID, soubs le regne temporel de Salomon son fils auquel il dedia ce Pseaume, à prophetizé le regne eternel de nostre Sauueur IESVS CHRIST, & son office.

Pseaume de Salomon.

1 DONNE ô DIEV, s'il te plaist ton iugement au Roy,
Fais que son regne soit glorieux, & prospere,
Inspire aussi Seigneur ton equitable loy
Au fils du Roy, qu'il soit le vif portrait du pere.
2 On luy verra regir ton peuple iustement,
Tu seras en honneur, il fera son office.
Les loix seront en prix, & iugeant d'oitement
Soulagera le pauure, & luy rendra iustice.
3 Tous ses iours n'auront point en bon heur de seconds,
Lors ton peuple verra les plus hauts mõts produire

PSEAVMES

En leur faueur la paix tous les costaux feconds
La droiture, & par tout la iustice reluire.
4 Les pauures desolez l'auront pour prote-
 cteur,
Iuge de leur bon droit gardera leur famille
De mal, & l'innocent du calomniateur,
Et maintiendra son peuple, en vn estat tran-
 quille.
5 Autant que l'on verra le Soleil dessus nous
Luire, & la Lune aussi faire de nuict la ronde,
Son regne aura duree, & tu seras de tous
En luy glorifié, iusqu'a la fin du monde.
6 Aux yeux de l'vniuers il descendra d'en-
 hault,
Comme vne douce pluye ardemment desiree
Sur les vertes toisons languissantes de chault,
Et comme eau distillant sur la terre alteree.
7 Durant son regne aimable on verra ta gran-
 deur
Reueree, & les loix en vogue non commune,
Et les fleurs de la paix rendre vne bonne
 odeur
Autant que nous verrons paroistre au Ciel la
 Lune.
8 Sa domination sera grande despuis
Vne mer iusqu'à l'autre, & du fleuue d'Eu-
 phrate.
Iusqu'aux extremitez de la mer où les nuis
Durent sans fin, & ou le iour ses rais n'esclate.

9 Les peuples deuant luy ployeront leurs ge-
   noux,
Iusqu'à ceux que les rais du Soleil font la guerre
Dans les bruslans deserts, & mesmes entre tous
Ses haineux baiseront, apres ses pas la terre.
10 Les Roys de Tharse, & ceux que les moites
   sillons
Ferment de toutes parts, voians le iour esclore
Viendront luy faire hommage, & luy sacrer leurs
   dons
Auec ceux de Saba, & d'Arabie encore.
11 Bref tous les Roys du monde inclinez hum-
   blement
Aux pieds de ce grand Prince adoreront sa gloire,
Toutes les nations viendront ensemblement
Seruir à sa grandeur faisant de luy memoire.
12 Car c'est des afligez le refuge certain,
Et des hommes remplis d'vne extresme indi-
   gence,
Des pauures oppressez il prent la cause en main,
Et de ceux la qui n'ont icy bas de deffence.
13 Il a pitié du pauure, & les cris, & les pleurs
Seront changez en ris, en plaisirs, & delices,
Ils seront sans douleurs au meillieu des douleurs
Et sauuera leur vie au millieu des suplices.
14 Ainsi ce puissant Roy, des afligez l'appuy,
Garentira leur ame & de mal & d'outrage,
Et leurs noms ne seront seullement deuant luy
En honneur, mais leur vie encore d'auantage.

15 Durant l'eternité que regneront ses iours,
Chacun à ton Autel appendra mainte offrande
De pur or d'Arabie, & l'on priera touſiours
Que touſiours DIEV, sur luy, tout ſon bonheur
    reſpande.
16 Ce ne ſeront que biens, on verra le froment
Sur la cime des monts, ſurpaſſer en hauteſſe
Les arbres du Liban, & tout pareillement
Florir en la cité comme herbe de lieſſe.
17 Son bruit ira par tout, & ſon nom glorieux
Sera priſé de tous en grande reuerence
Et tant que le Soleil eſclairera les cieux,
Durera le renom de ſa grande clemence.
18 En ce grand Roy ſi plein de benedictions,
Tous les peuples ſeront bien heureux, & leurs
    races
D'auoir part à ſon heur, & toutes nations
Magnifiront l'autheur de tant, & tant de graces.
19 Louange en ſoit renduë, au DIEV, ſaint
    d'Iſraël,
Qui rend ainſi que luy ce qu'il fait admirable,
Et qui donne à ſon peuple vn prince qui ſoit tel
A nul autre ſinon au pere comparable.
20 Que ſans aucune fin, ſoit de ſa Majeſté.
Le nom touſiours loué que le pere il enſuiue
Et ſon los à iamais par le monde exalté
Ainſi ſoit-il ainſi, qu'à tout iamais il viue.

ORAI

DE DAVID.

ORAISON.

FILS de Dieu, qui indiuisible en voſtre deité eſtes fait viſible en voſtre humanité, Et qui eſtes entré cõme vne roſe dans le ventre de la ſainte vierge, Nous vous ſuplions de ſauuer voſtre peuple, qui n'a d'autre recours qu'a voſtre ſainte grace, ſans preſumer de luy meſme aucun merite, par voſtre ſaint nom qui eſt beniſt eternellement, & que vous auez remply aux ſiecles des ſiecles. Ainſi ſoit il.

PSEAVMES

PSEAVME LXXII.

Heb. 73.

QVAM BONVS ISRAEL.

ARGVMENT.

CE Pseaume est d'Asaph, excellent poete & Musicien, il deplore la condition des gens de bien exposez à plusieurs trauaux, les exhorte à la constance, combien qu'ils voyent pour vn temps prosperer les meschans, en l'esperance de la beatitude eternelle qui leur est preparee.

Pseaume d'Asaph.

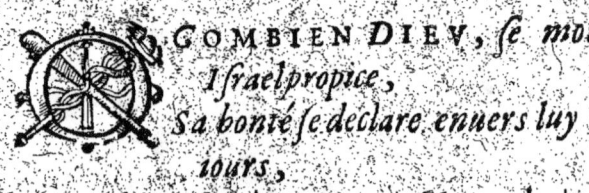

1. COMBIEN DIEV, se monstre à Israel propice,
Sa bonté se declare enuers luy tous les iours,
Comme de mesme à ceux qui suiuent la iustice
Dont l'ame est tousiours pure, & le cœur droict tousiours,
Et non penchant à la malice.
2. I'ay veu beaucoup de fois las? mon ame en desroute,
Et mes piedes estonnez en branle de laisser,

Le bon chemin pour prendre vne mauuaise route,
Ou mes pas ont esté souuent pres de glisser
Tant que des deux i'estois en doute.
3 Car trompé du bon-heur qu'on voit en apparence
Auoir tous les meschans, i'estois tant depité
Et leur aise aussi peu, comme leur insolence
I'auois peine à porter en leur iniquité,
Et passer cela soubs silence.
4   Car ils viuent heureux, & n'ont aucune
    crainte.
De tomber es douleurs de la mort sans mercy,
S'il leur vient quelque mal legere, en est latteinte,
Tout leur vient à souhait, ils n'ont de rien soucy
Ny de faire aucune complainte.
5 Ils sont frais vigoureux, tousiours pleins d'al-
    legresse,
Et sans estre affligez comme les autres sont,
Ils ne sçauent que c'est d'ennuy, ny de tristesse,
N'ont aucun desplaisir, & les autres en ont
Entre les hommes sans cesse.
6 Si leurs prosperitez sont fort insuportables
Tous leurs deportemens le sont encores plus,
Ils sont fiers orgueilleux, hautains, non accostables,
Couuerts d'impieté superbes, absolus,
Et leurs faits sont du tout semblables:
7 Leurs yeux sont pleins d'orgueil ils creuent tous
    de graisse
Et plus qu'a fleur de terre on les voit hors saillir
Au gré de leurs desirs tout leur vien sans angoisse

Ilz n'ont qu'à souhaiter apres qu'a recueillir,
Et bannir d'eux toute detresse.
8 La parolle du cueur suit tousiours l'abondance
Car vn chacun d'eux pense & parle arrogāment,
Ce n'est qu'impureté, ce n'est qu'outrecuidance,
Que meurtres que fureurs, que lache incessament
Leurs leures pleines d'insolance.
9 Sans intermission sont leurs bouches impies
Ouuertes au mespris de la terre, & du ciel,
Ilz blasphement contre eux, les prennent à parties:
Bref par tout l'uniuers ils respandent le fiel,
De leurs langues de maux remplies.
10 Encores qu'ils soiēt tels, les autres ne delaissent.
De se mettre auec eux voyans que tout leur rit,
Qu'en dignitez qu'en bien, qu'en faueurs ils
s'acroissent,
Et que par tout ils ont du pouuoir du credit,
Ils font mal comme eux & ne cessent.
11 Seroit il bien possible he pouroit il bien estre,
(Disent ces desuoiez) que DIEV, vit tout cecy?
Pouroit il de la hault quelque chose congnoistre
De tout ce que l'on faict, & que l'on dit icy,
Tout cela ne peut paroistre.
12 Tout le bonheur promis aux gens de bien
redonde
Aux meschans icy bas quoy que l'on chante d'eux,
Ils ont tous les honneurs chacun en biens abonde,
Ils ne sont comme nous indigens, malheureux,
L'opprobre, & le mespris du monde.

13 C'est bien doncques en vain, que i'ay de toute
    offence,
Et de pechez purgé tant que i'ay peu mon cœur,
Laué comme i'ay faict mes mains, en innocence
Mis mon espoir en DIEV, reclamé sa faueur,
Qu'elle prit en main ma deffence.
14 A quoy donc m'ôt seruy, tant de douleurs cruelles,
Et tant d'afflictions, que i'ay patiamment
Souffert chaque matin, pour ses iustes querelles,
Que m'ont seruy ses coups, ce rude chastiment,
Et prieres continuelles.
15 Si ie tiens ayie dit maintenant ce langage,
I'auray comme du tout delaissé le party,
Que suiuent les enfans pour courre à mon dommage
Et me fermer le pas, d'ou ie serois party,
Par vn impatient courage.
16 D'autre part si ie pense y veoir quelque lumiere,
Et d'ou ce peut venir, en vain ie l'entreprens,
Ie demeure confus, ie cede à la matiere,
Auec mon temps ie pers la paine que i'y prens
Et suis contraint tourner arriere.
17 Mon esprit agité d'vn vent ainsi contraire
Au fonds d'vn tel secret n'a iamais penetré,
Iusqu'a tant (ô Seigneur) que dans ton sanctuaire
Ou sont tous tes secrects, ie sois indigne entré,
Et veu à la fin leur salaire.
18 Ta main les aportés dessus le glissant feste
D'vn precipice hault panchant de tous costés?
Ils en tombent si tost qu'ils esleuent la teste,

En misere plus bas qu'ils n'estoient haut montez:
Leur cheute à tous est manifeste,
19 Comment ainsi soudain leur perte est aduenue!
Qui les à fait perir si miserablement?
L'horreur de leurs pechez, car par eux est venue
Leur desolation & ce grand changement
Qui leur puissance diminue.
20 Ils sont passez Seigneur, tout ainsi comme un songe,
Fait à nostre-resueil tout plain d'agilité,
Leur gloire d'auantage icy bas ne prolonge,
oient mis tous leurs portrais soudain hors la cité
Et leur memoire auec eux plonge.
21 Comme i'estois ainsi desplaisant en moy mesme,
Voire mon cœur au vif de regrets enflamé,
Et mes reins tous esmeus de mon d'espit extresme,
On me tenoit stupide, & tout desanimé
Sans esprit ny sentiment mesme
22 I'estois deuant tes yeux, o Mon DIEV, tout semblable
Aux brutaux animaux muets, & sans discours,
Bien que tousiours des tiens, & n'ay point miserable
En ces conflits d'esprit cherché d'autre secours
Qu'en ta pitié tant fauorable.
23 Mais ie n'ay point esté deceu de mon attente,
Car ta d'extre soustient ma dextre à mon besoing,
Tu m'as conduit tousiours par ta voye innocente,
Et d'esleuer ma gloire apres tu prens le soing,
Rendant mon ame trescontente.

24 Pour estre plus heureux que me manque il ore?
Quiconque à DIEV, pour soy, il ne luy defaut rien?
Que chercheray-ie au ciel, & sur la terre encore,
Si ce n'est toy Seigneur vnique autheur du bien
Seigneur, que sans cesse i'adore.
25 Si sans cesse mes yeux ne voyent ton visage
Vnique, & doux obiect qui comme eux m'a rauy,
Ma chair en deuient seche, aussi fait mon courage,
Ils l'anguissent ensemble apres toy leur appuy,
Et mon eternel heritage.
26 Car les hommes Seigneur, qui cherissant le change
Quiteront ton amour, à iamais periront
Tu perdras tous ceux la, que quelqu'amour estrage,
Estrangera de toy, qui desloiaux iront.
Transferer aillieurs ta loüange.
27 Quant à moy tout mon heur, mon triomphe, & ma gloire,
C'est d'estre vny tousiours en vraye, & pure foy,
Auecques toy Seigneur, & d'estre en ta memoire,
Viuant tousiours ainsi comme tu vis dans moy,
En qui ma fiance est notoire.
28 Afin que de tes faits les gloires r'assemblees
Ie face resonner, & pousse iusqu'aux cieux,
Et que ie les annonce aux saintes assemblees
Des filles de Sion, & qu'apres auec eux.
Tes loüanges soient redoublees.

PSEAVMES

ORAISON.

CONDVISEZ nos pas, & nos actions ô nostre DIEV, faictes Seigneur, que les eaux d'iniquité, ne viennent point à nous couurir, & à nous emporter, dans les gouffres espouuantables, Mais pluſtoſt Seigneur, que mettant toute la fiance de noſtre ſalut en vous, nous meritions de paruenir vn iour à la gloire celeste qui nous est preparee en nostre Seigneur IESVS-CHRIST. Ainsi soit-il.

DE DAVID.

PSEAVME LXXIII.

Heb. 74.

VT QVID DEVS REPVLISTI IN FINEM.

ARGVMENT.

ASAPH, predit la captiuité du peuple de DIEV, la destruction de Hierusalem, & de son temple par les Chaldeens, Il le prie d'apaiser ses courroux, & de leur donner la possession hereditaire de la terre saincte, pour le respect des promesses qui leur en à faites, & de l'inuocation de son sainct nom en Sion.

Pseaume d'intelligence d'Asaph.

1 *VOY mon DIEV, seront nous pour iamais deschassez*
Au deuant de ta face impitoyable, & dure,
Veux tu continuer tes courroux embrasez
Sur de foibles brebis, qui sont de ta pasture.
2 *Ressouuiens toy Seigneur, oubliant ta rigueur*
De ton peuple si prompt à ton obeyssance,
Sur qui tu t'es acquis par ta grande faueur
Depuis vn si long temps, vne telle puissance.
3 *Qu'il te souuienne aussi de la possession,*
D'vn si grand heritage, ou tu fais ta demeure

Car tu l'as racheté, & le mont de Sion
Comme ton doux sejour, tu benis à tout heure.
4 Ne nous metz en oubly Seigneur DIEV, leue toy
Arme ton bras vengeur, & renuerse par terre
L'orgueil des ennemis de ta diuine loy,
Qui font à ton saint nom vne si rude guerre.
5 Au meillieu de ton temple ou ta diuinité
Est tousiours adoree auec magnificence,
Ils ont au grand mespris de ta solemnité
Commis mainte brauade & mainte irreuerence.
6 Ils ont sans nul respect renuersé les drapeaux
Que nous auions Seigneur, appendus à ta gloire
Et au plus hault du feste en ont mis des nouueaux
Comme en des lieux publics pour marque de vi-
ctoire
7 Ainsi que bucherons dans vn bois fort espois
Mettent le fer par tout, ils ont fait en la sorte
Dedans ton sacré temple, ont rompu ses parois,
Haché ses ornemens, ses lambris, & sa porte.
8 Quant au feu pas vn d'eux à l'heure ne s'est
feint
De le mettre ô Seigneur dedans ton sanctuaire,
Ils ont en bas rué ton tabernacle saint,
Et prophané des pieds ne pouuant pis te faire.
9 Ils ont d'vn mesme accord, dit dans leurs cœurs
jaloux
De ta gloire, bruslons & faisons qu'il n'en reste
De marque à ceste fois, qu'ils ne sachent plus tous
Ou reuerer leur DIEV, & celebrer sa feste.

4
Des
ROIS
25
13
Ier.
27
19.
4
ROIS
25
9

DE DAVID.

10 Las Seigneur cepēdāt en ces grieues douleurs,
Nous ne voyons au ciel aucun signe paroistre,
Nous ne sçauons combien dureront noz malheurs,
Nous sommes sans Prophete, à fin de les cognoistre.
11 O DIEV, iusques à quant serons nous donc
  ainsi
Mal menez de chacun, & que l'ennemy mesme
Nous viendra reprocher nostre misere aussi,
Et se rira tousiours de ton nom qu'il blaspheme.
12 Pourquoy retires tu des tiens si loing la main,
Et ta dextre au besoin oubliant leur detresse,
Que ne la tires tu du meillieu de ton sein,
Il est temps ou iamais tant l'ennemi nous presse.
13 Ne verrōs nous iamais à nos malheurs de bout,
Mais DIEV, c'est nostre Roy de tous temps il nous
  garde,
Et tout bon du millieu de la terre, & par tout
A versé son salut, qui tousiours nous regarde.
14 En la faueur des siens mainte chose il à fait,
Sa dextre à fait paroistre à la mer indomptable
Sa valeur indomptee, elle seulle à desfait
La teste des Dragons dans son onde implacable.
15 Qui le chef a rompu de ce monstre, l'horreur
Des cieux, & de la terre, auec toute sa bande
L'exposant ô treshault, en ta iuste fureur
Aux Æthiopiens pour pature & viande.
15 C'est toy qui pour ton peuple abreuuer à souhait
As dissout les rochers en des coulantes ondes,
Mais plustost en torrens, & qui du tout as fait

Au contraire tarir les rivieres profondes.
17 Le iour tient sa clarté, la nuit son voile noir
De ta bonté Seigneur, & ses deux luminaires
Le Soleil, & la Lune, admirables à voir
Sont ouvrages aussi de tes mains debonnaires,
18 Tu bornes de grands flots d'vn, & d'autre
    costé
La terre, & pour la rendre ainsi qu'elle est fe
    conde,
Ordonnes son yuer, son printemps, son esté,
Et son autonne encor dont tant de bien abonde.
19 Qu'il t'en souuienne donc, & que c'est à
    DIEV, c'est
A qui l'ennemy fait tant d'outrage & d'iniure.
Et que tout ce fol peuple, & qui plein de rage est
Blaspeme ton saint nom, & ne vomit qu'ordure.
20 Ne iette point Seigneur, ainsi comme tu fais
Aux bestes sans pitié l'ame de qui t'honore,
Qui cognoist ton saint nom, & ne mets pour
    iamais
Les pauures en oubly, ie t'en suplie encore.
21 Ne les delaisse point, ayes memoire d'eux,
Aye esgard aux accords passez auec nos peres,
Car les plus vils du monde infectent à tes yeux
Tes autels remplissans nos maisons de miseres.
22 Tourne vers nous ta face, & ne permets Sei
    gneur,
Que les pauures qui sont ainsi pleins de souf
    france,

DE DAVID.

Ne s'n aillent confus, sont eux qui font honneur
A ton glorieux nom, leur vnique esperance.
23. *Sus, sus leue toy donc, & prens en main mon*
    DIEV
Ta cause, souuien toy Seigneur des infamies,
Des outrages, des torts, que te font en tout lieu
Ces esprits incensez, & ces ames impies.
24 *Ne mets point en oubly la blasphemante voix*
Des ennemis iurez de ton nom & ta force,
Car leur orgueil tousiours ainsi comme tu vois
Plus ils vont en auant s'accroist, & se renforce.

ORAISON.

SEIGNEVR IESVS-CHRIST, nostre Roy engendré deuant les siecles des siecles, & qui en temps prefix auez pris nostre chair humaine operant nostre salut au milieu de la terre, Nous vous suplions humblemét de ne nous reietter point, nous qui sommes vostre saint heritage, & les brebis de vostre troupeau, que vous auez racheté de vostre precieux sang, mais pluftost escoutez nos oraisons, & pardonnez à noz iniquitez. Ainsi soit-il.

PSEAVME LXXIIII.
Heb. 75.

CONFITEBIMVR TIBI DEVS.

ARGVMENT.

IESVS-CHRIST, est en ce lieu introduit rendant action de graces à DIEV, son pere, de la puissance qu'il luy a donnee sur toutes choses, à son premier aduenement, mesme sur tout le mõde, qui s'en alloit en decadence sans le soustien de sa parolle, & au second, à la consommation des siecles de iuger les bons & les mauuais.

Au Maistre des Chantres, Pseaume & Cantique d'Asaph, sur le subget ne permets point perir.

1  Ovs te confesserons
Seigneur, & nous louerons
Ta clemence à tout heure,
Prians ensemblement
Ton saint nom humblement,
Qu'auec nous il demeure,
Et soit incessamment.
2 L'on nous oyra chanter
Sans fin, & raconter
Ta puissance admirable,

Et en temps opportun
Ie veux rendre à chacun
La iustice equitable
Sans excepter pas vn.
3 La terre s'en alloit
Perduë, & s'escouloit
Ses habitans encore,
Mais i'ay remis si bien
Ses colomnes que rien
Ne peult l'esbranler ore
Ayant si bon soustien.
4 I'ay dit aux incensez
Soiez plus aduisez
Ne faites plus de fautes,
Et de mesme aux meschans
N'allez point esleuans
Vos cornes ainsi hautes,
Et soiez mieux viuans.
5 Gardez bien de rechef
D'esleuer vostre chef
Au Ciel par insolence,
Ny de parler de DIEV,
Par mespris, n'y par ieu
Portez luy reuerence,
Et respect en tout lieu.
6 Car du lit du Soleil
Iusques à son reueil,
Et du midy de mesme,
Iusqu'au mont, & deserts,

Bref par tout l'vniuers
S'estend son Diadesme:
Il iuge les peruers.
7 C'est luy mortels, s'est luy
Qui releue cestuy,
Et qui cest autre abaisse,
Qui tient vn vase en main
Remply de vin serain
Mais tout brouillé d'angoisse,
Et de courroux tout plain.
8 Son bras bien loins s'estend:
Par tout il en respand
Il n'est iusqu'à la lie
Les meschans en boiront
Dont mal se trouueront,
Et tard de leur folie
Ils se repentiront.
9 Mais moy ie conteray
Tousiours, & chanteray
La puissance notoire,
Du grand DIEV tout puissant
De Iacob florissant
En sa diuine gloire,
Sans fin m'esiouyssant.
10 Ie veux roidir mon bras
Froisser, & mettre à bas
Les cornes orgueilleuses,
Des peruers ô Seigneur,
Lors seront en honneur,

DE DAVID 733

Et comme pretieuses
Celles des droits de cœur.

ORAISON.

DIEV qui rendez à vn chacun selon les œuures. Iettez les yeux de misericorde sur nostre repentance, & faitez Seigneur que iamais l'orgueil ne nous destourne poinct de vostre saincte face, Mais qu'en fin nous puissions vn iour boire la haut au ciel, le vin pur de vostre calice, auec vos esleus Ainsi soit il.

Y

PSEAVMES

PSEAVME LXXV.
Heb. 76.

NOTVS IN IVDEA DEVS.

ARGVMENT.

SELON l'inscription, ce cantique s'adresse aux Assiriens, ou est anoncé la ruyne de leur espouuantable armee, conduite par Senacheberib contre Ezechias du teps du prophete Iosie, dont l'Ange en deffit 185000, Par la les fidelles sōt admonestez de louer & seruir DIEV, pour les graces qu'il respand perpetuellement sur son Eglise.

4. des Rois 19

Au maistre Musicien, pseaume, & cantique
d'Asaph, aux Assiriens pour chant er,
& iouer sur les instrumens.

1. EST *en Iudee ou* DIEV *s'est faict*
   cognoistre
   Par ses haults faictz, ou sa gloire
   s'espand,
En Israel, son los est aussi grand,
Et son saint nom loué tant qu'il peut estre.
2. *Combien qu'il soit le grand* DIEV, *de la guerre,*
Et des combats, il n'y fait son seiour,

DE DAVID.

Sa demeure est ou la paix est tousiour,
Et en Syon la gloire de la terre.
3 C'est la qu'il est tout luisant de victoires,
Et que l'on voit des ennemis veincus
Les arcs brisés, les glaiues, les escus,
Et les drappeaux appendus à ses gloires.
4 O que tes faicts sont Seigneur admirables.   Esa.
Tu n'as plustot fait resplandir ton bras   31.
Des monts que l'on a veu tomber à bas   36.
Ces fols de peur, qui sembloient indomptables.
5 Ils ont laissé dessus le champ la vye,
Et d'ung long somme on les a veus attains
Aux plus puissans ont seruy peu leur mains
Et peu leur force, ainsi soudain rauie.
6 A la voix seulle ô grand DIEV, de ton ire
DIEV de Iacob, ainsi nos ennenis,
Et leurs cheuaux, se sont veus endormis
Mais d'un sommeil dont pas vn ne se tire.
7 Terrible es tu vraiment ton ire est grande,
Eh qui pourroit subsister deuant toy
En tes courroux, s'il on en meurt d'effroy
Que feroit plus le mal qu'on aprehende?
8 Tu fis du ciel entendre leur sentence,
Il s'en esmeut au bruit si furieux,
La terre en feut ainsi comme les cieux
Toute effrayee & pleine de silence.
9 Puis tu montas en ton lit de iustice
Pour secourir tous les bons affligez
Que tu voyois pour ton nom outragez

Tant tu leur es fauorable, & propice.
10 *Ou paroiſt c'il oyant ces faits eſtranges,*
Et y penſant auec tout ſon courroux
Qui ne te louë & ſes penſers plus doux
N'employe aprs à ta gloire, & louange.
11 *Que chacun donc à ſes vœux ſatisface*
Les paye à DIEV, *vous de meſmes auſſi*
Qui l'entourés offres à ſa mercy
Tous nos preſens, & reclames ſa grace.
12 *Que l'on ſe voue à ce* DIEV *redoutable,*
Et tant terrible ainſi que l'on peut voir,
Il oſte aux grands l'eſprit, & le pouuoir:
Aux plus grands roys il eſt eſpouuantable.

ORAISON.

DIEV terrible, & eſpouuantable, contre qui nulle humaine reſiſtance ne ſert de rien, donnés repos en nos conſciences & faictes Seigneur qu'ayant paix à nos ames nous apaiſions voſtre courroux, afin que vous eſtans agreables, & foulans aux pieds toutes choſes terreſtres, & tranſitoires, nous puiſſions acquerir l'immortalité qui nous eſt promiſe par noſtre Seigneur IESVS-CHRIST, Ainſi ſoit il

DE DAVID.

PSEAVME LXXVI.

Heb. 77.

VOCE MEA AD DOMINVM CLAMAVI.

ARGVMENT.

Le Prophete affligé pour les persecutions que souffrent les gens de bien, se reconsole en la meditation & souuenáce des graces, & faueurs que DIEV feit à son peuple, quand il le deliura d'Egypte, nous enseignant par son exemple d'auoir recours à DIEV, en nos miseres, qui n'abandonne iamais les siens. Ainsi-soit il.

Au maistre de la Chapelle, Pseaume d'Asaph, pour le musicien Iduthum.

1 I'AI dressé tous mes cris
　　Au Seigneur pitoiable, & ma plainte
　　　rendue
　　A DIEV, plein de pitié: qui la bien
entendue
Et non mise à mespris.
2 Au temps qu'on m'a cogneu
En tribulation, i'ay recherché sa grace
Leuant toute la nuit mes mains deuers sa face.
Mon cœur n'est point deceu.

3 Mon ame ne vouloit
De consolation, mais à la souuenance
De DIEV i'estois si fort esmeu d'esiouïssance
Que l'esprit me failloit.
4 Tu retenois si bien
Mes paupieres mon DIEV, que ie ne pouuois clore
L'oeil en nulle façon, & si fort troublé encore
Que ie ne disois rien.
5 En cest estat Seigneur,
Ie me resouuenois de tes graces plus cheres
De tout le temps passé des vieux ans de nos peres
Remplis de ta faueur.
6 Toute la nuit aussi,
Ie pensois en mon cueur, & mon esprit de mesme
Se fondoit en discours plein de douleur extresme,
Et se plaignoit ainsi
7 Est ce donc pour tousiours
Que mon DIEV, m'a bani de sa douce presence,
Las ne verray ie plus reluire sa clemence
Sur moy durant mes iours.
8 Qui te peut retenir,
Et quoy? ta grace est elle en mon endroit faillie
Pour iamais & mon DIEV ta promesse accomplie
Pour le temps aduenir.
9 N'auras tu plus de nous
Souuenance ou voit on ta douceur tant puissante?
Iusqu'a quant verrons nous ta gloire languissante
Serue de ton couroux.
10 Mais reuenant soudain

A moymesme i'a dit, cecy n'est point estrange,
La dextre du treshault de fois à d'autres change
Ne faisant rien en vain.
11 *La dessus vn long temps*
I'ay faict alte, & de mesme à la sainte memoire
De tes faicts, mais plustost merueilles de ta gloire
Recogneuz de tout temps.
12 *Ie meditois sans fin*
A la grandeur Mon DIEV, *de tes œuures terribles,*
Et ie parlois tousiours des conseil infallibles
De ton esprit diuin.
13 O DIEV, *mon cher appuy,*
Ta voye est sainte aussi, quels Dieux sont compa-
    rables,
A nostre DIEV, *qui fait les choses admirables,*
A souhait comme luy?
14 *Tu monstres icy bas*
Ta puissance à maint peuple, & ta dextre ren-
    force
Les tiens fils de Iacob, & Ioseph par la force
De ton redouté bras.
15 *Les eaux t'ont veu icy?*
Les eaux t'ont veu Seigneur, en ont fremi de crainte
Et les gouffres troublez voyans ta face sainte
Inuoquent ta mercy.
16 *Les eaux estans dans l'air*
Se choquans l'vne l'autre, ô treshault, à ta veuë
Sont resoultes en pluye, & vne voix esmeuë
Les faisoit distiller.

Y iiij

PSEAVMES

17 La gresle çà, & la,
Tomboit dru & menu, comme flesches sur terre,
Et au bruit esclatant de son affreux tonnerre
Tout le Ciel se voila.

18 Les esclairs, & les feux
De ton foudre brilloient au travers de la nuë,
La terre s'en esmeut, & à la continuë
Trembla comme les cieux.

19 La vaste mer ô DIEV,
Feut ta voye incogneuë, & ta vertu guerriere,
Te traça des sentiers dans l'onde poissonniere,
Dont ne parut le lieu.

20 Si que Seigneur, tout bon
Ainsi comme un troupeau tu guidas en franchise
Ton peuple tant chery par la main de Moyse,
Et de son frere Aaron.

ORAISON.

SEIGNEVR IESVS CHRIST, qui estes le vray chemin en exemples, verité en promesses, & vie en recompenses, ne nous reiettez point loing de vostre grace, & de vostre consolation, nous qui avons esté rachetez par vostre sang precieux, conduisez nous, qui sommes vostre bergerie par les parcs des pastis de vostre grace, & faictes Seigneur, que cheminans par voz sentiers, nous puissions arriuer à la gloire celeste. Ainsi soit-il.

DE DAVID. 345

PSEAVME LXXVII.

Heb. 78.

ATTENDITE POPVLE MEVS.

ARGVMENT.

DIEV, est icy introduit, recitant les graces qu'il à faites aux Israelites, auec l'occasion de son courroux contre eux, pour leurs ingratitudes & desobeyssances, il nous admoneste d'abandonner le peché, à fin de participer à la recompense qu'il a promise, & qui est certaine à ceux qu'il l'honorent, & viuent soubs l'obeyssance de ses saints commandemens.

Doctrine d'Asaph.

1 ESCOVTEZ ô mon peuple auec attention,
Ainsi que vous deuez la declaration
De mon iuste vouloir, escoutez mes parolles,
Et m'escoutant il vous en reuiendra tout bien.
2 Car touuriray ma bouche, & n'en sortira rien,
Qui ne soit releué de belles paraboles
Ie vous annonceray les misteres que DIEV,
A fait au temps passé pour les siens en maint lieu
3 Tels que nous les auons maintefois entendus
De nos peres ia vieux (de ces faits esperdus)

Pse.
49
6
Mat
13.
35
Mar
33
Deu
6.7.

Qui nous en ont au long conté toute l'histoire,
Sans en desguiser rien mais auec verité.
4 Pour ne les point celer à la posterité
Ains pour en conseruer à iamais la memoire
En les faisant entendre à leurs petits neueux,
Et ceux qui descendront de suitte en suitte d'eux
5 En leur contant aussi du Seigneur des combats
Les louanges que tous luy rendent icy bas,
Ses forces, ses vertus, & ses faits admirables.
En la faueur de ceux auec qui DIEV se ioint
6 Comme il à restably sa loy qu'il nous enioint
En Iacob, & comment par ses dits venerables
A donné tesmoignage, à Israel aussi,
De son intention qu'il veut qu'on suiue ainsi.
7 Il n'a tant seullement ordonné qu'on gardast
Son vouloir, mais bien plus que l'on le recordast
A ses enfans ainsi qu'il enioint à nos peres,
A fin que la memoire en demurast tousiours.
8 Et que leurs hoirs apres succedans à leurs
iours,
N'en eussent moings encor les souuenances cheres
Le feissent tout de mesme entendre aux sur
uiuans,
Et leurs enfans encore au siecles ensuiuans.
9 Afin qu'incessamment ils mettent de tout
point
Leur esperance en DIEV, ne s'en departent point
Qu'ils n'oublient ses faits & qu'auec reuerence
Ils obseruent tousiours son saint commandement.

DE DAVID. 347

10 Et ne demeurent point faute d'enseignement,
Ainsi que leur ayeux remplis d'irreuerence,
Qui feirent les mutins & souuent reuoltez,
Esmeurent aux deserts ses courroux redoutez.
11 Nation qui n'a point tout à fait au Seigneur,
Ainsi qu'elle debuoit tousiours dressé son cœur,
Et qui n'eut point iamais vne vraye fiance
Enuers son bien faiteur, mais sans fin vacillans,
12 Mal en prit aux enfans d'Efrein braues,
    vaillans,
Pour auoir en leurs arcs eu trop de confiance,
Qui le iour du combat perdirent tout le los
Acquis au precedent & monstrerent le dos.
13 Cela suruint d'autant qu'ils ne garderent pas,
L'aliance de DIEV, & que tousiours leurs pas,
Ne tindrent le chemin, les voyes ny les sentes,
Qu'il leur auoit enioint par sa loy de tenir.
14 Et qu'ils meirent en oubly sans plus s'en sou-
    uenir
Tant de biës faicts reçeus, tant de graces recentes,
Et deffets merueilleux qu'il leur auoit fait voir
Pour les tenir sans cesse en creance & debuoir.
15 Il feit en leur faueur maint cas prodigieux,
Tesmoignant son pouuoir deuãt tous leurs ayeux
Aux plaines de Tanis dans l'Egypte feconde,
Tant il ayme les siens, & qu'il leur est benin.
16 Au beau millieu des mers il leur fit vn
    chemin,
Les faisant tous passer à pied sec dedans l'onde,

EXO.
14.
21.
105.
4.
23.
Nehe
9.11
I.
Cor.
10.1

PSEAVMES

Ayant par ses vertus arresté tous leurs flos
Comme si l'on les eut dans des vases enclos.

Exo.
13
21.
17 On le voyoit de iour deuant eux paroissant,

Deu
1.33.
Comme vn nuage espais les alloit conduisant
Par sentiers incogneus, & la nuict tout de mesme
En colomne de feu chassant l'obscurité.

Pse.
105
32.
18 Il esmeut aux desers la grand solidité
Des rochers, les ouurit par sa vertu supresme
Dont il les abreuua çà, de là par monceaux
Comme si c'eust esté quelques abismes d'eaux.

No.
20.
11.
19 Car il en feit sortir des fleuues, des torens,
Que l'on voyoit par tout qui çà, qui là courans,
Resiouyssant la terre ainsi qu'eux alteree,
Qui n'auoit iamais eu tel rafreschissement.

Deu.
1 33.
†
4.
37.
20 Ils ne laisserent pas d'offencer grandement
Sa sainte Majesté, cherie, & reueree,
Et desmouuoir aussi dans ces bruslans desers
Plusieurs fois ses courroux, aux yeux de l'vniuers.

Nehem
9.
†
12.
9.
Pse.
105
14.
21 Se deffians de DIEV, leur vnique support
En leurs cœurs l'ont tenté, l'importunant bien fort
De ne les oublier, d'auoir soing de viande
Et viures à leur goust pour les desafamer.

22 Mais en passant plus outre, au lieu de reclamer
Sa grace, & sa bonté si fameuse & si grande,
Parlerent mal de luy, & disoient pourra-il

DE DAVID.

Nous tenir table aussi en ce lieu non fertil.
23 Bien qu'il ait devant nous frapé les rocs af-
freux,
Et qu'il ait fait sortir de leurs arides creux
Des fleuues, des torrens, en tresgrande abondance
Pour estancher la soif qui nous alloit pressant.
24 Sçauoir mon s'il seroit encore assez puissant,
Et s'il pourroit auoir assez de prouidence,
Pour nous faire apporter des viandes à tant
Que nous sommes icy? qui n'en iroit doutant.
25 Le Seigneur, les ouyt dont fort il se faschea,
Son courroux aussi tost contre eux il delaschea,
Disparut à leurs yeux, & le feu de son ire
S'enflammant sur Iacob, monta sur Israël.
26 Et le tout pour auoir mesprisé l'eternel,
Douté de son pouuoir que tout le monde admire
Et pour n'auoir point eu de creance, & despoir,
En son salut ainsi, comme ils debuoient auoir.
27 Toutesfois ne voulant les laisser au besoing,
Mais leur monstrer encor qu'il en auoit du soin,
Commanda promptement aux nues de se fendre,
Et aux portes du ciel de s'ouurir tout soudain.
28 Il leur pleut de la Manne, & du celeste pain,
Pour manger beaucoup plus qu'ils n'en pouuoient
tous prendre,
Et pour r'assasier vn nombre bien plus grand
Que celuy qu'ils estoient, tant il leur en respand.
29 Si que l'homme mortel ça bas alors mangea
Du pain, mais pain du ciel, & son viure changea

I. Cor. 10.
I. Exo. 17. 6.
No. 20. 10.
Pse. 105
41. Sap 11. 4.
I Cor. 10. 4
No. 11.
4 Exo. 16.
24. No. 11. Ie Exo. 16. 4.
Icā 6.31.
I. Cor 10. 3.
Sap. 16. 20.

PSEAVMES

Icy bas en celuy que la haut ont les Anges,
De mesme leur donna viande abondamment.

Nō. 11. 31. 30 On veit le vent d'amont partir en vn momēt,
Et soufler en son lieu par ses vertus estranges
Celuy de l'Africain, & les nues branler
Que l'on voyoit grossir à veue d'œil dans l'air.

EXO 16. 13.
Nō. 11. 31. 31 Tout à coup en coula de la chair par monceaux
Comme poudre sur eux & de diuers oyseaux
En nōbre nō moings grand, que le plus menu sable,
Et l'arene qu'on voit aux riues de la mer.

32 Si qu'il en tomba tant qu'on ne peut l'estimer,
La terre ressembloit à vne belle table
Pleine de diuers mets par endroits redoublez,
Et leur grands pauillons de toutes pars comblez.

33 Ils mangerent leur saoul, & feurent promptement.
Rassasiez de tout à leur contentement,
Et ne se virent point frustrez de leur enuie,
Ny du desir aussi de tant de mets noueaux.

Nō. 11. 33. 34 Mais à peine en auoient mis les premiers morceaux
Dans leur auide gorge, & bouche inassouuie,
Que l'on vit le courroux du Seigneur tresbucher
Dessus eux, & ce bien, leur feust vendu bien cher.

35 Car il branla soudain contre eux son vengeur bras,
Occit, & mit à mort le plus nobles & gras,
A bas il renuersa la fleur Israelite,
Pensant par ce moyen leur courage dompter,

36 Tant s'en faut, tout cela ne les peut sur-
monter
Bien plus qu'au parauant chascun d'eux se despite
Retourne à son peché, deuient tout orgueilleux,
Et n'aiouste de foy à ces faits merueilleux.
37 Le Seigneur, ce voyant fit soudain escouler
Leurs iours en vanité, & ainsi s'en aller
Comme vne ombre qui passe, & ne laisse de trace,
Leurs beaux ans tout de mesme il feit passer biē tost.
38 Quant ils virent ainsi diminuer leur ost,
Et qu'il les terrassoit, recouroient à sa grace,
Implorans sa faueur, d'eux asseuré appuy,
Et des le grand matin s'inclinoient deuant luy.
39 Car ils se souuenoient en leur afliction
Que DIEV, c'estoit le DIEV, de leur protection,
De leur salut, support, refuge, sauuegarde,
Et que le DIEV d'enhault, estoit leur protecteur,
40 Le flatoient de leur bouche aimoient leur
bien faiteur,
(Disoient ils) & celuy qui les siens maintiēs, garde,
Mais leur langue infectee ainsi qu'vn ord esgout
Mentoit, & ne tenoit rien enuers luy du tout.
41 Ils ne procedoient point d'vn vouloir franc,
& droit,
Comme ils estoient tenus de faire en son endroit,
Ne selon le respect de sa sainte alliance,
Et les debuoirs d'vn cœur enuers elle loyal.
42 Toutesfois le Seigneur, ne les traita plus mal,
Mais tant s'en fault apres sa longue patience,

Leur fit misericorde, & se rendit depuis
Propice à leurs pechez, & ne les à destruis.
43 *Sa divine bonté dont il est abondant,*
Tenoit en leur faveur, sans cesse l'ascendant
Sur ses ressentimens, les destournoit arriere,
Et le feu qui vouloit embraser ses couroux.
44 *Se souvenant enfin qu'ils n'estoient que des foux*
Formez d'infirme chair, & vils comme poussiere
Que l'on foulle des pieds, qui comme un rien devient
Et un vent qui soudain passe, & plus ne revient.
45 *Quantesfois a ton veu ces foux, ces obstinez,*
Fascher és deserts DIEV, faire les mutinez,
Exciter ses couroux, se brusler en leurs flammes
Dans ces arides lieux, qui devenoient esmeuz.
46 *Combien de fois encor, les a t'on aussi veuz*
Se destournant de luy, le tenter en leurs ames,
Et du saint d'Israel limiter le pouvoir
Que par faute de foy, ne pouvoient concevoir.
47 *Ils avoient oublié comme ie pense alors*
Les effects de sa main, quant il les tira hors
De misere, & las plus n'en avoient cognoissance,
N'y du rigoureux ioug ou ils estoient tenuz.
48 *Aussi peu se sont ils de mesme souvenuz,*
Des signes qu'il monstra, de sa grande puissance.
En Ægipte, aux despens de leurs fiers enne-
Etmis,
du prodige encore aux plaines de Tanis.

49 *Alors*

DE DAVID.

49 Alors qu'il conuertist leurs riuieres en sang.
Qu'vne onde poussant l'autre, à son tour rang à rag,
Iusqu'aux moindres ruisseaux departit sa teinture,
Afin qu'un seul n'en beut tant estoit irrité,
50 Quant il leur enuoya si grand quantité
De diuers moucherons de cruelle nature,
Qui les deuoroient tous, & degast que faisoient
Les raines qui des eaux, de tous costés issoient
51 Abandonna leurs fruits, qu'ils pensoient recueillir
Aux chenilles, & fit des langoustes saillir
Qui de tous leurs labeurs, & semences encores
Rauirent le proffit, dont ils faisoient grand cas,
52 Il meurtrit leur vignoble, il en fit vn fracas
Par gresle continue, & leurs beaux chicamores
L'ornement de leurs champs, par ses foudres pointus
Et des orageux vens, dont ils feurent batus.
53 Il meit de mesme en proye à l'orage croissant.
Leur bestail effrayé, çà, delà, languissant,
Et leurs brebis encore à son rouge tonnerre
De toutes parts esmeu de sa iuste fureur,
54 Bref il ietta sur eux, la peur, & la terreur,
De ses ardans courroux, auec ce que desserre
D'angoisse, de douleurs, de peine, & de tourment,
L'ange le plus mauuais sur nous incessamment.

EXO.
7.
17
14.*
EXO.
8.24
P.
104.
31.
EXO
8. 6
EXO.
10.13
Psea.
104
34.
Sap.
19.9
EXO
9. 15
Psea
104
33.
EXO.
9.24

Z

PSEAVMES

55 Son courroux se fait voye, & va de bout en bout,

Tonne foudroie, abat ne laisse rien debout,

N'espargne ame viuante & qui le fer n'attrape

Perit de peste ainsi, que leurs troupeaux peris.

56 Il excepte aussi peu les aisnez plus cheris

De l'Egypte estonnee vn tout seul n'en reschape,

Ceux qui de ces labours, & des grands pauillons

De champ estoient la source, & les primes sillons.

57 Autant doux vers les siens, que remply de rigueur

Contre les ennemis, retira de langueur

Comme brebis son peuple, & luy mesme les guide

Par troupeaux au desert tant il en est soigneux.

58 Les mena sans danger, veirent la mer en deux

Se ranger pour leur faire vn passage solide,

Et leurs fiers ennemis qui les suiuoient de pres

Couuerts soudain de flots, par son vouloir exprés

59 Puis il les faict entrer, ô changement nouueau,

Dans le beau territoire admirablement beau,

De sa saincte demeure, en la haute montagne

Que sa dextre main, s'est acquise vaillamment.

60 Il bienheure les iours de tous esgallement,

Les ayme les cherit, pour eux seuls tout desdaigne,

Chasse les gens deuant leur face, & partagea

Toute la terre entre eux, ainsi les obligea.

61 De leurs grands pauillons richement decorez

DE DAVID.

Prindrent possession les enfans honorez
D'Israel, bien heureux apres tant de miseres,
S'ils l'eussent sceu cognoistre, & de sa grace vser,
62 Mais au lieu de ce faire, & n'en point abuser:
Tenterent derechef, & mirent en colere
Tant feurēt insensez, le Seigneur DIEV treshault,
Et ne garderent point ses Eedits comme il fault,
63 Au contraire ils se sont destournez tout à fait
De ses sacrez sentiers, & n'ont poinct satisfait
A leur promesse, ont faict comme ces ames folles
De leurs ayeux, & larc qui fault qu'on tire en vain:
64 Il esmeut son couroux voyant vn tel desdain
Et que de leurs haults lieux ils dressoient des Idoles,
Leur transferant l'honneur, à la face de tous
Que l'on doibt à luy seul dont il estoit ialoux.
65 Le Seigneur qui tout oit, à qui rien n'est casché
D'en haut les entendit, dont il fut si fasché
Et si plein de courroux que soudain il destourne
Ses yeux sur Israel, iadis tant estimé,
66 Reiette de Sillo son tabernacle aymé
L'abandonne du tout, & plus il n'y retourne?
Son saint tabernacle ou il souloit demeurer
Auecques les humains en terre & bien heurer.
67 De mesme il abandonne, & liure au moindre effort

1
ROIS
4.31.

Z ij

Sa sainte arche iadis leur refuge, leur fort,
Et tout ce qu'ils auoient d'ornement, d'excelence,
Seruit à l'ennemy de proye, & de butin.
68 En suitte fit passer tout ce peuple mutin
Par le glaiue vengeur de sa grande insolence,
Dont il estoit fasché mesmement s'indigna
Contre son heritage, & du tout desdaigna.
69 Les plus ieunes d'entre eux, & plus braues
  guerriers
Feurent incontinant deuorés des premiers
Par les feux de la guerre, & leurs filles ne virent
Pourueües de maris, auant que les quiter,
70 Leurs prestres aussi peu ne peurent esuiter
Le glaiue, & de bien pres leurs veufues les sui
  virent
Pensant plaindre leur fin se sentoient enferrer,
Sans loisir de les plaindre, & de les enterrer.
71 Le ciel en eut pitié, il se print à gemir,
DIEV s'esueille à ce bruit comme d'vn fort dormir
Tout de mesme qu'on voit, que fait vn puissant
  homme
Pris de vin qui s'escrie, & s'esueille en sursault,
72 Tourna vers l'ennemy par derriere l'assaut
Tonne, fourdroie, abat, rauage, tue, assomme,
Renuerse, fauce, rompt, leurs bataillions espais
Et les remplit de honte & vergongne à iamais.
73 Ainsi vengea des siens la desolation,
Mais il ne voulut plus voir l'habitation
De Ioseph, s'en eslongne, & aussi peu desire

La race d'Ephraim, il n'y prent plus plaisir,
74 Mais sa volonté fut sur toutes de choisir
Celle la de Iuda, volontiers s'y retire,
Et le mont de Sion desormais son seiour
Comme l'ayant iugé digne de son amour.
75 Le Seigneur, bastit là son sanctuaire aux yeux
De l'vniuers, ouurage esleué pretieux,
Ainsi que la licorne, afin qu'il feust durable
A iamais sur la terre, & s'allast conseruant,
76 Pource il esleut Dauid son fidelle seruant,
Et par vne faueur qui n'est point comparable,
Le tira de l'estable en son ieune printemps,
Et parmy le bestail qu'il menoit paistre aux champs.
77 De Pasteur de brebis, l'ordonna pour pa-
steur
Du peuple de Iacob son aimé seruiteur,
Pour les paistre, & laissa conduire à sa prudence
Israel, son domaine, ou reluit sa bonté.
8 Luy suiuant du Seigneur la saincte volonté
Lés a depuis repeuz en la pure innocence
De son cœur, & conduict leurs pieds pareillement
Par sa main sans broncher, d'vn pas tant seu-
lement.

I.
Rois
16.
Io.
I. 2.

I.
Rois
3. 2.

ORAISON.

Seigneur Dieu, qui auez autresfois faict paroistre tant de miracles aux Iuifs ingrats, & rebelles, octroyez à nous qui sommes vostre peuple, & que vous auez regenerez par esprit & par eau, de si bien accomplir vos commandemens, qu'en fin nous puissions arriuer en la Ierusalem celeste. Ainsi soit il.

PSEAVME LXXVIII.

Heb. 79.

DEVS VENERVNT GENTES.

ARGVMENT.

PROPHETIQVE lamentation de la ruine de Hierusalem, & prophanatiõ du temple, soit par les Chaldees, ou par Anthiochus Roys de Syrie, du temps des Machabees, ce Pseaume à quelque conformité auec le 74. & s'estend à toutes les persecutions des fidelles.

Pseaume d'Asaph.

1. Es ennemis de ta gloire n'ont craint
D'entrer (ô DIEV,) dans ton propre heritage,
Ils ont par tout polu ton temple sainct,
Ierusalem, ils ont mise au pillage,
Et ces peruers ont reduit ces palais
En des monceaux de pierre pour iamais.
2. Ils ont aussi mis les corps pretieux
De tes seruans qui t'adorent en proye
Aux noirs oyseaux crouassans dans les cieux,
Leurs corps gisoient au meillieu de la voye
Les corps des saints percez de mille coups
A l'abandon, & des chiens, & des loups.

3. Ils en ont fait vn carnage si grand
Que leur sang coule au trauers de l'enceinte
De ta Solime, ainsi qu'eau qu'on respand,
Toute pitié dans leur ame est esteinte,
Leur cœur est tant de cruauté remply
Que pas vn seul ils n'ont enseuely.
4. Nous qui jadis estions si florissans,
On nous voit or la vergongne commune
De nos voisins, qui vont s'esiouissans
De nos malheurs, apres tant de fortune,
Et de ceux la qui sont autour de nous
La mocquerie, & le mespris de tous.
5. Iusques a quant o Seigneur, seras tu
Contre ton peuple enflammé de cholere
Contre ton peuple a tes pieds abbatu,
N'auras tu point pitié de sa misere,
Et ton courroux sera il cousiours veu
Pleuuoir sur luy rouges flammes de feu.
6. Pardon Seigneur, helas destourne loin
Ton ire, & plus ne nous en fais paroistre,
Mais respan la sur les gens qui n'ont soin
N'y mettent peine aussi de te cognoistre:
Sur royautez qui n'inuoquent Seigneur
Ton sacré nom, ny ne l'ont en honneur.
7. Car ces meschans ont helas deuoré
Et fait degast de toute la substance
Du bon Iacob, qui t'a fort honnoré
Ils sont entrez sans grande resistance
Dans sa demeure, ont desolé ses lieux,

Et mis à sac deuant ses propres yeux.
8 Mets en oubly tous nos pechez passez
Ainsi soit il, & qu'il ne t'en souuienne,
Ton cœur à pris de la vengeance assez,
Faicts que ta grace à son tour nous preuienne
Pardonne au reste, & ne pers le surplus
Car ô Seigneur, las nous n'en pouuons plus.
9 Ayde nous donc ô DIEV qui tiens en main
Nostre salut, secours nous pour la gloire
De ton saint nom, deliures nous soudain
De tant de mal, qui t'est Seigneur, notoire,
Respans sur nous ta grace, & ta mercy,
Pour le respect de ton cher nom aussi.
10 Fais le Seigneur, car les peuples pourroient
Possible vn iour nous reprocher & dire,
L'on ne voit point leur DIEV, qu'ils honoroient
Que ne vient il, d'où vient qu'il se retire,
Monstre toy donc Seigneur, & fais toy voir,
Et que les gens espreuuent ton pouuoir.
11 Sois de l'honneur de ton saint nom jaloux,
Venge le sang que leurs dextres meurtrieres
Ont respandu des tiens en ton courroux,
Et que les pleurs, les souspirs, les prieres
De tes seruans, captifs, & desolez
Viennent à toy, pour estre consolez.
12 Ne permets pas qu'on voye entierement
Nostre deffaite, opposé à la furie
De l'ennemy ton bras ouuertement,
Roidis-le contre, empesche la furie

Isa.
64.
2.

Par ton pouuoir, sauue nous du trespas,
Recoux le reste, & qu'il ne meure pas.
13. En suitte rends à noz voysins ioyeux
De voir ainsi nostre gloire brisee,
Sept fois Seigneur autant de honte entr'eux
Qu'ils t'en ont fait, & l'iniure, & risee,
Qu'ils t'ont aussi procuree à desseing,
Tourne bien tost dedans leur propre seing.
14. Et nous ton peuple, & desolé troupeau
De ta pasture eschapez du naufrage,
Et pour ce coup des horreurs du tombeau,
Te paierons nos vœux sur le riuage,
Et sans cesser à iamais publirons
Tant de biens faits, & ne les oublirons.
15. Ainsi soit il, & puissions nous apres
Tant de malheurs, & de tourmens estranges,
Changer mon DIEV, nos pleurs & nos regres,
En chants de ioye & dire tes louanges,
Et publier tes faicts pleins de renom
De siecle, en siecle, à l'honneur de ton nom.

ORAISON.

SEIGNEVR mettez en oubly nos iniquitez passees, Que vostre misericorde nous preuienne, puisque nous sommes impuissans à vous satisfaire pour nos pechez. C'est pourquoy (ô DIEV de nostre salut,) soyez nous propice, non pas pour nos merites, mais pour l'amour de vostre nom, qui est IESVS, inuoqué parmy les Chrestiens, les brebis de vostre troupeau. Ainsi soit-il.

PSEAVME LXXIX.

Heb. 80.

QVIS REGIS ISRAEL.

ARGVMENT.

AVTRE Complainte à DIEV par les Iuifs pour estre secourus contre les persecutions des Assiriens, & mistiquement par l'Eglise, contre les heretiques qui la persecutent.

Au Maistre des Chantres, sur le tesmoignage d'Asaph pour ceux qui seront immuez.

1 OY qui regis Israël, ten l'oreille
A sa complainte, & sois son protecteur
Toy qui conduis Ioseph, cōme vn pasteur
Fait son troupeau, sois son aide, & le vueille.
2 Ne laisse point au besoing qui t'honore.
Toy qui te sieds dessus le Cherubin,
Monstre ta force aux yeux de Benjamin
De Manassés, & d'Ephraim encore.
3 Excite ô DIEV, ton pouuoir secourable
Aux affligez, n'en pers le souuenir,
Viens-nous recourre & change à l'aduenir
En vn plus doux nostre estat miserable.

4 Si nous auons encouru ta disgrace
Pour nos pechez, ne tien plus ton courroux,
Radresse nous aux rais de ton œil doux,
Et nous sauuans repren nous en ta grace.
5 O Seigneur DIEV, Seigneur DIEV des
   allarmes,
Iusques à quant las! reietteras-tu
De ton cher peuple à tes pieds abbatu,
Les oraisons, les souspirs, & les larmes.
6 Au lieu de mets si doux que de coustume
Que tu soulois nous donner cy deuant,
Tu nous repais, & nous vas abruuant
Or à longs trais de pleurs, & d'amertume.
7 Tu nous as fait le motif de la guerre
De noz voisins, & nous as aussi mis
Comme en risee à tous nos ennemis,
Ioyeux de voir nostre gloire par terre.
8 Ne souffre ô DIEV des armes qu'on defface
Les tiens ainsi, fais luire tes regars
Raddresse nous pres tes saints estendars,
Et nous serons sauuez voyans ta face.
9 Fais le Seigneur ne permets qu'on bourelle
Ta vigne ô DIEV, qu'ainsi tu transportas
Hors de l'Egypte, & qu'apres replantas
En ces beaux lieux deschassant l'infidelle.
10 Tu luy traçois deuant elle ses sentes,
Et repurgeas la terre au tour si bien
Que l'on la vit Seigneur, en moins d'vn rien
Prendre racine, & pousser loing ses plantes,

11 L'ombre couuroit les montagnes chenues,
Donnant par tout vne douce senteur,
Et leurs beaux ceps passerent en hauteur
Les cedres hauts qui touchent dans les nues.
12 Sa gloire estoit par le monde espandue
Ayant desia dilaté ses rameaux
Iusqu'à la mer, & ses prouins nouueaux
Iusqu'à l'Euphrate, auoient leur estendue.
13 Pourquoy l'as tu Seigneur, ainsi changee
Qui t'a poussé de rompre en tant d'endroits
Sa haye ô DIEV, debrisant ses parois
Pour estre ainsi des passans vendangee.
14 Le fier sanglier des forests la rauage,
Et las! ta main n'y va point resistant,
Les animaux des champs en font autant
Et chascun d'eux la ronge, & la saccage.
15 Tourne ta face ô grand DIEV, des armees,
Et daigne voir, & contempler des Cieux
Ta vigne ainsi desolee en tous lieux
Par ces passans, & bestes affamees.
16 Restaure la, rafreschis ta memoire
Qu'elle est plantee, ô Seigneur, de ta main,
Remets sus pied ce fils de l'homme humain
Fait de ta dextre, & gardé pour ta gloire.
17 Le feu, le fer y petille, & martelle,
Embrasé, abat, consomme, & raze tout,
On n'y voit plus rien paroistre debout
Deuant ta face, indignee contre elle.
18 Sauue du sac estends ta main sur l'homme

DE DAVID. 367

Que ta dextre à conduit au bon chemin,
Et sur le fils de l'homme ô DIEV benin,
Faict par toy seul ne permets qu'on l'assomme.
19 Nous ne prendrons iamais Seigneur le chāge,
Ne nous perds point helas! redonne nous
La vie, à fin que nous reclamions tous
Ton nom encore, & te rendions louange.
20 Ne souffre donc qu'ainsi l'on nous defface
DIEV des combats, tire nous des hasardz,
Radresse nous pres tes saints estendars,
Et nous serons sauuez voyans ta face.

ORAISON.

O DIEV tout puissant, nous vous suplions auec toute humilité que vous daigniez nous monstrer la face de nostre Seigneur IESVS-CHRIST, vostre cher fils, viue Image, la face & la clarté de vostre visage, en qui vous demeurez, & qui demeure en vous, à fin qu'estans purifiez de tous pechez nous puissions vous rendre actions agreables, & au Sainct Esprit qui vit & regne, DIEV seul eternellement, auec le Pere, & le Fils. Ainsi-soit il.

PSEAVME LXXX.

Heb. 81.

EXVLTATE EO ADIVTORI NOSTRO.

ARGVMENT.

Leu.
23.
No.
29.

CE Pseaume nous inuite à celebrer les iours ordonnez au seruice, & à l'honneur de Dieu. Il feut chanté comme le 8. en la feste, & solemnité des trompettes, & tabernacles, le 8. parlé de la Creation, & cestuy de la Redemption l'vn & l'autre tendans à fin d'acroistre ses benedictions si nous, & d'entretenir son peuple en l'ynité de son Eglise, mutuelle fraternité, d'ou deppend nostre souuerain bien.

Au Maistre des Chantres, Pour la saison des vendanges, Pseaume d'Asaph, au iour du Sabath.

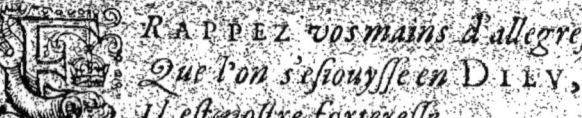

1 **F**RAPPEZ vos mains d'allegresse,
   Que l'on s'esiouysse en DIEV,
   Il est nostre forteresse,
Rechantez hault en tout lieu.
A l'honneur, & reuerence
Du Seigneur de Iacob où gist nostre esperance.
2 Prenez peuple ie vous prie
Les Pseaumes sus prenez tous,
Et que la voix on marie

DE DAVID.

Aux sons plus mignards, & doux,
Du tambour, & de la lire
Pour le glorifier, & ses louanges dire.
3 Embouschez tous auec ioye
Les trompettes, & les hauxbois,
Et rien que sa gloire on n'oye.
A ce premier iour du mois,
Iour voüé pour son seruice,
Iour où nous soulions tous luy, faire sacrifice.
4 C'est vne saincte ordonnance
Que tient par tout Israel,
Vn cens, vne redeuance,
Que l'on doit à l'eternel
De Iacob, pour tant de grace
Qu'il luy fait tous les iours, & à toute sa race.
5 Elle feut par luy prescripte
A Ioseph, quant il feut mis
Hors de la terre d'Egypte,
Des mains de ses ennemis,
Et lors qu'il luy fit entendre
La voix, & non les mots, qu'il ne pouuoit comprendre.
6 Quant son espaule auallee
Dessoubs le faix deschargea,
Et sa main toute ampoulee
De l'ouurage soulagea,
Qu'il leur estoit impossible
De plus continuer tant il estoit penible.
7 Ie t'ay tiré de misere

Gen. 41.

Aa

PSEAVMES

Lors que tu m'as descouuert,
(Dit-il) ta douleur amere,
Et ie t'ay mis à couuert
Du tonnerre que i'eslance

a Me-
ribe

Espreuuant ton courage, aux eaux de ª repu
 gnance.

EXO.
17.
6.
NŨ.
20.
10.

8 Entens mon peuple fidelle
Mon vouloir, tiens-le pour loy,
Ne recognois n'y n'apelle
Nul nouueau DIEV, parmy toy,
Eslongne les Dieux estrangers,
Ne les adore point, & ne leur rends louanges.

EXO.
20.3
DEU.
5.6.

9 C'est moy seul, & point n'en doute
Qui suis ton DIEV ton Seigneur,
Tout le monde me redoute,
Ie t'ay tiré de langueur,
Et de l'Egypte assouplie:
Ainsi sera tousiours ta priere accomplie.
10 Mais mon peuple opiniastre
N'a point entendu ma voix,
Israel fist l'idolatre
Ainsi qu'il fist autrefois,
Et m'esprisant ma puissance
Fol, il se retira de mon obeissance.

Act.
14.
16.

11 Le voyant ainsi distraire
De ce que i'ay decerné
Lors ie l'ay laissé tout faire,
Et du tout abandonné
Aux desirs de sa folle ame,

DE DAVID.

Et souffert qu'il suiuit sa fantasie infame
12 O mon peuple si tu m'eusses
Obey comme tu dois
Certe Israel, tu ne feusses
En l'estat que tu te vois :
O que s'il prenoit mes sentes
Rebelle autant à cœur que ses voyes meschantes.
13 I'eusse soudain à sa veüe
En ma fureur mis à bas
Ses haineux à l'imporueüe,
Et i'eusse tourné mon bras
Contre ceux la qui ne cessent
D'agiter leur repos, & tousiours les oppressent.
14 Ils eussent sans grande peine
Assubgety de tout point
Les menteurs qui portent haine,
A DIEV, qu'ils ne craignent point
Et leur souhaitable vie
Eust de contentement tousiours esté suiuie.
15 Auec vn tel auantage
Ils eussent incessamment,
Ainsi passé tout leur aage
Repeus de fleur de froment
Et saoullez de l'abondance
Du miel coulant des rocs par sa grand proui-
dence.

Bat.
3.13

ORAISON.

SEIGNEVR nostre DIEV, qui par la grace du saint Baptesme nous auez lauez de l'ordure de tout peché, & des tenebres ou nous estions enseuelis, nous auez esclairez de la clarté du Soleil de iustice, nous vous supplions de nous octroier encores tant de faueur, que quitás, & foulans au pieds la vanité du monde, & les molles delices d'Egypte, nous n'aions autre contentement qu'a la confession de vostre saint nom Ainsi soit-il.

DE DAVID. 373

PSEAVME LXXXI.

Heb. 82.

DEVS STETIT IN SINAGOGA.

ARGVMENT.

CE Pſeaume enſeigne la Preſeance que DIEV, tient parmy les magiſtrats, & l'œil qu'il à ſur leurs iugemens, reprent les mauuais iuges, & les admoneſte de garder l'equité & d'embraſſer la cauſe de l'orphelin, & des paūures. repreſente leur ruine ineuitable s'ils font autrement, & les menace de la venue de IESVS CHRIST, auec toute puiſſance, & Iuriſdiction tant au Ciel comme en la terre, Pſeaume qui merite d'eſtre eſcrit en toutes Cours ſouueraines, & aſſemblees.

Pſeaume d'Aſaph.

1  IEV cler-uoyant preſide au parlement
  des dieux
  Qui rendent icy bas deſſoubs luy la
  iuſtice.
La de mageſte plein, aſſis au meillieu d'eux,
Entend leurs iugement, veoit s'ilz font leur office
Et leur rend tout de meſme à qui mal, à qui mieux.
2 Iuſques à quant (dit-il) ô DIEV iugeres vous

Aa iij

Touſiours iniuſtement ſans reſpect, & ſans
    crainte,
Et que l'on vous verra pluſtoſt ſuporter tous
La cauſe des peruers, que l'equitable plainte,
Et cry des affligez qui recourent à vous.
3 Faictes iuſtice au pauure, & prenez fermement
La deffence en vos mains, des pupils ſans deffence,
Ne ſouffrez que l'impie oppreſſe impunement
Le pauure humilié, ſoyez pour l'innocence,
Et ne vous laiſſez point corrompre aucunement.
4 Employez le pouuoir que vous auez en main
Au ſecours imploré du pauure lamentable,
Deſliurez qui d'ennuis, qui du ioug inhumain,
Qui de neceſſité, qui d'iniure notable,
Et qui de mort pluſtoſt auiourd'huy que demain.
5 Mais las en vain ie crie ils n'en ont point
    ſoucy,
Ils ne cognoiſſent rien tant que la nuit eſt ſombre,
Ils cheminent, alors que l'air eſt eſpaiſſi,
De la vient que laiſſant la iuſtice pour l'ombre,
Ont voit les fondemens du monde eſmeus ainſi.

Ieā
10.
34.

6 I'ay dit vous eſtes Dieux, ie l'auoüe, & le faut,
Auſſi pour tels chaſcun icy bas vous adore,
Vous eſtes tous enfans du Souuerain d'enhaut,
Ses animez pourtraits, ſes lieutenans encore,
Tout vous eſt deub, permis, & rien ne vous def-
    faut,
7 Mais vous mourez pourtant, & ſera le flam-
    beau

De voſtre vie eſteint ainſi que d'vn autre homē:
Princes vous reſſemblez vn iour luiſant, & beau,
Qui tombe dans la nuict pour reprendre ſon
 ſomme,
Vous tomberez ainſi dans la nuict du tombeau,
8 Auant que le mal gaigne au meſpris de ta loy,
O grand DIEV, leue toy, vien pour iuger la
 terre,
Qu'elle en ſoit toute eſmeuë, & tremblante
 d'effroy,
Car tant de nations que ſa rondeur enſerre
T'appartiennent de droit, & releuent de toy.

ORAISON.

ASSISTEZ nous de tant de faueurs Seigneur, que ſuiuant la loy de voz commandemens nous declinions
touſiours du mal, ſubuenions aux pauures, & neceſſiteux, &
prenions la cauſe de la veufue, & de l'orphelin en main, à
fin qu'vn iour nous puiſſions meriter d'eſtre eſcrits, & receuz au nombre des viuans, & iouyr de la gloire eternelle.
Ainſi ſoit-il.

PSEAVME LXXXII.
Heb. 83.

DEVS QVI SIMILIS TIBI.

ARGVMENT.

L'EGLISE se complaint à DIEV, des afflictions qu'elle souffre, le prie pour sa deliurance, & qu'il ait pitié d'elle, comme il a eu de plusieurs en pareilles necessitez dont les exemples sont recitez en ce Pseaume.

Cantique en ce Pseaume d'Asaph.

1 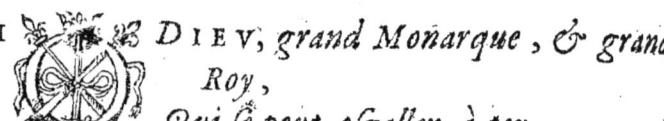 DIEV, grand Monarque, & grand Roy,
Qui se peut esgaller à toy
En pouuoir, en force, & prouesse,
Ne sois plus muet, c'est beaucoup,
Laisse ton silence à ce coup,
Ton silence delaisse.
2 Car voila ton fier ennemy
Pensant que tu sois endormy
Qui sonne la victoire,
Et tes haineux pareillement
Leuent la teste insolemment
Au mespris de ta gloire.
3 Ils ont ces peruers à tes yeux

DE DAVID. 377

Fait maints desseins pernitieux
Sur ton peuple fidelle,
Mais sur tout ils ont coniuré
Ceux que ta main a retiré
Soubs l'ombre de ton aile.
4 *Sus destruisons (ils ont dit tous)*
Ceste gent qui vit parmi nous,
Faisons luy dure guerre,
Et qu'elle soit telle au surplus
Que l'on ne parle à iamais plus
D'Israel, sur la terre.
5 *Ils ont tous d'vn consentement*
Conspiré tout ouuertement,
Fait des ligues maudites
Contre toy, ioints auec les osts
De ceux d'Edom, fiers, & dispos
Et des Ismaëlites.
6 *Moab, Agar, remplis de mal,*
Et ceux d'Ammon, & de Gabal,
Sont de ceste conduite
Amalech, & le Philistin
Auec le Tirien mutin
Y sont entrez en suitte.
7 *Les Assiriens remuans*
Y vont aussi contribuans,
Leur forces les plus belles,
Ils sont tous venus de bien loin
Pour donner main forte au besoin,
Aux fils de Loth rebelles.

Iug. 7. 12.	8 Mais pers-les comme tu perdis Madian, & Sisar jadis, Soit leur perte pareille, Ainsi que pour venger ton nom Iabin, au torrent de Cisson Auec grande merueille. 9 Pres de Dor ils feurent chassez, Et comme un fumier delaissez Dessus la terre tainte De leur sang polu, & vilain, Dont elle fut pleine soudain Des la premiere attainte.
Iug. 4. 15.	10 Fay leur en de mesme, & qu'ainsi Aduienne à leurs princes aussi Comme à Oreb le braue, Comme à Zeeb, & comme à Zebat Tous deux des premiers au combat Et Salmana le graue 11 Bref à ceux qui sont en credit Parmi ces fols, qui tous ont dit Occupons sans rien craindre Comme un heritage le lieu, Qu'on à consacré pour leur DIEV: Il ne nous faut point faindre. 12 Mais Seigneur fais les tous plustost Rouller du hault en bas bien tost, Tout ainsi qu'une rouë, Comme un festu qu'on voit dans l'air Tantost hault, tantost bas voller,

Et dont le vent se ioue.
13 Ou bien fay-les encor passer
Par le feu, vien les embraser,
Et les consomme en poudre
Comme les forests, & les monts,
Qui trop haults esleuent leurs fronts
Sur qui tombe ton foudre.
14 Ainsi par tourbillons de vent,
Ainsi par feu va poursuiuant,
Ceste maudite race,
En ton courroux agite abas,
Tonne, foudroye, & mets à bas
Leur sacrilege audace.
15 Couure leur face desormais
D'ignominie à tout iamais,
Donne leur cognoissance
De ton pouuoir ainsi qu'expres,
Afin qu'ils cherchent puis apres
Ton nom plein de puissance.
16 Qu'on les voye ou morts, ou rendus,
A tes pieds Seigneur estendus,
Pleins à iamais de honte,
Et s'ils ne se retournent point,
Fay qu'ils perissent de tout point
Sans qu'on en face conte.
17 Qu'il puissent par effect sçauoir
Le nom admirable en pouuoir
De Seigneur, que tu portes,
Estant de ces terrestre lieux

Seul souuerain comme des cieux:
Tu l'es en toutes sortes.

ORAISON.

ETERNEL Createur de toutes choses, qui sondez les pensees des hommes auant qu'elles soient pensees, vous qui estes le souuerain, & absolu Monarque de l'vniuers, & qui debuez vn iour en Majesté iuger le monde, faictes que nous ayons honte de nos pechez, & que pensans à ce terrible aduenemēt, nous vous consacrions toutes nos actions, à fin que nous n'aions point de honte de comparoistre deuant la face de vostre cher fils. Ainsi soit-il.

PSEAVME LXXXIII.

Heb. 84.

QVAM DILECTA TABERNACVLA.

ARGVMENT.

DAVID, ayant esté contraint de s'absenter de Hierusalem pour seureté de sa vie, demonstre par les douceurs qu'il y a eu l'exercice de la religion, & de la communion de l'Eglise, les ennuis, & desplaisirs qu'il ressent de s'en voir priué dont il se lamente.

Au Maistre des Chantres, en la saison des vendanges, pour les enfans de Choré Pseaume.

1 DIEV, *des armees combien,*
Tes tabernacles sont à noz yeux
agreables,
Mon ame meurt aprés les douceurs d'un tel bien,
Et de voir tes paruis, si beaux, & delectables,
Qu'aprés il ne faut plus voir rien.
2 *Mon cœur à ce doux souuenir*
O Seigneur DIEV, *viuant, grand* DIEV *de*
nostre vie,
Bondit dans moy de ioye, on ne le peut tenir
Ma chair en fait autant, & mon ame rauie

A peine puis-ie retenir.
3 Le Passereau hoste de l'air,
A bien Seigneur vn lieu soubs l'ombre de ton esle,
La Tourterelle treuue vn lieu pour y voller,
Et mettre ses petits, & ton peuple fidelle
Ne sçaura t'il ou s'en aller ?
4 Ou sont maintenant les Autels
Consacrez à ta gloire, ô grand DIEV des armees,
Sur qui jadis souloient te faire les mortels
Maints sacrifices gras, de cheures enflamees,
Et d'autres holocaustes tels.
5 O combien sont pleins de bonheur,
O que d'extases doux, ressentent à tout heure
Ceux qui font leur demeure en ta maisõ Seigneur,
Ils beniront sans fin ceste sainte demeure,
Et te lourons tous de bon cœur.
6 Bien heureux est aussi celuy
Qui met au Seigneur DIEV sa force, & sõ attète,
Qui de ce val de pleurs, de misere, & d'ennuy,
Monte iusques à tant qu'il ait gaigné la sente.
Qui le mene tout droit à luy.
7 Son legislateur semera
Ses benedictions, en tresgrande abondance,
De vertus, en vertus, sa main l'assistera
Pour monter en Sion la saincte residence
De sa Deité qu'il verra.
8 Sus donc Seigneur DIEV, des combas
Reçois mon oraison, ne la mets en arriere
De tes cieux esleuez iette ta veuë en bas,

Preste ô DIEV de Iacob, l'oreille à ma priere,
Monstre le pouuoir de ton bras.
9 O DIEV qui reçois en ta main
Nostre protection, dessus les tiens prens garde,
Ne continuë point dessus nous ton desdain,
Mais de ton ciel plus doux considere, & regarde
La face de ton Christ soudain.
10 Car vn seul iour vaut beaucoup mieux
En ta saincte demeure, ou reluit ta presence,
Ainsi que le Soleil qu'on voit reluire aux cieux,
Que mille, & mille iours ailleurs en ton absence,
Desirable obiect de nos yeux.
11 I'ay plus cher d'estre en la maison
De DIEV, le plus petit, & le moindre en office,
Que le premier de tous ayant tout à foison
En celle des meschans, qui sont pleins d'iniustice,
Viuans sans loy, & sans raison.
12 Aussi DIEV, tout bon, & clement,
La verité cherit & la misericorde,
C'est luy qui donne grace & gloire incessamment
A qui l'aime, le sert, le craint, & ne discorde
A son sainct vouloir nullement.
13 Il ne refuse rien à ceux
Qui vont en innocence, & tous biens leur enuoye,
O grand DIEV des combats, que l'homme est donc
 heureux
Qui se confie en toy, qui chemine en ta voye,
Qui te craint, & t'offre ses vœux,

ORAISON.

PROTECTEVR, & fondateur des saincts, & celestes tabernacles, octroyez ceste grace que nous puissions tousiours accroistre de vertu en vertu, tandis que nous habitons ceste valee de misere. Disposez en nos ames les degrez, par ou nous pouuons monter à vostre gloire, & monstrez nous la face de IESVS-CHRIST, nostre Soleil vray DIEV, & vray homme, qui vit, & qui regne eternellement, Ainsi soit-il.

DE DAVID. 385

PSEAVME LXXXIIII.

Heb. 85.

BENEDIXISTI DOMINE TERRAM TVAM.

ARGVMENT.

LES Enfans d'Israel apres leur deliurance de la captiuité d'Egypte, & depuis de celle de Babylone, rendent loüanges, & actions des graces à DIEV, representans mistiquement la deliurance de tout le genre humain, par la venue de IESVS CHRIST, & de son regne plein de misericorde, & verité.

Au maistre des chantres, Pseaume des
enfans de Choré.

1 V viens en fin ô DIEV, de ta faueur
    Benir ton heritage,
      Et retirer ton Iacob de langueur,
Et de son dur seruage.
2 Luy remetant le deu de ses forfaits:
Rien tu ne luy demande,
Tu tiens couurts les pechez qu'il à faits,
Tant ta douceur est grande.

Bb

3 Aux pleurs des tiens, tu rends esteins les feux
De ta iuste colere,
En retirant ta fureur dessus eux,
Comme faict vn bon pere.
4 Conuertis nous en tes graces ainsi
DIEV, nostre salutaire
Cesse ton ire, & nous dispose aussi
Desormais à te plaire.
5 Sentirons nous sans fin de tes courroux
Helas? la dure aticinte,
Helas? iamais ne verra ton sur nous
Ta colere estre esteinte.
6 Mais non plustost tu nous reuifiras
Oubliant nostre offence,
Et tout ton peuple encor resiouiras
De ta saincte presence.
7 Fais donc sur nous reluire le Soleil
De ta misericorde,
Et donne nous cher obiect de nostre œil
Ta paix, & ta concorde:
8 I'escouteray ce que le Seigneur DIEV
Nous daignera dire ore,
Il ne discourt que de paix en tout lieu,
Et sur son peuple encore.
9 Il fait de mesme aux saints, & leur enioint
De se rendre equitables,
D'aymer la paix, & ne retomber point
En leurs fautes damnables.
10 Aussi vrayment son salut est fort pres.

DE DAVID.

A qui le craint, & n'erre
Car pour sa gloire il est venu exprés
Habiter nostre terre.
11 Misericorde auec la verité
Maintenant si caressent
Iustice, & paix, d'vn, & d'autre costé
S'embrassans ne se laissent.
12 La verité sort ores à nos yeux
De la terre feconde,
Et le Soleil d'equité luict des Cieux
Esclairant tout le monde.
13 Le Seigneur, donc fera dessus nous tous
Paroistre sa clemence,
Et nostre terre aux rais de son œil doux
Les fruits de sa semence.
14 Deuant ses yeux chacun verra marcher
La Iustice contente
En grand honneur, sans peur de trebuscher
N'y qu'on la violente.

ORAISON.

Dieu de nostre salut, Sauveur, & Redempteur de nos ames, pardonnez les pechez de vostre pauure peuple. Que vostre courroux ne dure pas tousiours mais que vostre grace nous viuifie, destournez nous du chemin d'iniquité à fin qu'vn iour nous puissions paruenir au doux sejour de vostre gloire. Ainsi soit il.

DE DAVID. 389

PSEAVME LXXXV.

Heb. 86.

INCLINA DOMINE AVREM TVAM.

ARGVMENT.

DAVID, persecuté de Saül, Absalon, & autres ses ennemis, prie DIEV, de l'en deliurer. Et de luy en faire voir quelque signe, recognoissant que DIEV, est son protecteur, à fin qu'il le puisse glorifier, & perseuerer en son seruice, ainsi nostre Seigneur IESVS CHRIST, prie DIEV son pere, au iardin d'Oliuet pour sa deliurance à la confusion de ses ennemis, par le signe certain de sa glorieuse Resurrection.

Priere de Dauid.

1 NCLINE *ton oreille, à mon humble priere,*
Exauce la Seigneur, ne la reiette point
Car ie suis affligé tu le vois de tout point,
Ie n'attens plus helas, que mon heure derniere,
2 Parmy tant de douleurs qui trauersent mon ame,
Conserue moy mon DIEV, tousiours en mon deuoir
Et sauue ton seruant, qui met tout son espoir
En ta grande bonté qu'il inuoque, & reclame.

Bb iij

3 Las fay moy grace, ayant tes oreilles atteintes
Des pitoyables cris que ie fais chacun iour,
Resiouïs du bon heur mon DIEV, de ton amour
L'ame de ton captif, qui t'adresse ses plaintes.
4 Fay luire dessus moy, le Soleil de ta face,
Remplie de douceur, deliure moy d'ennuis:
Et quoy serois-ie seul aux maux où ie languis
Qui reclamast en vain ta clemence & ta grace.
5 Ne puis-ie par mes cris rompre ce long silence
Que tu gardes Seigneur, il est tantost saison
De porter ton oreille à ma triste oraison,
Et que ma vois plaintiue esmeuue ta clemence.
6 Entre les bras de qui veux tu que ie me iette
Lors que ie suis pressé de quelque affliction,
Sinon entre les tiens, ma consolation:
DIEV m'exauce tousiours, & point ne me reiette
7 Mais aussi qui se peut dire à toy comparable?
Sçauroit on esgaller en terre, ou dans les Cieux
Au tout puissant Seigneur, quelqu'vn d'entre les
   Dieux,
Aucun comme toy n'est en ses faits admirable.
8 Toutes les nations à qui tu donnes l'estre
Viendront de toutes parts au bruict de ton renom,
A fin de t'adorer, & reclamer ton nom,
Faire hommage à ta gloire, & pour la recognoistre.
9 Le Seigneur nostre DIEV, ne fait rien qui ne tiéne
Du grand, de l'admirable, on le voit en tout lieu,
Monstrant par ses effects que seul il est le DIEV
Qui ne fait rien que bien, & qui ne luy conuienne

10 Conduis moy donc Seigneur tout sainct, &
 debonnaire
En tes iustes sentiers, où luit ta verité,
Fay que ie m'esiouysse en ta benignité
Et mon ame en ton nom qui craint de te desplaire.
11 Ie louray ta bonté dont i'ay la cognoissance
Comme de ton pouuoir auec beaucoup d'honneur,
Ma bouche incessamment receura ce bon heur
De publier ton nom, en grande esiouyssance.
12 Ta grace montre bien, comme elle se soucie
Des tiens, & ta bonté de moy, brisant les fers
De mon ame attachee au profonds des Enfers,
Dont il est bien raison que ie t'en remercie.
13 Cependant les meschans qui me portent
 enuie,
Se sont de toutes pars esleuez contre moy,
Aussi fait (ô mon DIEV,) sans nul esgard de toy
La troupe des puissans, qui poursuiuent ma vie.
14 Mais toy DIEV souuerain, tu m'es tout pi-   Ex.
 toyable   34.
Prompt tousiours à bien faire, & tardif à courroux,   8.
Et comme ta douceur se fait paroistre à tous,
Tu gardes ta promesse en tout temps veritable.
15 Monstre donc les effects d'vne amour paternelle
Regarde & prens pitié Seigneur, de ton enfant,
Donne luy ton Empire, à iamais triumphant,
Et conserue le fils de ta deuote ancelle.
16 Ainsi Seigneur, ainsi, fais luire en ceste sorte
Quelque signe d'amour, à fin que mes haineux,

Bb iiij

PSEAYMES
392

Soient confuz a iamais, voyās qu'ainsi contr'eux
Prenant ma cause en main, ta grace me conforte.

ORAISON.

DIEV de misericorde, DIEV de douceur, & remply de bonté enuers ceux qui inuoquent de cœur, & qui reclament vostre sainct nom, tirez noz ames du profond des Enfers, vous estes le seul grand. le createur du ciel, & de la terre & nul ne se peult esgaller à vostre majesté, consolez nous par vostre faueur, Et aidez nous en noz afflictions, à fin que nous vous benissions eternellement. Ainsi soit il.

PSEAVME LXXXVI.

Heb. 87.

FVNDAMENTA EIVS.

ARGVMENT.

EN ce Pseaume, l'Eglise de DIEV, est representee en sa gloire, & beatitude, soubs la figure de Syon, type d'icelle, ou IESVS CHRIST, establira son regne, & la saincte communion de tous les peuples, pour seruir & glorifier DIEV, d'vn mesme accord, & consentement iusqu'en fin des siecles.

Esa. 2.
Mich. 4.

Pseaume de Cantique, des enfans de Choré.

1  Es fondemens pleins d'admiration,
Sont és saincts monts, aussi le Sei-
   gneur aime
Auec entiere, & ferme affection,
Plus qu'il ne fait les tabernacles mesme
Du bon Iacob, les portes de Syon.
2 O bien heureuse, & celebre cité
Comme ton heur, grande est ta renommee:
Vn chacun parle auecques dignité
De toy Cité, non sans raison nommee
Cité de DIEV, pour ta diuinité.
3 Ie feray bien mention en tous lieux,

De la grandeur, de l'heur, & de la gloire,
De Babilon, & d'Egypte auec ceux
Qui font ainsi comme moy la memoire
De leur renom, qui montoit iusqu'aux cieux.
4   Des Estrangers comme du Tyrien,
Du Palestin, de l'Arabe, & du More,
Du Philistin, icy l'on dira bien,
Vn tel est nay, qui de ces lieux encore,
Qui de cest autre, & tout cela n'est rien.
5   Mais de Syon, pleine de Majesté,
Il sera dit entre autres choses d'elle,
Tel en nasquit, vn tel en a esté,
Et le treshault pour sa gloire immortelle
Luy mesme en à le fondement ietté ?
6   Dedans le liure ou les gens sont escris
DIEV, cottera pour vne souuenance,
L'illustre nom des Princes qui n'ont pris
Qu'en la cité de Syon leur naissance,
Comme de ceux qui sont ses fauoris.
7   Ainsi sera le seiour pretieux
A tout iamais de la cité tant belle
Du Seigneur, ou les habitans entr'eux
Louans sans fin sa bonté eternelle,
S'esiouyront en son nom glorieux.

ORAISON.

VOus estes nostre asseuré fondement ô Dieu des Dieux, vous dis-ie qui auez daigné n'aistre de la Vierge Marie, Vous nous auez enseigné dans vos Saincts Euangiles la doctrine celeste, à fin que nous feussions vn iour capables d'auoir nostre part, en l'heritage de la Sainte Syon Faites nous la grace, que la gloire que nous ne pouuons maintenant comprendre, nous soit acquise par le merite de vostre Sang precieux. Ainsi soit il.

PSEAVME LXXXVII.
Heb. 88.

DOMINE DEVS SALVTIS MEÆ.

ARGVMENT.

Pse.
6.
†
38.

DAVID, affligé d'vne griefue maladie, Prie DIEV, pour le recouurement de sa santé, comme au Pseaumes cy deuant, ainsi le peuple de DIEV, se complaint pour les persecutions que luy font ses aduersaires, & toute ame trauaillee pour ses pechez, ayant la crainte de DIEV.

Cantique, & Pseaume au Maistre des Chantres, pour les enfans de Coré, pour chanter sur le Maheleth, & respondre, Chant de doctrine d'Eman. Ezrahite.

1 J'Ay crié iour & nuit sans cesse
A Toy mon DIEV, de mon salut
A fin ô Seigneur qu'il te pleut
Prendre pitié de ma detresse:
Helas ô DIEV, plein de bonté
Redonne, & rends moy ma santé.
2 Ne refuse point ma priere,
Mais plustost que mon oraison
Paruienne à toy il est saison,

DE DAVID.

Ne la iette point en arriere,
Preste l'oreille à ma clameur
Et souuiens toy de moy Seigneur.
3 *Car las ! mon ame est trauersee*
De toutes sortes de trauaux,
Et ma vie au faix de ses maux
Est maintenant toute oppressee,
Elle s'en va choir promptement
O Dieu, sans ton soustenement.
4 *Chacun aussi m'estime comme*
Les trepassez qui ne sont plus,
Et tel que si i'estois reclus
Dans la fosse, & suis comme vn homme
Qui n'a plus de force en son corps,
Libre de maux, entre les mors.
5 *Ie suis las comme ceux encore*
Naurez de coups mortellement,
Qui sont couchez au monument
Dont tu n'as plus de memoire ore,
Et que ta main à deuant tous
Exterminez en son courroux.
6 *Comme vn homme donc mort au monde*
(Sans l'auoir quité toutesfois)
Tu m'as Seigneur, à ceste fois
Ietté dans la fosse profonde;
Parmy les ombres, & l'horreur
De la mort, pleine de terreur.
7 *Par tant de maux & de martyres*
D'angoisse, d'horreur, de mechef,

Tu confirmes deſſus mon chef,
Ton courroux que tu ne retires,
Et par tant de flots amaſſez
Qui ſont depuis ſur moy paſſez.
8 Afin que ie n'euſſe puiſſance
De m'alleget en mon eſmoy,
Tu banis ô Seigneur de moy
Ceux dont i'auois la cognoiſſance,
De maniere qu'ils m'ont tous eu
En horreur, & ne m'ont plus veu.
9 Ils croyent qu'en ceſte miſere
Ie ſuis reſerré pour touſiours,
Et que i'y finiray mes iours.
Qu'il ne fault plus qu'en toy i'eſpere,
D'où vient qu'ainſi comme mon cœur,
Mes yeux, ſont foibles de langueur
10 I'ay frappé de cris ton oreille
Chacun iour, Seigneur, tu le ſcais
Abatu ſoubs le rude fais
De mon angoiſſe nompareille,
Et tendu més deux mains à toy,
A toy Seigneur, en qui ie croy.
11 Prens donc ô DIEV, que ie reclame
Pitié de moy? quoy penſes tu
Reſeruer ta grande vertu
Pour les morts couuers d'vne lame,
Les verra t'on ſe releuer
Des ſepulchres, pour te louer.
12 Eſt il aucun dedans la biere

Pleine d'horreur, d'obscurité
Qui raconte ta verité
Et ta douceur aux tiens entiere,
Ainsi que tous les iours appert
Veu que tout s'y corrompt, & pert.
13 Qui pourra parmy les tenebres
Ou le Soleil ne luit iamais,
Cognoistre tes faicts desormais
Tant admirables, & celebres,
Et ta iustice tout ainsi
En terre doubliance aussi.
14 Mais moy Seigneur, à toy ie crie
Sans cesse dés que le Soleil
Au matin nous monstre son œil
Ie te reclame, ie te prie,
Et ie t'adresse promptement
Mon oraison deuotement.
15 Hé pourquoy Seigneur plein de grace
Dont i'espere ma guerison,
Repousses tu mon oraison,
Et que tu destournes ta face
Ainsi comme tu fais si loing
De ton seruant à son besoing.
16 Las i'ay souffert dés ma ieunesse,
I'ay sceu que c'est d'aduersité
Au temps de ma prosperité
Ta main à ployé ma hautesse,
Et quant i'estois sain, & dispos,
Troublé ma santé iusqu'aux os.

17 Tous les plus grands coups de tempeste
Que ton courroux peult enfanter,
Las! tu les as faict esclater
O Seigneur, DIEV, dessus ma teste.
Ie suis mon DIEV tout foudroyé,
Et de tes courroux effroyé,
18 A la souuenance i'en tremble
Ils m'ont pressé iournellement,
Et comme vn grand desbordement
De flots qui s'amassent ensemble
Me sont venuz enuironner:
Si que ie ne puis ou tourner.
19 Ainsi ton ire inexorable
Ma mis en si fascheux estat,
Qu'au moindre bruit & moindre esclat
De ma misere deplorable,
Mes amis, & plus familliers
M'ont abandonné des premiers.

ORAISON.

REDEMPTEVR de nos ames, qui pour nous, vous estes fait homme, & porté nos langueurs : vous qui auez esté esleué en Croix, humilié dans le Sepulchre, troublé en la mort, & penetré iusques aux Enfers, Nous vous suplions de nous tirer des tenebres d'horreur, & d'obscurité & nous deliurer des embuches de nos ennemis, & de la cruelle seruitude, où ils nous detiennent. Ainsi soit il.

DE DAVID.

PSEAVME LXXXVIII.

Heb. 89.

MISERICORDIAS DOMINI.

ARGVMENT.

DAVID, & tout le peuple Israelite, celebrent la bonté & la misericorde de DIEV, pour la venue, & le regne spirituel de IESVS CHRIST, selon la promesse qu'il leur auoit faite, pour les deliurer des persecutions de leurs aduersaires, ils se lamentent de ce qu'il tarde tant à venir, & le supplient d'accelerer ceste grace, qu'il leur a promise de si longue main.

2. Des rois 7.

Cantique d'erudition d'Ethan, Ezrahite.

1. Ie chanteray sans cesse de bon cœur
À haute voix, les bontez, les clemences,
Du Seigneur DIEV, qui remet nos offences,
Et qui ne nous chastie à la rigueur.
2. Aussi ma bouche ouuerte incessamment
À ton honneur, ta louange, & ta gloire,
Anoncera ta verité notoire
De race en race, à tous pareillement.

3 S'il t'en souuient, car Seigneur tu l'as dict
Ma douceur est à iamais perdurable,
Et i'ay fondé ma foy non violable
Dedans les Cieux, ou son œil resplandit.
4 I'ay fait vn pacte auecques mes esleus,
Asseuré i'ay Dauid, qui m'est fidelle
Que ie rendray sa semence eternelle,
Et les effects en seront recogneus
5 I'esleueray son throsne en magesté
Par dessus tous, & feray dauantage
Car à iamais, il viura d'aage, en aage,
Honoré, craint, & par tout respecté
6 Les Cieux Seigneur ouurages, de tes mains
Anonceront icy bas tes miracles,
Et de ta foy, les celestes oracles
Aparoistront, en la foule des saints
7 Qui peult au Ciel ou bien en autre lieu
A l'eternel se rendre comparable?
Est il quelqu'vn qui puisse estre semblable
A ce grand DIEV, l'vnique filz de DIEV.
8 Quoy? n'est ce pas ce grand DIEV, nostre appuy
Que l'on reuere en l'Eglise infallible
Des biens heureux, le grand, & le terrible,
Dessus tous ceux qui sont autour de luy.
9 DIEV des combats, amateur d'equité
Qui te pourroit esgaller en vaillance,
Par dessus tous, tu luis plein d'excellence
Enuironné de force, & dignité.
10 Tu sçais dompter l'indomptable pouuoir,

Et la fureur de la mer a ton aise
Tu l'adoucis à lors qu'elle est mauuaise,
Et qu'elle faict ses flots mutins mouchoir.
11 Ta forte main a soudain mis à bas
Cest orgueilleux, comme vn homme tout blesmé
Nauré de coups, & dispersé de mesme,
Tes ennemis, par l'effort de ton bras.
12 Les Cieux sont tiens, toute la terre aussi,
Ta main fonda ce grand globe terrestre,
Auecques tout ce qu'on y voit paroistre,
Le Sud bruslant, & l'Aquilon transi.
13 Tabor Hermon, de nos yeux le deduit,
S'esiouiront Seigneur, en la memoire
De ton saint nom, en chantans la victoire
Que ton fort bras incessamment poursuit.
14 Roydis ta main Seigneur en cest endroit
Leue ta dextre, & soit toute honnorée,
La grandeur est de ton throsne asseurée
Estant fondée en iustice, & bon droit.
15 Misericorde aisnee au DIEV treshault,
Et verité marchent deuant ta face:
Heureux ceux la qui gaigneront ta grace,
Et qui sçauront te louer comme il faut.
16 On les verra marcher aux rais tousiours
De la clarté de ta face luisante,
Glorifier ta iustice puissante,
Et s'esiouir en ton nom tous les iours.
17 O Seigneur DIEV, la gloire, & l'ornement
De leur pouuoir, & vertu desirable,

Cc ij

Ainsi nous soit ta grace fauorable,
Et nous esleue en faueur hautement.
18 Car le pauois par qui tu nous maintiens
De toy prouient, & du D I E V *sainct encore*
Qu'Israel sert, & que Iacob adore,
C'est nostre Roy, qui conserue les siens.
19 Iadis Seigneur, tu racontas ainsi
En vision à tes saints qu'on renomme,
I'ay mis ma force en vn trespuissant homme
Que i'ay parmy tout mon peuple choisi.
20 C'est à Dauid, qui vit selon ma loy

I
Rois
16.
13.

Mon seruiteur, que i'ay trouué fidelle,
Pour ce ie l'ay de ma grace eternelle,
Et mon sainct huile, oingt, & sacré pour Roy.
21 En sa faueur ie tiendray tousiours prest
Le fort secours de ma main inuincible,
Et ie rendray la puissance visible
De mon fort bras, au sien si besoing est.

Act
13
22.

22 Ie ne veux point souffrir que l'ennemy
Prenne sur luy tant soit peu d'auantage,
Et le meschant luy face quelque outrage,
Ie n'en ay point pris le soing à demy:
23 Car ie feray vn carnage piteux
Deuant ses yeux de tous ses aduersaires,
Ie destruiray ceux qui luy sont contraires,
Et donneray la chasse à ses haineux.
24 Ma verité, & ma bonté seront
Auecques luy pour le garder d'escorne,
En mon sainct nom il haussera sa corne

Et ses desseins tousjours prospereront.
25. De plus en plus croistra sa dignité,
Ie luy veux mettre en main le moyeux sceptre
De l'occean, les fleuues soubs sa dextre,
Et son pouuoir ne sera limité.
26. Si l'on l'attaque, alors m'inuoquera,
En m'apelant son pere, & son attente,
Son Dieu, son fort, la roche permanente
De son salut, qui le conseruera.
27. Ie le feray aisné de mes enfans,
Et le plus grand de tous les Roys du monde,
Il regira la terre ainsi que l'onde,
Vainquant l'honneur des Roys plus trionphans.
28. Ie maintiendray, voire eternellement
Ma saincte amour en son endroict parfaite,
Et la promesse aussi qu'a luy i'ay faicte
Ie garderay tousjours fidellement.
29. Ainsi rendray perdurable à iamais
Toute sa race, & son beau throsne au reste,
Comme les tours de la voute celeste,
D'ou le Soleil respand sur nous ses rais.
30. Mais si ses fils laissent mes mandemens,
Quittent ma loy, pour à leur plaisir viure
En liberté sans ma volonté suiure
Ny cheminer en mes saints iugemens.
31. S'ils sont si fols par actes, ou par dits
De prophaner ma sacree ordonnance,
De n'auoir point aucune souuenance
De leur douoir, n'y garder mes Eedits.

Cc iij

32 Ie ne feray verront-ils leur iouet,
Ma main fouuent vifitera leurs fautes,
Auec la verge, & leurs offences hautes
Contre ma gloire, auec des coups de foüet.
33 Mais pour cela ie ne retireray
Mon amitié qui n'eft point feparable,
Il cognoiftra que ie fuis veritable,
Et quoy qu'il foit ie ne le laifferay.
34 Car mon contract ie ne fauceray point,
On ne voit pas que iamais ie retouche
A ce qui fort vne fois de ma bouche,
L'on s'en peut bien affeurer de tout point.
35 I'ay quelquesfois iuré ma fainteté
Me verroit on manquer or de promeffe
A mon Dauid, qu'a toufiours, & fans ceffe
Seroit fa race en fouueraineté.
36 Que l'on verra fon throfne deuant moy
A tout iamais plus clair, & delectable
Que le Soleil, & la Lune agreable,
Les deux tefmoings dans le Ciel de ma foy.
37 Mais quoy? tu l'as reietté toutesfois,
Et deftourné tes yeux en fa mifere,
Car n'as tu pas enflamé ta colere,
Abondonné ton cher Chrift aux abois,
38 Rompant l'accord iadis auec luy faict,
Tu l'as mis bas foulé fon fanctuaire
Helas Seigneur, qui te meut à ce faire,
Ta main à faict, & puis elle deffait
39 Les pierres mefme ont fenti ta fureur

2 ROIS 7 15

1 ROIS 7. 6.

DE DAVID.

En destruisant ses rempars, ses murailles,
Ses bastions, en forme de tenailles,
Bref remplissans tous ses forts de terreur.
40 Iusques à ceux qui passoiens leur chemin
Las! ô Seigneur il seruoit de pillage,
Tu l'as laissé l'infamie, & l'outrage
De ses voisins, comme il semble sans fin.
41 Ta main haussoit la dextre de tous ceux
Qui de ton Christ rabaissoient sa hautesse,
Et as remply d'vne grande allegresse
Les ennemis, en te monstrant pour eux.
42 Tu l'as contraint de reculer ses pas,
Faict reboucher & la pointe, & la taille
De son espee au fort de la bataille,
Et l'as laissé le plus foible aux combas.
43 La mesme main qui seruoit d'instrument
A son honneur, est ores sa ruine,
Tu l'as destruit, mis la flamme à la mine,
Et renuersé son throsne rudement.
44 Iusqu'à ces iours tu les as espiez
A peine estoit la fleur espanouye,
Que l'on la vit soudain esuanouye,
Tu l'as couuert de honte iusqu'aux pieds.
45 Mais iusqu'à quand laissant nostre amitié
Nous fuiras tu, iusques à quant ton ire
Comme vn grand feu, viendra elle nous nuire?
N'auras-tu point de nous quelque pitié.
46 Souuienne toy Seigneur que bien soudain
Nostre aage fuit, nous rauit, nous emporte,

Luc.
1.32.
Iea.
12.
34.

Cc iiij

Las! aurois tu doncques en ceste sorte
Fait, & creé le fils de l'homme en vain.
47 Car ô Seigneur, est il homme tant fort
Qui n'en succombe à la fin, & ne cede
Aux grands efforts du trespas sans remede?
Qui peut son ame exempter de la mort.
48 Ou sont (Seigneur,) ces antiques bontez,
Et ces faueurs d'eternelles durees,
Tu les auois à ton Dauid iurees,
As tu depuis changé de volontez.
49 Ayes memoire, & ne mets en oubly
La honte faite aux tiens qui me martelle,
Tu sçais combien dans mon seing s'en recelle
Des nations sur qui m'as estably.
50 Ce sont Seigneur, tes ennemis qu'on voit
Nous diffamer, ainsi las à toute heure,
En se moquans de la longue demeure
Que fait ton Christ, & qu'il ne nous pouruoit.
51 Mais quoy qu'on face, & puissions souffrir or
Soit la douceur à tout iamais benie
Du DIEV treshaut & sa grace infinie
Ainsi soit-il, ainsi soit fait encor.

ORAISON.

Dieu de vertu, c'est à vous à qui le Ciel appartient, La terre est vostre, vous estes ce grand DIEV, au regard duquel les Anges tremblent de crainte, & que toutes creature adore, Tirez noz ames de l'abisme, faictes que nous puissions publier vos louanges, & que nous soyons deliurez de la mort eternelle. Ainsi soit-il.

PSEAVME LXXXIX.

Heb. .90

DOMINE REFVGIVM FACTVS ES NOBIS.

ARGVMENT.

CE Pseaume, nous represente la fragilité de la vie humaine, & les miseres dont elle est remplie pour nos offences, qu'il nous admoneste de fuir, ayans recours à la grace, & bonté de DIEV, & ne plus prouoquer ses courroux.

Oraison de Moyse homme de Dieu.

1   SEIGNEVR *plein de bonté qui ton*
  peuple maintiens,
Ta douceur a esté tousiours nostre refuge
De lignee, en lignee, on le voit, on le iuge,
Et combien ta faueur est secourable aux tiens.
2 *Auant aussi qu'on vit en ce terrestre lieu,*
La cime des hauts monts, qui plus, qui moins
  paroistre,
Que la terre eust sa forme, & le monde son
  estre,
O Tres-hault n'es tu pas de siecle, en siecle
  DIEV.

DE DAVID. 411

Pren donc pitié de nous sans cesse en nostre esmoy,
Nos iours passent si tost, ne rauale ainsi l'homme
Par tant de maux Seigneur, sa vie est vn court
 somme,
Ains leur dy renenez fils des hommes à moy.
4 Car mille ans voire plus deuant ta Majesté
Sont autant côme à nous, & n'ont plus de demeure
Que le iour precedent, coulant en si peu d'heure
Qu'à peine on se souuient qu'il ait oncques esté.
5 Ou la garde de nuit qui disparoist soudain
Que le iour se presente, & luy quitte la place:
Ainsi passent les ans de l'homme en briefue es-
 pace,
Et ne te sont Seigneur, nõ plus qu'vn tourne main.
6 Ils sont de mesme aussi que l'herbe qui n'a pas
De duree, & qu'on voit tout le matin fleurie,
On la voit sur le soir abatuë, & fletrie,
Que l'on fauche, & reuerse aussi tost sous nos pas.
7 Car plustost ne paroist la fleur de nos beaux iours,
Que le feu de ton ire, ô DIEV, ne la consomme
La force nous defaut, la douleur nous assomme,
Ta fureur nous saisit, & nous trouble tousiours.
8 Qui ne seroit troublé voyant nostre peché
Deuant tes yeux Seigneur, pour subir ta iustice,
Et noz crimes couuerts tous hideux de malice
Au iour de ton visage, à qui rien n'est caché.
9 Pour ce Seigneur, nos iours sont ainsi defaillis
Nostre vigueur se pert, tu le peux bien cognoistre
A l'effroy de ton ire, on nous voit disparoistre.

*2.
Pier.
3.8.
Eccl.
18.
8.*

*Gen.
6 3.
Eccl.
18.
7.*

Et des maux dont tousiours nous sommes assaillis.
10 Le cours de nostre vie, est si bref qu'on peult
    bien
L'accomparer Seigneur, à l'araigne qui fille
Vne toile aussi peu durable, comme vtille
Aucuns vont à septante, & quoy las? ce n'est rien
11 Octante ans est le nombre, ou Seigneur les plus
    fors,
Et les plus vigoureux à grande peine arriuent
Le surplus de leur iours (si tant ces hommes
    viuent)
N'est que peine, & douleur, ils voudroient estre
    mors.
12 Mais à la fin Seigneur, tu prens pitié de
    nous,
Ta douceur interuient qui nous tire vers elle,
Et qui nous fait sortir de la langueur cruelle
Qu'apres quatre vingts ans, nous souffrons ainsi
    tous.
13 Quel des humains cognoist la force, & la
    terreur,
De ton ire, & qui peut mesurer ta puissance?
Ou bien lors qu'il en a Seigneur, la cognoissance
Ne craint de t'offencer, & te mettre en fureur.
14 Fais nous doncques cognoistre ô grand DIEV,
    ton pouuoir,
Rends vn chacun de nous capable d'auantage,
A fin que nostre cœur aprenne d'estre sage,
Et que nous ne sortions point de nostre debuoir.

15 Retourne a nous Seigneur, appaise tes cour-
    roux,
Ne tiens point ton courage, & iusqu'à quant
    sera ce,
Que tu nous cacheras les beaux raiz de ta face,
Soulage tes seruans, & te monstre plus doux.
16 Remplis nous s'il te plaist Seigneur dés le
    matin
De ta misericorde, à fin que nostre vie
L'aisse ses desplaisirs, & ne soit plus suiuie
Que de contentement, en te louant sans fin.
17 Donne nous ceste ioye, & nous rens consolez,
Le peu de temps encor que nous auons à viure,
Pour les iours qu'on te vit affliger & poursuiure
Les tiens, & pour leurs ans en douleurs escoulez.
18 Voy l'estat miserable ou sont las tes seruans,
Fay reluire sur eux tes œuures pour ta gloire,
Ayes de leurs petits incessament memoire,
Et les conduis ainsi que tes propres enfans.
19 Ainsi le Seigneur DIEV, respande desor
    mais
Dessus nous la clarté de sa grace, & conduise
L'ouurage de noz mains, que tousiours il luy
    duise,
Et bref tout ce qu'icy nous ferons à iamais.

PSEAVMES

ORAISON.

Dieu de nostre refuge, octroyez nous tant de faueur, que nous puissions tousiours fouller aux pieds les concupiscences, & la vanité du monde, Respandez sur nous les eaux de vostre misericorde, Que les rais de vostre face nous esclaire, & nous conduise au salut reserué pour ceux qui vous inuoquent, vous ayment, & vous craignent, Ainsi soit il.

DE DAVID. 415

PSEAVME XC.

Heb. 91.

QVIS HABITABIT IN ADIVTORIO

ARGVMENT.

DAVID, represente l'asseurance ou sont ceux que DIEV prent en sa diuine protection, contre toutes sortes de perils inuincibles, mesmes de la peste, & luy rend vne action de graces, pour la deliurance de la grande mortalité dont son peuple feut affligé.

3. Des rois 24.

Louange, & Cantique de Dauid.

1 QVI demeure en la sauuegarde
  Du treshaut, il est bien
  DIEV, qui de son ciel le regarde,
En prent la souueraine garde:
Il ne redoute rien
2 Aussi dira-il à toute heure
Au Seigneur tout puissant,
N'es tu pas ma retraite seure?
Celuy qui dessus DIEV s'asseure
N'ira point perissant.
3 Car il deliurera ton ame
Des filets du chasseur,

Te deffendra de tout diffame
D'effect, & de parole infame
Comme ton defenseur.
4 Tu seras à couuert soubs l'ombre
De ses esles tousiours,
Et dessoubs ses plumes sans nombre
Heureux, & franc de tout encombre
Dont sont suiuis nos iours.
5 Sa foy nompareille en puissance
T'ira couurant aussi,
Comme vn pauois pour ta deffence,
Tu ne craindras rien qui t'offence
De nuit, couuert ainsi.
6 N'y le iour la flesche acerée
D'vn arc fort, & roidy,
N'y la peste sur la serée,
N'y la course aussi desastrée
Du demon au midy.
7 Il en cherra vers ta senestre
Mille, non sans effroy,
Plus autres dix mille à ta dextre,
Et bref tout le mal qui puisse estre
N'ira point iusqu'à toy.
8 Mais pour cela pense & repense,
Marque le tout des yeux,
Tes yeux verront la recompense
Que DIEV reserue à l'insolence
Des meschans en tous lieux.
9 C'est pourquoy ie prens asseurance

Comme

DE DAVID.

Comme ie dois & faut
A toy Seigneur, mon esperance,
Qui loge pour nostre assistance
Ton secours au lieu haut.
10 Quelque orage de maux qui face,
Et dure sans changer,
Ne t'atteindront en nulle place:
Ton ame asseuree en sa grace
N'en craindra le danger.
11 On luy voit aussi tousiours prendre
Beaucoup de soin des siens,
Charge ses anges de leur tendre
La main tousiours, & les deffendre
Aux voyes que tu tiens.
12 Te porteront en leur main saincte,
Craignans que sans penser
Ton pied ne donne quelque attainte
A la pierre, tant auront crainte
De te voir offencer.
13 Tu marcheras dessus la teste
De l'aspic plus felon,
Dessus le basilic funeste,
Et fouleras du pied au reste
Le lyon, le dragon.
14 Puis que ie cognois qu'il espere
Dit le Seigneur, en moy
Ie le garderay de misere,
Et qu'aussi ie voy qu'il reuere
Mon nom, gardant ma loy.

Mat.
4. 6.
Luc.
4. 10

Luc.
4 11.

Dd

15 *Car il m'a inuoqué sans cesse*
Pour ce l'escouteray :
Les miens au besoing ie ne laisse,
Et l'ayant deliuré d'angoisse
Haut ie l'exalteray.
16 *Il m'aura tousiours fauorable,*
Ie rendray de ses ans
Le cours chenu tres venerable,
Et de mon salut desirable
Les yeux tousiours contans.

ORAISON.

Nous vous supplions ô nostre DIEV, que vous nous daignez tousiours couurir de l'ombre de vostre aisle. Soyez tousiours nostre reffuge, & nostre protection, & que la force de la priere, & de l'oraison que nous ferons, nous face surmonter le venin de l'ame & du basilic qui est Sathan nostre ancien aduersaire. Que nous vainquions le lyon, & le Dragon spirituel, & qu'en fin victorieux, nous puissions paruenir à la gloire eternelle. Ainsi soit il.

DE DAVID. 419

PSEAVME LXXXXI.
Heb. 92.

BONVM EST CONFITERI DOMINO.

ARGVMENT.

Icy est monstré combien la bonté de DIEV, est digne de loüange, pour la creation de ce monde, qui feut parfait en six iours, puis comme il reposa au 7. qui nous represente en ce lieu temporel, le repos à iamais d'en haut, & le soing qu'il à des siens qu'il conserue à la veue des meschans, qu'il fait d'eschoir soudainement de leurs felicitez, & tomber aux enfers. Ce Pseaume est plein de consolation pour les fidelles de la vraye Eglise, qui n'est iamais abandonnee de son espoux, & pasteur en ses afflictions.

Iob. 21.

Pseaume de cantique au iour du Sabath.

1 Il *est bon de loüer* DIEV,
Et luy faire sacrifice
D'honneur, & gloire en tout lieu,
A fin qu'il nous soit propice,
Et de chanter à ton nom
O treshaut plein de renom.
2 *De raconter à tous haut*
Ta douceur, & ta clemence,

Dd ij

Des le matin comme il fault,
Et lors que la nuit commence
Nous couurir d'obscurité
De loüer ta verité.
3 Meslans nos voix, & nos chans,
Aux sons plus doux que respire
Nostre instrument à dix rangs,
Et la rauissante lire
Dont les sons melodieux
Portent nos ames aux Cieux.
4 Car quant ie pense ô Seigneur,
En tes œuures nompareilles,
Mon ame ainsi que mon cœur
Se rauit en ces merueilles:
Il prent des plaisirs non vains
Es ouurages de tes mains.

Pse.
103.
24.

5 O que tes faits sont aussi
Mon DIEV, grands, & delectables,
Et tous tes pensers ainsi
En sagesse inimitables:
Seigneur, ils sont si profonds
Qu'on n'en peut sonder le fonds.
6 Il faut vn grand iugement
Pour en auoir cognoissance,
L'homme sans entendement
N'en aura pas la puissance,
Tant le mistere en est grand,
Et le fol ne le comprend.
7 Que l'on voye des meschans

DE DAVID.

Germer par tout la malice,
Comme l'herbe par les champs,
Et que les autheurs du vice
Florissent haussans le front
Encores plus qu'ils ne font.
8 *Afin que pour tout iamais*
Soient fauchez dans peu d'espace,
Et qu'vn tout seul desormais
Ne demeure plus en place:
Deuant le Seigneur viuant
Treshaut, apres, & deuant.
9 *Car Seigneur mon* DIEV, *voicy*
Que tes felons aduersaires,
Periront bien tost icy,
Et qu'ils auront les salaires,
De leurs pechez, & tous ceux
Qui feront du mal comme eux.
10 *Et moy sauué du meschef*
Sans peur qu'on me face escorne,
Ie porteray droit mon chef
Ainsi comme la licorne,
Ayant ta grace tousiours
Pour mon ayde en mes vieux iours.
11 *Mes yeux ne redouteront*
Mon ennemy redoutable,
Et mes oreilles oiront
Quelque nouuelle agreable
De tous ces peruers sans foy,
Qui s'esleuent contre moy.

12 Le iuste on verra florir,
Et non moings leuer leur teste
Que la palme sans flestrir,
Et croistre en bon heur au reste
Aux yeux de tous chacun an
Comme le cedre au Liban.
13 Tous ceux qui seront plantez
Seigneur, dans ton habitacle,
Floriront de tous costez
Le long du sainct tabernacle
De nostre DIEV, car l'odeur
Sera chere à ta grandeur.
14 Ainsi seront en tout temps,
Bien qu'accablez de vieillesse,
Vigoureux comme au printemps,
Et l'auril de leur ieunesse
Louans DIEV, tous à souhait.
Autant qu'ils ont iamais fait.
15 Ils diront l'integrité
Du Seigneur, nostre deffence
Qu'il est sans iniquité,
Tend les bras de sa clemence
A qui se retourne à luy,
Et qu'il est tout nostre appuy,

DE DAVID.

ORAISON.

Nous condamnons nos pechez Seigneur, & recourons à voſtre miſericorde. Nous confeſſons les bienſ-faicts que nous auons receuz de vous, non pas pour merite que nous euſſions, mais de voſtre ſeulle grace, & bonté, faites nous ceſte faueur que deſormais nous puiſſions rendre dignes fruits de foy, d'eſperance, & de charité, afin qu'vn iour nous puiſſions acquerir la gloire, & la felicité eternelle. Ainſi ſoit-il.

PSEAVME XCII.

Heb. 93.

DOMINVS REGNAVIT DECOREM INDVTVS EST

ARGVMENT.

DESCRIPTION du regne de DIEV, en ce monde quant il commença d'estre habité, & qu'il eut creé le premier homme Adam, auec l'establissement de la posterité d'iceluy, par la mort du celeste Adam, nostre Seigneur IESVS CHRIST, qui souffrit à mesme iour pour la redemption de tout le genre humain, duquel est aussi representé le glorieux triumphe de sa Passion, & de son regne, auec celuy de son Eglise.

Louange en Cantique à Dauid, le iour deuant le Sabath, de la fondation de la terre.

E Seigneur, tout puissant, regne en magnificence
Comme en auctorité, il a pour vestement
La gloire qui fait voir sa diuine exellence,
Claire, resplandissante, & pour son ornement,
La force qui réluit par tout pareillement.
 C'est luy qui mit la fin à l'intestine guerre
D'entre les eslemens assignant leur repos:

C'est luy qui tellement estançonna la terre
Dans leurs globes mouuans, l'vn dedans lautre
　enclos,
Qu'on n'en peult esbranler les gons, ny les piuos.
3　Aussi deslors estoit l'estat de ta puissance
Et de ton Royal Trosne, ô grand DIEV, tout
　puissant,
Car tu viuois deuant que le monde eust naissance,
Qu'on vit au Ciel la Lune, & le Soleil luisant
Et bref mon DIEV premier aucun siecle naissant.
4　Les fleuues que l'on voit courre dessus la face
De la terre Seigneur ainsi rapidement,
Les fleuues dont le cours semble à veoir qu'il
　menace
Le monde de rechef, de son desbordement
Ont esleué leurs voix, & leurs cris hautement.
5　Les fleuues dis-ie encore ont rehaussé leurs ondes,
Et leurs flotans sillons plus que n'a iamais fait
Le grand amas des eaux hors des fosses profondes
De leur moiteux seiour, quãt leurs flots tout à fait
Couurirent le dessus de la terre à souhait.
6　Les vagues de la mer sont aussi merueilleuses
Mais DIEV, regnant la hault à bien plus de
　pouuoir,
N'y que de l'Ocean les vagues sourcilleuses,
N'y que le cours rapide, & tel qu'on voit auoir
To⁹ les fleuues courãs, puis qu'il les fait mouuoir.
7　O DIEV, qu'aussi tousiours ton sacré tes-
　moignage

*Se trouue en tous tes faicts veritable, & bien
　seur,*
Pour ce ta saincteté à iamais d'aage, en aage,
Ornant ton sacré temple, & ta maison Seigneur,
*Te rendra plein de los, plein de gloire, & d'hon-
　neur.*

ORAISON.

QVAND nous considerons Seigneur, les faueurs que vous nous auez faites, nous vous en rendons graces immortelles, & vous suplions de nous rendre tousiours dignes de viure en la compagnie des fidelles, l'Eglise vostre chere espouse, iusques à tant que nous puissions paruenir à la beatitude incomparable, reseruee à vos esleuz. Ainsi soit-il.

PSEAVME XCIII.
Heb. 94.
DEVS VLTIONVM DOMINVS.
ARGVMENT.

L'EGLISE, prie, & reclame la vengeance de DIEV, contre ceux qui affligent son peuple. Elle monstre leur insolence, & comme DIEV, toutesfois ne la delaisse, ny n'oublie les siens, & qu'il souffre pour vn temps ces visitations qui tournent en fin à leur salut, & à la ruine, & confusion des meschans, que sa diuine iustice attrappe, & confond à la veuë de tous en leurs meschancetez.

Pseaume de Dauid, au quatriesme iour du Sabath,

1 SEIGNEVR DIEV, des vengeances
   Qui punis les meschans en ton iuste
     courroux
   A l'esgal de leurs offences,
Faits toy Seigneur mon DIEV, paroistre aux yeux
   de tous
DIEV vengeur des rigueurs qu'on exerce sur nous.
2 Monte en ton lit de iustice
Iuge de l'vniuers, monte y promptement
Rend le change à la malice
De ces audacieux, & que leur chastiment
Esgalle tant de maux qu'ils font incessamment.

3 Iusqu'à quand Seigneur sera ce,
Iusqu'à quand verra t'on les peruers tous les iours
Faire gloire en toute place
De leur iniquitez, & de leurs meschans tours,
Et ne faire autre chose en ce monde tousiours.
4 Leur insolence est extresme,
Ils parlent en orgueil ce n'est qu'impureté,
Que furie, & que blaspheme,
Et quoy? ceux qui ne font rien que meschanceté
Auront-il le caquet tousiours si bien freté?
5   Ils bruslent Seigneur d'enuie
D'exterminer ton peuple, & n'ont autre desir
Que de trauailler la vie
De tous ceux qu'il t'a pleu destire, & de choisir,
Pour l'aimable heritage ou tu prens ton plaisir.
6 Ce n'est que meurtre, & turie,
Ils n'ont esgard à sexe, à l'aage, ou qualité,
La veufue sent la furie
Ainsi que l'orphelin de leur hostilité:
Entr'eux on ne voit point quelque hospitalité.
7 Faisons par tout la main basse
Disent ces enragez, le Seigneur, ne le voit :
Que tout par nostre fer passe,
Car le DIEV de Iacob, non plus aussi ne loit
Puis que nous en chaut il quant bien cela seroit.
8 O vous qui sans esprit estes
Entre le peuple oyez auec attention,
Pauures fols, & pauures bestes,
Dites quant aurez vous de la discretion,

Et de sagesse apres tant de presumption.
9 L'artisan de nos oreilles
Ne pourra til ouyr, & celuy la qui fait
Nostre œil pour veoir les merueilles
De l'œuure de ces mains en ce monde parfait
Ne pourra til point voir meschans vostre forfait.
10 Luy qui corrige, & consomme
Les folles nations, ne vous peult-il punir?
Luy qui sçait aprendre à l'homme
La science, & luy fait le bon chemin tenir
Ne pourra t'il ce faire en vous à l'aduenir.
11 Dieu qui de nous tant endure
Qui tousiours est present à nos intentions
Sçait bien que nostre nature,
Et que tous nos pensers, & cogitations
Ne sont que vanité comme nos actions.
12 Heureux l'homme ô DIEV supresme
Qu'il t'a pleu corriger, & le tirant d'esmoy
Le rendre sçauant toy mesme,
Tant ta douceur est grande, en ta diuine loy
Car en nous enseignant tu nous tires à toy.
13 A fin qu'en temps miserable
Il trouue en ton repos vn asseuré repos,
Que tu luy sois fauorable
Lors qu'on fera la fosse ou seront tous enclos
Les peruers malheureux qui mesprisent ton los.
14 Car le Seigneur, ne delaisse
Son peuple aussi iamais en temps d'affliction,
Et n'abandonne à l'angoisse

I. Cor. 3. 10.

Ceux la dont il luy plaist faire vne eslection
Pour l'heritage ou gist sa sainte affection.
15 Il les sauue de l'entorce
Des meschans iusqu'atant qu'il ait en despit d'eux,
Remis ça bas en leur force
Ses iugemens selon sa iustice, & que ceux
Qui sont iustes de cœur la gardent en tous lieux
16 Qui doncques mon innocence
Embrassera tousiours aux yeux de l'vniuers,
Ou qui prendra ma defence
En main pareillement contre tous les peruers,
Et tous les artisans de malice diuers.
17 Si DIEV, n'eust esté propice
Durant que les malheurs esprouuoient ma vertu,
I'eusse tost quitté la lice
De ce monde, & serois dans la fosse abatu
Mais au besoin pour moy sa main à combatu.
18 Quant non faute de courage
Mais de force Seigneur, tu m'oiois crier haut,
Las! ie n'en puis d'auantage
Sentant que souz le faix le pied me glisse, & faut,
Ta bonté supleoit soudain à mon deffaut.
19 Au fort des cruelles gesnes
Qui martyroient mon cœur tu me reconfortois,
Et mes durs fers, & mes chesnes,
Tant ta douceur est grande auec moy tu portois,
En recreant mon ame aux maux que ie sentois.
20 Quoy? le siege debonnaire
Du Seigneur, seroit il semblable à ces tyrans

Qui sous couleur de bien faire
Par leurs iniques loix les petits, & les grans,
Vont sans point de pitié icy bas deuorans.
21 Ils enuelopent la vie
Des iustes dans les lacs de leurs trompeurs appas,
Et leur rage inassouuie
Se bagne dans leur sang, mesme n'espargne pas
Celuy de l'innocent, & l'enuoye au trespas.
22 Le Seigneur, ainsi ne traicte
Les siens cruellement, aussi c'est mon support,
Mon refuge, ma retraite,
C'est mon DIEV, c'est mon Roy, c'est mon roc, & mon fort,
Quiconque la pour soy se peut dire prou fort.
23 Il leur rendra quoy qu'il tarde
En leur iniquité, sa main les confondra,
S'il ne prennent de pres garde
Le grand DIEV, souuerain, sans doute les perdra,
Car leur perte sans faute à la fin aduiendra.

ORAISON.

SEIGNEVR DIEV, de nostre consolation, tendez nous vostre main secourable, purgez nous en ceste vie, si bien que nous puissions entrer purs, & nets, en vostre Royaume celeste, sans craindre les peines, & rigueurs extresmes de la mort eternelle. Ainsi soit il.

432 PSEAVMES

PSEAVME XCIIII.
Heb. 95.
VENITE EXVLTEMVS.

ARGVMENT.

Les fidelles sont icy exortez de venir en grande esiouyssance auec Hymnes, Cantiques, & actions de graces, reclamer la misericorde de DIEV, comme Createur, Gouuerneur, & Cōseruateur, de toutes choses qui sont au monde, & n'imiter les Israelites qui au lieu de ce faite, & abusans de ses graces, se mutinoient à tous propos au desert, qui feut cause que DIEV se retira d'eux, & qu'il les frustra de la terre de promission.

Louange en Cantique de Dauid.

1 Enez, & qu'on sesiouysse
  Au grand DIEV, nostre Sauueur,
  Que nostre chant l'air remplisse
Des graces de sa faueur,
Et faisons en luy memoire
De nostre salut pour gloire.
2   A l'enuy deuant sa face
Allons nous en vistement
Reclamer sa sainte grace,
Et chantons luy hautement
Pseaumes auec reuerence

Louans

Louans sa grande clemence.
3 Car le Seigneur, est vnique
En la terre comme aux cieux,
Et son sceptre pacifique
S'estend dessus tous les dieux,
Ainsi que dessus les hommes
En ces bas lieux ou nous sommes.
4 Dans sa main il tient la terre,
Plaines, costaux, & vallons,
Auec tout ce qu'elle enserre,
Et la crouppe des hautz mons
Qui de pres le ciel voisine
Le souuerain les domine.
5 De la mer inexorable
Il serre, & lasche le frain,
Et sa nature admirable
Est vne œuure de sa main,
Que de rien il à parfaite
Ainsi la terre il à faite.
6 Venez donc ployons en crainte
Nos cueurs comme nos genoux,
Deuant sa Majesté sainte,
Et plorons de ioye tous,
C'est nostre Seigneur, & maistre,
Cest luy qui nous meine paistre.
7 Nous sommes de sa pasture
Le peuple qu'il à choisi,
Il luy plaist d'en prendre cure,
Car cest son troupeau aussi

434 PSEAVMES

    Qui marche soubs sa conduite
    Et que l'on voit de sa suitte.

Heb. 8 *Si donc à ceste iournee*
3. 7. *Que l'on dediee au Seigneur,*
*4. *Vous oyez sa voix tournee*
7.   *Vers nous, faites luy honneur,*
    N'endurcissez vos courages,
    Et que tous se monstrent sages.

EXO. 9 *Faites vous voir debonnaires*
17.7 *Sans faire comme autrefois,*
    Aux deserts feirent nos peres
    Qui s'esmeurent plusieurs fois,
    Et leurs ames endurcirent
    Dont apres se repentirent

    10 *Dans ces deserts bien qu'indignes*
    Ie leur traçois le chemin,
    Mais ne croyans point mes signes
    Me tenterent tant qu'en fin,
    Ils eurent la cognoissance
    Des œuures de ma puissance.

Nō. 11 *Ainsi ces races peruerses*
14. *Durant quarante ans entiers,*
34. *Mont donné mille trauerses,*
    Et i'ay dit mal volontiers,
    Ces peuples las ne me croyent,
    Et sans cesse se fouruoyent.

    12 *Ils n'ont pas suiuy mes sentes,*
    Et voyant la dureté
    De leurs ames desfiantes

DE DAVID.

En courroux i'ay decreté
Qu'ils n'entreront en la place
De mon repos, n'y leur race.

Hebr.
3. 11.

ORAISON.

IEsvs Christ, fils de DIEV, nostre Redempteur, DIEV tout puissant qui auez creé toutes choses, DIEV esleué par dessus tous les Dieux, & en la main de qui tout le gouuernement du mõde est laissé, nous vous recognoissons pour nostre seul Roy, & vous suplions puis que nous auons esté creés à vostre image, & semblãce, de nous estre propice, & de nous introduire en fin au repos eternel. Ainsi soit il.

PSEAVME XCV.

Heb. 96.

CANTATE DOMINO CANTICVM NOVVM.

ARGVMENT.

CHANT de triumphe, & de gloire des fidelles, apres la captiuité de Babylone, & que le seruice de DIEV, seur restably : il conuient mistiquement à la venue & regne de IESVS CHRIST, qui deuoit deliurer le genre humain de la seruitude de Sathan, ou les transgressions d'Adam l'auoient liuré.

Ioa.
3
Mat.
16.
Eph.
4
Par.
16.

Cantique à Dauid, quant il faisoit bastir sa maison apres la captiuité.

1 CHANTEZ *au Seigneur comme il*
faut
Nouueau cantique
Chantez au Seigneur pacifique
Assis la haut,
Vous tous qui possedez la terre,
Et qu'elle enserre.
2 *Allez donc au Seigneur chantant,*
Que l'on benisse

Son nom, & que l'on s'esiouïsse
En racontant
De iour, en iour, son salutaire:
On le doit faire.
3 Faites voller entre les gens
Son los & gloire,
Et pour l'honneur de sa memoire
Ses faits recens
Entre tous les peuples estranges,
Et ses louanges.
4 Car aussi le Seigneur est grand,
Il est tresdigne
De la louange, & gloire insigne
Que chacun rend,
Et sur tous les Dieux redoutable,
N'a son semblable.
5 Au surplus tous les autres Dieux
Que les gens prisent
Ce sont demons qui les seduisent
Comme enuieux,
DIEV seul à faict le rond celeste,
Auec le reste.
6 Aussi reluit deuant ses yeux
La renommee
De ces beaux faits partout semee,
Ses sacrez lieux
Sont remplus de magnificence.
Et d'oppulence.
7 Allez doncques recognoissant

Gentille race,
La gloire deuë en toute place
Au tout puissant,
Que chacun son nom glorifie
Et magnifie.
8 Apportez offrande, & venez
En son sainct temple,
Ou sa deité se contemple,
Et prosternez
Deuant son sanctuaire encore
Que l'on l'adore.
9 Que la terre on voye à iamais
Trembler de crainte
Deuant sa maiesté tressainte,
Et desormais
Les gens entre eux franchement dire
DIEV, tient l'empire.
10 Il remetra le monde sus
Par sa prudence
Qui n'ira plus en decadence
Pour ses abus,
Aux peuples il fera iustice
Briefue & propice.
11 Que les Cieux en monstrent à tous
De l'allegresse:
La terre s'esiouit sans cesse
Auecques nous,
Et les champs aussi bien que l'onde:
Bref tout le monde.

DE DAVID. 439

12   Alors les arbres des forets
Rauis de mesme,
Iouïront d'une ioye extresme,
Voyans qu'apres
Le Seigneur DIEV, vient à grand erre
Iuger la terre.
13   Il iugera plein d'equité
La terre entiere,
Et par sa sentence derniere
En verité
Les peuples selon leurs merites,
Ou demerites.

Pse.
97.
10.

ORAISON.

NOvs vous rendons graces ô fils de DIEV, à vous qui estes digne sur toutes choses de loüange, nous recognoissons vos biens faits, & vous suplions de nous rendre tels, que montans tous les iours de degré, en degré, des vertus, nous puissions posseder l'heritage que vous preparez à vos fidelles. Ainsi soit-il.

PSEAVMES

PSEAVME XCVI.

Heb. 97.

DOMINVS REGNAVIT.

ARGVMENT.

LA terre est icy exhortee de se resiouir de la venue de IESVS-CHRIST, de son glorieux regne, specialement en Israel, ou feut sa premiere institution lors que DIEV, donna la Loy en la montagne de Sina, soubz lequel regne doit florir toute sorte de benedictions, & la Iustice, à l'honneur, & gloire des gens de bien, & confusion des meschans, qui periront en leurs iniquitez.

EXO.
19.

A Dauid, lors qu'il fut restably en sa terre.

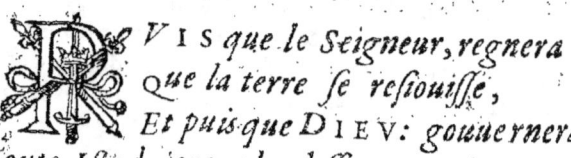

1 PVIS que le Seigneur, regnera
Que la terre se resiouisse,
Et puis que DIEV: gouuernera
Toute Isle de ioye aplaudisse
Car grand bien en procedera.
2 Il viendra menant grand effroy
Enceint de brouillars & des nues,
Ayant la Iustice & la Loy,
Qui sont icy bas incogneuës,
Fonder son siege comme Roy.
3 Vn feu grand aspre, & deuorant,

DE DAVID.

Court deuant luy tout plein de foudre,
Ce grand feu promptement courant
Met tous ses ennemis en poudre
Ce feu les va tous massacrant.
4 Les esclairs prompts & furieux,
Sortans de son rouge tonnerre
Brillent ça bas, ainsi qu'aux cieux,
Ce n'est rien que flamme, & la terre
La voyant s'esmeut en maints lieux.
5 Les monts fermes au parauant
Couloient ainsi comme la cire
Deuant le Seigneur, DIEV, vinant,
Le dominateur de l'Empire
De tout ce grand monde mouuant.
6 Les cieux que nous voyons mouuoir
Anoncent par tout sa iustice,
Car aux peuples il a fait voir
Sa gloire, & sa bonté propice
Ainsi que son Royal pouuoir.
7 Soient doneques à present confuz
Les adorateurs des Idolles,
Car à leurs Dieux tous pleins d'abus
Ils ont voué leurs ames folles,
Et s'en glorifient de plus.
8 Adorez le d'affection,
Et de tout vostre cœur ses anges:
Syon entend ceste action
Et comme vous en ses louanges
Prent grande delectation.

EXO.
20.
4.
Leu.
26.1.
Deu.
5.8.

9 De mesme ont mené tout à fait
Les filles de Iuda grand ioye
Voyant ton iugement parfait,
Et chacun remis en la voye
De faire au gré de ton souhait.
10 C'est le Seigneur, DIEV glorieux,
Le Seigneur treshaut, & ton sceptre
Est esleué loin de nos yeux
Par dessus le globe terrestre,
Et bien plus haut que tous les dieux.

A-
mos
5 15.
Ro.
12.
9.

11 Ayez les pechez à desdain
Vous qui vous consommez aux flames
De l'amour de DIEV souuerain,
Car c'est luy qui sauue les ames
Des saincts, du peruers inhumain.
12 L'on verra sortir tous les iours
Vne lumiere de la face
De l'homme equitable, & tousiours
La ioye à ceux qui sont en grace?
Et droits de cœur, sans nuls destours.
13 Iustes donc esiouyssez vous,
Faictes de nostre DIEV memoire
Donnez à son sacré nom tous
Honneur, magnificence, & gloire,
Ainsi faire le puissions nous.

DE DAVID. 443

ORAISON.

QVe vostre lumiere esclaire noz ames DIEV de nostre salut, Appaisez les troubles de nostre conscience, à fin que tousiours nous uous esiouyssions en vous, assistez nous en nos afflictions, afin que nous puissions euiter le mal, & nous resiouyr au souuerain bien, qui est IESVS-CHRIST, Ainsi soit-il

PSEAVME XCVII.

Heb. 98.

CANTATE DOMINO CANTICVM NOVVM.

ARGVMENT.

C'est vn autre chant triumphal du peuple de DIEV, pour l'heureux auenement de IESVS CHRIST, son fils, & de son regne plein de merueilles, pour le salut du genre humain, & de l'abolition de la vieille Loy, auec vne action de graces d'iceluy comme chose ja auenüe vsant du passé pour l'aduenir, preuoyant IESVS CHRIST en leur esperance, comme desja enuoyé du Ciel icy bas, par DIEV son Pere veritable en ses promesses.

Pseaume de Dauid.

1 CHANTEZ tous nouueaux Cantiques
Magnifiques,
Aux yeux de tous à l'honneur
Du grand DIEV nostre Seigneur,
Car il à fait des merueilles
Nompareilles,
Et tout en nostre faueur.
2 Il s'est acquis la victoire,
Et la gloire,
Du salut du genre humain

DE DAVID. 445

Par sa triomphante main,
Et par son bras indomptable
Redoutable
Vn grand renom tout soudain.
3. Seullement n'a fait cognoistre
Et paroistre,
Son salutaire à quelqu'vn,
Mais rendant ce bien commun,
Il a reuelé propice
La Iustice
Deuant les gens à chacun.
4 Il a par sa grand clemence
Souuenance,
Des fils d'Israël vraiment,
Et du fidelle serment
Qu'il leur auoit fait encore,
Qu'on voit ore
Accomply parfaitement.
5 Aussi tous les bouts du monde
Ou redonde
Son nom, ainsi qu'au milieu
Ont tous veu de nostre DIEV,
Le salut tant estimable,
Et aimable
Qu'on le tient cher en tout lieu.
6 Sus donc que l'on s'esiouysse,
Et benisse,
Nostre DIEV, nostre Seigneur,
De la voix, comme du cœur,

Isa. 52. 10.
† 63. 3.

Isa. 5. 10.

Isa. 52. 10.

Et que tout le monde on voye
Auoir ioye?
En son aimable bon heur.
7 Que l'on nous entende dire
Sur la lire
Maints chants à DIEV ceste fois
Pour parfaire l'harmonie
Qu'on marie
A ces aymez sons nos voix.
8 Ainsi menez allegresse,
Et liesse
Auec magnifique arroy
Deuant le Seigneur le Roy,
La mer embruye, & resonne,
Et qu'en tonne
Le monde de ioye en soy.
9 Que les fleuues le cherissent,
L'aplaudissent,
Des mains, & que les monts verts
Resonnent dedans les airs
Aux yeux du Seigneur leur maistre,
Qui vient estre
Iuge de tout l'vniuers.
10 Il bannira l'iniustice,
Et l'office
Faisant de Roy sainctement,
Il reglera iustement
Le terrestre Diadesme,
Et de mesme

Pse. 95 13.

Tous les peuples droitement.

ORAISON.

SEIGNEVR IESVS-CHRIST, qui pour rachepter le genre humain de la mort, & du peché, auez pris noſtre chair humaine, & qui ayant reuelé voſtre Iuſtice aux Gentilz auez fait des rares merueilles, conuerſant parmy les hommes. Faites nous ceſte grace que nous puiſſions touſiours vous louer, chanter, & benir, afin qu'au iour terrible, & redoutable, du iugement, nous puiſſions leuer les yeux, & contempler voſtre face, aſſeurez de voſtre miſericorde. Ainſi ſoit-il.

448 PSEAVMES

PSEAVME XCVIII.

Heb. 99.

DOMINVS REGNAVIT IRASCVNTVR.

ARGVMENT.

CE Pseaume est plein de louange du regne de IESVS-CHRIST, & des merueilles de la force, & fermeté d'iceluy, comme aussi de l'honneur, & de l'adoration qu'on luy doit, comme à son coesgal, & que faisoient à DIEV son Pere en l'encienne Loy, Moyse, Aaron, Samuel, & les autres, car IESVS CHRIST à tousiours esté bien qu'en diuerses sortes, & se peuuent referer à luy les actions de graces qu'ils rendirent à l'Arche de l'Alliance ou estoient representez des Cherubins, designez au premier Verset, Et mesme Dauid quant il la ramena apres la deffaite des Philistins.

2.
Des
Rois
6.
1.
Des
Paral.
13.

Pseaume de Dauid.

 E Seigneur, regne à son tour main-
tenant,
Et les peuples voyans sa Majesté tres-
saincte
Dessus ses cherubins, sont tous esmeuz de crainte
La terre tout de mesme, & chacun va tremblant
Son Seigneur contemplant.
2 L'honneur de DIEV, se voit grand en Syon,
Et son renom s'estend par tout les coins du mõde.

Tout

Tout ce que l'on y voit à la gloire redonde
Du Seigneur esleué sur toute nation
En domination.
3 Qu'ils donnent donc à la diuinité
De ton nom toute gloire, & leur soit venerable
Car il est grand, tressainct, redoutable, admirable,
Et tout ce qui plus donne au Roy de dignité
C'est d'aimer l'equité.
4 Aussi grand Roy, seul digne de ce nom
Tu prepares à tous les chemins de droicture,
Et monstrant à Iacob ta legalle nature
Tu t'acquiers dessus tous vn immortel renom,
Et de sainct le surnom.
5 Louez d'vn cœur veritable, & non feint,
Hautement le Seigneur, nostre DIEV, nostre
    maistre,
Qui nous fait le Soleil de sa grace paroistre,
Adorez l'escabeau de ses pieds, & soit craint
Pour autant qu'il est sainct.
6 Moyse, Aaron, entre ses Prestres sont
Voüez entierement à son diuin seruice,
Les deux principaux chefs qui luy font sacrifice
Ismael entre ceux qui l'inuoquent, & ont
Sa crainte escrite au front.
7 DIEV fauorable à leurs cris, à leurs vœux,
Les exauçoit soudain qu'ils reclamoient sa grace
Tournoit incontinant vers eux sa douce face,
Et en forme de nue, & colomnes de feux
S'apparoissoit à eux.

8 Ils obseruoient religieusement
Aussi son alliance, & ses saints tesmoignages,
Ils viuoient soubs ses loix, y portoyent leurs cou-
rages,
Et faisant son vouloir gardoient soigneusement
Son sainct commandement.
9 Pource Seigneur, tu les as exaucez,
Leurs veux, & leurs desirs, te trouuoient fa-
uorable,
Tu prenois en ta main la vengeance equitable
Des sinistres desseings contre eux aussi dressez,
Ils n'estoient oppressez.
10 Sus louez donc, le sainct nom du Seigneur,
Nostre DIEV, qui nous garde, & qui nous ac-
compagne
Adorez tous sa gloire en sa saincte montagne,
Car DIEV, nostre Seigneur, est sainct, & plein
d'honneur,
Et de grace donneur.

ORAISON.

SEIGNEVR qui regnez en l'Eglise militante, & qui estes assis sur les Cherubins, à la dextre de DIEV, vostre peré, nous confessons & rendons graces à vostre nom ter- rible, & redoutable, helas Seigneur ayez pitié de nous, & faites que vous soyez tousiours nostre ioye, & nostre liesse, car nous vous recognoissons pour seul nostre sou- uerain bien, & parfaite felicité. Ainsi soit il.

DE DAVID.

PSEAVME IC.

Heb. 100.

IVBILATE DEO OMNIS TERRA.

ARGVMENT.

LEs peuples sont icy conuiez de rechef de rendre actions de graces, & de ioye à DIEV, pour ses benefices, & d'en faire memoire solemnelle en l'Eglise, pour l'esperance de leur salut par son fils nostre Seigneur IESVS CHRIST, On auoit accoustumé de chanter ce Pseaume en la Sinagogue, lors qu'on offroit les hosties pacifiques pour obtenir quelque grace de DIEV, presigurant l'hostie salutaire de nostre SAVVEVR IESVS CHRIST, qui se deuoit offrir pour tous en l'arbre de la Croix.

Leu. 7.

Pseaume en loüange.

1 Vs esiouissez vous en DIEV,
Toute la terre à la bonne heure,
Qu'on chante sa gloire en tout lieu
Sans faire plus longue demeure,
Et seruir le Seigneur tousiours.
Auec liesse tous les iours.

2 Sus donc venes tous auiourd'huy
Auec un œil tout plein de ioye
Presenter vos vœux deuant luy:

Pse. 65.1.

Que l'on n'entende, & que l'on n'oye
Que chants de ioye à qui mieux, mieux,
Penetrans de vos voix les Cieux.
3 Sachez que nostre redempteur
Est DIEV, par dessus tous les hommes,
Qu'il est seul nostre Createur,
Que ses creatures nous sommes,
Et que de luy nous tenons tous
Nostre estre, & qu'il ne vient de nous.
4 Nous sommes tous du tout puissant
Les peuples, & brebis encore,
Qu'il mene en ces bas lieux paissant,
Entrez donc en ces porches ore
Auec chants de gloire, & chantez
Dans son sainct temple ses bontez.
5 Louez son nom, car l'Eternel
Qui nous maintient dessoubs son esle,
Nous cherit d'vn soing paternel,
Et sa douceur est eternelle,
De mesme que sa verité
Toute pleine d'eternité.

ORAISON.

Seigneur Iesus Christ, qui nous auez creez à voſtre image, & ſemblance, donnez nous tant de faueur, & tant de grace, que nous puiſſions nous reſiouir en voſtre ſainct nom, tandis que nous viurons en ceſte valee de tenebres, iuſques à tant que nous ayons l'entiere iouiſſance que vous auez preparee à vos eſleus. Ainſi ſoit il.

454 PSEAVMES

PSEAVME C.

Heb. 101.

MISERICORDIAM ET IVDICIVM.

ARGVMENT.

Icy le deuoir d'vn bon Roy, qui porte l'image de DIEV en terre est descrit sur le patron du regne, & administration de nostre Seigneur IESVS CHRIST, & les Roys y sont admonestez à son diuin exemple, de regner auec misericorde, & iustice, vsant de douceur enuers les bons, & deseuerité enuers les meschans. Ce Pseaume feut fait par Dauid, apres qu'il feut estably en son estat.

Pseaume de Dauid.

1. Ie veux icy toucher vne excellente
corde,
Et mariant ma voix à mon pouce
sonneur
Chanter la misericorde,
Et la iustice encore à ta gloire Seigneur.

2. En vouant à ton los maints Pseaumes auec
ioye,
Ie me tiendray tousiours aux termes de la loy
Et de la droicte voye.

Iusques à tant mon DIEV, que tu viennes à moy.
3 Viuant dessous les Loix de ton obeissance,
Ie conduiray mon cœur en toute integrité
Deuant ta sainte presence,
Et ma maison suiuant la regle d'equité.
4 Ie n'acepteray rien, non plus dedans mon ame,
Comme deuant mes yeux, d'iniuste le sachant,
Car ie hay trop, & blasme
Le preuaricateur des Loix, & le meschant.
5 On ne me verra point prendre de l'accointance
Auec vn reprouué, meschant, & desloyal,
I'en fuy la cognoissance,
Et de tous les peruers qui se plaisent au mal.
6 A cor, à cry, par tout, i'en cherche la ruine
Et du lasche peruers qui trahit son prochain,
Qui detracte, & machine
Sur luy secretement, & qui n'est point humain.
7 Aussi ie ne pourrois, tout puissant que i'adore,
Supporter vn meschant qui releue son œil,
Et qui fait gloire encore
Des ses impietez tant son cœur à d'orgueil.
8 Mais volontiers mes yeux verront tous les fi-
    delles,
Ce sont les gens de bien que ie tiens cherement
Soubs l'ombre de mes esles,
Et ceux me seruiront qui marchent droitement.
9 Ie n'auray de l'impie ainsi iamais la cure,
Il ne scauroit auoir retraite en mes saints lieux,
Ny le menteur pariure

De seureté deuant le regard de mes yeux.
10 Ie veux en vn matin desployer ma vengeance
Sur le chef des meschans qui t'ont tant irrité,
Et ceste impie engeance
Exterminer du tout mon DIEV de ta cité.

ORAISON.

DIEV de misericorde, nous vous requerons que vous dressiez tousiours nos pas par le sentier de la droicte voye, à fin que marchans en cœur sincere, & immaculé, sans trouble de conscience, nous puissions sans desespoir comparoistre vn iour deuant vostre face, & estre du nombre de ceux à qui vous auez preparé vne ioye qui ne se peut comprendre. Ainsi soit-il.

DE DAVID. 457

PSEAVME CI.

Heb. 102.

DOMINE EXAVDI ORATIONEM MEAM.
ARGVMENT.

COMPLAINTE du peuple de DIEV, detenu captif en Babilone, & du miserable estat, ou il fut depuis reduit par les nations circôuoisines quant il se meit à redifier Hierusalem, & rebastir le temple, Mais il se console au ferme espoir qu'il a en DIEV qui ne delaisse iamais les siens, & de veoir son Royaume restitué par l'aduenement de son fils nostre Seigneur IESVS-CHRIST, Les miseres, les pleurs, & les prieres d'vn peuple affligé, sont representees au vif en ce Pseaume, aussi l'Eglise l'a mis au nombre des 7 penitentiaux ordonnez pour nos prieres quotidienes, à fin d'esleuer nos cœurs à DIEV.

Priere du pauure affligé qui respand sa priere deuant DIEV, en ses tribulations.

 SEIGNEVR *tout puissant à qui i'ay mon recours,*
Auance ton secours,
Exauce ma priere, & fais las que Pse.
mes plaintes 142.
Que ie te fais tousiours
Paruiennent desormais à tes oreilles saintes.
2 *Ne cache le Soleil de ta face de moy*

Qui suis remply d'esmoy,
Ne ferme ton oreille à ma douleur cruelle:
Las! Seigneur, haste toy
De me respondre alors que ie crie, & t'apelle.
3 Soudain que de mes maux l'exces, & les efforts,
Pousseront au dehors
Les souspirs de mon cœur, pour implorer ta grace,
Exauce moy pour lors:
N'escarte point de moy la clarté de ta face.
4   Car mes iours les plus beaux, & de moy tant
    aimez
Sont tantost consommez,
Ils passent tout ainsi que vapeurs, & fumees,
Et mes os enflammez
Sont ainsi que tisons, & torches allumees.
5   Aux esclats de ton ire esmeue à mon peché
Dont ie me sens touché,
La vertu de mon cœur deuient toute fanee
Comme du foin touché
Et n'ay soin de manger tant i'ay l'ame estonnee.
6   Dessoubz le pesant faix de mes tristes ennuis
Dont accablé ie suis
Mes os se sont liez, à ma chair languissante,
A grand peine ie puis
Faire prendre vn peu d'air, à ma voix gemissante.
7   Ton bras qu'on voit tousiours Seigneur, mon
    DIEV, tendu
Sus mon chef ma rendu
Comme le Pelican cherchant la solitude,

Et l'hibou tout perdu.
Les lieux plus escartez de bruit, & d'inquietude.
8 L'affliction si fort me point iusques aux os
Que ie n'ay de repos,
La nuict comme le iour ie veille à mon martyre,
Et suis à tout propos
Comme le passereau qui soubs le toict souspire.
9 Ie suis incessamment en grand opprobre mis
A tous mes ennemis,
Et ceux qui me d'onoiët des beaux tiltres de gloire
Tu l'as ainsi permis.
Qu'ils souillent à present d'iniures ma memoire.
10 Car ie mangeois la cendre ainsi comme du pain
A lors que i'auois fain,
Et ie mestois mes pleurs en mon triste breuuage
Tant i'estois helas plein
D'ennuis, priué de sens, abatu de courage.
11 Cest estat miserable ou Seigneur, tes courrous
M'ont reduit deuant tous,
Et qui m'ont d'esleué que i'estois par le monde
Quant tu m'estois plus doux,
Tristement abatu, me rendent tout immonde.
12 Mes iours sont declinez comme l'ombre
  penchant
A son Soleil couchant,
Et comme faisseaux d'herbe abatus sur la pree
Que l'outron va faucheant
Ma chair est deuenue ainsi descoulouree.
13 Mais toy Seigneur, tu n'es subiet à changemët

Ains eternellement
Tu dures, & ta fin n'est iamais designee,
Icy bas mesmement
Ta memoire sera de lignee, en lignee.
14 Leue toy donc Seigneur, & pren compassion
De ta triste Syon
Le temps pris autrefois pour sa grace s'expire,
Ores de passion
Tu la dois deliurer, & refroidir ton ire.
15 Car de tes seruiteurs le saint zele est si grand
Qu'il coule, & se respand
Iusqu'aux pierres encore ou tu dardes ton foudre
Leur triste cœur se fend
De regrets de la voir ainsi qu'elle est en poudre.
16 Au renom de tes faits toutes gens trembleront,
Et te reueureront,
Tous les Roys de la terre auec respect, & crainte,
Seigneur, adoreront
Comme les plus petits, ta Majesté tressainte.
17 Tu bastiras Syon autant en majesté
Qu'elle à jadis esté
Et dedans la grandeur de sa circonference
Comme vn Soleil d'Esté
On te verra paroistre en ta magnificence.
18 Tu verras de bon œil tous les humiliez
Qui seront a tes piedz,
Abatuz de douleurs, de miseres, d'allarmes,
Et des estropiez

Tu ne mespriseras les plaintes, & les larmes.
19   Ces choses à iamais fermes demeureront,
Et s'enregistreront
Afin que tout le monde en ayt la cognoissance,
Et que les nations qui ces grands faits orront
Exaltent ta puissance.
20   D'autant que DIEV, fera du haut de ses
    saints lieux
Luire icy bas ses yeux,
En rasseurant la terre encore toutes esmeuë
Par les rais gratieux
Qui sortent de sa face, ainsi que de sa veuë.
21 Le Seigneur, s'est ainsi volontiers abaissé
Pour ouyr l'angoissé
Entre les fers cruels endurant grande peine,
Et tirer l'opressé
Des liens de la mort, desia toute certaine.
22   Afin que l'on celebre, & l'on chante à ia-
    mais
Dans Syon tous ces fais,
Que l'on loue le nom du Seigneur, que i'adore
Auec liesse en paix,
Et dedans les paruis d'Hierusalem encore.
23   Quant les peuples vnis de mesmes volontez
Viendront de tous costez,
Et les Roys tout de mesme exalter la clemence,
La grace, & les bontez,
Du Seigneur, le seruans en grande reuerence.
24   Vn chacun d'eux estans encore en sa vigueur

A dit ainsi Seigneur,
Vueilles moy alonger la courte, & briefue espace
Des iours pleins de langueur
De ma vie, qui passe, & se fond comme glace.
25 Ayez pitié de moy, ne me donne au trespas,
Et ne me desfais pas
Au millieu de mes iours, car ie n'ay de resource,
Mais Seigneur DIEV, tu las
Et de l'eternité tes ans suiuent la course.

Heb. 26 Ta main fonda la terre, & des bons arcs
1.10.   boutans
La vont par tout portans,
Et les cieux ou l'on voit tant de hautes merueilles:
Ces miroirs esclatans,
Sont œuures de tes mains qui n'ont point de pareilles.
27 Ils periront pourtant mais tu ne passeras,
Car tousiours tu seras
Permanent ô mon DIEV, que i'inuoque sans cesse,
Et ne declineras
Ainsi qu'ils feront tous, comme drap de vieillesse.
28 Quant ton plaisir sera de les reduire en rien
Seigneur, tu le peux bien,
Et les changer ainsi qu'vn manteau ? mais ton terme
N'est ainsi mon soustien,
Tes ans sant infinis & leur duree est ferme.
29 Puissent donc ô Seigneur à iamais les enfans

De tes humbles seruans
Demeurer auec toy, te rendre obeissance
Auec tous leurs suiuans
Iouïr pareillement de ta sainte presence.

ORAISON.

OVvrez nous vostre sein pitoyable (ô doux Sauueur, & Redempteur,) à fin que nous puissions rauoir par nostre penitence l'heritage que nous auons perdu par nostre folie: honneur, & gloire soit renduë, à nostre Seigneur IESVS-CHRIST, vnique Fils de DIEV. Ainsi soit il.

PSEAVMES

PSEAVME CII.
Heb. 103.

BENEDIC ANIMA MEA DOMINO.

ARGVMENT.

DAVID, exite son ame à louer, & remercier DIEV, de ses graces, & benefices, tant corporels, que spirituels, qu'il communique à tous les siens, de mesme affection qu'ils se portent enuers luy, Ce Pseaume est propice à l'Eglise, & à toute ame deuote, qui s'esleue en la contemplation, & cognoissance de ses biens faicts.

A Dauid.

1 ENIS maintenant ô mon Ame
Le Seigneur que ie reclame,
Et que tout ce qui vit dans moy pareillement
Chante son renom hautement.
2 O mon ame rens tousiours grace
Au Seigneur, en toute place,
Souuiens toy des biens faits que nous auons receuz,
Ils sont par tout le monde sceuz.
3 C'est luy qui te remet les fautes
Contre ses Majestez hautes,

DE DAVID.

Qui donne le remede à tes infirmitez
Et remet tes iniquitez.
4 Il rachete ta briefue vie
De la mort inassouuie,
Te remplit de bontez, & te va couronnant
De sa clemence à l'auenant.
5 C'est luy qui te donne en ce monde
Tous les biens dont il abonde,
Et qui raieunira tes vieux iours à souhait,
Ainsi que l'aigle qui renait.
6 Le Seigneur, est plein de clemence
A qui cognoit son offence,
Fait raison, rend iustice aux pauures, on le voit,
Et deffend par tout leur bon droit.
7 C'est luy qui les siens fauorise,
Il fit cognoistre à Moyse
Sa voye, & aux enfans d'Israel à leur tour
Les douces loix de son amour.
8 Il ayme la paix la concorde,
Ce n'est que misericorde,
Toufiours prompt au pardon, & tout ainsi que nous
Plein de grande bonté vers tous.
9 Il ne garde point sa colere
Lors que l'on ne perseuere
Au peché, car son cœur ne se souuient tous-
iours
Des fautes qu'on fait tous les iours.
10 Il ne nous traite, ne s'irrite
Selon nostre demerite

Nō.
14.
18.

Gg

Ne nous chastiant pas à l'esgal des pechez,
Dont nous sommes tous entachez.
11 Or d'autant que le Ciel surpasse
En hauteur la terre basse
Il est plein de bontez vers ceux dont il est craint
Et qui ne l'aiment d'vn cœur feint.
12 Il à mis au loing de sa veüe
Nostre faute à luy cogneüe
Aussi loing que l'on voit, le leuant du Soleil
Estre eslongné de son sommeil.
13 Comme le pere est pitoyable
Vers ses enfans, & placable,
De mesme est DIEV, vers ceux qui craignent sa rigueur,
Car il sçait quel est nostre cœur.

Gen.
6.
7.

14 Que nous ne sommes rien que poudre
Prompte, & facile à se dissoudre,
Et que l'aage de l'homme est du foing qui ternit,
Vne fleur qui bien tost fanit,
15 Si tost que le vent luy fait guerre,
Et qu'il la mise par terre,
Elle flestrit soudain: elle dure si peu
Qu'on n'en peut remarquer le lieu.
16 Mais la bonté tant desirable
Du Seigneur, est perdurable
A tout iamais vers ceux, qui n'ont d'esgard à rien
Qu'en sa crainte, & font tousiours bien.
17 De mesme en est de sa iustice,

Elle est sans cesse propice
Aux enfans, des enfans, qui vivent droite-
    ment,
Et qui gardent son testament.
18 A qui chere est la souvenance
De sa divine ordonnance,
A fin de l'observer ayant devant les yeux
Ses commandemens pretieux.
19 Aussi le Seigneur, s'est luy mesme
Dressé un throsne supresme
Dans les Cieux, d'ou de la sa domination
S'espand sur toute nation.
20 Benissez, & donnez loüanges
Au Seigneur donc tous ses Anges
Qui puissans en vertu gardez ses saintes loix
Aux moindres accens de sa voix.
21 Loüez le Seigneur, & ses gestes
Toutes puissances celestes,
Et vous toutes vertus ou reluit son pouvoir,
Ministres de son sainct vouloir.
22 Loüez le Seigneur, que i'adore
Toutes ses œuvres encore
Par tout son grand empire, ainsi mon ame,
    ainsi
Benisse le Seigneur aussi.

ORAISON.

NE pezez point nos pechez (ô DIEV, clement & debonnaire) à la balance de vostre iustice, ayez plutost memoire de vos infinies misericordes, guerissez nostre ame malade, & abreuuez la des ruisseaux de vostre grace, car nous benissons, & loüons eternellement vostre sainct nom. Ainsi soit il.

DE DAVID. 469

PSEAVME CIII.

Heb. 104.

BENEDIC ANIMA MEA DOMINO.

ARGVMENT.

C EST vne autre action de grace, & de loüange à DIEV, de tant de belles œuures qu'il à faites exterieurement lors de la creation du monde, pour le plaisir, & la commodité de l'homme, lesquelles le Psalmiste parcourt briefuement, à fin de nous attirer par son exemple, à la consideration de la gloire, & loüange qui luy en est deüe, & qu'il desire de nous.

A Dauid.

1 MON ame benissez le Seigneur, tout
puissant,
Et vous esiouissant
En sa gloire, & puissance,
Dites ô Seigneur DIEV,
Tes œuures en tout lieu
Donnent de ton pouuoir parfaite cognoissance.
2 Tu luis de tous costez de gloire, & d'esplen-
deur,
Et monstres ta grandeur,

Et la lumiere mesme
T'enceint entierement,
Comme d'vn vestement,
Et fait briller par tout ton luisant Diadesme.
3 Ta main estalle en rond grand monarque, &
　　grand Roy,
Le Ciel autour de toy
Comme on faict vne tente,
C'est toy qui maintiens sus
Les eaux qui sont dessus
Ton celeste Palais par ta vertu puissante.
4 C'est toy Seigneur, c'est toy prince de l'vniuers,
Qui parois dans les airs
Porté dessus les nues
Dans ton char triumphal
Ore à mont ore à val
Et sur l'esle des vents par voyes incogneües.

Heb.
1.7. 5 Tu faits des prompts esprits tes Anges, les
　　porteurs,
Et les executeurs,
De ta saincte ordonnance:
Des foudres, & des feux
Les ministres affreux
De ta haute iustice & seuere vengeance.

Heb.
1.10. 6 Ta main fonda si bien la terre en son entier
Inimitable ouurier,
Et si bien retenue
D'esperons darcs-boutans,
Qui la vont suportans,

Qu'elle n'aura iamais nulle desconuenuë.
7 Les abismes des eaux sans fonds, riue, ny
    bout,
L'enuelopoient par tout,
Et leurs baueuses ondes
S'espandoient sur les fronts
Des plus superbes monts
Que l'on voit à present, qu'ils couuroiēt vagabōdes.
8 Mais tout soudain, Seigneur, que ta voix
    commençea
A bruire, & les tança
Elles fuirent bien viste,
Et les esclats grondans
De tes foudres ardans
Les firent tresbucher dans leur humide giste,
9 Au mesme temps les monts abaissez soubz
    les eaux
Hausserent leurs coupeaux,
Et les belles campagnes
Descendirent en bas,
Aux lieux ou tu donnas
Leur desirable assiette au pied de ces montagnes.
10 Ta forte main Seigneur, reserra tellement
Ce moyteux element
Dans ses bornes encores,
Qu'il ne les peut passer,
Et ne faut point penser
Qu'il vienne recouurir de ces flots la terre ores.
11 C'est toy qui fais aussi le long des enuirons

Des enfoncez vallons,
Saillir tant de fontaines,
Et qui faits au travers
Des monts qui sont divers
Couler tous ces ruisseaux qui courent par nos
    plaines.
12 Afin encore ô DIEV, que les bestes des champs
Trouvassent en tout temps
A boire d'avantage,
Et ne soufrissent point
La soif qui les espoint
Voire mesme entre tous l'asne dur, & sauuage.
13 Au dessus puis apres sont les oyseaux des
    cieux
Qui rauissent nos yeux
Ainsi que nos oreilles,
Et qui vont allechans
Par leurs gratieux chans
Les rochs tous animez de si douces merueilles.
14 Ta main baigne du ciel quant il en est saison
Les hauts monts à foison,
Et la terre est remplie
Seigneur DIEV, iour, & nuit,
Du desirable fruit
Des œuures de ta grace,& la rends accomplie.
15 De la vient qu'on en voit sortir par tout du
    foin
Sans peine, ny sans soin
Pour seruir de mangeaille

A tous les animaux,
Et de l'herbe à monceaux
Pour l'vsage de l'homme encor qu'il ne trauaille.
16 Que la terre produit, & fait croistre soudain
En sa saison le pain,
Qui nourrit, & substante,
Et le pretieux vin
Amiable, & benin
Qui resiouit le cœur de l'homme, & le contente.
17 L'huille en prouient de mesme à fin de bien
    polir
Sa face, & l'embelir,
Et le fruict sauourable
Pour soustenir son cœur,
Et ta bonté Seigneur,
Se monstre incessamment à l'homme secourable.
18 Les hauts arbres des champs en sont tous
    substantez,
Et les cedres plantez
Mon DIEV, par ta main sainte
Au Liban montueux
Ou les oyseaux entr'eux
Iouët, & font leur nids sans discord, & sãs crainte.
19 La Cicoigne amiable enuers tous comme il
    faut
Dedans le sapin haut
Fait son giste, & ses aires
Les cerfs prompts, & legers
Aux monts, & les rochers

Seruent aux herissons de loges, & repaires.
20 Seigneur, tu fis la Lune, & pour son chan-
    gement
Marquas visiblement
Les saisons en l'annee,
Et le Soleil tousiours
Recognoist tous les iours
Son leuer, son coucher, & sa course ordonnee.
21 Ta main à mis aussi les tenebres, & fait
La nuit noire au souhait
Des animaux sauuages,
Afin Seigneur, qu'alors
Ils peussent sortir hors
Librement de leurs forts, & quiter les bocages.
22 Les ieunes lionceaux sont tousiours volontiers
Au pourchas des premiers,
On les oit qu'ils rugissent
Par monts, & par fores
Apres la viande expres
Que DIEV, leur à donnee, & qu'on voit qu'ils
    rauissent.
23 Puis des que le Soleil qui sembloit escarté
Remonstre sa clarté,
Qui n'est d'eux souhaitee.
Ils se vont rembuscher
Dans leurs forts, & chercher
Le repos à leur tour iusqu'à l'autre nuitee.
24 Alors l'homme se leue, & sort de sa maison
Sans crainte, & sans soubçon,

DE DAVID. 475

Pour faire quelque chose,
Ou tu le vas duisant,
Et en te benissant.
Il passe ainsi le iour, & la nuit se repose.
25 O que tes faict diuins Seigneur, sont excellens   Pse.
Ils surpassent noz sens   92.
Auec quelle sagesse   9.
As tu faict l'vniuers
Et tant de biens diuers
O grand DIEV, monstrent bien ta diuine
   richesse.
26 On voit auec la terre, on voit la perse mer
Ou s'en vont abismer
Tant de flots sans s'accroistre,
Et porter dans ses flancs
Tant de peuples nageans
Qu'on ne les peut nombrer, ny seullement co
   gnoistre.
27 Chacun y voit par tout des petits, & des gras,
Et tous vont respirans
Les faueurs de ta grace,
Et tu fais mainte Nef
Voguer dessus son chef
Fendant les pers sillons qui luy rident sa face.
28 Dans ce moyte element le grand Dragon Pse.
   enclos   144.
Fait tout trembler les flos   15.
Et tous en toy s'attendent
Seigneur, à celle fin

Que tu leur sois benin
Et donne en temps & lieu, les viures qu'ils demandent.

Pse.
143.
15.

29 Ils prennent volontiers ô DIEV, vrayment humain
Ces faueurs de ta main,
Et quant ta prouidence
Ouure ta dextre ils sont
Rassasiez & ont
De tous mets & tous biens vne grande abondance.
30 Mais lors que tant soit peu tu destournes ton œil
Ils sont troublez de dueil,
Ne pouuans se resouldre,
Tu leur ostes l'esprit,
Leur vigueur se flestrit,
Et comme ils sont venus, ils retournent en poudre.
31 Redonnes tu Seigneur, ton esprit aussi tost,
Tout se pare, & s'esclost,
Et tu fais que la terre
Reprent de tous costez,
Ses premieres beautez,
Et rien de ce qu'elle à de plus cher ne nous serre.
32 Aussi soit à tousiours dans nostre cœur empraint
L'honneur de DIEV, tout saint,
Et sa gloire infinie
Puisse-il desormais
S'esiouyr à iamais.

DE DAVID.

En ses œuures, & soit sa puissance benie.

33 C'est luy qui fait trembler d'vn clin d'œil
seullement
La terre entierement,
Le puissant, le terrible,
Qui met les monts en feu
Les touchant tant soit peu,
Voire tout l'vniuers, il n'a rien d'impossible.

34 Pour ce eternellement à DIEV te chanteray,
Et haut i'exalteray
Durant mes iours sa gloire,
Bref tant qu'on me verra
Mon Luth resonnera
Les merueilles de DIEV, dont ie feray memoire.

35 Ainsi luy soient tousiours plaisantes mes
chansons
Les accors, & les sons
Des cordes de ma lire
Vouée à ses honneurs,
Et ie puisse aux bon-heurs
De mon DIEV, m'esiouyr, c'est le but ou i'aspire.

36 Ainsi soient les meschans, & les contaminez
Du tout exterminez,
De la terre ou nous sommes,
Soit la gloire de DIEV,
Chantee en chasque lieu
Et tousiours memorable en la bouche des hommes.

ORAISON.

O DIEV, qui auez creé toutes choses auec sagesse, & de qui les œuures sont magnifiees sur la terre, Nous vous louons, nous vous celebrons, & chantons Cantique à vostre gloire. Nous recognoissons par ceste grande machine du monde que vous auez faite, que vous nous reseruez encore vn plus grand bien, Ainsi puissions nous en auoir la iouyssance, & tousiours vous louer, & celebrer en vos œuures. Ainsi soit-il.

DE DAVID. 479

PSEAVME CIIII.

Heb. 105.

CONFITEMINI DOMINO, ET INVOCATE.

ARGVMENT.

C'EST encores icy vne action de graces à DIEV, de ses biens faicts vers son peuple, où est narré briefuement, ce qui se passa auec les Israelites, depuis les promesses faites à Abraham, iusques à Moyse, & leur introduction en la terre de Chanaam, le tout tendant à retenir soubs son nom, & à leur exemple, les fidelles en sa crainte, & en son obeissance.

Louange à DIEV.

1  VS que l'on rende à DIEV, des actions de gloire,
Inuoquez son sainct nom,
Faites entre les gens de son sainct nom memoire,
Celebrez son renom:
2 Chantez à son honneur, & que chacun assemble
Sa voix sur l'instrument,
Afin de raconter ses merueilles ensemble
Encor plus dignement.

1.
Paꝛ.
16.
8.

Isa.
12.
4.

3 Que l'on se glorifie au Seigneur, que t'adore
Qu'on chante le grand DIEV,
Q'on raconte par tout ses merueilles encore,
Et ses faits en tout lieu.
4 Recherchez-le tousiours, & de l'heur de sa grace
Sus fortifiez vous,
Soyez incessamment en queste de sa face,
Qu'elle luise sur nous.
5 Et que pareillement le souuenir nous touche
De ses prodigeux faicts,
Et des droits iugemens qui sortent de sa bouche
Que l'on à veuz parfaits.
6 O vous fils de Iacob, semence Abrahamide,
Ses deuots seruiteurs,
Qu'il eslit entre tous qu'il conduit, & qu'il guide
Auec tant de faueurs.
7 C'est luy que vous deuez pour Seigneur, re
cognoistre
Il est seul nostre DIEV,
Il fait ses iugemens comme puissant paroistre
Sur la terre en tout lieu.
8 Il a tousiours gardé dedans sa souuenance
Son sacré testament,
Car sa parolle est ferme, & sa sainte ordonnance
Dure eternellement.

Gen.
22.
16.
Eccl.
44.
12.

9 Abraham, le cogneust, & sa bonté supresme
Sans nulle fiction
Au pact fait auec luy, & Iacob tout de mesme
Sa ferme affection

DE DAVID.

10 Il voulut que l'on mit vne entiere fiance
Au decret solemnel
De Iacob, & ioignit à sa saincte alliance
Apres tout Israel.

11 Voicy, donc ce qu'il dit ie te feray sans peine
Le maistre, & le Seigneur,
Des terres de Chanam, pour lot de ton domaine
Ie t'empliray d'honneur.

12 Tu viuras en ces lieux exempt de tout encombre,
De crainte, & de dangers:
Ce fut lors qu'ils estoient encore en petit nombre,
Voire mesme estrangers.

13 Passans d'vne prouince, en vn autre prouince,
Et d'vn Royaume aussi
Et vn peuple soubmis dessoubs nu autre prince
Gaignans pays ainsi.

14 Il ne permit iamais que l'on fit tort au moindre,
Et quelque mauuais tour,
Chastia iusqu'aux Roys, les faisoit par tout craindre
Tant leur portoit d'amour.

15 Gardez vous de porter (dit-il) vos mains funestes
Sur mes oints, mes sacrez,
Et de faire aussi peu de mal à mes prophetes
De chacun reuerez.

16 Il feit venir alors vne grande famine
Sur la terre soudain,
Fait le degast par tout, leur saccage, & ruine
Labondance du pain.   (attente

17 Mais pour monstrer que ceux qui l'ont pour leur

Luc.
1.72.
Heb.
6.13.

1.
Par.
16.
22.
2.
Rois
1.14.
Gen.
41.
54.
Gen.
27.
28.

Hh

Il ne laisse, voyla
Qu'il enuoye au deuant, vn qui feut mis en vente
Ioseph, feut celuy la.   (apporte

Gen. 39. 20.
18 Ses pieds sont mis aux ceps, & de fers qu'on
On luy, chargea le corps,
Iusqu'a tant que l'on vit l'effect en toute sorte
De ce qu'il predit lors

Gen. 14.
19 La parolle de DIEV, comme vne flame embrase
Ses inspirations
Le Roy, enuoye à luy, le deliure, & l'embrasse
Aux yeux des nations.

Gen. 41. 40.
1 Ma. 2.53
20 D'esclaue il le rendit le premier, & le maistre
De son Royal Palais
Luy laissa gouuerner son pays, & son sceptre,
En iustice, & en paix.

21 Iusques à corriger l'abus, & l'insolence
Des Princes de la court,
Apprendre aux anciens que c'est de la prudence
Dont franchement discourt.

Gen. 46. 6.
Ios. 24. 4
22 Israel entra donc dans l'Eglise feconde,
Et Iacob demeura
Dans le terroir de Cham, les delices du monde
Comme DIEV, luy iura.

Exo. 1. 7.
23 En ce lieu tant aymé tant doux, & delectable,
Comme il auoit promis
Accreut bien fort son peuple, & le feit redoutable
Contre ses ennemis.

24 Mais DIEV, tournant les cœurs de ces gens infidelles

DE DAVID. 483

Contre son peuple exprés
Ils vindrent de la haine, aux ruses, aux cautelles, EXO.
Contre les siens apres. 1.12.
                                      A 2.
25 *Il despesche aussi tost son seruiteur Moyse* 7.18
Pour les tirer d'ennuy,
Auec son frere Aaron, plein de zele, & franchise, EXO.
Qu'il esleut auec luy. 3.10
26 *Mais parmi ces mutins, que la crainte tourmēte*
Il meit propos d'effroy. EXO.
Fait maint prodige, & donne à chacun l'espouuante 4.3
Met tout en pauure arroy.
27 *Il les enceint d'abord d'vne nuee espaisse,*
Et d'vne noire nuit, EXO.
Tout branfle à sa parolle, & fait tout à son aise, 10.
Personne ne luy nuit. 21.
28 *Change les eaux en sang, altere leur nature* EXO.
Faict mourir promptement. 7.17
Les poissons estonnez d'vne telle auanture, Pse.
Et d'vn tel changement. 78.
                                         44.
29 *Fait par tout les endrois de leur terre puante*
Sortir des ords crapaux.
Iusque dedans le fonds de la Royalle tante EXO.
On voit ces animaux. 8.3.
                                        Pse.
30 *A sa parolle vint vn grand nombre de mou-* 78.
   ches: 45.
La vermine, & les poux, EXO.
Leur dressoient, & liuroient, de viues escarmouches 8.17
Dont ne feurent recoux.
31 *Au lieu de douce pluie, ainsi que de coustume,* EXO.
                                           9.18

Leur enuoye en grondant
Toute gresle, & par tout leur territoire allume

EXO. Vn feu tousiours ardant.
9.24
Pse. 32 Faict par tout des degasts, il n'en feut onc de
78.   mesmes,
47. Il decoupe, il abat,
Leurs vignes, leurs figuiers, leurs arbres, secs, &
   blesmes,
Et tout leur pays plat.

EXO. 33 Il n'eut pas plutost dit qu'on vit des saute-
10.   relles,
13.
Sap. Des chenilles à tas,
10.
16. Ronger les champs herbeux, à qui mieux mieux
   entre elles,
Et ne s'espargner pas.

Sap. 34 En moings d'vn tournemain, y feirent telle
16.9   guerre
Qu'ils feurent tous destruits,
Brouterent leur herbage, & de toute leur terre
Dissiperent les fruits.

EXO. 35 Il tua les aisnez leurs plus cheres delices,
12.
29. En priua le pays,
Et de leurs chers labeurs saccagea les premices,
Dont feurent esbays.

EXO. 36 Alors tira les siens exempt de ses disgraces,
12.
36. Pleins de biens mesmement.
Id. D'or d'argent sans qu'on vit aucun entre leurs races
12.
33. Debille aucunement.

37 L'Egypte feut bien aise, & feit des feux de ioye

DE DAVID.

Cognoissans qu'ils partoient
Pour s'en aller ailleurs, & prendre vne autre voye,
Car ils les redoutoient.
38 *Dieu, les couuroit de iour d'vn gratieux*
    nuage,
Ne les perdoit de loing,
Et de nuit d'vn clair feu, pour luire en leur voyage
Tant il en auoit soing.
39 *feit venir abondance à leur moindre requeste*
De cailles pour manger,
Et les rassasia de la manne celeste
Pour plus les obliger.
40 *Rompit dans les deserts vn roch de pierre dure,*
En fait soudre des eaux,
Et par tous ces lieux chauds, & secs de leur nature
Couler diuers ruisseaux.
41 *Car il se souuenoit de la saincte promesse*
Qu'il auoit cy deuant
Faite à son Abraham, qu'il aime, & qu'il caresse
Ainsi que son enfant.
42 *Aussi fit il sortir son peuple Israelite*
En tout victorieux
Hors de captiuité de la cruelle Egypte
Triumphans, & ioyeux.
43 *Leur liura les pays sans peine, s'il faut dire*
Que les peuples auoyent
Acquis auec labeur, & perdus en son ire,
Dont apres triumphoient.
44 *Afin que d'autant plus ils eussent souuenance*

Id.
13 2.
Nō.
14.
14.
Deu.
1 33.
Ne-
he. 9
12.
Exo.
16. 13
Nō.
11. 31
Exo.
37. 6
Nō.
20. 8
Gen.
22.
16.
Deu.
1. 33.
* 4.
37.
Neh.
9 12
Pse.
78.
14.
1
Cor.
10. 1
Iof.
4.

H h iij

De garder desormais
Ses loix, & de passer soubs son obeissance
Leurs iours à tout iamais.

ORAISON.

Novs qui vous confessons, chantons, & racontons, vos œuures pleines de merueilles, vous suplions Seigneur que puis que vous auez esté autresfois le conducteur de nos peres au desert, les repaissant de manne celeste, nous veuillez pareillement repaistre de vostre pasture mistique iusques à tant que paruenus en la terre des viuans nous y iouissions de la felicité qui durera eternellement. Ainsi soit il.

DE DAVID.

PSEAVME CV.
Heb. 106.

CONFITEMINI DOMINO QVONIAM BONVS.

ARGVMENT.

Le Prophete pourfuit en ce Pfeaume, les benefices de Iud.
DIEV, vers fon peuple, & declare apres ce que les Ifraeli- 13.
tes ont fouffert pour les fautes, & tranfgreffions, tant en la 11.
terre de Chanaam, qu'en leur captiuité, à fin que nous ne
façions le femblable En fin il prie DIEV, de leur pardonner, & ne laiffer pour ces offences dont ils font repentans
de leur impartir fa grace, miftiquement l'Eglife raconte
icy fes perfecutions par l'herefie, ainfi toute ame fidelle.

Louange à DIEV, Alleluya.

1 ONNEZ *louange au Seigneur, don-*
         nez tous,
   Car il est plein de grace, & de cle-
         mence,
Et sa bonté qui reluit dessus nous
Est eternelle, & tient de son essence.
2 *Mais qui pourra d'entre vous comme il faut*
Conter au vray de DIEV, *les faicts estranges,*
Qui peut auoir le discours assez haut
Pour reciter dignement ses louanges.

Hh iiij

3 O que ceux la sont bien heureux qui vont
Gardans çà bas ses saintes ordonnances,
Qui font iustice & qui de mesme font
Voir au besoin pour son nom leurs constances.
4 Aye ô Seigneur memoire, & souuiens toy
Suiuant l'amour que ta bonté nous porte
Des tiens tousiours, car nous gardons ta loy:
Que ton salut nous visite, en la sorte.
5 A fin mon DIEV, que nous voyons les biens
Que tes esleuz auront en leur partage,
Pour te louer sans cesse auec les tiens,
Et ceux qui sont de ton saint heritage.

Iud.
7.23
Dan.
9.5.
6 Las! nous auons commis iniquité
Autant ou plus qu'ont jadis fait nos peres,
Et maintefois entre nous excité
Par nos pechez, tes poignantes coleres.
7 Nos ayeux n'ont à vray dire cogneu,
Et contemplé la merueilleuse encombre,
Que veit l'Egypte, & moins encor ont eu
Du souuenir de tes graces sans nombre.
8 Car bien à peine estoient-ils ja entrez
Dedans la mer de leurs ennemis tainte,
Qu'ils feurent tous au lieu de flots, outrez
D'effroy, de peur, & murmuroient de crainte.

EXO.
34.
21.
9 Mais toutesfois pour l'amour de son nom
Il les sauua pour mieux faire paroistre,
Que sa puissance esgalloit son renom,

EXO.
14.
21.
Ce qu'il vouloit leur faire recognoistre.
10 Alors tança la Mer rouge, & soudain

DE DAVID. 489

Elle s'ouurit au millieu de ses ondes,
Et les conduit à pied sec par la main
Comme aux desers par ces fossés profondes.
11 Bref le Seigneur, lès garentit ainsi
Des fieres mains de la troupe ennemie
Qui les suiuoit les deliurant aussi
De leurs haineux, & de toute infamie.
12 Estans passez il renuoia la Mer
Pour couurir ceux qui tant les trauaillerent,
Leur ennemis ils virent abismer,
Nul n'en resta dont ils s'esmerueillerent.
13 Ce fut alors qu'ils creurent tous à luy,
Ne meirent plus de doute à ses oracles,
C'estoit leur DIEV, leur SAVVEVR leur appuy
Dont ils chantoient les faicts, & les miracles.
14 Mais tost apres on les vit follement
Mettre en oubly tous ces faicts admirables,
Et delaisser le diuin mandement
Pour en garder apres des dommageables.
15 Si que chacun pensant se contenter
Suiuit en fin sa folle fantaisie,
Aux champs deserts iusqu'à vouloir tenter
Leur Seigneur DIEV, lors qu'il les rassasie.
16 Il leur donna tout ce qu'ils souhaitoient
Et plus encore auec telle franchise,
Que leurs esprits & leurs sens en estoient
Tous abatus, d'auide, gourmandise.
17 Vne autre fois dedans ce desert lieu
Meirent Moyse, en vn courroux extresme,

EXO.
14.
27.

EXO.
17.
2.
1.
Cor.
10.
6.
EXO.
17.1.
Nō.
11.
31.
Nō.
16.1.

Auec Aaron, sacrez hommes de DIEV,
Dont mal en prit à tous à l'heure mesme.

Idē. 18 Car aussi tost la terre à l'enuiron
16. S'ouurant couurit Dathan prenant la fuitte,
32. Et engloutit le prophane Abiron,
Auec tous ceux qui marchoient à sa suitte.

19 Vn ardant feu courut de tous costez
Au mesme instant il consomme, & deuore,
35. Leur assemblee en ces lieux desertez
Tant le Seigneur, les impies abhorre.

20 Ce n'est pas tout ceux qu'il auoit laissez
N'eurent point lors sur le mont d'Oreb honte,
EXO. De faire vn veau, & furent tant osez
32. Que d'adorer vne image de fonte.
4.

21 Changeans ainsi l'honneur du tout puissant,
Le transferant à la vile semblance
D'vn abiect bœuf, qui de foing va paissant:
Bœuf salle, & vil, sans force, & sans puissance.

EXO. 22 Bref ils auoient pour dire en peu de mots
32. Oublié DIEV, leur SAVVEVR, les merueilles
10. De Cham, d'Egypte, & de mesme des flots
Rouges de sang, d'ames vraiment pareilles.

23 Il les eust lors foudroyez promptement
Ainsi qu'il dit sans son esleu Moyse,
Qui se presente au deuant vistement,
En la rumeur qui s'estoit entr'eux mise.

24 A celle fin qu'il luy pleust d'appaiser
Son ire, ainsi si iustement esprise,
On ne les vit pour tout cela cesser,

DE DAVID.

Ils desdaignoient la terre à eux promise.
25. Continuans de pis en pis tousiours,
Et sans auoir creance à sa parolle,
En murmurans sans cesse tous les iours
Tenoient sa voix comme chose friuolle.
26 Voyant que rien à ce peuple ne sert
Le Seigneur, leue en haut ses mains, & iure
Qu'il les perdra du tout dans le desert.
Et tirera raison de tant d'iniure.
27 Qu'en ruinant au siecles auenir
Entre les gens leur lignee, & leur race,
Il en rendra triste le souuenir,
Et qu'escartez iroient de place en place.
28. Au lieu de mieux faire qu'auparauant
Se sont rangez tant ils sont infidelles
Soubs Belphegor, & ont mangé souuent
Chose immolee aux puissances mortelles.
29 DIEV courroucé de ces inuentions
Plus que iamais à ce coup dessus donne,
Remplit leur ost par tout d'occisions,
Les multiplie, & plus ne leur pardonne.
30 Phiné s'esleue & ne se reposa
Qu'il n'eut vengé deuant tous cest outrage,
Et fait que DIEV, puis apres s'apaisa,
Et n'espandit son courroux d'auantage.
31 Vn tel exploit entre autres genereux
Rendit Phinée, extrememement louable,
Car cet exploit, & iuste, & valeureux,
Sera tousiours tenu pour memorable.

Nō. 14. 3.

Nō. 14. 28. † 26. 5. † 32. 10.

Nō. 25. 4. DEU. 4. 3.

Nō. 25. 6. EXO. 17. 7. Idé. 8.

Nō. 32 Ces mutinez au courage enragé
II. Font mal encore aux eaux de discordance,
20. Moyse en feut pour eux fort affligé,
† Car ils auoient troublé sa souuenance.
20.
25. 33 Ie ne sçay quoy sa leure abandonna
Follement dont estoient cause, & n'occirent
Deu Les nations, que DIEV leur ordonna
7.1 D'exterminer, & pis encores feirent.

34 Car se meslans auecques les gentils,
Ils sçeurent tost leurs façons desloyalles,
Seruant comme eux aux Dieux faux & subtils,
D'où proceda grand nombre de scandalles.

35 Ils immoloient deuant ses sacrez yeux
Leurs propres fils, & filles à l'enuie
Au Diable, à fin qu'il leur fut gratieux,
Et les maintint en leur meschante vie.

35 On ne voyoit rien que sang innocent,
Sang dis-ie ainsi de leurs fils, & leurs filles,
Sacrifiez aux Idolles de vent
De Chanaam, Idolles inutilles

37 La terre en fut infectee par tout,
Deuint souillee en leurs œuures meschantes,
N'espargnoient rien, mais qu'ils vinsent à bout
De leurs desirs, & paillardes attentes.

38 Lors DIEV, s'irrite, il se met en fureur
Contre son peuple, & rudement le meine
Plus que iamais, prent en haine, & horreur,
Son heritage, & son ingrat domaine.

39 Il s'en desfit, abondonne en la main

DE DAVID.

Des nations, ceste maudite engeance,
Et aux rigueurs du seruage inhumain
De leurs haineux, sans espoir d'allegeance.
40 Leurs ennemis leur firent endurer
Diuers tourmens, qui les humilierent,
Et toutesfois DIEV ne pouuoit durer,
Sans leur bien faire, & ne s'en soucierent.
41 Mais rendant mal pour bien ils ne l'aissoient
De l'irriter par leurs conseils obliques.
Si bien qu'apres eux mesmes s'enlassoient
En leurs tourmens par leurs actes iniques.
42 Ainsi tousiours au fort de leurs malheurs,
De leur martyre, & peine, il ne les laisse
Oit leurs priere, appaise leurs douleurs,
Et les met hors, tant qu'il est bon d'angoisse.
43 Il a tousiours eu memoire au besoin
De leur salut, & de son alliance,
Il prenoit d'eux selon sa bonté soin
Pensant les vaincre en fin par patience.
44 Si bien qu'il fit trouuer à ces retifs
Support, faueur, grace, & misericorde,
Entre tous ceux qui les tenoient captifs,
Et auec eux doucement les accorde.
45 Ainsi Seigneur, nostre DIEV, sauue nous,
Donne ta main aux tiens, & nous r'assemble
D'entre les gens, & que ne facions tous
Ores espars rien plus qu'un corps ensemble.
46 Afin qu'vnis de voix, comme de cœur
Nous rendions grace à ton nom que i'adore,

Deu.
30.
3.

Et nous ferons gloire de ta douceur
En te donnant mon DIEV *, louange encore.*
47 *Car au Seigneur,* DIEV*, d'Israel on doit*
Gloire à iamais; sus que tous peuples dient
Donc auec moy, ainsi soit, ainsi soit,
Et que sans fin en luy se glorifient.

ORAISON.

Nous confessons noz pechez ô nostre DIEV, & implorons vostre misericorde, Nous auons peché Seigneur, nous auons peché auec nos peres, sauuez nous, Neantmoins Sauueur debonnaire. nous qui confessons vostre nom, & nous glorifions en vostre louange, & monstrez nous vostre salutaire, vostre cher fils IESVS-CHRIST, nostre Redempteur. Ainsi soit-il.

PSEAVME CVI.

Heb. 107.

CONFITEMINI DOMINO QVONIAM BONVS.

ARGVMENT.

ACTION de graces à DIEV pour la restauration des Iuifs, apres plusieurs calamitez qu'ils eurent, comme aussi pour la deliurāce du genre humain, & de toutes sortes d'affliction & de perils, qui accompagnent nostre vie sommairement representees. Mistiquement cest vne action de graces pour la redemption de nos pechez, qui se deuoit obtenir de DIEV, par son fils nostre Seigneur IESVS-CHRIST, comme il est dict au Verset 2. Et dont le Prophete parle comme de chose ja auenuë, par la preuoyance de son esprit.

Des rois 4.

Louange à Dieu.

1 EXALTEZ DIEV, *de bon cœur,*
Et luy donnez louange
Apres tant de faueur
Car ce n'est que douceur, il n'ayme point le change,
Et sa misericorde ou git tout nostre appuy
Est eternelle, & n'est separable de luy.
2. *Ceux la qu'il à rachetez.*

Iud. 13. 21.

Louent, & recognoissent
Ses faueurs, & bontez,
Ainsi luy donnent gloire, & sans fin le confessent
Ceux qu'il à delivrez des mains des ennemis,
Et de diuers endroits rassemblez, & remis.
3 D'où se leue le Soleil,
Et de ces lieux encore
Où se cache son œil,
Du tremblant Aquilon, & du riuage More,
L'on chante les bontez du Seigneur, tout puissant,
Par ce que sa douceur ne va point finissant.
4 Lors qu'ils erroient au desert,
Et dans la solitude,
Sans eau, sans nul couuert,
Espars deçà, de là pleins de solicitude,
Ne voyans pour loger maisons, villes, n'y lieux
Iamais en quelque part qu'ils iettassent leur yeux.
5 Mourans de soif, & de faim,
Ainsi loin de retraicte,
Et de secours humain
N'en pouuant tātost plus, leur ame estant deffaite,
Leur esprit abatu, n'ayans plus de vigueur,
Et leur cœur affoibly de peine, & de langueur.
6 En cest estat ont recours
Au Seigneur debonnaire,
Inuoquent son secours
En leurs afflictions, & qu'il luy pleust leur faire
Grace, & misericorde, il accorde, il le fait,
Et les deliure tous de leurs mains à souhait.

7 Il

DE DAVID. 497

7 Il les ramena ioyeux
Auec signes de ioye,
Tenant tousiours entre eux
Le chemin le meilleur, & la plus droite voye,
A fin de paruenir à la sainte cité
Pleine de gens ainsi, que de commodité.
8 Qu'ils rendent donc tout à faict
Louange en toute place
A DIEV, d'vn tel bienfaict,
Tesmoignans sa bonté, sa clemence, & sa grace,
Et ses faits merueilleux à tous hommes viuans
Pour l'anoncer apres aux siecles ensuiuans.
9 Car il à desalteré
Ces ames languissantes
De soif, & deliuré
Par vn mesme moyen, ces ames perissantes
De la cruelle fin qui les tenoit pasmez,
Et remply de bons mets leurs ventres affamez.
10 Tous ceux qu'on voyoit gisans
Dedans les cachots sombres
Ternis, & languissans,
Enuironnez d'horreurs, d'espouuantables ombres,
De l'effroyable mort, tourmentez, angoissez,
De miseres, de fers, & de membre froissez,
11 Pour auoir souuentesfois
Contredit aux parolles
De DIEV, tenu ses loix
En opprobre, en m'esprits, comme choses friuoles,
Et n'auoir eu de peur d'enflamer le courroux

Du treshault, que l'on voit de son honneur ialoux.
12 Le cœur viuement abatu
D'angoisse, & de tristesse,
Il remplit de vertu,
Et lors qu'il apparoist demy mort de foyblesse,
Sans ayde, & sans secours, & sans aucun espoir,
De remede, sinon par la mort, d'en auoir.
13 En cest estat ont recours
Au Seigneur debonnaire,
Inuoquent son secours
En leurs afflictions, & qu'il luy pleust leur faire
Grace, & misericorde, il l'accorde, il le faict,
Et les deliure tous de leurs maux à souhait.
14 Les tire sans grand effort
Des lieux pleins de tenebres,
Et des ombres de mort,
Change en chats de plaisir leurs complaintes funebres,
Casse & brise leurs fers, & sa puissante main
Les deliure ainsi tous de ce ioug inhumain.
15 Qu'ils rendent donc tout à fait
Loüange en toute place
A DIEV d'vn tel bienfait
Tesmoignans sa bonté, sa clemence, sa grace,
Et ses faits merueilleux à tous hommes viuans
Pour l'anoncer apres aux siecles ensuiuans.
16 Car il à pour eux soudain
Mis en pieces les portes
Faites d'vn fort airain,
Brisé les gonds de fer, & les barres plus fortes

Des cachots ou gisoient ces pauures mal-heureux,
Courbez dessoubs le faix, de leurs fers rigoureux.
17 Tous ceux qu'il à tirez hors
De la voye des vices,
En affligeant leurs corps
D'infirmitez, de maux, de douleurs, & suplices,
Qui suiuent les excès commis imprudemment,
Et qu'on s'acquiert en fin faute de reglement.
18 Qui ne prennent goust à rien
Abhorrent la viande,
Et n'ont plus de soustien
Tant sont remplis de mal, dont le corps ne demande
Plus rien que le tombeau, qui voisinent de pres
Les portes de la mort, ou l'on n'oit que regrets.
19 Tout de mesme ont recours
Au Seigneur debonnaire,
Inuoquent son secours
En leurs afflictions, & qu'il luy pleust leur faire
Grace, & misericorde, il l'accorde, il le faict,
Et les deliure tous de leurs maux à souhait.
20 Il enuoye promptement
Sa parolle amiable,
Et donne alegement
A leur corps trauaillé, languissant esfroyable,
Il les à soulagez, & les a relaxez
Des mortelles douleurs dont ils estoient vexez.
21 Qu'ils rendent donc tout à fait
Louange en toute place
A DIEV, d'un tel bienfait,

Ii ij

Tesmoignans sa bonté, sa clemence, sa grace,
Et ses faits merueilleux à tous hommes viuans
Pour l'anoncer apres aux siecles ensuiuans.
22 Qu'ils facent tous au Seigneur
Vn deuot sacrifice
De louange, & d'honneur,
Au Seigneur, qui leur est ainsi doux, & propice,
Et recitent à tous ses œuures desormais
En liesse, en plaisir, & ioye à tout iamais.
23 Ceux qui vont dans des vaisseaux
Volans dessus l'eschine
De la mer comme oyseaux,
Et qu'on voit tous les iours soubs la faueur diuine
Aller en marchandise, & chercher les hasards
Dessus les grandes eaux, bruyans de toutes parts.
24 Ils ont peu bien tous auoir
Parfaicte cognoissance,
De l'infini pouuoir
Du Seigneur, à qui tout rend humble obeissance,
Et de ses faits aussi, pleins d'admiration,
En la profonde mer, & sa creation.
25 Car soudainement qu'il dit
A l'eau qu'elle s'arreste,
Tout aussi tost l'esprit,
Qui meut tous ces grands flots, accoise sa tempeste,
Tout est calme, & serain, & comme auparauant
On ny voit point d'orage, il n'y souffle aucun vent.
26 Tantost ces flots mutinez
Les portent, les rauissent,

DE DAVID.

Iusqu'aux Cieux estonnez
Puis les mettent en bas, & les enseuelissent
Aux abismes profonds, & leurs faces alors
Palissantes de peur voudroient bien voir les bors.
27 On les voit tous estourdis,
Et tous esmeus de mesme
Que des hommes saisis
De la liqueur du vin, leur folie est extresme,
Perdent l'entendement, ils ne sçavent s'il sont
Parmy tant de perils, au haut, ou bien au fond.
28 Ils ont aussi leur recours
Au Seigneur debonnaire,
Inuoquent son secours
En leurs afflictions, & qu'il luy pleut leur faire
Grace, & misericorde, il l'accorde, il le fait
Et les deliure tous de leurs maux à souhait.
29 Soudain il à fait sonner
La retraicte à l'orage,
Il à rendu la mer
Calme si iamais feut, les sauuant du naufrage,
Les tire des perils, appaise tous les flots,
Et les faict retirer dans leurs moites cachots.
30 Ils s'esiouïssent voyans
Les ondes appaisees,
Qui ne vont plus noyans
Leurs vaisseaux tous rôpus, & leurs barques brisees,
Prenans heureusement apres vn temps si fort
Vn vent à leur souhait, qui les ramene au port.
31 Qu'ils rendent donc tout à fait

Loüangé en toute place,
A DIEV, d'vn tel bien fait
Tesmoignans sa bonté, sa clemence, sa grace,
Et ses faits merueilleux à tous hommes viuans,
Pour l'anoncer apres aux siecles ensuiuans.
32 Qu'ils exaltent sa bonté
En la grande assemblee
Du peuple, & soit chanté
Maint Hymne à son honneur, & souuent redoublee
Parmy la compagnie aussi des anciens,
Le remplissant de ioye, en la ioye des siens.
33 C'est DIEV, qui comme il luy plaist
Change tost les riuieres
En deserts, luy seul est
Le Soleil qui tarit les ondes fontainieres,
Qui deseche le cours des eaux alors qu'il veut
Pouuant ce qu'il luy plaist, & voulant ce qu'il peut.
34 Il fait d'vn terroir fecond
Entre autres plus fertile,
D'vn terroir sans second
Vne campagne aride, inutile, & sterile,
D'autant qu'il n'ayme point les meschās reprouuez,
Que dedans ce terroir son courroux à treuuez.
35 Il ne leur donne de rang
Ca bas, c'est luy qui change,
Le desert en estang,
Espandant l'eau par tout, & la terre sans fange
Aride, seché, & rude, en fleuues, en ruisseaux,
Il y fait ruisseler de toutes parts des eaux.

DE DAVID.

36   Afin d'y faire venir
Auec resiouyssance,
Plusieurs pour s'y tenir
Ayant disette ailleurs, il en a souuenance,
Ils y fondent apres des superbes citez
Ou l'on congnoist son nom, & ses Diuinitez.
37   Les vns y sement les champs,
Les vns plantent la vigne,
Qui rendent en leur temps
Abondance de fruits, vne playe benigne
Y recree la terre, & sans beaucoup de soin,
Elle rapporte à tous ce qu'ils ont de besoin.
38   Aussi DIEV respand sur eux
Sa douceur immortelle,
Il exauce leurs vœux,
Il benit leur famille, il en prent la tutelle,
Les accroit, les deffend, il a mesme soucy
De leurs feconds troupeaux, & les conserue aussy.
39   Mais tout soudain qu'il les voit
Son vouloir contredire,
Et ne marcher plus droit
En besongne auec luy, il attise son ire,
Et les faisant à coup descheoir de leur bon-heur,
Ce n'est plus rien de tous que misere, & malheur.
40   Leur Princes sont en mespris,
Il les rend contemptibles,
Iusqu'aux moindres espris
C'est la fable de tous, ne sont plus susceptibles
De sa grace, on les voit esperduz, escartez,

I i iiij

Errer par leur pays qui sont tous desertez.
41 Au contraire l'indigent
Qui le craint, & reuere,
Il l'ira soulageant,
Et le tirant d'ennuy, d'angoisse, & de misere,
Accroistra sa famille, ainsi que des troupeaux
Que l'on voit par les champs brouter l'herbe à
    monceaux.
42 Les iustes voyans cela
Vrayment plein de merueille,
Et que le Seigneur à
Souuenance des siens, qu'il les garde, & les
    vueille,
En luy s'esiouyront, & les meschans auront
La bouche close alors, & s'en estonneront.
43 Qui sera sage, & prudent,
A cecy prenne garde,
Il verra que DIEV, prent
Le soin des gens de bien, qu'il les tient en sa
    garde,
Et comme sa clemence est propice tousiour
A quiconque le craint, & garde son amour.

Iob. 22. 19

ORAISON.

Nous vous confessons librement nos fautes à vous Seigneur, qui daignez espandre sur nous vostre misericorde, Nous crions à vous par ce que nous sommes en tribulation, & d'autant que nous n'attendons point de secours d'autre que de vous, Rompez, & brisez les liens d'iniquité, qui nous detiennent en cruelle servitude, & des tenebres d'erreur, & d'ignorance, ou nous sommes plongez, esclairez nous du Soleil de vostre iustice, qui est vostre cher Fils nostre Seigneur IESVS CHRIST, Ainsi soit-il.

PSEAVME CVII.

Heb. 108.

PARATVM EST COR MEVM.

ARGVMENT.

C'EST icy vn Chant de ioye, & action de graces à DIEV, pour le restablissement du regne de Iuda, dissipé par la negligence de Saül, Et depuis par les Chaldeens, & Assyriens. Mistiquement l'Eglise le chante pour le triumphe du regne de nostre Seigneur IESVS CHRIST en sa Resurrection, Ascension, & publication de son Euangile par tout le monde, S. Paul amene ce Pseaume en tesmoignage, l'Eglise en vse aussi en priere particuliere pour sa restauration, Ainsi vn bon Roy, & Prince, pour son regne, Les 5 premiers Vers sont composez des 5 derniers du Pseaume 56. Et les autres 9. des 9. derniers du 59.

Rō. 18.

Pse. 56. 10.

Cantique en Pseaume de Dauid.

1 MON cœur est prest ô DIEV, mon cher desir,
De s'esiouir en ta sainte memoire,
Et d'exalter mes gloires en ta gloire,
Par mes doux chants, ou gist tout mon plaisir:
C'est le plus doux que ie pourrois choisir.

DE DAVID.

2 Resueillez vous, c'est trop pris de repos
Psalterion, sus debout ma Cithare,
Et que chacun auec moy se prepare
Pour loüer DIEV, pour chanter son saint los,
Car ie seray debout à iour esclos.
3 On me verra chanter entre les gens
Tout haut Seigneur, ta grace, & ta puissance,
I'en veux donner encore cognoissance
Aux estrangers par mes vers, & mes chans,
Que nous t'irons tous les iours consacrans.
4 Car ta douceur est par dessus les cieux
Haut esleuee, & cogneuë des Anges,
Ta verité remplie de louanges
Iusqu'à la nuë, ayant tousiours les yeux
Fichez sur toy, son obiect glorieux.
5 Esleue toy donc ô DIEV par dessus,
Les cieux, & soit ta gloire que i'adore
Dessus aussi toute la terre encore,
A celle fin que l'on ne voye plus
Tes biens aymez affligez & confus.
6 Garantis moy, faicts vn coup inouy
De ta main dextre, exauce ma priere,
Ne la mets point s'il te plaist en arriere:
Mon DIEV la fait, il m'a tout esiouy
En ce que i'ay de son saint temple ouy.
7 Car DIEV m'a dit que ie m'esgayeray
Au doux seiour de Sichem sans obstacles,
Et au vallon tant beau des tabernacles
Aimé de tous, & qu'ainsi i'en feray

Pse. 60. 7.

Pse. 59. 8.

Comme du mien, & les partageray.
8 Que Galaad, encore sera mien
Et Manassés, soubs mon obeyssance,
Que de mon chef la force, & la puissance.
C'est Ephraim & bref tout le soustien,
De mon estat, mon repos, & mon bien.
9 Que dessus tous l'on verra s'esleuer
Iuda, tenant en main le Royal sceptre,
Et que Moab, qui vante tant sa dextre,
Me seruira de bassin à lauer,
Et de vaisseau me voulant estuuer.
10 Que i'estendray mes legers escarpins
Iusques aux bouts des beaux champs d'Idumee,
Que ie verray la grosse, & forte armee,
Or contre moy des vaillans Philistins,
Chercher ma grace auec tous mes voisins.
11 Mais qui sera c'il qui me menera
Victorieux, par tant de citez fortes,
Qui m'ouurira pareillement les portes,
Qui plus encor' mon conducteur sera
En Idumee, & pour moy s'armera?
12 Sera ce pas toy D I E V, qui nous cachois
Les clairs raions qui luisent en ta face,
Qui ne versois dessus nous plus ta grace,
Comme autresfois & qui plus ne marchois
En nostre armee, ainsi que tu soulois?
13 Seigneur en qui nous auons mis tousiours
Tout nostre espoir, contemple nos affaires,
Assiste nous contre nos aduersaires

A ce besoin, car las! tout le secours
De l'homme est vain, il n'a point de recours.
14 Soubs la faueur du Monarque de cieux,
Nous ferons voir de beaux exploits de guerre,
C'est le Seigneur, qui portera par terre
Nos ennemis, & son nom glorieux
Nous chanterons hautement en tous lieux.

ORAISON.

Regardez nostre cœur ô DIEV, de nostre salut, & voyez comme il est prest, & apareillé de vous chanter louanges, & Cantiques, vous estes la gloire de nostre conscience, C'est pourquoy nous nous adressons à vous, tout plein de douceur, & de misericorde. Faites Seigneur que nous puissions paruenir vn iour au lieu ou l'on vous chante louanges, & gloires eternelles. Ainsi soit-il.

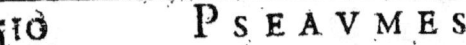

PSEAVME CVIII.

Heb. 109.

DEVM LAVDEM MEAM NE TACVERIS.

ARGVMENT.

EXECRABLE imprecation de David contre ses ennemis Saül, Doeg, Semei, & autres qui le poursuiuoient en la cause de DIEV, jaloux de sa victoire contre Goliath, qui ne fut point vaine, ains sortit à effect, comme il se voit par l'histoire. Mistiquement l'Eglise l'attribue à Iudas, pour sa trahison, au lieu duquel fut institué Mathias, selon le Verset 7. Et à tous les Iuifs obstinez, sur lesquels sont tombees les maledictions predites par nostre Seigneur, au tesmoignage mesme de Iosephe. En fin il requiert l'ayde de DIEV son Pere, es douleurs, & angoisses de sa Passion.

Act.
1.
Ieã.
17.
Luc.
23.

Au Maistre des Chãtres, Pseaume de Dauid.

1 SEIGNEVR DIEV, *ma louange
eternelle,
Ne te tais point, car la bouche infidelle
De l'imposteur, & du traistre sans loy,
Est ouuerte sur moy.
2 Ils ont parlé à mon desauantage,
Et par leur faux, & desloyal langage,
M'ont procuré de la haine en effect,
Et du mal sans suget.*

3 Au lieu Seigneur, de m'aimer tout de mesme
Comme vrayement ie les aymois & iayme
Mon cher prochain, ils m'ont fait odieux,
Et ie priois pour eux.
4 Ils ont bien eu l'ame tant inhumaine
Qu'ilm'ont rendu mal pour bien & leur haine
S'est opposee à la dilection
De mon affection.
5 Mets dessus luy vn meschant pour son iuge,
Vn Diable encor pour support, & refuge,
A son costé, à celle fin qu'il ait
Autant de mal qu'il fait.
6 Quant il viendra pour respondre en justice,
Sans estre ouy, qu'on le traisne au suplice,
Bien qu'incoupable, & qu'on aye en mespris
Ses prieres, & cris.
7 Qu'en vn moment on voye de sa vie
La flamme esteinte, auec ignominie,
Qu'vn autre alors plus doux, & plus humain
Tienne son lieu soudain.
8 Que ses enfans encores en bas aage,
Soient orphelins, sans nul qui les soulage,
Sa femme veufue, indigente, & sans bien,
N'y qu'on luy done rien.
9 Que plus aussi sa maudite famille
Soit vagabonde, aille de ville en ville,
Cherchant son pain, contrainte de quiter
Sa maison, & quester
10 Que n'ayant point d'argent pour sa pitance,

Act.
1.
20.

L'vsurier rauisse sa substance,
Et l'estranger le fruict de ses labeurs
Pour croistre ses douleurs.
11 Qu'il ne rencontre aussi nulle personne
Qui tant soit peu d'assistance luy donne,
Qu'il soit chassé passant par les chemins,
Auec ses orphelins.
12 Sa race soit à tout iamais destruite,
Qu'il n'en ait point aucune chose escrite,
Et que son nom aux siecles ensuiuans
Soit osté des viuans.
13 Que le forfait de ses peres sans grace,
Soit ramenteu deuant la saincte face
De Dieu treshault, & ne soit le peché
De sa mere caché.
14 Qu'il soient en haine au Seigneur plein de gloire,
Qu'il abolisse, & raye sa memoire,
Puis qu'on ne treuue, & qu'on ne voit en luy
De pitié pour autruy.
15 Car le meschant persecutoit sans cesse
L'homme affligé tout comblé de tristesse,
Soufreteux, pauure, il le faisoit souffrir
Pour le faire mourir.
16 Il a voulu que chacun le deteste,
L'effect en est tombé dessus sa teste,
Il a laissé la grace, & la mercy,
Elle le laisse aussy.
17 Il s'est couuert d'iniure en la maniere

D'vn veſtement, qui s'eſt coulee entiere
Ainſi comme eau dans ſon cœur ſans repos,
Et l'huiſle dans ſes os.
18 Que deſormais ce mal-heureux ne veſte
Point d'autre habit, & qu'il en ſoit au reſte
Ceint à iamais de la meſme façon
Comme d'vn ceinturon.
19 Soit à la fin pareille la vengeance
Que DIEV, prendra de la maudite engeance
De mes haineux, & de ces meſdiſans
Mon repos offenſans.
20 Et toy Seigneur mon DIEV, plein de clemence
Aſſiſte moy contre leur inſolence
Pour ton ſainct nom, car il n'eſt rien plus doux
Que ta bonté ſur nous.
21 Deliure moy de l'ennuy qui me preſſe,
Car tu me voys bien humble en ma detreſſe,
Pauure, & chetif, ſans ſecours, & mon cœur
Eſt froiſſé de langueur.
22 Las! ie m'en vois comme l'ombre qui paſſe
Tant la douleur viuement me pourchaſſe,
Et ſuis ainſi qu'vn ſautereau eſcoux
A la face de tous.
23 I'ay les genous affoiblis, ſecs, & rudes,
D'auoir trop pris d'auſteres habitudes,
Et mon corps eſt tout à faict deſchargé
De graiſſe, & tout changé.
24 En ceſt eſtat ie leur ſers de riſee,
Se vont mocquant de mon ame angoiſſee,

K k

Et ceux helas qui voyent mon meschef
En secouent leur chef.
25 Ayde moy donc, sois à mes cris propice,
Seigneur mon DIEV, tu cognois leur malice,
Preserue moy de leur iniquité
Par ta benignité.
26 A celle fin qu'ils voyent que ces choses
Sont de ta main, & que tu les disposes.
Tout autrement, qu'ils n'auoient souhaité,
Et que ne m'as quité.
27 Que chacun d'eux me deteste, & maudisse,
Mais que tousiours ta faueur me benisse,
Soient esleuez mais qu'ils tombent honteux,
Et ton seruant ioyeux.
28 Ainsi soient ceux qui ne font point de conte
De toy Seigneur,) tous reuestus de honte,
Et recouuerts d'opprobre entierement
Comme d'vn vestement.
29 Au Souuenir qui maintenant me touche,
Ie loüray DIEV, sans cesse à pleine bouche,
Et chanteray sa loüange au millieu
Des peuples en tout lieu.
30 Car il n'a point abandonné la dextre
Du pauure helas à fin de le remettre
En liberté, & sauuer des rigeurs
De ses persecuteurs.

DE DAVID.

ORAISON.

O DIEV, qui auez tant aymé le monde, que pour son salut n'auez point espargné la vie de vostre cher fils, faites que par le merite de la passion, & la gloire de son nom, nous puissions estre deliurez des liens, & des vices de Sathan nostre aduersaire, & calomniateur. Ainsi soit il.

PSEAVMES

PSEAVME CIX.

Heb. 110.

DIXIT DOMINVS DOMINO MEO.

ARGVMENT.

CE Pseaume conuient entierement à nostre Seigneur IESVS CHRIST, declaré par DIEV, son pere vray DIEV, homme, & Roy, qui doit commencer sa domination en Iudee, & l'estendre par tout l'vniuers, faisant auec l'office de Roy, celuy de grand Prestre, & souuerain sacrificateur, selon l'ordre de Melchisedech, iusques à la consommation du siecle, apres lequel il remettra à DIEV son pere, le sceptre pour regner eternellement auec luy.

Pseaume de Dauid.

Mat. 22. 44.

1 *LE Seigneur tout puissant, qui tient en main le sceptre*
De l'vniuers, à dit, au Seigneur tout puissant,
Tu iras auec moy, mon sceptre regissant,
Prens place, & te viens soir, à ma diuine dextre.

Marc 12. 36.

2 *Iusques à tant que i'aye à ta gloire immortelle*
Aux yeux de l'vniuers, ietté dessoubs tes pieds
Tes ennemis vaincus garrotez, & liez,

DE DAVID.

A fin de te seruir d'vne basse escabelle.
3 Le Seigneur des combats, qui conduit tes af-
 faires,
En ta faueur fera sortir hors de Syon,
La force de son bras, sa domination
Pour establir ton regne entre tes aduersaires.
4 Auec toy l'on verra le iour de ta puissance,
Ta court rendre par tout vne saincte splendeur,
Aussi bien n'ay ie pas engendré ta grandeur
De mon sainct ventre auant que le iour prit nais-
 sance.
5 Le Seigneur la iuré, sa parolle est durable,
C'est toy qui tout seules, & grand Prestre, & grand
 Roy,
Des toute eternité, selon l'ordre, & la loy,
Du bon Melchisedech, mon Prestre venerable.
6 Le Seigneur, fait aussi de ta cause la sienne,
N'abandonne ta dextre, & de son puissant bras,
Au iour de ses courroux doit renuerser à bas
Les Couronnes des Rois, pour releuer la tienne.
7 Chastira rudement l'insolence, & l'audace,
Des peuples mutinez, destruira l'vniuers,
Et brisera le chef de ces peuples peruers,
Abusant icy bas de ta benigne grace.
8 Pour esteindre les feux de son ire eschaufee,
Boira par le chemin, dans le rouge torrent
Du sang de ennemis, hideusement courant
Portant la teste haute, en signe de trophee.

Luc.
20.
41.
Act.
2.3.
4.
Ieā.
15.
25.
Heb.
1.13.
*10.
13.
Heb.
5.5.
Heb.
5.6.
†7.
17.

ORAISON.

Eternel, & tout-puissant Seigneur, à qui vostre fils (qui est l'vnité, & le principe auec vous de tout, lequel vous auez engendré deuant tous les siecles des siecles, & qui s'est fait Prestre eternel suiuant l'ordre de Melchisedech,) à offert son pretieux sang en l'arbre de la croix, pour expier nos offences, nous vous supplions de nous faire misericorde, & que sa mort volontaire nous soit vie eternelle. Ainsi soit il.

DE DAVID.

PSEAVME CX.
Heb. III.

CONFITEBOR TIBI DOMINE.

ARGVMENT.

Le Peuple Iudaique, rend icy vne generalle action de graces à DIEV de ses biens faicts, il passe de tout ce qu'il a fait, & creé, en ce monde de beau & d'vtil pour son vsage, aux benefices qu'il leur à côferez en sa redemption de la seruitude: Ainsi l'Eglise mistiquement donne action de graces à DIEV, de la Natiuité, Passion, Resurrection, & Ascésion de nostre Seigneur IESVS-CHRIST, d'où est procedé le salut vniuersel par les sacremens, mesme de celuy de l'Eucharistie, ou est son pretieux Corps, & Sang, soubz les especes de pain & vin, qui nous incorporent à luy, Cela est le commencement de ses merueilles predites au Verset 4. selon ce qui est dit en S. Luc, & aux Corinthiens. Ce Pseaume a esté composé artificiellement en Hebreu selon l'ordre de l'Alphabet, en signe de mistere, & fut chanté à la feste de Pasques.

Luc. 22.
1. Cor. 11.

Pseaume de Dauid.

1. I'AVOVRAY tes bontez de tout mon cœur Seigneur,
Auec honneur,
Au conseil que tiendront en ton nom les fidelles
Et ie confesseray tes bontez eternelles.
2. O que les œuures sont admirables de DIEV,

Pse. 9. 1
† 137

Kk iiij

En chacun lieu,
Et ses faits recogneus par tous ceux qui se mettent
A les considerer de pres & s'y delectent.
3 Car ses œuures ne sont que gloire, que splendeur,
Et que grandeur,
Sa justice de mesme incessamment se range
Auecques le treshaut, tousiours vne, & ne change.
4 Ses merueilles, ses faits, sont tousiours glorieux
En mille lieux,
Et ce benin Seigneur, à donné sa viande
A quiconque le craint, & fait ce qu'il demande.
5 Ayant le souuenir de son saint testament
Incessament,
Il à fait recognoistre à son peuple de mesme
Les vertus de ses faicts, & son pouuoir supresme.
6 En leur distribuant l'heritage des gens
Tant insolens,
Ne monstrant seullement les œuures veritables
De ses diuines mains mais de mesme equitables.
7 Ainsi ses mandemens pleins de fidelité,
Et d'equité,
Sont fermes pour iamais, non sugets à rupture,
Car c'est la mesme foy, c'est la mesme droiture.
8 Comme il auoit promis, n'a t'il pas enuoyé,
Et octroyé,
Le salut à son peuple, & par son ordonnance
Voulu qu'on obseruast sa diuine alliance

DE DAVID. 521

O que son nom est saint, qu'il est terrible, & grand,   Iob.
Qui le comprend,   28.
   28.
Et le commencement de toute sapience,   Pro.
Est la crainte de DIEV, qui n'est rien que cle-   1.7.
   †
mence.   9.
10 Tous ceux qui prudemment de mesmes en   10.
   eccl
feront   1.16.
Prospereront,
Ils seront exaltez, & sera leur memoire
De siecle en siecle ainsi que la sienne, & sa gloire.

ORAISON.

DIEV de misericorde, de qui tous les ouurages sont verité & iugement, donnez nous la crainte de vostre nom, qui est le commencement de sagesse, à fin que paruenus en la compagnie des iustes, nous y puissions iouyr de l'eternelle gloire. Ainsi soit-il.

PSEAVMES

PSEAVME CXI.

Heb. 112.

BEATVS VIR QVI TIMET DOMINVM

ARGVMENT.

DESCRIPTION de la felicité de l'homme qui craint DIEV, mais elle ne se peut entendre que temporelle, d'autant que la vieille Loy n'en pouuoit conferer d'autre à l'homme à cause du peché mortel dont il estoit souillé, que tous les sacrifices de la vieille Loy n'estoient suffisans de purger, la vraye, & eternelle beatitude estant celle qui procede de l'amitié que l'on à auec DIEV, par le moyen de nostre Redempteur IESVS CHRIST, qui nous y à donné l'accez suiuant ce qui est dit en l'Euangile, nul ne vient au Pere que par le Fils. Ce Pseaume est aussi alphabetaire, comme le precedent, en signe de mistere.

Ieã 14.

Louange à DIEV, au retour d'Egee, & Zacharie.

1 L'HEVR de l'homme est incomparable,
Qui vit en la crainte de DIEV,
Et qui n'a rien plus agreable
Que de prendre peine en tout lieu,
De suiure sa loy veritable.
2 Sa lignee sera puissante
En terre, il n'y manquera rien,

DE DAVID.

Car le Seigneur rend fleurissante
La semence des gens de bien,
Et sur toute autre triumphante
3 Dieu, tousiours tout bon, & propice,
Remplit sa maison largement
D'honneur, de biens, & sa iustice,
Aussi demeure incessamment
Exerçant tousiours son office.
4 Sa diuine lumiere esclaire
Parmy l'obscurité des lieux
A l'homme iuste, & debonnaire,
Il est misericordieux,
Et c'est de pitié l'exemplaire.
5 Heureux qui remply d'allegresse,
Et de pitié donne secours
Au pauure, & parle auec sagesse,
Car il sera contant tousiours,
Et ne craindra rien qui l'oppresse.
6 Il sera sans cesse memoire
De l'homme qui vit iustement,
Dieu rend sa vie à tous notoire,
Il n'aura crainte aucunement
Qu'un mauuais bruit souille sa gloire.
7 Il prepare à tout, son courage,
Et l'asseure au fidelle espoir
Du Seigneur, aussi d'auantage
Ne s'esbranle attendant de voir,
Ses ennemis faire naufrage
8 Secourt ceux qui n'ont d'assistance,

1.
Cor.
9.9

Aussi sa justice à iamais
Se tiendra ferme, & sa puissance
Paroistra haute desormais
En grand honneur, & reuerence.
9 Cela donnera la peine
Au meschant qui vit sans pitié,
Et grinçeant sa dent inhumaine,
Il en moura d'inimitié
Mais des meschans l'enuie est vaine.

ORAISON.

PErmettez Seigneur de misericorde, que nous puissions tousiours celebrer vostre nom, Et vous aimer de mesme qu'vn fils doit aimer son pere, & que viuans en la compagnie des fidelles, nostre esperance soit tousiours fondée sur vous, iusques à tant que nous ayons entiere iouyssance de vos saintes promesses. Ainsi soit-il.

DE DAVID. 525

PSEAVME CXII.
Heb. 113.

LAVDATE PVERI DOMINVM.

ARGVMENT.

EXORTATION aux enfans dont l'innocence & la simplicité est agreable à DIEV, de celebrer la gloire de sa hautesse, qui surpasse les plus hauts cieux, & des œuures admirables de sa bonté enuers les hommes, mesmement à l'endroit des siens, retenant ceux qui sont pauures, & langoureux de leur misere, & pauureté pour les esgaler aux plus grands, & donnant lignee à souhait, mesme aux sterilles, ce qui conuient à Anne mere de Samuel, Elizabel, & autres, Ceste louange se rapporte mistiquement au regne de nostre SAVVEVR IESVS-CHRIST.

Louange à DIEV.

1 OYEZ enfans, louez tous,
Le Seigneur, DIEV, parmi vous
Et celebrons sa memoire
Donnez à son sainct nom gloire.
2 De DIEV, le nom infiny
Soit exalté, soit beny,
Des maintenant en liesse
A tout iamais, & sans cesse.

3 Depuis le Soleil leuant
Iusques au soir arriuant,
De DIEV, le nom est louable,
Et sa gloire memorable.
4 Le Seigneur, est pardessus
Toutes gens louez le sus,
Et sa gloire que iadore
Par dessus les cieux encore.
5 Nul n'est semblable au Seigneur,
Nostre DIEV, tout plein d'honneur,
Qui la haut de son saint temple
Toute la terre contemple.
6 Qui releue tout-puissant
Le souffreteux, languissant,
De la poudre, & met arriere,
Le pauure de la litiere.
7 Pour le mettre aux premiers rans
Auec les Princes & grans
A qui font obeyssance
Les peuples des leurs naissance.
8 Qui donne enfans comme on voit,
A celle qui n'en auoit,
Et s'esgaye d'estre mere
D'enfans, comme fait le pere.

DE DAVID.

ORAISON.

NOvs louons vostre sainct nom ô Seigneur, & vous suplions que viuans sainctement dans le giron de vostre Eglise, nous fuyons le peché, Et ayons tousiours nos desirs esleuez à vous, qui estes nostre gloire eternelle. Ainsi soit-il.

PSEAVME CXIII.

Heb. 114.

IN EXITV ISRAEL DE ÆGYPTO.

ARGVMENT.

EN la premiere partie de ce Pseaume, sont racontees les merueilles que DIEV feit quant il tira son peuple de la seruitude d'Egypte. Et qu'il le conduisit en la terre de promission, monstrant que c'est lu y seul, qu'il auoit choisi entre les nations, pour estre reueré: En la seconde partie, (dont les Hebrieux font vn Pseaume à part) est deduit la difference d'vn seul, & vray DIEV aux Idolles, & faux Dieux des Gentils, le tout tendant à sa gloire, & louange. Mistiquemét l'Eglise represente les misteres de la n'aissance, Passion, Resurrection, & Ascension de nostre Redempteur IESVS CHRIST, pour nous tirer de la seruitude de Sathan, de la mort, & du peché, & nous conduire à la vie eternelle.

Louange à DIEV.

EXO.
13.3.

1 QVANT on veit Israël, apres vn long seruage
Sortir hors de l'Ægypte, emporter son bagage,
Et toute la maison du bon Iacob aussy
D'entre la nation barbare, & sans mercy.
2 Le Seigneur, se mōstrant vers les siens debōnaire

Aux

DE DAVID.

Aux yeux de l'vniuers dreſſa ſon ſanctuaire
En Iudee auſſi toſt, & le ſceptre eternel.
De ſa puiſſance encor deſſus tout Iſrael.
3 La mer à ſon regard en deuint toute eſmeüe,
Ses flots prindrent la fuite aux rayons de ſa veüe,   Exo.
Et le fleuue Iourdain pareillement ſaiſi   13. 3
D'effroy tourne en arriere, & prent la fuitte auſſi   Ioſ.
4 Les haux monts ſourcilleux pleins encore de   3. 13
   crainte,
Sautoient comme belliers deuant ſa grandeur
   ſaincte,
Et les coſtaux de meſme eſtonnez comme agneaux
Qui ſuiuent les brebis, & les camus troupeaux.
5 Mais dis moy qu'auois tu mer à prendre la
   fuitte?
Qui preſſoit de courir tes ondes ainſi vite?
Et toy Iourdain pourquoy retournois tu tes flos
Arriere pour fuyr monſtrant ton moite dos?
6 Et vous monts qui portez iuſqu'aux nues la
   guerre,
Qui vous faiſoit ſauter comme belliers ſur terre?
Et vous encor coſtaux dites auſſi pourquoy
Vous ſautiez comme agneaux, & brebis dites moy?
7 C'eſt que la terre alors trembla deuant la
   face
De Dieu, ſon Createur, & pour luy faire place
Ce feut pour la preſence, & le diuin aſpect
Du Seigneur de Iacob à qui tout doit reſpect.
8 Qui conuertit les lieux tous ſecs, & tous arides

Ll

En des estangs pleins d'eaux, & des terres hu-
 mides.
Et les rochers plus durs en grandes sources d'eaux
D'où saillit aussi tost, maints fleuues, & ruisseaux,

Heb. 115.

9 Non à nous non à nous Seigneur plein de clé-
 mence
Mais à ton nom à qui nous portons reuerence
Donne louange, & gloire, à luy cela conuient
Non à nous, non à nous, rien ne nous appartient.
10 Faicts le pour ta bonté qui n'a rien de semblable,
Et pour ta verité permanente, & durable,
A fin que quelques fois les gens ne disent pas
Où demeure leur DIEV, dont ils font si grand cas
11 DIEV, sur qui nous mettions nostre espoir à
 tout heure,
Est au Ciel, il y faict sa sacree demeure,
Et tout ce qu'il luy plaist, ne faisant pourtant rien
Qui ne tourne du tout pour nous & nostre bien.

Pse. 12 Ses Idolles aussi que le gentil adore,
135. Ne sont rien qu'or qu'argent, & qu'ouurages
Is. encore,
Sap. Que l'artisan façonne à sa discretion
Is. Sans sentiment, sans poux, & sans nulle action
Is. 13 Ils ont bouche, & pourtant ne disent nulle chose,
Ne font point de responce à ce qu'on leur propose,
Ils ont des yeux aussi, mais sans aucun pouuoir,

De voir, & nul obiect ne les peut esmouuoir.
14 Ils ont pareillement des oreilles formees,
Mais ils n'entendent rien, car elles sont fermees,
Ils ont vn nez encore, & n'odorent pourtant
L'encens que l'on leur offre, & rien ne vont
 sentant.
15 Ils ont des mains aussi mais elles ne manient
Chose que ce puisse estre, & point ne s'en soucient,
Ils ont pied mais ne vont pour la mesme raison
Et leur gorge ne rend encores aucun son.
16 Que tous ceux qui les font, & qui sont si peu
 sages
Puissent tous ressembler à tous leurs vains ou-
 urages,
Qu'ainsi leur en aduienne, & soit encor de ceux
Qui les vont reclamant, & se fient en eux.
17 La maison d'Israel, tant seullement se fie
Au Seigneur qu'elle inuoque, & qu'elle glorifie:
C'est elle à qui elle à incessamment recours,
Il est son protecteur, son appuy, son secours.
18 La famille d'Aron, tant seullement espere.
Au Seigneur tout puissant, elle soubs luy prospere,
Elle recourt à luy, lors qu'elle en à besoing,
Il est son protecteur, & d'elle il prent le soing.
19 Tous ceux qui craignent DIEV, prennent en
 luy fiance
Attendent son vouloir, auecques patience,
Il est leur protecteur, leurs recours, leur appuy,
Il les deliure en fin, de misere, & d'ennuy.

20 Le Seigneur, à qui nous rendons honneur, &
 gloire,
S'est souuenu de nous, il en à pris memoire
Quant nous l'auons requis, & plein d'affection
Il nous à departy sa benediction.
21 Il benit d'Israel, la maison florissante,
C'est luy qui la rendüe ainsi qu'elle est puissante,
Et qui pour tout iamais à beny la maison
D'Aron, son bien aymé pour la mesme raison.
22 Il à pareillement, & d'une mesme sorte
Comblé de grace, & d'heur ceux qui ferment la
 porte,
Aux desirs vicieux, rengeans leurs appetis
Aux termes de la loy tant grands comme petis.
23 Ainsi plaise au Seigneur, & veuille en toute
 place
Accroistre dessus nous sa clemence, & sa grace,
Et la continuer aux siecles arriuans
Par sa saincte bonté sur vous, & vos suiuans.
24 Vous estes tous benis de la diuine dextre
Du Seigneur qui forma ceste masse terrestre
Toute pleine de biens, & le Ciel qui reluit
Des deux almes flambeaux du iour, & de la
 nuit.
25 Mais le haut Ciel ou sont tant de diuines
 flames
Doux obiect de nos yeux, ainsi que de nos ames,
Est pour le tout-puissant, & le bas element
Il l'a pour les mortels reserué seullement.

DE DAVID.

26 Et toutesfois les morts abatus soubs la lame
Ne te donneront point Seigneur que ie reclame
D'honneur, ny de loüange, & ceux qui sont au bas
Des enfers deualez engloutis du trespas.
27 Mais bien nous, mais bien nous, qui sommes pleins de vie
Donnons gloire au Seigneur d'vne loüable enuie,
Celebrons sa memoire exaltons desormais
Ses bontez a cest heure, & tousiours à iamais.

Pse. 66.
Bar. 2.17.
Dan. 2.29.

ORAISON.

DIEV, qui auez creé, Ciel Mer, & Terre, & tout ce qui est contenu en iceux, resouuenez vous de vostre peuple, qui vous inuoque, Benissez nous en vostre misericorde, & en vostre verité, que la gloire soit à vostre nom, & non pas à nous, à vostre nom dis-je qui est celebre, & glorieux, aux siecles des siecles. Ainsi soit il.

Ll iij

PSEAVME CXIIII.

Heb. 115.

DILEXI QVONIAM EXAVDIET DOMINVS.

ARGVMENT.

DAVID, deliuré des mains de Saül, & de ses autres ennemis, qui luy faisoient cruelle guerre, composa ce Pseaume, pour en rendre graces à DIEV, en toutes les festes solemnelles mesmes en celle de Pasques, mistiquement nostre Seigneur IESVS CHRIST, rend graces à DIEV son Pere, pour sa deliurance des Iuifs, ainsi fait l'Eglise de ses persecuteurs, & chascune ame deuote de ses ennemis.

Loüange à DIEV.

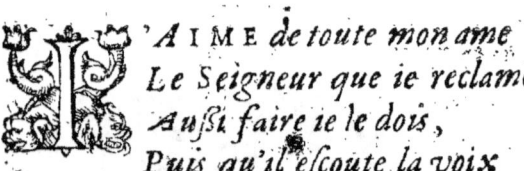

1 J'AIME de toute mon ame
Le Seigneur que ie reclame,
Aussi faire ie le dois,
Puis qu'il escoute la voix
De ma deuote priere,
Et ne la met en arriere.
2 Car il luy plaist de m'entendre,
Et prester l'oreille tendre
A mes souspirs, à mes vœux,
Aussi tous les iours ie veux

Reclamer durant ma vie
Sa bonté qui n'est finie.
3 Les douleurs, & le martyre
De la mort, qu'on ne peut dire
M'entouroient de toutes pars,
Et les angoisseux hazars
De l'enfer qui nous deuore
Accueilly m'auoient encore.
4 Bref les douleurs plus cruelles,
Et les augoisses mortelles,
Qui trauaillent noz espris,
Quand ie m'en trouue surpris,
Aussi tost mon DIEV i'implore,
Mon Seigneur DIEV, que i'adore.
5 O Seigneur en qui i'espere
Tire mon cœur de misere,
Et de sa triste langueur,
Las! ie n'ay plus de vigueur,
Il est iuste, & quoy qu'il face
C'est nostre DIEV qui fait grace.
6 C'est luy qui deffend, & garde,
Les petits, les prent en garde
Dessoubs sa protection:
I'estois en affliction,
Mais plus elle ne me presse
Il m'a tiré de tristesse.
7 Mon Ame tourne visage
Deuers ton aymé riuage,
Et le lieu de ton repos,

Il a calmé tous les flôts
De son ire, & t'a reprise
En grace, & te fau rise.

Pse.
55.
14.

8 Il a tiré tout de mesme
De la mort affreuse, & blesme,
Qui pensoit te deuorer:
Mes yeux moites de plorer,
Et garde mes pieds sans force
De ch oir & de quelque entorce.

9 Aussi ie tache de plaire
Au Seigneur, si debonnaire,
Et plein de compassion
En la terre, & region
Des viuans, faisant memoire
De son nom, & de sa gloire.

ORAISON.

EXAVCEZ la voix de nostre oraison, & tirez nous des ombres du peché, & de la mort eternelle, Assistez nous de vostre faueur, à fin que nous ne tombions point dans la fosse de damnation, Seigneur, ayez pitié de nous, Et guidez nous par la voye de Iustice, qui nous meine à la felicité glorieuse, ou vous viuez eternellement. Ainsi soit il.

DE DAVID. 537

PSEAVME CXV.
Heb. 116.

CREDIDI PROPTER QVOD LOCVTVS SVM.

ARGVMENT.

LES Hebrieux mettent ce Pseaume auec le precedent, où Dauid poursuit ses actions de graces à DIEV, pour sa deliurance de la conspiration de son fils Absalon, les peines, & trauaux qu'il à soufferts pour paruenir au regne. Il conuient pareillement à nostre Seigneur, IESVS-CHRIST, à son Eglise, & à toute ame deuote affligee, pour la verité qui est en DIEV, seullement, ainsi qu'il est dit au Verset 2. Et que tout homme est menteur.

2. ROIS 6.

Louange à DIEV.

1 V Seigneur, i'ay creu fermement
Qui ne reiette point arriere
Noz complaintes : lors mesmement
Que i'ay dit en ceste maniere
Ie suis en peine extremement.
2. Ie disois quant ie congneus bien
Qu'il me falloit quitter la place,
Tout homme est menteur, ce n'est rien
Que tromperie, & que fallace :
Car c'est son plus doux entretien.

2. Cor 4. 13.

Ro. 3. 4.

3 Que pourray-ie rendre au Seigneur,
Et appendre deuant sa face
Pour tant de biens-faicts & d'honneur
Qu'il m'a conferez de sa grace
Sans auoir merité cest heur.
4 Ie prendray le Calice en main
Deuant tous de ma deliurance,
Et ie reclameray soudain
Le Seigneur de mon esperance,
Et de mon recours qui n'est vain.
5 Ie rendray encore en tous lieux
Mes saincts vœux, au Seigneur de mesme
Deuant son peuple au meillieu d'eux:
O que la mort de ceux qu'il ayme
Est chere au denant de ses yeux.

Sap.
9,6
5.

6 Aussi Seigneur, doux & clement,
Ie suis ton seruiteur fidelle,
Ie suis ton seruiteur vrayment,
Et le fils de ta simple ancelle
Ou tu prens ton contentement.
7 Ta main rompit par le milieu
Mes fers d'vne façon estrange,
Pour ce ie veux faire en tout lieu,
Des sacrifices de louange
Inuoquant le saint nom de DIEV.
8 Ie rendray mes vœux en saison
Aux yeux du peuple qui l'adore,
Les portiques de sa maison,
Et ma Ierusalem encore

Pourront ouyr mon oraison.

ORAISON.

NOvs inuoquons Seigneur, voſtre nom, & implorons voſtre miſericorde, nous qui ne pouuons rien de nous meſmes, ſi voſtre aſſiſtance n'y ſuruient, Tirez nous doncques des cheſnes de la mort, & conduiſez nous en la celeſte Ieruſalem. Ainſi ſoit-il.

PSEAVME CXVI.

Heb. 117.

LAVDATE DOMINVM OMNES GENTES.

ARGVMENT.

EXHORTATION à tous peuples, mesmement aux Gentils, de louer DIEV pour la confirmation de sa misericorde, par l'enuoy de nostre SAVVEVR, & Redempteur IESVS-CHRIST, son Fils, & publication de la verité de son Euangile, qui est, & demeurera eternellement.

Louange à DIEV.

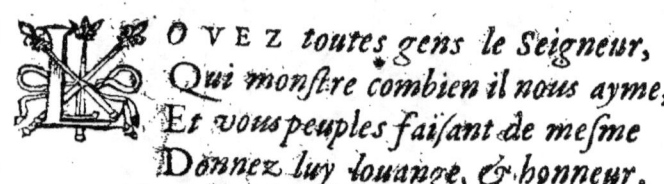

1. OVEZ toutes gens le Seigneur,
Qui monstre combien il nous ayme,
Et vous peuples faisant de mesme
Donnez luy louange, & honneur.
2. Car il a confirmé sur nous
Sa misericorde à cest heure,
Et sa verité qui demeure
Eternelle nous maintient tous.

DE DAVID. 541

ORAISON.

O DIEV qui auez respandu vostre sang precieux pour nous pauures pecheurs, qui estes né, & mort pour nostre salut, nous vous supplions ne nous abandōner point, comme orphelins, mais confirmez sur nous vostre misericorde, & vostre verité. Ainsi soit-il.

542　PSEAVMES

PSEAVME CXVII.

Heb. 118.

CONFITEMINI DOMINO QVONIAM BONVS.

ARGVMENT.

DAVID, rend graces à DIEV, des faueurs qu'il luy a conferees contre ses ennemis l'ayant tiré d'infinité de perils. Et conduit en fin au regne sur tout Israel, Cela se refere aussi de IESVS CHRIST, vers DIEV son Pere pour la victoire qu'il à remportee contre le monde, la chair, & Sathan, par sa glorieuse Passion, Resurrection, & Ascension au Ciel, ou il regne auec luy, & chacun Prince Chrestien victorieux, & deliuré des ennemis de son estat.

Louange à DIEV.

Pse.
104.
†
105.
†
106.
†
135.

1　ONNEZ *en ce terrestre lieu*
　Gloire à DIEV,
　Car il est bon c'est nostre attente,
　Il ne tient tousiours son courroux
Dessus nous
Et sa douceur est parmanente.
2　*Qu'Israel die à tout iamais,*
Desormais
Au souuenir tant agreable

DE DAVID.

De ses biens receuz qu'il est bon
Par raison
Et que sa grace est perdurable.
3   Que tout de mesme les enfans
Triomfans,
D'Aron, viennent dire à cest heure
Sa bonté, marians leurs voix
Aux hauls-bois
Et que sans fin elle demeure.
4   Ainsi facent pareillement,
Et gayment,
Ceux que DIEV, couure de son aisle,
Qu'ils chantent d'vn accord commun
A chacun
Que sa douceur est eternelle.
5   Me retrouuant fort oppressé
Et pressé
De maux, au Seigneur ie m'adresse:
Il m'exauce tost tout a fait
A souhait
Et me deliure de tristesse.
6   Ayant le Seigneur, pour support,
Et renfort,
Ie n'ay peur de rien que ie sache:
Il n'est homme qui puisse auoir
Du pouuoir
De faire chose qui me fasche.
7   Le Seigneur prent ma cause en main,
Et soudain

Pse.
119.
1.

EXO
15 3
Heb.
13. 6
Isa.
12.
2.

Heb.
1 6.

Son secours auec moy se range,
Cela fait que ie ne crains pas
Aux combas
Mes ennemis, car il m'en vange.
8 O qu'il est bon, voire plus seur,
Et meilleur
De mettre en DIEV son esperance
Qu'en l'homme traistre, & mensonger,
Et leger,
Ou l'on ne trouue d'asseurance.
9 O qu'il est bon, voire plus seur,
Et meilleur,
De mettre en DIEV, doux, & propice
Son espoir qu'aux Princes, & grands
Inconstans,
Sans foy, sans loy, & sans iustice.
10 Maints peuples de diuers endroits
Bien adroits
Aux armes, & que l'on redoute,
M'auoient enceint, mais au saint nom
Et renom,
De DIEV, ie les ay mis en route.
11 I'estois d'eux entouré de pres,
Tost apres
Le mal tomba sur ceste engeance,
Au nom du Seigneur, ie repris
Mes espris
Et i'eu d'eux au long la vengeance.
12 Ils bourdonnoient comme auetons,

Et

Et freſlons,
Mais ie les diſsipe, & deuore,
Comme eſpines où la flamme eſt
Sans arreſt
M'en vengeant en ton nom encore.
13 Il eſt vray ie feus vne fois
Aux abois
Preſt de tomber auec mon ſceptre,
Mais DIEV, prenant de moy le ſoing
Au beſoing,
Il me conſerua de ſa dextre.
14 Le Seigneur, eſt mon roch, mon fort,
Mon confort,
Et ma loüange à tous notoire,
C'eſt luy que recognoiſt mon cœur
Pour vainqueur
C'eſt mon ſalut, & ma victoire.
15 Mainte ioye par tout s'eſpand,
L'on n'entend,
Que voix de ſalut, d'allegreſſe,
Aux maiſons des iuſtes nommez
Renommez,
Loüans ſa bonté, ſa proueſſe.
16 Car la dextre du tout-puiſſant
Ce faiſant
En moy demonſtre ſa puiſſance,
Par elle ie ſuis exalté,
Redouté
Et maints me font obeiſſance.

17 Ie ne redoute de la mort
Tout l'effort,
Ie viuray faisant la memoire
Honnorable ainsi que ie dois
Des exploits
De mon DIEV, tournez à ma gloire.
18 Car combien que plein de rigueur
Le Seigneur,
M'ait chastié ie le confesse,
Il ne m'a point abandonné,
N'y donné
En proye, à la mortelle angoisse.
19 A fin que i'exalte mon Roy,
Ouurez moy
Les portes de iustice en ioye :
Car c'est sa porte où passeront,
Et qu'iront
Les iustes, qui tiennent sa voye.
20 Ie confesseray librement,
Hautement,
Ta faueur, ie te rendray grace,
De ce que tu m'as escouté,
Et esté
Mon cher salut en toute place.
21 Donc la pierre que reprouuoient
Et qu'auoient
Reietté ceux de l'entreprise
Sert de teste à l'angle auiourd'huy,
Et d'appuy,

Isa.
8. 14
†28.
16.
Mat.
21.
42.
Mar.
12.
10.
Luc.
20
17.

DE DAVID.

Maintenant on ne la mesprise.
22 *C'est chose qui se recognoist,*
Et paroist,
A chacun incomprehensible
Nous ne la pouuons presque aussi
Croire ainsi
Combien qu'elle nous soit visible.
23 *C'est le iour bien heureux pour nous*
Entre tous
Qu'il à fait, il nous le faut croire,
Passons-le gaiment en chansons,
Et faisons
Qu'il en soit à iamais memoire.
24 *O* DIEV, *donne nous en nos iours,*
Et tousiours
Ton salut, & nous fauorise,
Ainsi soit tousiours bien reçeu,
Et bien veu,
Celuy qui te chante, & te prise.
25 *Nous prions tous semblablement*
Humblement
Pour vous de sa maison aymee:
C'est le Seigneur DIEV, *qui depart*
Chaque part
Sa lumiere tant estimee.
26 *Rendons ce iour à l'eternel*
Solemnel?
A l'eternel qui nous estime,
Et que l'on amene à l'instant

Act.
4. 11.
Rom
9. 33
1
Pier.
2. 6

Mat
21. 9.
Mar.
11. 9.
Luc.
19.
38.

Mm ij

En chantant
Au coing de l'hostel la victime.
27 Seigneur mon DIEV, ie te louray,
I'auouray
Deuant tous tes faueurs immenses,
Autant le iour, comme la nuit
Mon desduit,
Sera d'exalter tes clemences.
28 Seigneur DIEV, ie confesseray,
Et seray
Le chantre de ta bonté saincte,
Pour ce que tu m'as entendu,
Et rendu
Ton salut, me tirant de crainte.
29 Donnez donc tous en ce bas lieu
Gloire à DIEV,
Car il est bon, c'est nostre attente,
Il ne tient tousiours son courroux
Dessus nous,
Et sa douceur est permanente.

DE DAVID. 549

ORAISON.

O PERE de misericorde, DIEV de nostre consolation, qui remplissez d'allegresse nos tabernacles, vueillez exalter vostre Eglise par la puissance de vostre dextre, & faites Seigneur que ce soit la porte par où nous puissions entrer en la voye de salut, que son fondement soit tellement ferme que par le moyen de vostre Resurrection, elle respande, & donne ses rayons par tout le monde.

PSEAVMES

PSEAVME CXVIII.

Heb. 119.

BEATI IMMACVLATI IN VIA.

ARGVMENT.

Ce Pseaume, est artificieusement composé, selon l'ordre de l'alphabet des Hebrieux, de huict en huict versets, commençant le premier par la lettre qui leur est affectee, chacune ayant sa signification, & son sens, remplis de misteres, tant au nombre, appellation, que signification, exprimez aux XII mots principaux, reiterez souuent ausdits versets comme VOYE, TESMOIGNAGE, COMMANDEMENT, PRECEPTE, IVSTIFICATION, IVGEMENT, IVSTICE, PAROLLE, ORACLE, VERBE, VERITÉ, procedans de DIEV, comme ruisseaux de leur source, & finablement LE BIEN, qu'il nous promet en gardant religieusement iceux, & viuans en son amour, & crainte.

Louange à DIEV.

ALEPH.

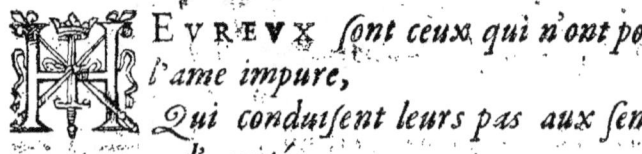EVREVX sont ceux qui n'ont point l'ame impure,
Qui conduisent leurs pas aux sentes d'equité,
Qui vont marchans ainsi auec integrité

DE DAVID.

En la diuine LOY *du Seigneur, nette, & pure,*
2 *Bien-heureux est qui tient son* TESMOI- Id.
  GNAGE
Auec religion, & le recherche icy,
De tout son cœur, inuoquant sa mercy,
Et luy fait de ses vœux incessamment hommage.
3 *Mais les meschans qui ne font que malfaire*
Ne sont reputez tels, car ils ne suiuent pas
Sa sainte VOYE, *en destournent leurs pas,*   Id.
Ne voulans rien sinon qu'à leurs desirs com-
  plaire.
4 *Tu ne monstras tant seullement la trace*
De ta voye à chacun, mais plus tu commandast
Expressement, qu'on suiuist, & gardast   Id.
Tes sainct COMMANDEMENS *pour meri-*
  ter ta grace
5 *Au mien desir Seigneur, que ie dispose*
Tous mes pas en ta VOYE *& la suiue ardem-* Id.
  ment
Pour obseruer ton sainct COMMAMDE- Id.
  MENT,
Et faire tout ainsi que ton vouloir expose.
6 *Ie n'encourray le hasard de la honte,*
Ni ne tomberay point en opprobre, & mespris,
Quant i'auray bien appliqué mes espris   Id.
A garder tes EDITS *& que i'en tiendray conte.*
7 *Tu me verras tousiours d'vn œil propice,*
Et sans cesse ô mon DIEV, *ton nom ie chanteray*
De tout mon cœur, quant ainsi ie seray

Mm iiij

Id.	Plus sçauant en tes LOIX, & droits de ta IV-STICE.
Id.	8 Ainsi i'auray chere la souuenance
D'obseruer tes EDICTS, iustifiez par toy,
Mais que Seigneur, tu n'eslongnes de moy
Ta douceur, où i'ay mis toute mon esperance.

BETH.

In quo corrigit adolescentes.

	9 Comment pourroit passer l'adolescent ses iours
En ce bas lieu, sans te pouuoir desplaire
Id.	Si ce n'estoit Seigneur, ta faueur ordinaire,
Et en gardant ta PAROLLE. tousiours.
10 Ie t'ay tres-volontiers cherché de tout mon cœur,
Ne me delaisse, & n'atriste ma ioye
Id.	Permets ô mon Seigneur, que point ie ne desuoye
De tes EDICTS, d'où depend tout mon heur.
Id.	11 I'ay mis au plus profond de mon cœur les discours
De ta DOCTRINE, à fin que ie ne pense,
Die, & ne face aussi, chose ô DIEV, qui t'offence,
Et que tu sois sans cesse mon recours.
12 Mais ô combien Seigneur, es tu digne à iamais,
Id.	D'honneur, de gloire & remply de louange:

DE DAVID.

Monstre moy tes EDICTS, & faicts que ie me
    range
Tant seullement dessoubs toy desormais.
13 Mes leures ont esté ouuertes pour ton los,
Et pour conter deuant tous l'abondance   Id.
De tes droits IVGEMENS, que ta bouche ba-
    lance
A tout le monde aymant nostre repos.   Id.
14 Ie prens aussi vrayment vn bien plus grand
    plaisir
Es doux sentiers de tes saincts TESMOI
    GNAGES,
Qu'en tous les plus grands biens, & plus grans
    auantages
Que l'on sçauroit ça bas veoir, & choisir.
15 C'est la raison pourquoy ie me plais ainsi tant
A l'exercice ô DIEV, tout debonnaire,   Id.
De tes diuines LOIX, à fin de te complaire,   Id.
Et que ie vay tes VOYES meditant.
16 Que mes pensers tousiours, sont esleuez ainsi
Vers tes EDICTS, que si fort ie reuere,   Id.
Et que ie tiens tousiours la souuenance chere
De ta PAROLLE, & ne l'oublie aussi.   Id.

GIEMEL.

Retribue seruo tuo.

17 Faicts donc ce bien, à ton seruant fidelle,
Que de luy prolonger, & sa vie, & ses iours,

Id.	Et qu'il les passe en ta grace tousiours
	Tenant chere, & gardant ta PAROLLE eternelle.
	18 Desille moy mon DIEV, du tout la veuë
Id.	Afin que i'aille mieux contemplant à part moy Les sainćts effects de ta diuine LOY,
	Et que m'en soit encor la merueille cogneuë.
	19 Ie suis nouueau Seigneur en ceste terre
	Ainsi qu'vn estranger qui las n'y cognoist rien,
	Ne cache donc à ton seruant le bien
Id.	De tes COMMANDEMENS si tu ne veux qu'il erre.
	20 Mon ame meurt d'vne sacree enuie
Id.	De cognoistre tes LOIX, long-temps est ja passé,
	A celle fin de n'estre point lassé
	A te rendre ô mon DIEV, agreable ma vie.
	21 Tu pers Seigneur, & tu reuestz de honte
	Ceux qui sont orgueilleux auecques les maudits
	Qui fols, se sont destournez de tes DITS
	Et qui n'ont point tenu de tes MANDEMENS conte.
	22 Deliure moy de l'opprobre insolente,
	Et du mespris encor qu'ils me font en tout lieu,
Id.	Voyans tousiours que ie garde ô mon DIEV
	Ton sacré TESMOYGNAGE ou i'ay mis mon attente.
	23 On n'en voit point iusques aux Princes mesme

DE DAVID. 555

Qui n'aient conspiré contre moy, tu le sçais
Mais ton seruant n'a delaissé iamais
De s'exercer Seigneur, en tes EDITS *qu'il aime.* Id.
24. *Car ie n'ay point de plus cheres delices,*
Ie n'ay rien de plus doux, ny n'en puis receuoir
Que mediter en ta LOY, *& d'auoir* Id.
Pour conseil ta DOCTRINE *ou sont mes*
exercices

DALETH.

Adhæsit pauimento anima mea.

25. *Ie suis ja comme vn mort enfouy bien*
auant
Dedans la terre, & mon ame s'enuolle :
Ne m'abandonne point mais selon TA PAROLLE Id.
Fay las ? reuiure ô mon DIEV, *ton seruant.*
26. *Ie t'ay d'vn cœur ouuert declaré tout mon*
fait.
Et ne t'ay point desguisé mes offences,
Tu m'as bien entendu, fay luire tes clemences Id.
Et monstre moy tes EDITS *à souhait.*
27. *Dresse mes pas Seigneur, au* CHEMIN *desiré* Id.
De ton salut, & de tes saints ORACLES,
Afin que ie medite en tes faits & miracles,
Qui t'ont rendu par tout tant admiré.
28. *Tu vois toute mon ame, assoupie d'ennuy*
Prens en pitié soullage ma tristesse,
Conforte moy Seigneur, & selon ta promesse

Sois mon support, mon ayde & mon appuy.
29 Tendz moy la main mon DIEV, helas!
 destourne moy

Id. Hors des sentiers si frequens de fallace,
Et me fay desormais la faueur, & la grace,
Que ie puisse ore entretenir TA LOY.

Id. 30 Car i'ay choisi Seigneur, & sans cesse tenu
Le vray CHEMIN, ou gît ma confiance,
Tu vois que ie n'ay point mis en nulle oubliance

Id. Tes IVGEMENS, ains m'en suis souuenu.

Id. 31 I'ay sans cesse porté le respect, & l'honneur,
Que ie debuois à ton saint TESMOIGNAGE,
N'eslongne donc de moy ton souhaité visage,
Et ne confonds mon espoir ô Seigneur.

Id. 32 Chascun m'a tousiours veu courir allegrement
Puis qu'il t'a pleu la diuine carriere
DE tes COMMANDEMENS, si tost qu'à ma
 priere
Tu tiras hors mon cœur de son tourment.

HE,

Legem pone mihi.

Id. 33 Dresse mes pas Seigneur DIEV, par la
 VOYE,
De ta diuine LOY, de ton COMMANDE-
 MENT,
Fais que tousiours ie le suiue ardemment,
Et ne souffre iamais que mon pied s'en desuoye.

DE DAVID. 557

34 Octroye moy parfaite cognoissance
De ta LOY desirable, à fin de l'obseruer
De tout mon cœur, pour en elle trouuer
Ton salut s'il te plaist il est en ta puissance.   Id.

35   Vueille ta main à mes vœux fauorable
(O Seigneur, que i'inuoque & chante volontiers)
Guider mes pas par les sacrez sentiers
De ton COMMANDEMENT, car il m'est   Id.
    agreable.

36   Fleschis mon cœur tourne le & l'incline   Id.
Mon DIEV, ie te suplie au TESMOIGNAGE
    saint
De ton vouloir, qu'il ne soit point attaint
D'auarice, ny d'autre espece de rapine.

37 Destourne loing de mes yeux tout de mesme
Tous obiects vains, & faux, accorde mon desir,   Id.
Que ton SENTIER, soit mon plus doux plaisir,   Id.
Donnant gloire à ton nom, si grand, & si supreme.

38 Mets le respect de ta PAROLLE sainte,   Id.
(Mais ORACLE plustost) s'il te plaist au deuant
Des foibles yeux de ton humble seruant,
A celle fin qu'il viue en ton amour, & crainte.

39 Bannis de moy Seigneur DIEV, debonnaire,
Cest opprobre que i'ay sans cesse redouté,
Car ce n'est rien que toute loyauté,   Id.
Et que benignité ta IVSTICE ordinaire.   Id.

40   Voyla comment ie suis si plein d'enuie,
Et si fort desireux de ta diuine LOY   Id.
Doncques Seigneur, doncques ranime moy

Par ta sainte IVSTICE, *& rechange ma vie.*

VAV.

Et veniat super me misericordia tua.

Id. | 41 *Vienne sur moy Seigneur, reluire le Soleil*
De tes bontez ou luisent les miracles
Auecques ton salut, suiuant tes saints ORACLES
Dont nous voyons les saints effects à l'œil.
42 *Alors i'auray dequoy faire responce à ceux*
Qui las me font ce reproche à toute heure,
Que c'est biē vainement que ie crois, & m'as-
  seure

Id. | *En ta* PAROLLE, *argument de mes vœux.*
43 *N'oste point ces propos remplis de* VERITE
Las! de ma bouche eternel, ie te prie,

Id. | *Car i'ay mis mon espoir en toy seul, & me fie*
Id. | *Aux* IVGEMENS *de ta droite* EQVITE.
44 *Ce fait ie garderay ta sainte* LOY *tous-*
  iours
De tout mon cœur, & de toute mon ame
Voire de siecle en siecle ô DIEV, *que ie reclame*
En donnant gloire, à ton nom tous les iours.
45 *Ainsi ie m'en iray par tout le chef-leué*
Fort librement, auec toute asseurance,
D'autant que i'ay cherché & porté reuerence

Id. | *A ton* EDIT *dedans mon cœur graué.*
46 *On ne me verra point quoy que ce soit*
  changer

De volonté. Tousiours d'vn franc courage
Ie parleray Seigneur, de ton sainct TESMOI-   Id.
　GNAGE
Deuant les Rois, sans honte, & sans danger.
47　Mes deux yeux n'auront point d'autre plus
　doux obiect
Ny tout mon cœur, de pensers tout de mesme,   Id.
Que tes COMMANDEMENS que i'honore,
　& que i'aime
Sur toute chose, on le voit en effect.
48　Mais ie mettray tousiours en execution
Ton saint vouloir, & tout ce qu'il commande:
Bref ie ne diray rien qui ne tourne, & ne tende,
Seigneur, à ta IVSTIFICATION.   Id.

ZAIN.

Memor esto verbi tui.

49　Souuienne toy mon DIEV, de la PROMESSE Id,
Qu'il t'a pleu d'octroier, à ton humble seruant,
Qui me rend plein (plus ie vais en auant)
D'attente en ta douceur, ou sans fin ie m'adresse.
50　C'est elle aussi qui m'allege, & console,
En mes afflictions, en qui me suis fié,
Car rien ne m'a Seigneur, viuifié
Quant l'on m'a veu si bas, que ta saincte PA-   Id.
　ROLLE
51　Bien que plusieurs, pleins d'orgueil, & ja-
　ctance,

Id.	Se soient mocquez Seigneur, arrogamment de moy,
	Si n'ay-ie point fouruoyé de ta LOY,
Id.	Mais i'ay monstré contre eux au besoin ma constance.
	52 Car ie mettois tousiours en ma memoire
	Tes iustes IVGEMENS mon Seigneurs, & mon DIEV,
	De temps, en temps, à ta gloire en tout lieu
	Aussi rien ne me peut consoler que ta gloire.
	53 Aussi i'ay pris en vne extresme haine
Id.	Et detestation, ces meschans, & maudits,
	Qui delaissant tes LOIX, & tes EDITS,
Id.	Vont suiuant le peché qui quant & luy les traisne.
	54 Ma bouche estoit tousiours ouuerte, & duite
	Pour chanter deuant tous tes doux ENSEIGNEMENS
	Parmy mes pleurs & mes cruels tourmens,
	Au lieu de mon exil & de ma triste fuite.
	55 Durant la nuit, la chere souuenance
	De ton nom m'esclairoit, dont il est auenu
Id.	Qu'ainsi mon DIEV, i'ay gardé, i'ay tenu,
	Sans varier iamais ta sacree ORDONNANCE.
	56 Ce sont effects apparens de ta grace
	Qu'il t'a pleu dessus moy faire veoir en nos iours,
	D'autant que i'ay Seigneur, cherché tousiours
Id.	De tes COMMANDEMENS la saincte & iuste trace

BETH.

DE DAVID.

HETH.

Portio mea Domine.

57 I'ay dit mon heritage il t'en souuient fort bien. Id.
Est à garder TON MANDEMENT sans cesse,
Car c'est la LOY Seigneur qui me donne l'adresse
De paruenir à mon souuerain bien. Id.
58 En c'est espoir aussi i'ay prié deuant toy.
De tout mon cœur, & de toute mon ame :
Aye doncques pitié Seigneur, que ie reclame Id.
De moy suiuant TA PAROLLE, & ta foy.
59 Au moyen desiré de ta saincte bonté,
Ayant cogneu tes sentes qui sont larges
I'ay tost tourné mes pieds à tes saints TESMOI- Id.
 GNAGES,
Et tous suiuis de bonne volonté.
60 Ie m'y suis preparé du tout soudainement,
Et ie n'ay point differé l'obseruance
De tes COMMANDEMENS où i'ay mis l'esperance Id.
De mon salut mon DIEV, totalement.
61 Les meschãs m'ot enceint de tous costez Seigneur,
Et pratiqué dessus moy maint outrage,
Mais ie n'ay point perdu pour cella le courage Id.
Ny delaissé ta LOY, n'y ton honneur.
62 Ie me leuois tousiours, à minuit volontiers
Pour te louer de toute ma puissance,
A cause que tu m'as donné la cognoissance
De ta iustice & de tes droits SENTIERS. Id.

Nn

63 Ie suis faict compagnon de ceux, ô DIEV des
    DIEVX,
Qui te craignans gardent tes saints PRECEPTES
Qui te portent honneur, & seruent de trompettes
A tes bienfaits admirez en tous lieux.
64 Car toute la terre est pleine de ta bonté,
Elle te rend de la sorte admirable :
Sois doncques, sois tousiours, à mes vœux fauorable,
Et monstre moy ta saincte VOLONTÉ.

TETH.

Bonitatem fecisti.

65 Il t'a pleu rendre ores l'ame contente,
Seigneur, & faire grace à ton humble seruant,
Prenant en fin pitié de luy suiuant
TA PAROLLE, & ne l'as frustré de son attente.
66 A fin tousiours de me rendre capable
De ta douceur ainsi comme de mon deuoir,
Fay moy Seigneur, pareillement sçauoir
Ton VOVLOIR, car ie croy ton dire veritable.
67 Il est bien vray que deuant que ie feusse
Comblé de tant de maux bien souuent ie faillois,
Mais du depuis, i'ay bien gardé tes LOIX,
Et ie n'ay rien comis contre au moings que ie creusse.
68 O DIEV tout bon, comme bon ie te prie,
Et par ta bonté mesme ô DIEV, tout bon vrayment
De m'enseigner tes DROICTS parfaitement,
Et de ne souffrir plus que ie bronche, & varie.

69 Les orgueilleux mes cruels aduersaires,
Ont versé dessus moy tout leur faux, & leur fiel,
Ie n'ay pourtant (ô Monarque du ciel)
Cessé de rechercher, tes EDITS salutaires.
70 Leur meschant cœur est enflé d'arrogance
Comme de graisse, & c'est leur souuerain desir,
Et moy ie n'ay delices, n'y plaisir,
Que penser en ta LOY, mon vnique esperance.
71 I'ay bien tiré de l'heur de ma misere,
Et voy combien mes maux me seruent en tous lieux,
Pour retenir tes ORDONNANCES mieux
Que ie ne faisois pas, quant tout m'estoit prospere.
72 Ie le cognois, & combien m'est meilleure
La LOY donc de ta bouche, ô DIEV, mon seul agent,
Que ne sont pas monceaux d'or, & d'argent,
Apres qui chacun court, & se pert à toute heure.

IOD.

Manus tuæ Domine fecerunt me.

73 Tes mains Seigneur, m'ont fait, & formé,
   donne moy,
Entendement, pour dignement aprendre
Tes saints COMMANDEMENS à celle fin de
   rendre
L'œuure parfaite, & plus digne de toy.
74 Que celuy qui te craint en me voyant ainsi
Intelligent, soit tout remply de ioye,
D'autant que i'ay suiuy mon DIEV ta sainte VOYE,

Iob.
10. 8

PSEAVMES

Ayant espoir en ta PAROLLE *aussi.*

Id. 75 *Ie me suis cy deuant Seigneur, fort oublié,*
Id. *Et i'ay cogneu que tous tes* DROITS *sont iustes,*
Que c'est auec raison qu'ainsi tu me rebutes,
Et que tu m'as s'y fort humilié.

76 *Ne me pers toutesfois, mais plutost me sauuant*
Fay dessus moy voir ta misericorde
Pour me reconforter ceste faueur accorde
Id. *Selon ton dire à ton humble seruant.*

77 *Tes miserations sur moy viennent à fin*
Que ie viue ore en ta grace prisee
Id. *Car ta* LOY *c'est mon* DIEV, *l'obiect de ma visee,*
Et le plaisir où ie me plais sans fin.

78 *Tous les presomptueux de honte soient atteins,*
Comme celuy qui faucement m'outrage,
Et mon ame fuyant le fiel de leur langage,
Id. *Tousiours s'exerce en tes* PRECEPTES *saints.*

79 *Ceux qui mettent ta crainte ô* DIEV, *deuant leurs yeux*
Id. *Soient conuertis, tournent vers moy visage,*
Et ceux qui de mesme ont de ton sainct TESMOIGNAGE
La cognoissance, espars en diuers lieux.

80 *Mon cœur soit tousiours pur, ses pensers impolus,*
Et marche droit au chemin salutaire
Id. *De tes* COMMANDEMENS *sans iamais m'en distraire*

DE DAVID.

A celle fin que ie ne sois confus.

CAPH.

Defecit in salutare tuum.

81 Mon ame ô DIEV, languit & se lamente,
Apres ton cher salut, d'elle tant respiré
Tout le bon-heur de ce bien desiré   Id.
Consiste en ta PAROLLE où i'ay mis mon at-
  tente.
82 Mes yeux ardans de souhaits de ta grace,
Sont affoiblis à coup, en l'attente de l'heur
De ta PAROLLE, & ie disois Seigneur,   Id.
Quant consoleras-tu mon ame, quant sera-ce.
83 Car las ie suis devenu tout semblable
A ces hideuses peaux retraites par le feu,
Et si ie n'ay delaissé tant soit peu   Id.
Tes saints EDITS parmy cest estat lamentable.
84 Mais las combien Seigneur, de temps encore
Souffrira ton servant ces ameres douleurs,
Que ie seray la butte des mal-heurs,
Et feras DROICT à ceux qui me travaillent ore.   Id.
85 Car pour tousiours m'affliger d'auantage,
Et d'autant plus encore accroistre mon esmoy,
Qu'ils m'ont cogneu du tout ferme en ta LOY,   Id.
Les meschans m'ont tenu maint desloyal langage.
86 Cōbien mon DIEV, que tes sacrez PRECEPTES   Id.
Ne soient que VERITE qu'il n'y soit rien de faux, Id.
Si me font il sans cause mille maux,

Nn iij

PSEAVMES

Tu le vois, secours moy, Seigneur ne me reiettes.
87 Ils m'ont quasi consommé dans la terre,
En misere, en martire, en cruelle langueur,
Pourtant ie n'ay delaissé dans mon cœur,
D'aymer tes saintes LOIX qu'en mon ame i'enserre.
88 Ne rends point vaine ô Seigneur, mon attente,
Anime moy selon ton immense bonté,
Ie garderay tousiours ta VOLONTE'
Et ton sainct TESMOIGNAGE en ma bouche innocente.

LAMED.

In eternum Domine.

89 Comme on t'a veu Seigneur, de toute eternité
Et que seras sans fin, terme, ny heure,
Ta PAROLLE est de mesme, eternelle, & demeure
A tout iamais, & suit l'infinité.
90 Ta VERITE' Seigneur, est tout de mesme aussi
Elle subsiste & dure d'aage, en aage,
La terre en donne à tous un ample TESMOIGNAGE,
Que nous voyons durable, & ferme ainsi.
91 Vn iour passe dans l'autre, apres l'vn, l'autre suit,
Comme tu les ordonnes dés leur estre,
Car tout ce que l'on voit & haut, & bas paroistre,
Te sert, te craint, il est soubs toy reduit.
92 Si ie n'eusse sans fin tout mon cœur ordonné

Aux saints pensers des merueilleux misteres
De ta LOY, *i'eusse esté perdu dans mes miseres,*
Car mille maux m'auoient enuironné.
93 *Pour ce ô* DIEV, *tu seras de moy glorifié*
Ie ne veux point oublier la memoire
De l'obseruation de tes EDITS *ma gloire,*
Car tu m'as tout par eux viuifié
94 *Tu m'as fait, & formé, sauue moy comme*
  tien,
Et ne permets Seigneur DIEV, *qu'on desface*
Ta creature ainsi, car i'ay cherché ta grace
Gardant tes DITS, *que i'ay pris pour soustien.*
95 *Combien que les meschans fussent de toutes*
  pars
Au guet helas! pour me prendre & destruire
Ie n'ay point delaissé de mediter, & viure
En tes EDICTS, *d'en prendre les hasars.*
96 *I'ay veu la fin de tout ce que l'on voit mon*
  DIEV,
De beau, de bon, & de parfait en somme,
Mais ton COMMANDEMENT *dure, & ne se*
  consomme,
Et son pouuoir se respand en tout lieu.

MEM.

Quomodo dilexi legem tuam.

97 *De quelle sorte ay-ie l'amour emprainte*
De ta diuine LOY, *dans mon ame Seigneur,*

Id.	Ie n'ay penſer plus doux dedans mon cœur,
	Et que de cheminer en ta VOYE, & ta crainte.
	98 Tu m'as rendu plus prudent & plus ſage,
	Que tous mes ennemis par tes COMMAN-
	DEMENS
	Car ie les ay mon DIEV, touſiours preſens,
	Ie m'y porte du tout tant i'en ayme l'uſage.
	99 I'en ay plus ſceu, & pris plus d'aſſeurance
	Que tous ceux meſmement qui m'ont Seigneur instruit,
Id.	D'autant qu'auſſi ie penſe iour, & nuit,
	En ton ſainct TESMOIGNAGE, où git mon eſperance.
	100 Mais i'ay plus fait, & cogneu d'auantage
	Que tous les anciens, hautement ie le dis,
Id.	Car ils n'ont point gardé tes ſaincts EDITS
Id.	Ainſi que moy Seigneur, n'y ton ſaint TES-
	MOIGNAGE
	101 C'eſt ce que i'ay ſur eux qui me conſole,
	Et d'auoir deſtourné touſiours tres volontiers
Id.	Mes pieds auſsi, de tous mauuais ſentiers
	A cette fin de mieux obſeruer ta PAROLLE
	102 Quelques ennuis mon DIEV, quelque diſgrace.
Id.	Qu'on m'ait veu receuoir, ie ne ſuis departy
Id.	De tes ſaints DROITS, i'ay tenu ton party
	Car tu m'as fait preſent de la LOY de ta grace.
	103 Quelle douceur de rauiſſement touche

DE DAVID.

Mon ame au son Seigneur de tes ORACLES
    saints
Ie ne me sens tant mes sens sont attaints
De plaisirs bien plus doux, que du miel en ma
    bouche.
104 Ie me suis fait sage par la pratique,
Et l'obseruation, de ton sainct MANDE-
    MENT,
Voila pourquoy ie hais extremement
Toute VOYE ô Seigneur, que i'ay cogneuë
    inique.

NVM.

Lucerna pedibus meis.

105 Ta PAROLLE eternelle en qui t'espere, &
    croy,
Sert d'vne lampe à mes pieds qu'elle esclaire,
Et de lumiere encore ô Seigneur debonnaire,
Au bon CHEMIN qui nous conduit à toy.
106 I'ay iuré sainctement ie le tiendray mon
    DIEV,
Qui m'es tant bon fauorable, & propice,
De garder fermement les DROITS de ta IV-
    STICE
A tout iamais s'il te plaist en tout lieu.
107 Ie suis extremement abatu, tu le vois,
Ne m'abandonne en toy ie me confie,
Ains selon ta PAROLLE ô Seigneur, viuifie

Ton seruiteur, ou urage de tes dois
108 Les louanges mon DIEV que d'vn si bon
    vouloir
T'offre ma bouche, aye les agreables,
Et m'enseigne Seigneur, tes saincts DROICTS
    fauorables
A qui les aime, & s'en sçait preualloir.
109 Bien que mon ame soit tousiours en grand
    danger,
Et de hazards sans cesse poursuiuie,
Ie n'ay point oublié ta LOY, ie l'ay suiuie:
Aux grands perils on ne m'a veu changer.
110 Les meschans ont tendu maints lacs, ont
    enuoyé
De toutes parts à fin de me suprendre,
Pour cela ie n'ay point Seigneur, cessé d'entendre
A tes EDICTS, & ie n'ay fouruoyé.
111 Tes TESMOIGNAGES saincts, ou i'ay
    mis mon desir
Me sont escheuz ainsi qu'vn heritage,
Qui va de pere en fils & sans fin se partage,
Aussi sont ils de mon cœur le plaisir.
112 Ie t'ay sans fin voüé mon humble affection,
L'on ne verra mon ame se distraire
De tes saincts MANDEMENS, à fin de te com-
    plaire,
Et meriter leur retribution.

SAMECH.

Iniquos odio habui.

113 I'ay fort hay les meschans infidelles
Qui blasphemans ton nom, ne font estat de toy,
Et fort aimé au contraire ta LOY,
Et tous ceux qui ne sont à tes EDITS, rebelles.

114 O Seigneur, DIEV, mon ayde, & ma retraite,
Mon appuy, mon support, i'ay mis tout mon espoir,
En ta PAROLLE ainsi que tu peux voir,
Et que c'est tout le bien que mon ame souhaite.

115 Retirez vous, retirez vous arriere
Artisans de tout mal, car ie suiuray tousiours
Les saincts DECRETS de mon DIEV, tous
    les iours,
Et ie luy dresseray sans cesse ma priere.

116 Soustiens moy donc sans fin en l'asseurance
Mon DIEV, de ta PAROLLE, & ie viuray
    heureux,
Ne souffre point que l'on me voye honteux,
Ny confuz, tant soit peu contre mon esperance.

117 Las! ayde moy tourne vers moy ta face
Ie seray sain, & sauue exempt d'affliction
Et sans cesser en meditation
De tes COMMANDEMENS ainsi que de ta
    grace.

118 Car tu banis de ta saincte presence
Tous ceux la qui se sont destournez de tes Loix,

	Tout leur penser ainsi comme tu vois, Est vain, & ne produit que mauuaise semence. 119 Tu vas chassant, & rebuttant encore Comme escumes de fer, ô DIEV, tous les peruers Qui te brauoient en ce bas vniuers
Id.	Pource i'ayme tes LOIX ie te sers, & t'adore. 120 En y pensant ma chair se transit toute, Des froids glaçons me remplissent d'horreur, Mon ame aussi fremit de la terreur
Id	De tes saints IVGEMENS, qu'elle craint, & redoute.

AIN.

Feci iudicium & iustitiam.

Pse. 81.	121 I'ay rendu la IVSTICE & iugé saine- ment.
Id.	Comme le DROIT m'en donnoit cognoissance, Ne m'abandonne point à l'inique puissance De calomnie, & de faux iugement. 122 Prens garde a ton seruant, qu'il face tous- iours bien, Qu'il t'obeïsse & tousiours qu'il t'estime,
Id.	Et ne souffre ô mon DIEV, que l'orgueilleux m'opprime, Prens ma deffence en main, & mon soustien. 123 Mes yeux incessament vont deffaillant apres Ton salutaire, & mon ame s'affolle

DE DAVID.

D'extreme impatience attendant la PAROLLE | Id.
De ta IVSTICE, & son aimé progres.
124 Ie suis ton seruiteur comme tu le cognois,
Donne moy donc ie t'en suplie encore,
Vn bon entendement pour sçauoir aprendre ore,
Ton TESMOIGNAGE, & tes diuines LOIX. | Id.
 | Id.
125 Fay tousiours auec moy qui suis ton ser-
 uiteur,
Selon ta grace & ta grande clemence,
Et me donne mon DIEV, la sainte intelligence
De tes STATVZ, & sois mon protecteur. | Id.
126 Il est temps de ce faire, & que tu pren-
 ne icy
Raison Seigneur, de ces gens infidelles,
Car à ta saincte LOY tousiours ils sont rebelles, | Id.
Ils n'en ont eu comme ils deuoient soucy.
127 Aussi c'est pour cela que ie desire tant
Que l'on te voye, & que ie prise, & i'aime,
Tes saints COMMANDEMENS plus que ie | Id.
 ne fais mesme
L'or, la topaze, & leur lustre esclatant.
128 C'est encor le sujet ô DIEV, que ie me
 suis
Sy bien dressé vers ta saincte PAROLLE, | Id.
Que i'ay tant en horreur la secte impure &
 folle
De ces meschans, & qu'ainsi ie les fuis.

PHE.

Mirabilia testimonia tua.

129 O que tes faicts,& tes saincts TESMOI-
GNAGES,
Sont merueilleux Seigneur, & passent nos espris,
C'est le suget qui me rend tant espris,
Et que tousiours mon ame en cherche les vsages.
130   A l'ouuerture ô DIEV, plein de lumiere
De tes saints MANDEMENS, tu nous rends es-
clairez.
Iusqu'aux enfans non encores seurez,
Chacun en a soudain l'intelligence entiere.
131 I'ay las! tenu souuent ma bouche ouuerte
Aux supplications, à fin de t'esmouuoir,
Et souspiré du desir de scauoir
Tes saincts COMMANDEMENS, pour
euiter ma perte.
132   Las! prens pitié de moy ie te suplie
Selon ta grand douceur, la IVSTICE, & le
DROIT,
Que tous les iours tu gardes à l'endroit
De celuy qui t'honore,& vers toy s'humilie.
133 Dresse mes pas au CHEMIN salutaire
De ta saincte PAROLLE,& ne souffre iamais
Que l'iniustice ait pouuoir desormais
De me contraindre à chose à mon deuoir con-
traire.

DE DAVID.

134   Retire moy Seigneur, des impostures
Des hommes adonnez à toute oppression,
Et que n'ayant nulle intermission
Ie garde tes EDICTS, & suiue tes DROI-
    TVRES.
135 Fais esclairer le Soleil de ta face
Dessus ton seruiteur, & mon cœur abreuuant
De tes DECRETS mon DIEV, doresnauant,
Fay que ton bon plaisir incessamment ie face.
136 Mes moites yeux ont ietté des fontaines,
Et des ruisseaux de pleurs, Seigneur, abondam-
    ment,
Pour ceux qui n'ont gardé fidellement
Ta LOY, tant i'en auois de regrets, & de peines.

IZADE.

Iustus es Domine.

137 Iuste vrayment es tu Seigneur, tu ne fais
    rien
Qui ne soit bon, iuste, saint, equitable
Ton IVGEMENT est tel, & n'est point dis-
    semblable.
A toy la source, & cause de tout bien.
138 Tu veux que nous mettions ta justice entre
    nous,
Sans delaisser ton sacré TESMOIGNAGE,
Et que ta VERITE de tout nostre courage
Nous supportions enuers, & contre tous.

PSEAVMES

139 Mon cœur de zele ardant est seché tout
 à fait
De voir ainsi mes cruels aduersaires,
Contre toy s'esleuer, & t'estre si contraires,
En oubliant tes DITZ comme ils ont fait.

Id.
Id. 140 Tes ORACLES Seigneur, ont passé par
 les feux
Ils sont tous purs, rien n'est qui les surpasse,
C'est pourquoy ton seruant les aime, & les em-
 brasse,
Et qu'il languit ainsi fort apres eux.

141 Bien que ie sois petit que ie sois delaissé
Et mesprisé de tous pour ma misere,
Id. Pourtant n'ay-ie oublié tes LOIX ie perseuere,
Id. A mon deuoir, ie ne suis point lassé.

142 Ta IVSTICE Seigneur, ou luit ton
 equité
Id. Est eternelle, & n'est vne IVSTICE
Id. Subiette à se corrompre, & ta LOY si propice
Id. N'est rien que pure, & simple VERITE.

143 Lors que ie suis surpris de quelque affliction
D'ennuis, d'angoisse, aussi tost ie m'adresse
Id. A tes COMMANDEMENS, soullageant ma
 detresse
En leur douceur, & consolation.

Id. 144 Car l'equité Seigneur, de ton saint IV-
 GEMENT
Dure tousiours, donne moy donc la grace
De la fort bien comprendre, & ie suiuray la trace

DE DAVID.

Du bon CHEMIN, *pour viure iustement.*

COPH.

Clamaui in toto corde meo.

145 I'ay crié haut de toute la puissance
De mon cœur, & mon DIEV tu m'entens quant
   tu veux,
Entends moy donc affin qu'auec mes vœux
Ie voüe à tes STATVS mon humble obeissance.
146 O DIEV du ciel, que sans fin ie reclame,
Tout mon penser tousiours se dresse deuers toy,
Sauue moy donc, & me tire d'esmoy,
A fin que tes EDITS ie garde dans mon ame.
147 I'ay commencé tu le vois de bonne heure
De reclamer ta grace, ou git tout mon support,
Car ie m'attens en tes PAROLLES fort
O DIEV, i'en fais estat comme de chose seure.
148 Aussi le iour à peine on voit esclore,
Que mon œil est ouuert, & droitement planté
Deuers l'obiect de ta saincte bonté
Seigneur pour mediter sur ton ORACLE en-
   core.
149 Las! prens pitié de ma voix lamentable,
Lors que ie vais mon DIEV, ton sainct nom ap-
   pellant,
Et que ta grace aille renouuellant
Ma vie aussi selon ta IVSTICE equitable.
150 Ceux qui Seigneur si fort me persecutent

Courent apres le mal, & se joignans à luy
Fuyent le BIEN, & le fidelle appuy
Que l'on trouue en tes LOIX, & tous maux exe-
cutent.
151 Mais bien Seigneur, que ceste fauce en-
geance,
T'estime loing de nous, & que tu ne la vois,
Tu n'es pas loing, & tes diuines LOIX
pleines de VERITÉ, prendront d'eux la ven-
geance.
152 Ie t'ay cogneu par tes saincts TESMOI-
GNAGES
Dés long temps veritable, aussi sont il bien tels,
Car les ayant establis immortels
Tu nous les as donnez pour arres, & pour gages.

RES.

Vide humilitatem meam.

153 Regarde ma misere, & prens pitié de moy,
Ne me pers pas ains Seigneur, qu'il te plaise
Me deliurer bien tost d'ennuis, & de malaise,
Car ie n'ay point mis en oubly ta LOY.
154 Prens ma querelle en main, tire moy de lan-
gueur,
Ne souffre point que sans cesse on m'affole,
Et pour l'amour aussi de ta saincte PAROL-
LE,
Rens moy viuant, & restaure mon cœur.

155 Le salut est bien loing des meschans, car ils n'ont
Esté soigneux de chercher, n'y d'aprendre,
Tes saincts COMMANDEMENS, à fin de les entendre,
Et les garder ainsi que les tiens font.
156 Tes graces, tes bontez, sont en grand nombre ô DIEV,
Fay les paroistre en monstrant ta largesse
Dessus ton seruiteur, & selon ta PROMESSE
Rends moy viuant, & me garde en tout lieu.
157 Plusieurs me vont sans cesse ainsi comme tu vois
Persecutant, mais tousiours mon courage,
S'est monstré roide, & ferme, en ton sainct TESMOIGNAGE
Et l'on ne m'a veu changer toutesfois.
158 Auecques tous les maux que me font les peruers,
Ie seche ô DIEV, de grande desplaisanc
De voir tant de méspris, qu'ils font de l'obseruance
De ta PAROLLE, & qu'ils sont tant diuers.
159 Contemple donc Seigneur, ma ferme volonté,
Et que parmy leur barbare furie,
I'ay chery tes EDITS & pour ce ie te prie
Rends moy viuant, selon ta grand bonté.
160 Tes PAROLLES ô DIEV, dés le commencement

Sont VERITE', le progrez est de mesme,
Et les saints droits aussi de ta IVSTICE extreme
Sont eternels, & n'ont de changement.

SHIN.

Principes persecuti sunt me gratis.

161 Les princes m'ont sans raison faict outrage,
Ils m'ont persecuté las! volontairement,
Mon cœur pourtant n'a cessé constamment
De craindre, & de cherir, ton sacré TESMOIGNAGE.
162 Ils ont beau faire, & m'opprimer sans cesse,
Ie me veux resiouir en ton DIRE approuué
Comme celuy qui cherchant à trouué
Quelque riche butin, & quelque grand richesse.
163 D'autant que i'ay les iniques en haine,
Que ie les fuis par tout & abhorre en tout lieu,
I'ay bien aymé ta saincte LOY mon DIEV,
Et tout ce que ie fay, pour elle ne m'est peine.
164 Ie t'ay rendu Seigneur, de la louange
Sept fois le iour, sept fois, pour les grands iugemens
De ta IVSTICE, à chacun euidens,
Et ta bonté vers nous ou deuotie me range.
165 C'est grand repos à ceux il est à croire
Qui cherissent ta loy, qui conduisent leurs pas

En tes SENTIERS, & qui ne tombent pas
En scandale au mespris de ta diuine gloire.
166 I'attens tousiours ton sacre salutaire,
Mon ame se prepare à sa reception,
Mettant du tout mon humble affection
A tes COMMANDEMENS à fin de te com-
plaire.
167 I'employe ô DIEV, ma force, & ma puissance
A l'obseruation des TESMOIGNAGES saints
De ta bonté les feux n'en sont estaints,
Ie fais voir mon amour par mon obeissance.
168 Ainsi tousiours i'ay gardé ton PRE-
CEPTE,
Et ton saint TESMOIGNAGE ô Seigneur, que
ie sers,
Car tous mes faits, ma voye, & mes pensers
Auant qu'il soyent pensez mon DIEV, les in-
terprete.

THAV.

Appropinquet deprecatio mea.

169 Approche ton oreille à mon humble oraison;
Fais qu'elle vienne au iour de ta presence,
Et me donne Seigneur, conforme intelligence,
A ta PAROLLE, auec sens, & raison.
170 Vois ma requeste aux yeux de tous mes
ennemis,

Donne à ma plainte vn accez fauorable,
Et recoux maintenant ce pauure miserable
De maux ainsi que ta grace à promis.
171 Mes leures pousseront iusques dedans les Cieux
A ton honneur, maint cantique de ioye,
Quant tu m'auras monstré tes EDITS, & la VOYE,
Que ie doibs suiure à fin de faire mieux.
172 Ma langue anoncera iournellement à tous,
La saincteté de tes DITS veritables,
Car tous tes MANDEMENS, sont tousiours equitables,
Ils sont tesmoings de ta bonté vers nous.
173 Ne me laisse endurer tandis tant de tourmens,
Donne ta main, tire moy de souffrance,
Puisque i'ay mis en toy Seigneur, mon esperance,
Et fait le choix de tes COMMANDEMENS.
174 I'ay desiré Seigneur, ton salut tous les iours
De tout mon cœur, dessus toute autre chose,
Car en ta saincte LOY, mon ame se repose,
Et ie n'y fais que mediter tousiours.
175 En ce faisant mon ame aura sans fin mon DIEV,
Vie, & sans fin benira ta clemence,
Ayant pour son support, son ayde, & sa deffence,

DE DAVID.

Tous tes saincts DROITS, *qu'oy qu'on face en tout lieu.*

176 *Ie m'estois esgaré Seigneur mon* DIEV *de toy,*
I'estois ainsi qu'vne brebis errante,
Cherche ton seruiteur, ô DIEV, *de mon attente,*
Car ie n'ay point mis en oubly ta LOY.

ORAISON.

SEIGNEVR, plein de bonté conduisez nous en la VOYE de salut, esleuez nostre esprit à la considération des signes & miracles de vostre sainct TESMOIGNAGE. Donnez nous la grace de faire le bien suiuant vostre COMMANDEMENT, & de fuir le mal suiuant vostre sainct PRECEPTE: faites la interuenir en nos œuures pour nostre IVSTIFICATION, Retribuez nous selon la droiture de vostre IVGEMENT, disposez nostre cœur entierement à l'obseruation de vostre IVSTICE, Tenez nos oreilles tousiours ouuertes à vostre PAROLLE, à vostre VERBE incarné & à L'ORACLE des Prophetes, à fin que suiuant la VERITE de vos promesses, escritures & reuelations accomplies en vostre fils vnique, nostre Seigneur, & Redépteur IESVS-CHRIST, nous puissions paruenir au BIEN de la vie eternelle, promis, & preparé à tous ceux qui viuết en vostre amour, en vostre crainte, & en l'obseruance de vos commandemens. Ainsi soit-il.

PSEAVMES

PSEAVME CXIX.

Heb. 120.

AD DOMINVM CVM TRIBVLARER.

ARGVMENT.

Icy commence le premier Cantique des graduations, en nombre de XV. pour esleuer son ame à DIEV, & monter de vertus en vertus à sa beatitude eternelle, comprenant briefuement tout ce qui estoit de fait de la pieté en la religion Mosaique, L'on les chantoit au Temple auec grande reuerence és festes solemnelles, lors que le grand Pontife, & les Prebstres montoient deux à deux par les degrez du cœur, pour declarer au peuple la Loy de DIEV,
2. mesme chacun iour au matin, & au soir, durant la sepmaine
Esd. du grand Sabath, C'este premiere marche, & graduation,
8. est l'affliction, bien souuent plus necessaire pour recognoi-
† stre DIEV, que la trop grande prosperité; Entre l'vne des
3,9. plus insuportables à l'esprit, est la mesdisance, & la calomnie dont le Prophete prie DIEV de le garentir.

Cantique Graduel.

AFFLICTION I.

ANDIS *helas! que i'estois en angoisse,*
Et combatu, de misere sans cesse,
I'ay esleué mes plaintes & mon cœur,

DE DAVID. 585

Au Seigneur DIEV, qui les siens ne delaisse:
Le Seigneur DIEV, m'a tiré de langueur.
2 O Doux Seigneur, que touſiours ie veux ſuiure,
Ne ceſſe point tes graces, & deliure
Mon ame auſſi des leures du menteur,
Et de la langue inique, & menſongere,
De l'infidelle, & du traiſtre impoſteur.
3 Mais quoy helas dis moy quel auantage
Te peut venir par ton mauuais langage,
Et quel proffit t'apporte ô langue auſſi
Pleine de fiel, de cautelle, & de rage,
De m'en vouloir ſans nul ſuget ainſi.
4 Tous vos coups ſont ô leures miſerables,
A traits aigus tous pareils, & ſemblables,
Qui ſont iettez d'vn roide, & puiſſant bras,
Et à charbons de flammes effroiables
Qui bruſlent tout, & ne s'eſteignent pas.
5 Las! prens pitié Seigneur ie te ſuplie
De mon exil, voy mon ame afoiblie,
Ne permets point qu'on en croiſſe les iours:
Helas! faut-il que ta bonté m'oublie,
Et que ie ſois auec Cedar touſiours.
6 Auecques ceux, qui la paix ont en haine,
Et n'aiment rien que la guerre inhumaine:
Ie me monſtrois amateur du repos,
Leur en parlant ie me trouuois en peine,
Car ils vouloient m'offencer ſans propos.

ORAISON.

Dieu tout-puissant, & misericordieux, regardez à noz miseres, & tirez nous de tribulation, deliurez nos ames de la calomnie, & des leures des iniques, munissez nous des armes spirituelles, par qui nous puissions vincre, & surmonter nos ennemis visibles, & inuisibles, au nom de nostre Seigneur IESVS-CHRIST. Ainsi soit-il.

DE DAVID.

PSEAVME CXX.
Heb. 121.

LEVAVI OCVLOS MEOS.

ARGVMENT.

DAVID enuironné de toutes parts de ses ennemis, esleue ses yeux au Ciel, vers DIEV d'où il attend son secours, reiette toutes autres esperances, fuit toutes idolatries, se confiant en sa bonté, qui n'abandonne iamais les siens, Ainsi fait l'Eglise, qui deteste les idolatries, & superstitions, & demeure en la saincte garde & protection de DIEV.

Cantique Graduel.

Esleuation de ses yeux à DIEV. II.

1 AISSANT *les basses campagnes,*
I'ay dressé mes regards vers les hautes
montagnes,
En l'attente du secours
Du Seigneur DIEV, *ma force, & mon recours.*
2 Mon secours en ma souffrance
Vient tousiours du Seigneur, mõ vnique esperāce,
Qui de rien fait promptement
Le ciel, la terre, & le moite Element.

3 On ne luy verra permettre
Iamais que ton pied bronche, ou tu le puisse mettre,
Et ne dormira celuy
Qui pour toy veille, & qui te sert d'appuy.
4   Le Seigneur DIEV, ne sommeille,
N'y ne prent du repos: ains incessament vueille
Celuy qui garde Israël,
Car il en a pris le soing eternel.
5 DIEV, te garde souz son esle
Te conserue, & sans fin, soit ton appuy fidelle,
Et le Seigneur tout humain
Te couure, & soit prés de ta dextre main.
6   L'ardeur ny la violence
Du Soleil, ne pourra te faire nulle offence
En plein midy, ny de nuit
La Lune, alors que son flambeau reluit.
7   Le Seigneur, tousiours te garde
De tout mal, tu ne peux estre en meilleure garde,
Et le Seigneur DIEV, maintient
Ton ame, & c'est luy seul qui la soustient.
8   L'eternel en toute sorte
Te garde, soit entrant, ou sortant de ta porte,
Dés maintenant, à tousiours,
Vueille benir, & conseruer tes iours.

ORAISON.

CREATEVR de toutes choses, qui auez faict, & formé le Ciel, & la Terre, soyez nostre protection tandis que les aduersitez, & les tentations nous accablent, Ne permettez point Seigneur, que nos affections tombent dans la fosse du peché : Mais plustost conseruez nos ames, & destournez nos pensees de tout mal, & faites s'il vous plaist, que nous vous inuoquions iusques au dernier souspir de nostre vie, Ainsi soit-il.

590　　PSEAVMES

PSEAVME CXXI.
Heb. 122.

LÆTATVS SVM IN HIS.

ARGVMENT.

2.
ROIS
7.
Paral.
17.
ICY est exprimé la ioye que sentit Dauid, lors de la promesse à luy faite par le Prophete Nathan, de l'edification du temple, & establissement de son regne en Hierusalem, par les xij. lignees d'Israel, pour luy, & sa posterité. La dessouz la vraye Eglise est representee, & les xij Apostres, auec l'estendue du regne de nostre Seigneur IESVS-CHRIST, dont la vraye marque est l'vnion, en laquelle est toute nostre ioye.

Cantique Graduel.

Esiouyssance en la Communion
de l'Eglise.　III.

1　E me suis fort esiouy,
　　Ayant ouy,
　　Et lors qu'on m'est venu dire,
　　Nous irons en la maison
Du Seigneur, faire oraison,
Et luy paier les vœux que nostre cœur souspire.
2　Nos pieds seront desormais
　　Pour tout iamais,

DE DAVID 591

Arrestez en tes portiques,
Ainsi que sont nos esprits
Aux feux de ton amour pris
Belle Ierusalem, suget de nos Cantiques.
3   Ierusalem qu'on voit
En cet endroit,
Bastie aux yeux de tout le monde,
Pour le plaisir nompareil
Des cieux, comme de nostre œil,
Pour la sainte union, & paix dont elle abonde.
4   Car en ce lieu sont venus
Tous les tribus,
Ie dis les tribus, les races,
Du Seigneur, & d'Israel
Le tesmoignage eternel,
Pour louer ton saint nom & pour luy rendre graces.
5   La sont establis par rans
Les sacrez bancs
De iustice, & de droiture,
Et le throsne sumptueux
De Dauid, & de tous ceux
Qui descendront de luy de benigne nature.
6   Priez tous DIEV, pour le los,
Et le repos,
De la ville: & qu'il arriue
Sans fin, tout bien chacun iour,
A ceux qui t'aiment d'amour
Belle Hierusalem & ton nom tousiours viue.
7   Ainsi soit la paix tousiours,

Dedans tes tours,
Dans tes murs, tes forteresses,
Et toute abondance ainsi
Dans tes beaux palais aussi:
Qu'on n'y remarque rien, que marques d'alle-
    gresses.
8 Pour mes freres, mes parens,
Qui sont dedans,
Ie desire, & ie souhaite
Dans l'enclos de ta grandeur
Tout le repos, le bon heur,
Que peut auoir en tout vne cité parfaite.
9 Ainsi soit tousiours ton nom,
Et ton renom,
Celebre à cause du temple
Du Seigneur, nostre soustien:
Ie te desire tout bien,
Et que tu sois tousiours de tout bon heur l'exemple.

ORAISON.

OCtroiez vostre grace Seigneur à ceux qui vous requierent, & qui confessent vostre nom, respandez sur eux l'abondance de vos biens spirituels, & faites nous ceste faueur qu'estans tousiours liez d'vn sacré lien de charité, nous cheminions dans le tabernacle de vostre Eglise, en vnité de foy, iusques à tant que nous puissions paruenir en la Ierusalem celeste, & participer à la gloire, que vous auez preparee à vos esleuz. Ainsi soit-il.

DE DAVID.

PSEAVME CXXII.

Heb. 123.

AD TE LEVAVI OCVLOS MEOS.

ARGVMENT.

Icy la congregation des fideles reclame l'assistance de
DIEV, contre les ennemis de ceux qui souftiennent sa
cause, les blasphemateurs de son sainct nom, & contre les
orgueilleux qui les mesprisent.

Cantique Graduel.

Priere où inuocation. IIII.

1 J'AY rehaussé mes yeux comme mon
    cœur
    Plein de langueur,
    A toy DIEV de mon esperance,
Qui fais ta sainte demeurance
Au Ciel, comme au lieu plus remply,
Et accomply.
2 Vn Seruiteur, plein de soin nompareil
Fiche son œil,
Tousiours sur les mains de son maistre,

A celle fin de recognoistre,
Son vouloir par leur branlement,
Tant seullement.
3 Et la seruante a de mesmes aussi,
Tousiours ainsi
L'œil, sur les mains de sa maistresse,
Ainsi l'on voit nos yeux sans cesse
Sur DIEV, tant qu'il nous ait remis,
Nos faits commis.
4 Aye pitié de nous, fay nous mercy,
Et addoucy,
Fay voir dessus nous ta clemence,
Car tout le monde nous offence,
Tant il nous tient, & nous à pris
En grand mespris.
5 Las ! nostre esprit est en estat piteux,
Et tout honteux,
Ce n'est que trouble, & fascherie,
Pour l'opprobre, & la moquerie,
Des grands, & mespris odieux
Des glorieux.

DE DAVID. 595

ORAISON.

O DIEV, qui faites voſtre retraiɛ̃te dans le Ciel, nous eſleuons nos yeux vers vous, & vous ſupplions qu'en nous deliurant des opprobres des ſuperbes, & des puiſſans de ce monde, vous daigniez nous eſlargir voſtre miſericorde, & deliurer de tous maux paſſez, preſens, & aduenir. Ainſi ſoit il.

PSEAVMES

PSEAVME CXXIII,

Heb. 124.

NISI QVIA DOMINVS ERAT.

ARGVMENT.

EXHORTATION de Dauid, à tout le peuple d'Israel, de rendre graces à DIEV, pour sa deffence contre ses ennemis, tant spirituels, que temporels, & deliurance d'iceux.

Cantique Graduel à Dauid.

Action de graces. V.

1.  Y le Seigneur, qui ne tient son cou-
   roux
   Contre les siens, qui les assiste tous,
   N'eust point esté pour nous qu'on le confesse,
Fils d'Israel, helas sans sa proüesse,
Sans sa proüesse, helas! que serions nous.
2. Quant tous les champs estoient par tout semez,
D'hommes cruels, contre nous animez,
Ne respirans que meurtre, & que vengeance,

Nous pouuions bien sans sa saincte assistance
Estre engloutis, de ces loups affamez.
3 Quant leur fureur ainsi comme vne mer
De rage esmeue on voyoit escumer,
Battre nos flancs à dextre, & à senestre,
Par auanture estions en danger d'estre.
Rauis des flots, s'il ne l'eust faict calmer.
4 Si sa douceur ou nous auons recours
N'eust retenu leur impetueux cours,
Le torrent eust passé dessus nos testes,
Et bien soudain les flots, & les tempestes,
Eussent esteint le flambeau de nos iours.
5 Loüé soit donc à iamais, de bon cœur
DIEV, qui nous à sauué de la rigueur
De tant de maux, dont encor ie m'effroye
Qui n'a permis que nous feussions en proye
Entre leur dents, tant nous faict de faueur.
6 Nostre ame en est eschappee à present
Comme la passe, & loiseau innocent,
Dés lacs trompeurs que nous luy voyons tendre,
Par loiseleur, à fin de le surprendre,
Qui pert sa peine, & ne prent que du vent.
7 Tous les filets qu'ils nous auoient tendus
Le Ciel à fait qu'ils ont esté rompus,
Nous sommes tous eschappez à leur honte,
Et cependant ils auoient fait leur conte
De nous auoir, & qu'estions tous perdus.
8 Ainsi soit donc nostre espoir en tout lieu,
Au sacré nom du Seigneur nostre DIEV,

PSEAVMES

Qui feit de rien le Ciel, l'onde, & la terre,
Et tout cela que leur enclos enserre
Dedans, dehors, aux confins, au milieu.

ORAISON.

NOvs vous requerons ô DIEV du Ciel, & de la terre, que vous daignez tousiours habiter en nous, nous deliurer des embusches du diable nostre aduersaire, rompez les laçs que les meschans ont tendus, & faites que nous ayons tousiours confiance en vostre sainct nom, par nostre seigneur IESVS CHRIST. Ainsi soit il.

DE DAVID. 599

PSEAVME CXXIIII.

Heb. 125.

QVI CONFIDVNT IN DONINO

ARGVMENT.

LE Prophete nous enseigne en ce Pseaume la confiance que nous deuons auoir en DIEV, en nos afflictions, par la similitude du mont de Syon, qui se conserue tousiours en son entier, contre toutes sortes de tempestes, & d'orages, pareille exemple nous est donnee par Ezechias, Soubs le mont de Sion, l'Eglise Catholique est designee qui nonobstant toutes les persecutions, & les assauts de ses ennemis, demeure ferme, & stable.

Cantique Graduel.

Confiance en DIEV, VI.

 VICONQVE *se fie au Seigneur,*
Qui le craint & luy fait honneur,
De mesme on le verra paroistre
Que la montagne de Syon :
Qui fait son habitation
En Hierusalem ne peut estre
Saisi d'aucune affliction.

Pp iiij

2 Ou que nous portions nos regars,
Nous la voyons de toutes pars
Ceinte de monts & de collines,
Ainsi le Seigneur plein d'amour,
Est incessamment à l'entour
Des siens, & ses graces diuines
Il respand sur eux nuit & iour.
3 Car DIEV, ne laissera iamais
La verge en la main du mauuais
Pour la pousser, & pour l'estendre,
Sur le terroir des gens de bien,
Afin qu'ils ne commettent rien
De meschant, & d'y condescendre
Pensant n'auoir plus de soustien.
4 Fay bien aux bons tousiours mon DIEV,
Fauorise les en tout lieu,
Et respans dessus eux ta grace,
Et à tous ceux pareillement
Qui gardans ton commandement,
Ont le cœur droit deuant ta face,
Et ne vacillent nullement.
5 Mais ceux qui prennent volontiers
Le destour aux mauuais sentiers
Abusans de ces benefices,
Seront reclus par l'Eternel,
En vn tourment perpetuel,
Auec tous leurs meschans complices,
Mais paix sera sur Israël.

DE DAVID. 601

ORAISON.

REPOVSSEZ Seigneur, l'outrage que les peruers font aux iustes & renforcez nous si bien, que iamais nous ne venions à nous destourner de la foy, & de la vertu. Que les blandices de la chair ne nous precipitent point dans les abismes du peché, mais plustost Seigneur, qu'ayans surmonté tous les orages des tentations, nous puissions en fin arriuer au port de salut. Ainsi soit il.

PSEAVME CXXV.

Heb. 126.

IN CONVERTENDO.

ARGVMENT.

C'EST vn chant d'action de graces du peuple de DIEV, sur le fait de sa deliurance de la captiuité de Babilon ou il feut vn long temps, attendant patiemment icelle, l'Eglise le chante pour la redemption faite par nostre Seigneur IESVS CHRIST, du genre humain, de la seruitude de Sathan & de la mort.

Cantique Graduel.

Attente de la grace, & misericorde de DIEV, auec patience. VII.

1 AVANT le vouloir de DIEV, feut de
    tirer Syon,
De mains de Babilon, le lieu de son
    seruage,
Et qu'il luy pleut auoir d'elle compassion,
Nous estions si rauis d'aise en nostre courage,
Voyans sa seruitude, en liberté changer
Que nous pensions forger.

DE DAVID. 603

2 Nous voyans tout a fait par le Seigneur, re-
    coux
Nouueau rauiſſement de chacun le cœur tou-
    che,
L'abondance auſſi toſt de ces plaiſirs ſi doux
Paſſa ſoudainement du cœur, en noſtre bouche,
Nous combla de lieſſe, & nos langues d'acors,
Dont l'air rempliſmes lors.

3 Ceux qui nous auoyent veus ainſi gaiz, & cõtens,
De noz airs gracieux approchoient leurs oreilles,
Le Seigneur, (diſoient-ils) qu'ils vont ainſi chátans,
A fait en leur faueur quelques grandes merueilles,
Quelque choſe de grand, leur procede des cieux
Qui les rend ſi ioyeux.

4 Comme ils ont dit ils eſt & ne ſe trompent point,
Car le Seigneur, à fait pour nous choſes eſtranges,
Auec la patience en fin tout vient à point,
Nous l'auons eſprouué dont luy rendons louanges,
Il nous fait mainte grace, & de luy receuons
Tout le plaiſir qu'auons.

5 Ramene donc Seigneur, les tiens entierement,
N'agueres detenuz en dure ſeruitude,
Ils la ſouhaittent tous non pas moins ardemment,
Que la terre au midy bruſlante, ſeche, & rude,
Fait les eaux des torrens pour vn peu r'appaiſer
Sa ſoif, & s'arroſer.

6 Tout vient qui peut attendre en temps ſaiſon,
    & lieu,
Ceux qui ſement en terre, en pleurs, & voix dolẽte,

Qui s'asseurent pourtant a la faueur de DIEV,
Et qui mettent en luy leur force, & leur attente,
Moissonnerout apres en ioye ainsi que siens,
Et seront pleins de biens.
7   Ils s'en alloient pleurans, & plaignans leurs malheurs,
Remplissoient l'air de cris, la terre de tristesse,
Leur cœur estoit saisi de cruelles douleurs,
Ietans auec regrets, qui les pressoient sans cesse,
Leur semence en la terre, arrosee en tous lieux
Des larmes de leurs yeux.
8   Mais en ioye ils ont bien Seigneur, eu l'interest
De ce qu'ils ont semé parmy tant de malaise,
Les voicy reuenir toute allegresse cest,
Et ne sçauent comment manifester leur aise,
Chargez de grans faisseaux, & portans en leurs mains
Des beaux espics de grains.

ORAISON.

CONSOLEZ (ô DIEV) vostre peuple, remplissez nous de ioye spirituelle, & respandez sur nous vostre misericorde, Deliurez nous des cruels liens du peché, du diable, & faites nous la grace qu'apres auoir bien semé en terre, nous puissions recueillir la haut au Ciel, les fruicts d'immortelle felicité. Ainsi soit-il.

DE DAVID. 605

PSEAVME CXXVI.

Heb. 127.

NISI DOMINVS EDIFICAVERIT DOMVM.

ARGVMENT.

LE Pſalmiſte nous enſeigne que DIEV eſt la principalle cauſe de tout le bien que nous auons, & que nous ne ſommes que les cauſes ſecondes, & inſtrumentalles, Nous exhortant de trauailler auec vne ferme confiance en luy, & de fuir toute preſomption de nous meſmes, qui ſommes icy bas inutils, & ne pouuons rien ſans l'aſſiſtance de ſes graces, & faueurs.

Cantique Graduel.

La grace, & faueur de DIEV. VIII.

1  I le Seigneur debonnaire,
    Ne baſtit point la maiſon,
    Pour neant, & ſans raiſon,
Prent peine à la baſtir, qui trauaille à le faire.
2   Si DIEV, ne prent en ſa garde
La ville, ou gît noſtre appuy,
Bien en vain veille celuy
Qui croit la conſeruer, la deffend, & la garde.
3   C'eſt encore choſe vaine

De se leuer bien matin,
Et se reposant en fin
Dessus le tard manger son pain tousiours en peine.
4 DIEV, donne à qui luy sçait plaire
Du repos, & des enfans,
Pour heritage en ses ans,
Et le fruit de leur ventre, est leur plus cher salaire.
5 Les enfans à la vieillesse
Ils sont, il est tout certain
Comme les traits en la main
D'vn homme fort, puissant, & remply de proüesse.
6 Heureux à qui le ciel donne,
Des enfans, en ses souhaits,
Car ce sont autant de traits
Qui des fiers ennemis defendent sa personne.

ORAISON.

REngez tousiours en bonne vnion, & concorde l'assemblee de vos fidelles. Faites Seigneur, que nous que vous auez regenerez en eau, & en esprit, ne choppions iamais, & ne nous laissions point emporter au courant de nos vices: Mais qu'apres auoir operé en bonnes œuures, nous puissions acquerir le Royaume preparé, à ceux qui vous seruent. Ainsi soit-il.

DE DAVID. 607

PSEAVME CXXVII.
Heb. 128.

BEATI OMNES QVI TIMET DOMINVM.

ARGVMENT.

EN ce lieu est monstré le bon heur de la vie de ceux qui viuent en la crainte de DIEV, fondée sur vne amour, & dilection qu'on luy doit porter, fuyant les occasions de l'offencer, de laquelle amour comme d'vne source descoulent toutes les sortes de beatitudes, que nous pouuons attendre.

Cantique Graduel.

La crainte de DIEV, IX.

1 EVREVX *tous ceux en qui la crainte*
Du Seigneur, est tousiours empreinte,
Et qui cheminent volontiers
En ses salutaires sentiers.
2 Assignant doucement ta vie
Innocente, exempte d'enuie,
Sur ton labeur, beny de DIEV,
Tu prospereras en tout lieu,

3 Tu verras ta femme semblable
A la vigne, belle, agreable,
Pleine de fruit en sa saison,
Autour des murs de ta maison.
4 Tes enfans comme ieunes plantes
D'oliuiers tousiours florissantes,
Tout à l'entour selon leurs rangs,
De ta table, & de tes flancs.
5 C'est en effect donc ainsi comme
Sera remply de bon heur l'homme,
Qui craint d'offencer le Seigneur,
Qui le sert, & luy porte honneur.
6 Le Seigneur de Syon te face,
Ainsi bien heureux par sa grace,
Et plus voir le bon heur tousiours
D'Hierusalem durant tes iours.
7 Te monstre, & face voir encore
Les fils des fils, que tu vois ore
Par vn ordre continuel,
Et son salut sur Israel.

ORAISON.

Versez ô Dieu les eaux de vostre benediction sur ceux qui vous craignent: à fin que nous, & nos enfans puissions voir les biens de la celeste Ierusalem, biens qui sont d'eternelle duree. Donnez nous Seigneur, la paix, & assistez vostre peuple chrestien, de vostre saincte grace. Ainsi soit il.

PSE-

DE DAVID.

PSEAVME CXXVIII.

Heb. 129.

SÆPE EXPVGNAVERVNT ME.

ARGVMENT.

DAVID, triomphant de ses ennemis par sa longue patience, & ferme foy, rend graces à DIEV, de sa conseruation, & de ce qu'ils n'ont peu emporter sur luy aucun aduantage; ainsi fait l'Eglise & toute ame fidelle, à la confusion de ses ennemis, & persecuteurs, que DIEV, extermine, & confond en fin.

Cantique Graduel.

Le martire, & patience des fidelles XII.

1. ILS ont bien eu souuent la hardiesse,
De m'attaquer des ma triste ieunesse,
Et d'en venir au combat auec moy,
Die à present Israel hors d'esmoy.
2. Ils m'ont souuent bien donné des allarmes.
Des mon ieune aage, & fait venir aux armes,
Mais ils n'ont peu iusqu'a present auoir

Dessus moy rien, auec tout leur pouuoir.
3 Les reprouuez tous remplis d'insolence
Ont faict passer sur moy la violence
De leurs efforts d'un cueur plus qu'inhumain,
Et trauaillé longuement, mais en vain.
4 Car le Seigneur, qu'on voit iuste soulage
Les siens tousiours, à tranché le cordage
De ces meschans, & soit confus ainsi
Qui hait Sion, & tourne arriere aussi.
5 Qu'ils soient ainsi comme l'herbe meschante,
Qui croist dessus les maisons, & la plante
Qui soudain passe, & se desesche auant
Que l'on l'arrache, & se pert par le vent.
6 Dont ne pourroit en toute vne iournee
Le moissonneur, trouuer vne poignee,
Ny c'il encor qui serre, & faict l'amas,
Dequoy remplir pour vne fois ses bras.
7 Et dont aussi l'on n'oira ce langage
Par les passans voyans vn tel rauage,
Le Seigneur DIEV, nous à benis, & nous,
Vous benissons au nom du Seigneur, tous.

DE DAVID.

ORAISON.

RENFORCEZ nous Seigneur en nos aduersitez, & nous deffendés des attaques de nos ennemis, faites que nous puissions passer sains, & sauues les perils de ce monde, & que les saints nous benissent par tout, au nom de nostre Seigneur IESVS CHRIST. Ainsi soit il.

PSEAVMES

PSEAVME CXXIX.

Heb. 130.

DE PROFVNDIS CLAMAVI AD TE DOMINE.

ARGVMENT.

DAVID recognoist que tous maux viennent du peché, le deteste, & fait ceste feruente priere à DIEV, aduoüant ses fautes, en l'esperance de sa misericorde, aucuns tiennent que ce feut lors qu'il estoit fugitif en des cauernes dans les deserts, aucuns l'attribuent au peuple d'Israel, captif en Babilone, pour ce qu'il est de mesme argument que l'oraison de Daniel. Tout cecy tend mistiquement à la deliurance de l'ame pecheresse, de la seruitude de sathan, par l'aduenement de nostre Seigneur IESVS CHRIST.

Dan. 9.

Cantique Graduel.

La detestation du peché.   XI.

1   DV plus profond de mon ame
   O Seigneur, ie te reclame,
   Ne me traite a la rigueur,
   Voy le mal qui me captiue,
Entends à ma voix plaintiue
Et me tire de langueur.
2   Que l'air poussé de mes plaintes,

DE DAVID.   613

Touche tes oreilles saintes
O Seigneur, il est saison
D'ouyr mon humble priere,
Et ta bonté coustumiere
La voix de mon oraison.
3 Si de pres ton œil regarde,
Et à nos pechez prent garde
Qui sera celuy dis moy
Tant iuste, puisse il estre,
Qui pourroit bien comparoistre
En iugement deuant toy.
4 Tu donnes à tes clemences
Les oublis de nos offences,
Et plus il ne t'en souuient,
C'est pourquoy ie te reuere,
Et mon ame perseuere
En ta loy, qu'elle soustient.
5 Au fort du mal qui m'affolle
En ta douceur, & parolle,
Ie m'attens entierement,
Et mon ame en son martire
Vers toy tousiours se retire,
Et t'inuoque incessamment.
6 Des la garde que l'on pose
Au matin à l'aube esclose
Iusques à celle du soir,
Qu'Israel loüe, & benisse,
Le Seigneur, & s'esiouisse
Mettant en luy son espoir.

7 Car sa bonté ne delaisse
Le pecheur en son angoisse,
Alors qu'il est repentant,
Le Seigneur, abonde en grace,
Et pas vn deuant sa face
Ne part sans estre contant.
8 Israel en fin espere
Par luy sortir de misere,
Et de se voir racheté
De ses pechez, & ses fautes,
Contre ses maiestez hautes,
Et mieux qu'il n'a point esté.

ORAISON.

Nous esleuons à vous nos cris, & nos pensees de tout nostre cœur, deffaictez nous Seigneur, nostre seul & souuerain recours, & nostre vnique reconciliation, ne prenez pas garde à nos iniquitez, car nous esperons en vostre misericorde, nous qui auons esté rachetez par vostre sang precieux.

DE DAVID. 615

PSEAVME CXXX.

Heb. 131.

DOMINE NON EST EXALTATVM.

ARGVMENT.

DAVID, de simple berger paruenu au Royaume de Iuda, & de tout Israel, proteste deuant DIEV, de son humilité en sa vocation au regne, & de s'y estre comporté modestement, nous inuitant a son exemple, de ne point abuser des grandeurs ou DIEV, nous esleue, en nous enorgueillissans enuers luy, & les hommes.

Cantique Graduel de Dauid.

Humilité XII.

1. QVELQVE faueur que i'aye ô DIEV
receuë.
De ta bonté, mon cœur ne s'est iamais
Plus esleué, qu'a ma qualité deuë,
Et ne me suis ainsi comme tu scais
Tenu plus fier, n'y porté hault la veuë
2. Ie ne me suis abusant de ta grace,
Rendu suiuant des grandeurs, des honneurs,

Qq iiij

Plus que l'honneur du rang, & de la place
Que ie cognois tenir de tes faueurs,
Me la permis, ny point eu plus d'audace.
3 Si quelque feu d'ambition m'emflame,
C'est seullement celuy de ton amour,
Que si ie n'ay sceu contenir mon ame
Humble, & paisible, en son debuoir tousiour,
Sans l'esleuer sur l'esle de sa flame.
4 Comme l'enfant, & douce creature
Qu'on a seuré, soubs la mere, & n'est point
Plus esleué que porte sa nature,
Mon ame soit frustree de tout point
De mon espoir & soit sa peine dure.
5 Mette Israel en DIEV son asseurance,
Ore, & sans fin, & soit tout son recours
Sur luy fondé, qu'il ait bonne esperance
En ses malheurs, attendant son secours,
Et qu'il l'allege apres tant de souffrance.

ORAISON.

O SEIGNEVR DIEV, ne permettez point que l'orgueil nous emporte, & que nous ne nous confions pas en nostre force, mais plustost que nous nous humilions soubs le pouuoir de vostre main, ayans espoir en vous nostre DIEV, qui nous mettrez vn iour à l'eternité de vie. Ainsi soit-il.

DE DAVID. 617

PSEAVME CXXXI.
Heb. 132.

MEMENTO DOMINE DAVID.

ARGVMENT.

CE Pseaume fut fait en la dedicace du temple, & depuis chanté comme graduel, tant pour priere de l'ancienne Loy, du lieu de l'adoration, que perpetuelle succession du regne en la maison de Dauid, & de l'esperance du Messias, suiuant la promesse de DIEV, côtenue au Verset 11. qui ne se peut entendre que de la Prophetie de nostre Seigneur IESVS-CHRIST, & de son adoration en l'Eglise.

2. Rois 7.

Cantique Graduel.

Le desir de la venue de IESVS-CHRIST.
XIII.

1 E patiente plus Seigneur, ne patiente,
Et ne tiens en suspens
D'auantage nos vœux, rends nos de-
    sirs contens,
Soùuiens toy de Dauid, & de sa longue attente,
2 Soùuiens toy comme il à iuré dedans son ame
Plein de Zele au Seigneur,
Et comme il a voué sa vie en son honneur

Au grãd DIEV, de Iacob, qu'il inuoque, & reclame.
3 Mal me puisse arriuer si i'entre en la demeure
De ma maison iamais,
Si ie monte dessus ma couche desormais,
Et sus mon lit Royal pour reposer vne heure.
4 Si ie donne iamais de relasche à ma veuë,
Du sommeil à mes yeux,
Si ie respands iamais le dormir otieux
Sus ma moite paupiere, ouuerte, & toute esmeuë.
5 Si ie me donne aussi du repos en ma vie,
Iusqu'au bien-heureux iour
Que i'auray rencontré conuenable seiour
Au grand DIEV, de Iacob, & passé mon enuie.
6 Voicy nous en auons entendu des nouuelles,
C'est vne region,
Que l'on nomme Euphrata, couuerte à l'enuiron
De bocages plaisans, & de citez fort belles.
7 Humbles nous entrerõs ensemble à l'aube esclose
Dans sa sainte maison,
La nous l'adorerons faisans nostre oraison,
En ce lieu bien heureux où ses pieds il repose.
Paral. 8 Leue toy donc Seigneur, viens en la iouyssance
6. De ton sacré repos,
41. Pour receuoir l'honneur, que l'on doit à ton los,
Toy dis-ie, & l'arche aussi, de ta sainte puissance.
9 Tes sacrificateurs soient vestus de iustice
Tousiours ô DIEV benin,
Et tes bien-heureux saints, s'esiouyssent sans fin,
En ta sainte bonté fauorable, & propice.

DE DAVID. 619

10 Ne destourne ô Seigneur, la desirable face
De ton CHRIST en auant,
Pour lamour de David, ton fidelle seruant,
Et ne le priue point du bon heur de ta grace.
11 DIEV, feit à son Dauid vn serment ve-
ritable,
Et ne l'en frustrera,
Ie poseray, dit il, le fruit (on le verra)
De ton ventre dessus ton throsne veritable.
12 Si tes enfans Dauid gardent mon alliance,
Et mon commandement,
Dont ie leur donneray le saint enseignement
Et s'ils mettent en moy toute leur confiance.
13 Ceux la qui descedront de tes fils tout de mesme
Seront Dauid ainsi
Assis dessus ton throsne, & porteront aussi
Des peuples desirez ton Sceptre, & Diadesme.
14 C'est le vouloir de DIEV, d'eslire & de mettre ore
Sa sainte affection
En Sion, la choisir pour l'habitatiom
De sa diuinité, c'est la que l'ont adore.
15 Elle est dit le Seigneur, la court de mon Empire,
Mon repos immortel,
I'y feray mon sesiour, car mon vouloir est tel,
Et sur tous autres lieux, il m'a pleu de l'eslire.
16 De tout ce qu'elle manquera on la verra remplie,
Et ie rassasiray,
Tous ses pauures de pain, car ie la beniray,
En biens elle sera comme en gloire accomplie.

2.
ROIS
7.
12.
LUC.
1.32
55.
A&.
2
30.

Pse.
71.
16.
†
145.
5.
147
3.

620 PSEAVMES

17 Ses sacrificateurs vouez à mon seruice,
Auront à l'entour d'eux

Mal. Le salut de ma grace, & ses saints tous ioyeux
3. 3. S'esiouiront en moy d'vn si grand benefice.

18 Là ie feray florir aux yeux de tous la force
Luc. De DAVID, en tout point,
1. 69 Et ie prepareray la lumiere à mon oinct,
Id. Que plus on pense esteindre, & plus fort se ren-
1.17 force.

19 Ie vestiray soudain ses ennemis de honte,
Et de confusion,
Et sur luy florira comme dessus Sion
Ma gloire toute sainte, & tous en feront conte.

ORAISON.

AYEZ memoire de nous Seigneur, & reuestez nous de iustice, & de vostre grace salutaire: Que la sanctification de vostre Diuinité nous enuironne, à fin que nous gardions vostre Loy Euangelique, rassasiez du pain celeste, & du Verbe diuin: Benissez nous à present, & à iamais au nom de nostre Seigneur IESVS CHRIST.

DE DAVID.

PSEAVME CXXXII.

Heb. 133.

ECCE QVAM BONVM.

ARGVMENT.

Ce Pseaume demonstre la mutuelle charité, & concorde de nostre Eglise, qui à pris son origine des xij. Apostres, de nostre Seigneur IESVS-CHRIST, vniz en foy, esperance, & charité comme freres.

Cantique Graduel.

Mutuelle charité & concorde. XIIII.

1 QVE c'est chose en tous lieux
Bonne, & plaisante à noz yeux,
Alors que l'on voit les freres
Demeurans ensemblement,
S'aimer mutuellement,
Et s'vnir en leurs affaires.
2 Tous ainsi ne faisans qu'vn,
Sont semblables au parfun,
Et à l'odeur desirable
Qui de la teste d'Aaron,
S'espand tout à l'enuiron

De sa barbe venerable.
3 Qui descend iusques aux bords
Du vestement de son corps,
Comme l'humeur qui distille,
Du mont d'Herman: Tout ainsi
Que celle qui tombe aussi
Du mont de Syon fertile.
4 Car le Seigneur gratieux,
Leur enuoyant tout le mieux
De son amour paternelle,
Benit sans cesse leurs iours,
Et puis ayant fait leur cours
Ils ont la vie eternelle.

ORAISON.

INTRODVISEZ Seigneur, en vostre Eglise paix, & concorde paternelle, à fin qu'arrosez és eaux de vostre grace, nous puissions vn iour purs, & nets, paroistre en vostre saint Royaume, l'entiere, & eternelle felicité: Ainsi soit-il.

DE DAVID. 623

PSEAVME CXXXIII.
Heb. 134.

ECCE NVNC BENEDICITE DOMINO.

ARGVMENT.

LE Pſalmiſte admoneſte icy chacun, & particulieremēt ceux qui ſont conſtituez ez ordres Eccleſiaſtiques, apres auoir monté les 14. marches, ou graduations, de rendre graces & louanges à DIEV, de ſes beneſices, de perſiſter en leur deuoir, d'enſeigner le peuple, prier, & louer DIEV, inceſſament. Ce Pſeaume ſe chantoit au dernier iour de la feſte, apres que la Loy auoit eſté proclamee, & quant le peuple ſe retiroit.

Cantique Graduel.

Continuelle benediction de DIEV, XV.

1   ENEZ *maintenant, & louez*
     Le Seigneur, qui nous eſt propice,
     Vous qui vous eſtes vouez
A l'honneur de ſon ſeruice,
Et de ſon diuin ſeruice.
2   *Qui demeurez dans le ſaint lieu*
Du Seigneur, & de ſes portiques,
Du Seigneur DIEV, *noſtre* DIEV,

On n'oit rien la que Cantiques
A sa gloire & que musiques.
3   *Quant il est nuit leuez en hault*
Vos mains deuers le sanctuaire,
Louez tous DIEV, *comme il fault,*
Qui nous est tant debonnaire,
A celle fin de luy plaire.
4   *Ainsi le Seigneur de Syon,*
Te benisse, à fin que tu n'erre,
Ait de toy compassion,
DIEV, *qui fit & ciel, & terre,*
Et ce que leur rond enserre.

ORAISON.

SEIGNEVR nous vous benissons, & suplions vostre faueur, d'esclairer nos pas durant les tenebres qui nous enuironnent, afin que marchans en bonnes œuures, nous puissions vn iour acquerir la gloire qui ne se peut exprimer n'y comprendre. Ainsi soit-il.

PSEAVME CXXXIIII.

Heb. 135.

LAVDATE NOMEN DOMINI.

ARGVMENT.

LE Pſalmiſte pourſuit, ce qui eſt de l'office, & du debuoir des paſteurs de l'Egliſe, & les admoneſte entre autres choſes de viure bien, de preſcher la verité de l'Euangile, d'esleuer leur eſprit à DIEV, par frequentes meditations, & de celebrer dignement le ſeruice diuin, en fin DIEV eſt loüé, & luy rend on graces des faueurs qu'il confera jadis aux Iſraelites, contre Pharaon, & les idolatres de la terre de Chanaan.

Loüange.

1 CELEBREZ tous le ſaint nom du Seigneur
A haute voix, louez le de bon cœur,
Vous qui vouez vos ans à ſon ſeruice,
Et receuez tous les iours ceſt honneur
D'eſtre employez à ſon diuin office.
2 Qui demeurez en ſa ſaincte maiſon,
Pour y vacquer ſans ceſſe en oraiſon,
Vous qui logez dans les paruis du temple
Du Seigneur ou durant toute ſaiſon,
Il eſt ſeruy, ſe voit, & ſe contemple.

Rr

3 Loüez donc tous d'un cœur vnaniment
Le Seigneur DIEV, tout doux, & tout clement,
Tout grand, tout sainct, tout digne de loüange:
En son sainct nom chantez tous hautement,
Car il est plein de douceur, & ne change.
4 Car il a fait sur tout eslection
Du bon Iacob remply d'affection
A son seruice, & d'Israel de mesme
Pour son domaine & habitation,
C'est son esbat, & son amour extresme.
5 I'ay bien tousiours pris garde en mille lieux
Que le Seigneur, est le grand DIEV, des DIEVX,
Que nostre DIEV, nostre vnique esperance,
Est par dessus tous les dieux que nos yeux
Verront iamais ça bas en reuerence.
6 Ce qui luy plaist aussi tost il le faict,
Au ciel, en terre, il faict ce qui luy plait,
Mesme en la mer, il monstre sa puissance,
Et iusqu'au creux de l'abisme à souhait
Son sainct vouloir, y trouue obeissance.

Ier.
10.
13.
7 C'est luy qui faict esleuer, & baller
Comme l'on voit les nuages en l'air,
De l'vn des bouts de la terre solide
En l'autre, & qui changeant faict distiller
Le foudre, & rendre vne pluye rapide.

EXO.
11.5.
†12.
24.
8 C'est luy qui tient, serre, & lasche le mors,
Des vens, qu'il fait sortir de ses tresors,
Il a frappé les premiers naiz d'Egypte,
Iusqu'aux bestails que l'on trouua tous mors,

DE DAVID.

Luy qui se vange, alors que l'on l'irrite.
9 Il enuoya maints signes comme on vit
Tout au meillieu de l'Egypte, & si fit
Voir son pouuoir, que l'on ne peut comprendre,
Sur Pharaon, & les siens qu'il deffeit,
Voyant durcir leurs cœurs, & ne se rendre.
10 C'est luy, c'est luy, (entre autres actions)
Qui terrassa beaucoup de nations,
Qui meit à mort, maints grāds rois, qui leur sceptre
Remplit aussi de desolations
Pour ne vouloir recognoistre sa dextre.
11 Seon grand Roy, du peuple Amorrean
S'entit sa main, & Og Roy de Bazan,
Et les pouuoirs de l'Empire prospere
Tant redouté par tout de Canaan
Feurent aussi frappez en sa colere.
12 Puis se monstrant liberal vers les siens,
Il departit leur despouille, & leurs biens,
Et leur domaine, a son peuple, en partage,
Car Israel, ton peuple tu maintiens
Et tous les iours tu l'accrois d'auantage
13 Seigneur ton nom plein d'admiration,
N'est point sujet à la mutation
O Seigneur DIEV, de mesme ta memoire
N'a point jamais de reuolution,
De race, en race, eternelle est ta gloire.
14 Car le tres-haut aux yeux de l'vniuers,
Viendra iuger les bons, & les peruers,
De tout son peuple, & se rendra propice,

Nō.
21.
24.
14.
105.
12.

Rr ij

A ceux qui n'ont vne ame de trauers
Foulans du pied, les amorces du vice.

Pse. 115. 4. Sap 15.15

15 Ainsi n'est pas des simulacres vains,
Et des faux dieux, des insensez mondains,
Qui ne sont rien (quoy que l'on en raconte)
Qu'or, & qu'argent, ouurages des humains,
Dont on ne doit iamais faire de conte.
16 On leur façonne vne bouche, & pourtant
Ne parlent point, & ne rendent contant
Par leur responce, il vous laissent en doute,
Ils ont des yeux, mais en se presentant
Ce sont des yeux, dont ils ne voyent goute.
17 Ils ont aussi des oreilles fort bien,
Mais pour cela pas vn deux n'entend rien,
Il ne sort point d'haleine de leur bouche,
Sans mouuement, sans ame, & sans raison,
Comme vn metail, vne pierre, vne souche.
18 Ainsi l'on voye, & soient ainsi tous ceux
Qui les ont faits du tout pareils à eux,
Sans sentiment, sans esprit, & sans ame,
Et c'il encor qui dessus ces faux dieux,
Met sa fiance, & qui fol les reclame.
19 Sus donc maison d'Israel benissez,
Le DIEV des DIEVX, & vous esiouissez
Maison d'Aron, par sa faueur esleüe,
Et benissant le Seigneur, confessez
Sa grand bonté par tout si recogneüe.
20 Et vous maison de Leuj precieux,
Donnez louange au Seigneur glorieux,

DE DAVID. 629

Poussez vos chants, vers son throsne supreme,
Et vous aussi humbles deuotieux
Qui craignez DIEV, benissez le de mesme.
21 De cœur, de langue ainsi benissez tous
Le Seigneur DIEV, de Sion, entre vous
Qui nous cherit, & qui luy plaist d'estre
Ierusalem pour son seiour plus doux,
Et pour la court de son diuin empire.

ORAISON.

NOvs tous vos humbles seruiteurs, louons vostre sainct nom ô createur, & Redempteur du monde, seul vous estes bon, doux, & gratieux, veuillez donc entendre les prieres de vostre peuple esleu, & faites que nous vous puissions tousiours icy benir, & la haut au ciel auec les Anges. Ainsi soit il.

Rr iij

PSEAVME CXXXV.

Heb. 136.

CONFITEMINI DOMINO QVONIAM BONVS.

ARGVMENT.

CHANT d'action de graces à DIEV, des Ifraelites, pour fa bonté, & les biens faits qu'ils en ont reçeus, contre les Egyptiens, & les idolatres, qui font reprefentez en ce Pfeaume, comme au precedent, auec la gloire, & la merueille de fes œuures, à leur exemple, les fidelles font admoneftez de celebrer les benefices de DIEV, en l'admiration de fes œuures, & l'en remercier.

Louange à DIEV.

1. REMERCIEZ le Seigneur tous les iours,
Car il eft bon, & tel il eft toufiours
On ne voit point de bonté qui foit telle,
Que fa douceur, qui demeure immortelle.
2. Leuant vos mains, au Ciel comme vos yeux,
Donnez louange à ce grand DIEV, des DIEVX,
Et confeffez fa benigne nature,
Car fa clemence eternellement dure.
3. Glorifiez le Seigneur des Seigneurs,
Et faites luy toutes fortes d'honneurs,

DE DAVID.

Il le merite, & que l'on ne se lasse,
Car sa bonté demeure & ne se passe.
4 C'est à DIEV, seul que chacun aussi doit
Attribuer l'honneur de ce qu'on voit,
De merueilleux, de grand, & d'admirable,
Car sa grace est, à tout iamais durable.
5 A luy, qui fit d'vn parfait iugement
Les cieux luisans & tout le firmament,
Qui comme il veut, les tourne, & les manie,
Car sa douceur se maintient infinie.
6 Luy qui fonda par son diuin pouuoir
Dessus les eaux ainsi que l'on peut voir
La terre, & qui les captiue soubs elle,
Car sa bonté se voit perpetuelle.
7 A luy, qui fit entre tant de flambeaux
Qu'il à creez ainsi luisans, & beaux,
Deux grans sur tous pour luire d'auantage,
Car sa douceur subsiste d'aage, en aage.
8 A luy, qui fait reluire le Soleil
Pour r'allumer le beau iour de son œil,
Et luy donner sa force desiree,
Car sa clemence est de longue duree.
9 A luy qui prent mesme soin de la nuit
Comme du iour, fait que la Lune luit,
Et de brillans seme sa robe noire,
Ca sa grace est eternelle, & notoire.
10 A luy qui fit resentir son reuers
(Vengeant les siens) aux meschans, & peruers,
D'Egypte, & qui leurs premiers n'aiz assomme,

Gen.
1.1.

Gen.
1.6.
Ier.
10.
12.
†
51.
15.

Exo.
12
29.

R r iiij

Car sa bonté dure, & ne se consomme.
11 A luy qui sceut tirer son Israel
Du beau meillieu de ce peuple cruel,
Et deliurer de sa longue detresse,
Car sa douceur continue & ne cesse.
12 A luy qui vint soudain à la faueur
De siens, auec vne main de SAVVEVR
Forte, & les bras haussez qui les assiste,
Car sa clemence à tout iamais subsiste.
13 A luy, qui n'a seullement fait calmer
Les eaux, mais plus fit que la rouge mer,
Feit en deux parts aussi tost retenue,
Car sa bonté sans cesse continue.
14 A luy qu'on veit des grands flots au milieu
Aux yeux de tous, tirer le peuple Hebrieu
Et Israel, d'vne misere estrange,
Car sa douceur dure, & iamais ne change.

EXO.
14.
28.

15 A luy qui fit succomber Pharaon,
Et son armee estant à l'enuiron
Ledans la mer rendue enseuelie,
Car sa clemence est sans fin accomplie.
16 A luy qui mit son cher peuple à couuert
De tout danger, le menant au desert,
Et qu'il nourrit de celeste viande,
Car sa grace est infinie, & tres grande.
17 A luy qui fit les siens victorieux,
Des plus grands Roys de leurs biens enuieux,
Qui s'opposoient a leur grandeur naissante,
Car sa douceur est sans fin florissante.

18 A luy qui mit iusqu'aux derniers abois
En leur faueur tous les plus puissans Rois,
Qui furent onc tant il est secourable,
Car sa bonté se congnoist perdurable.
19 A luy veincueur qui de ces mescreans
Desfit Seon Roy des Amorheans,
Qui sur sa force auoit mis son attente,
Car sa clemence est tousiours permanente.
20 A luy, qui mit encor soudain à mort,
De ces mauuais Og, redoutable, & fort,
Roy de Basan qui leuoit tant les cornes,
Car sa douceur n'a limites, n'y bornes.
21 A luy, qui sans rien garder de leurs biens,
De leurs grandeurs, en fit present aux siens,
Tant il les aime, & qu'il est charitable,
Car sa grace est ainsi que l'on voit stable.
22 A luy qui fit par son bras tout puissant,
De leur domaine, Israel iouyssant:
Or sa grandeur par le monde est cogneüe,
Ca sa bonté dure, & ne diminüe.
23 A luy, qu'on voit se souuenir de nous
En nos ennuis, qui tousiours est jaloux
Du bien des siens, de ce qui les regarde,
Car sa clemence est durable & nous garde.
24 A luy, qu'on voit tant remply de bontez,
Que sa faueur nous à tous rachetez,
Des ennemis de son nom qui prospere,
Car sa douceur a iamais perseuere.
25 A luy, qui donne à viure à toute chair

Pleine de vie, & qui respire l'air,
Dont il à soin, qui la garde à toute heure,
Car sa clemence incessamment demeure.
26 Rendez donc grace au Seigneur glorieux,
Et donnez tous louange au DIEV, des cieux,
Dont la douceur est vne grand merueille,
Car sa bonté sans fin est nompareille.
27 Que l'on s'vnisse, & de chans, & de voix,
Et que l'on donne ensemble a ceste fois
Gloire au Seigneur, des grands Seigneurs, le maistre,
Car sa douceur dure & se fait paroistre.

ORAISON.

SOVVENEZ vous Seigneur de nostre humilité, & ayez pitié de nous ô DIEV, tout puissant, & daignez nous receuoir en l'heritage celeste, nous qui fismes perte en nostre premier pere de l'heritage que vous nous auiez autrefois donné, Ainsi soit-il.

DE DAVID. 635

PSEAVME CXXXVI.

Heb. 137.

SVPER FLVMINA BABILONIS.

ARGVMENT.

LORS de la ruine d'Hierusalem, & du temple qu'auoit fait edifier Salomon, par les Assiriens, soubz le regne de Ioachin, enuiron l'an 3340. auant l'aduenemēt de IESVS-CHRIST, & les iuifs emmenez en Babilone, par Nabugdonosor, où ils demeurerent 70 ans, iusques au temps de Cyrus, qui trasfera le sceptre des Assiriens, aux Medes, sont icy introduits par Dauid, & Ieremie, lamentans leurs calamitez, dont ils esperent que DIEV prendra vengeance, qui s'ensuiuit incontinant apres.

4. Rois
24.
2. Pa-
ral.
36.
Ier.
39.
†
52.
Ier.
50.

Pseaume de Dauid, par Hieremie.

1 ESTANS assis le long des moites bords
De Babilon, dessus nous triomphante,
Nous souspirions, nous souuenās alors
De toy Syon, iadis si florissante,
Et si pleine à present d'ennuis,
Nous fondions en pleurs iours, & nuicts.
2 Le cœur percé de mille ductls nouueaux
Deça, dela, de regret nous pendismes
Confusement, noz harpes aux rameaux,

Des saules verts: en ce lieu nous rendismes
Tant de ruisseaux coulants de pleurs,
Que chacun plaignoit nos malheurs.
3 Ceux qui captifs nous auoient amenez,
Nous pressoient tous de les vouloir reprendre,
(Reprenez les mes amis reprenez
Nous disoient-ils,) & faites nous entendre
Sur vos lires quelque chanson,
Et que nous en oyons le son.
4 Nous auons tous grande compassion
De vos malheurs, mais laissez ces pleurs vaines,
Pour nous chanter vn hymne de Syon,
Qui nous contente, & soulage vos peines,
Et de vos douleurs la rigueur
Qui vous serre si fort le cœur.
5 Mais las! comment pourrions nous des accors
Bien resonner en vne terre estrange,
Et dignement du Seigneur, mettre hors
Quelque cantique, à sa gloire, & louange,
Et chanter le nom glorieux
Du DIEV qui domine les cieux.
6 Non pas helas! que dans mon souuenir,
Hierusalem tu ne sois plus viuante,
Puisse plustost ma dextre deuenir
Foible percluse, & tousiours languissante,
Et le diuin art de sonner.
Doresnauant abandonner,
7 Ma langue soit plustost à mon palais,
Incessamment sans rien dire attachee,

DE DAVID.

Si d'autre amour on puisse voir iamais,
Mon cœur brusler, n'y mon ame toucher,
Offrir à d'autres Dieux mes vœux,
Et consommer en d'autres feux.
8 Si tu n'es point à iamais le suget
Hierusalem, de ma ioye, mon aise,
Et si mes yeux ont iamais d'autre objet,
Si t'ay mon DIEV, chose qui plus me plaise,
Et si ie prens pareillement
O Seigneur, DIEV, d'autre argument.
9 Aussi Seigneur, vn iour ressouuiens toy
De la fureur, & rage forcenee,
Des fils d'Edon, race ingrate & sans foy,
Qui s'escrioient en la triste iournee.
De la prise, & destruction,
De ta miserable Syon.
10 Rompez, bruslez disoient ces enragez,
Empraignez-y, les coups de vostre foudre,
Faites main basse, abatez, saccagez,
Que l'on la mette à ce coup toute en poudre,
Le fer, n'y laisse rien debout :
Que le feu consomme par tout.
11 Quoy que tu sois fille de Babilon,
En tout bon heur de ce temps la merueille,
Autant ou plus, triste te verra l'on,
Heureux celuy qui rendra la pareille
A ta fiere desloyauté
Vsant de mesme cruauté.
12 Heureux encor qui de toy le veintueur,

Pse.
13.
16.

Arrachera de ta mamelle impure
Tous tes enfans, & te naurant le cœur,
Les froissera contre une pierre dure
Au souuenir de nos trauaux
Et qui te comblera de maux.

ORAISON.

Donnez nous la grace ô Seigneur nostre DIEV, que tousiours le desir d'Hierusalé croisse, & se fortifie en nous, afin que nous ne soyons point tousiours agitez sur les eaux de Babilonne, qui est la confusion de ce monde, mais que nous puissions paruenir à vostre gloire, ou Syon, vous chanté cantiques eternels de louange, Ainsi soit-il.

DE DAVID. 639

PSEAVME CXXXVII.

Heb. 138.

CONFITEBOR TIBI DOMINE.

ARGVMENT.

DAVID, sorty miraculeusement de plusieurs grandes afflictions, & esleué en honneur, loue, & remercie DIEV, exhorte les autres Roys de faire le semblable, & de garder les Loix de son obeissance. Soubz sa personne, nostre Seigneur IESVS-CHRIST, est representé, & toute ame devote deliuree de tribulation, & esleuée en dignité, promettant eternelles louanges à DIEV.

A Dauid.

1. SEIGNEVR *ores ie veux,*
Te payer tous mes vœux,
Et de toute mon ame,
Te confesser à ceste fois
Ayant daigné douyr la vois
De ma bouche qui te reclame.
2. Ie chanteray Seigneur,
Sans fin à ton honneur
Des Pseaumes en presence
Des Anges, & i'adoreray

Pse.
9.
110.

En ton saint temple où ie louray
Ton nom plein de magnificence.
3   Sur ta benignité
Et sur ta verité
Tout mon cœur se repose,
O grand DIEV, qui rens ton renom,
Ta gloire, & le bruit de ton nom
Exalté sur toute autre chose.

Pse.
101.
3.

4   Sus donc exauce moy,
Si i'ay besoin de toy
En quelque iour, & place
Que ce soit, quant i'auray recours
A ta clemence, & tous les iours
Renforce mon ame en ta grace.
5   Tous les Roys d'icy bas
Ayant sceu que tu m'as
Accomply ta promesse,
Et que tu ne parles en vain,
Te recognoistront tout soudain
Et te glorifirons sans cesse.
6   Ils s'en iront chantans,
Et par tout exaltans
Les faicts pleins de merueilles,
Du Seigneur, le DIEV tout puissant,
Et tout veritable en disant,
Sa gloire est grande, & nompareille.
7   Car combien que DIEV, soit
Releué hault, il voit
Les choses abaissees,

Comme

DE DAVID.

Comme de pres il en à soing,
Et recognoist aussi de loing
Les choses qui sont fort haussees.
8 Si ie marche au millieu
Des maux, tu prens mon DIEV,
De moy soing, & de mettre
Tes mains au deuant des efforts
De mes ennemis qui sont forts,
Et mon salut est en ta dextre.
9 DIEV, leur retribuëra
Pour moy, car on verra
Sa parolle accomplie,
Car sa douceur est à iamais:
N'abandonne donc desormais
L'œuure de tes mains ie te prie.

ORAISON.

MVLTIPLIEZ Seigneur, vostre misericorde sur nous, tandis que nous vous celebrons dans vostre temple, & vous remercions de tant de biens faits que nous auons receus de vous, viuifiez nous, & nous deliurez des tribulations qui nous trauaillent, ne mesprisez point l'ouurage de vos mains: car nous auons esperé en vous.

PSEAVME CXXXVIII.

Heb. 139.

DOMINE PROBASTI ME.

ARGVMENT.

CE Pseaume, enseigne la prouidence de DIEV, & le soing qu'il à des siens, monstrant l'estat de l'homme des sa conception, & naissance, & toutes ses pensees, & actions en ce monde estre cogneues, preordonnees de DIEV, autrement que nous peririons à tous propos, par nostre imprudence, & presomption.

Act.
17.
Ier.
1.

Pseaume de Dauid, au maistre des chantres

1. V m'as mis à l'espreuue ô DIEV, tu m'as cogneu,
Ie n'ay iamais rien faict que tu ne l'ayes sceu,
Tu peux auoir de moy parfaite cognoissance,
Soit assis, soit debout, du iour de ma naissance.
2. Tu n'as point ignoré Seigneur, tout ce que i'ay
Dans le cœur, tu cognois tous mes pensers au vray,
Tu sçais mes actions, auant qu'elles soient faites,
Tu descouures mes pas, ma voye, & mes retraites.

DE DAVID.

3 Tu preuois les chemins que ie pense tenir,
Soit que i'aille en auant, ou veuille reuenir,
Et ie n'ay de parolle en ma langue asseuree,
Que tu n'oyes auant, qu'elle l'ait proferee.
4 Voila doncques Seigneur, ainsi comme tu sçais
Toutes choses qui sont, & qui seront iamais
Et comme en me donnant en ce monde icy l'estre,
Ta main ma façonné tel que l'on me voit estre.
5 En ma creation, ou reluit ton pouuoir,
Tu rendis ô mon DIEV, merueilleux ton sçauoir,
Il est vrayment si haut, il est tant admirable
Qu'il passe mon esprit, en ce faict incapable.
6 Ou puis ie aller Seigneur, que ton esprit ne soit,
Et que ie ne le treuue, il est en tout endroit,
Ou prendray-ie la fuitte, en quel lieu, qu'elle place,
Que ie ne trouue aussi ta venerable face.
7 Si ie pense monter, & m'enuoller aux Cieux,
Le Ciel est ton seiour, si pensant faire mieux,
Ie descens aux enfers ; & r'abaisse mes esles,
Ie te trouue parmi ces horreurs eternelles.
8 Si ie prens sur mon dos les esterons legers
De l'aube, & que ie faye au riuage des mers
Plus eslongnez de nous, mesme où l'on ne voit
goute,
Encor t'y trouuerois-ie, ie n'en fais point de doute.
9 Las ? que dis-je trouuer, mais bien plus ce
seroit
Ta main mesme Seigneur, qui la me guideroit,
Qui c'ôduiroit mes pas, qui prêdroit d'eux la garde

A-
mos
q 2.

Sf ij

Ta dextre en ce lieu la, me tiendroit en sa garde.
10 Si ie dis, ie pourray possible bien trouuer
Lieu dans l'obscurité, pour en fin me sauuer
Ie me trompe bien fort, car la nuit solitaire
Autour de toy paroist plus luisante, & plus claire
11 Les tenebres n'ont point le pouuoir d'absconser
Rien deuant toy Seigneur, il ne le faut penser
La nuit t'est claire ainsi, que la lumiere esclose,
Iour, & nuict deuant toy sont vne mesme chose.
12 Tu possedes mes reins, & tu vois au dedans
Mon cœur, & mes pensers, mes desirs, plus ardans
Tu m'as creé mon DIEV, mais n'es tu pas mon pere
Car tu m'as pris à toy des les flancs de ma mere.
13 Ie t'en veux rendre grace, & recognois tresbien
Que tu m'as fait Seigneur, par vn art du tout tien
Merueilleux, & que tels sont tous tes faits encore,
Mon ame le cognoist, le sçait, & ne l'ignore.
14 Mes os que tu creas l'vn à l'autre attachez,
Bien qu'ils soient clos couuers ne te sont point cachez
Ny mesme ma substance, attiree, & receüe,
De la terre mon DIEV, n'est cachée à ta veüe.
15 Tes yeux m'ont apperçeu acdans la masse enclos,
Encor tout imparfaict, mes membres, & mes os,
Auant qu'estre formez estoient ia dans ton liure,
Et tous les iours aussi que i'ay ça bas à viure.
16 O que tous tes amis iouissans du bon-heur
De tes douces bontez, me sont en grand honneur.

DE DAVID. 645

Combien s'accroissent ils tous les iours en puissance,
Qui possede ta grace à de tout iouissance.
17 Me voulant mettre apres Seigneur, pour les
 conter
Ils passeroient le sable, & sans me contenter
Ie veillierois sans fin, & plus encor sans cesse
Ie serois apres toy pour en auoir l'adresse.
18 Si tu veux ore ô DIEV, te vanger des peruers,
Et en faire vn fracas aux yeux de l'vniuers,
Allez hommes de sang, & remplis de cautelle
Receuoir loing de moy vostre mort eternelle.
19 Car vous couuez au cœur, & dites à part vous
Blasfemant son saint nom tout mal, de luy, de nous,
Et chantant le triumphe auant nostre desfaite
Que nous faisons en vain dans ses citez retraite.
20 Comme ne hairois-ie ô Seigneur, grandement
Ceux la qui t'ont sans cesse en haine euidemment,
Et que ie ne prendrois volontiers tant de peine
Contre tes ennemis qui t'ont en si grand haine.
21 Voyant que ces ingrats Seigneur, t'ont ainsi mis
En desdain, ie les hay comme mes ennemis,
Ie les cognois pour tels, i'en abhorre & deteste,
La veüe, & ie les fuis comme l'on fait la peste.
22 O DIEV, que ie reclame en qui i'espere, & croy,
Considere mon cœur, sonde, examine moy,
Recognoist tous mes pas, remarques mes brisees,
Et contemple de pres mes vœux, & mes pensees.
23 Regarde si ie suis d'aucun mal entaché,
Sy tu trouues en moy quelque trait de peché,

Sf iij

646 PSEAVMES

Comme indigne, & que plus icy bas l'on me voye,
M'ets m'en hors, & me meine à l'eternelle voye,

ORAISON.

SEIGNEVR qui m'auez fait, & formé, & cognoissez mes vœux mes desirs, & mes pensees, dressez tout mon esprit par la voye de droiture & deffendez moy par vostre bras fort, & puissant, la gloire, & l'honneur, de vos saints. Ainsi soit il.

DE DAVID. 647

PSEAVME CXXXIX.
Heb. 140.

ERIPE ME DOMINE AB HOMINE MALO.

ARGVMENT.

DAVID, prie icy pour sa deliurance des mains de ses ennemis Saül, Absalon, & leurs adherens, ainsi nostre Seigneur IESVS-CHRIST, prie comme aussi toute l'Eglise, & chacune ame deuote pour sa garde, & protection, contre ses persecuteurs.

Au Maistre des chantres Pseaume de Dauid.

1 EIGNEVR *mon* DIEV, *helas!*
  deliure moy,
  De l'homme plein de fraude, & de
  malice,
Et me deffends de l'impie, & sans Loy,
Qui foule aux pieds le droit & la iustice.
2 *Ils n'ont Seigneur, que tous mauuais desseins*
Dedans leur cœur, vrais enfans de la terre,
Ne demandans qu'a remuer les mains;
Et qu'à brasser tous les iours quelque guerre.
3 *Comme serpens ces meschans ont entr'eux*
Las! affilé leurs langues de viperes,
Et le venin de l'aspic furieux,

S ſ iiij

Se tient deſſouz leurs langues peſtiferes.
4 Garentis m'en, & me garde en tout lieu
De l'inhumain, qui s'adonne à l'offence,
Et me deliure auſsi Seigneur mon DIEV,
De ceux qui ſont remplis de violence.
5 Ils ont penſé le moyen qu'ils auront
De ſuplanter ton ſeruant, & le prendre:
Ces glorieux qui n'ont de honte au front
M'ont ja dreſſé maints lacs pour me ſurprendre.
6 Ils m'ont tendu des forts pieges par tout
Ce ne ſont rien que filets & cordages,
Par les chemins, l'on n'en voit point le bout,
Ils m'ont fermé tantoſt tous les paſſages.
7 En fin voyant que i'eſtois comme preſt
De voir ma perte, & mon heure derniere.
Ie crie à toy diſant las! s'il te plaiſt
Seigneur, exauce à ce coup ma priere.
8 Seigneur, mon DIEV, la force de mon bras,
De mon ſalut, de ma gloire eternelle,
Ie ſeus ton ſoin au iour des fiers combas,
Tu mis ma teſte à l'ombre de ton eſle.
9 Ne m'abandonne ores à la rigueur
De ce meſchant, & ne ſouffre de grace,
Qu'il mette à fin ce qu'il a dans le cœur,
Et que cela n'accroſſe ſon audace.
10 Faicts que le mal que me va pourſuiuant
L'inſolent chef de la troupe aduerſaire,
Tombe ſur luy tout de meſme, & ſuiuant
Ce que leur bouche a pourchaſſé ma faire.

DE DAVID. 649

11 Que les brandons de feu tombent à tas
Dessus leurs chefs, qui si haut se souleuent,
Que dans tes feux ils soient iettez à bas
Pleins de misere, & iamais n'en releuent.
12 L'homme qui parle vn langage insolent,
Ne sera pas de duree en ce monde,
Et moings encor l'iniuste & violent,
Car il mourra d'vne angoisse profonde.
13 Ie sçay fort bien que le Seigneur, rendra
Iustice à ceux que chacun persecute,
Et qu'à la fin la vengeance il prendra,
Des torts qu'on fait aux paures qu'on rebutte.
14 Alors vraiment tous les iustes loüront
Ton nom Seigneur, ils en feront memoire,
Et deuant toy sans fin demeureront
Les gens de bien en grande ioye & gloire.

O Forces de nostre salut, ô Dieu, de nostre protection, ne nous delaissez point abismer durant l'orage de nos desirs, & de nos concupiscences, arrachez nous du pouuoir de Sathan, & faites s'il vous plaist qu'apres que nous aurons mis en vous vne entiere confiance, nous puissions paruenir au repos immortel. Ainsi soit-il.

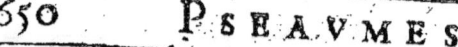

PSEAVME CXL.
Heb. 141.

DOMINE CLAMAVI AD TE.

ARGVMENT.

Prouer. 13. & 21.

LE Psalmiste considerant que qui garde sa bouche sauue son ame, & la preserue de toute angoisse, fait ceste seruente priere à DIEV, à ce qu'il luy plaise que rien ne sorte de la sienne d'impur, & de receuoir ses prieres, pour vn sacrifice agreable, Ainsi fait l'Eglise, & toute ame deuote, inuoquant son saint secours en ses afflictions.

Pseaume de Dauid.

1 C'EST toy Seigneur, que ie reclame,
Et vers qui i'ay recours,
Exauce les vœux de mon ame,
Haste ton saint secours,
Entens donc ma voix ie te prie
Pendant qu'à toy mon DIEV, ie crie.
2 Fay que ma priere allumee
Monte à toy droit ainsi
Que fait l'odorante fumee

DE DAVID.

De l'encens, & qu'aussi
Mes mains que i'esleue en hault ore
Comme offrande du soir encore.
3 Veille Seigneur, prens de pres garde
Sur ma bouche tousiour,
Et pose vne fidelle garde
Ie te prie à lentour
De ma leure, & fais qu'il n'en sorte
Rien d'impur en aucune sorte.
4 Ne consens que mon cœur consente
Iamais à discours faux,
Pour couurir ma faute euidente,
Et excuser les maux
Que i'ay commis par imprudence,
Ou par malice en ta presence.
5 Comme sont coustumiers de faire
Les meschans odieux,
Que l'on voit seullement se plaire
A mal faire en tous lieux,
Car ie ne veux point ie te iure
Auoir part à leur auanture.
6 Que l'omme iuste sans iactance
Me reprenne en douceur,
Voire plus encor qu'il me tance,
Il me fera faueur,
Mais que le reprouué ne mouille
Ma teste d'huile, & ne la souille.
7 Neantmoins ie feray sans cesse
Des prieres pour eux,

Pse.
38.
2.
eccl.
22.
31.

Que DIEV, pardonne à leur ieuneſſe
Mais ſoient ces malheureux,
Leur magiſtrats pleins de reproches
Rompus, & froiſſez par les roches.
8   Ils entendront que ma parolle
En fin à du credit,
Que DIEV, ne tient pas pour frivolle
Cela que i'en ay dit,
Tandis chacun me fait la guerre,
Et m'houe comme on fait la terre.
9   Mes os ſont en ceſte maniere
Diſſipez, fracaſſez,
Pres d'eſtre enclos dedans la biere,
Mais voy mes yeux dreſſez
Vers ta douceur, ou ie m'appuye,
Et ne m'oſte encores la vie.
10   Preſerue moy mon DIEV, des pieges
Et des lacs enuieux,
Que m'ont tendu ces ſacrileges
A ta face, à tes yeux,
Et des infamies mortelles
Que m'ont dreſſé ces infidelles.
11   Ainſi ſoit Seigneur, & te plaiſe
Faire que les meſchans,
Qui ſont enuieux de mon aiſe
S'en aillent tresbuchans,
En leurs filets, & qu'à leur honte
Seul ie paſſe outre, & les ſurmonte.

DE DAVID. 653

ORAISON.

Mettez Seigneur, vn frein à nostre bouche, à fin que nous ne proferions paroles profanes, & scandaleuses, que nous n'excusions point nos malices, mais plutost, qu'estans deliurez des liens de Sathan, nous vous aymions, & exaltions vostre nom de tout nostre cœur, Ainsi soit il.

654　PSEAVMES

PSEAVME CXLI.

Heb. 142.

VOCE MEA AD DOMINVM.

ARGVMENT.

DAVID, deliuré des mains des Philiſtins, qui le vouloient mettre à mort en Geth, ſe ſauua en la cauerne d'Odollam, ou ſe voyant abandonné de ſecours, fait ceſte feruente priere à DIEV. Soubs la perſonne de Dauid, eſt figuré noſtre Seigneur IESVS-CHRIST, lors qu'il fut prins au Iardin d'Oliuet, & delaiſſé des ſiens, luy reſtant ſeullement la priere, S. Hilaire, & autres Docteurs le referent au Sepulchre, ou ſon corps demeura enfermé durant trois iours, pendant que ſon ame deſcendit en la cauerne infernalle, ou tous les anciens Peres ſe debuoient ranger à luy, comme firent les partiſans de Dauid, en celle où il eſtoit.

Chant de doctrine de Dauid, quant il eſtoit priant en la Cauerne.

Pſe. 76. 1.

1　'AY reclamé de ma voix le Seigneur,
　　Tout plein d'honneur,
　Et i'ay prié de ma voix tout de meſme,
Le tout puiſſant, auec vn ſoin extreſme:
2　I'ay humblement eſpandu deuant luy,

DE DAVID.

Pressé d'ennuy.
Mon oraison, i'ay mis auant encore
L'affliction, ou ie suis reduit ore.
3 Lors que l'esprit Seigneur, me defailloit
Et s'en alloit,
Voyant si pres mes ennemis en face,
Tu cognoissois mes sentiers, & ma trace.
4 Ainsi qu'ils m'ont traité cruellement,
Et mesmement,
Caché le piege, afin de me surprendre
Par le chemin que i'estois cōtraint prēdre.
5 Ie contemplois, & iettois mes regars,
De toutes pars,
Mais ie n'ay veu iamais helas paroistre
Aucun qui fit semblant de me cognoistre.
6 Tous les moyens m'estoient Seigneur, ostez
De tous costez,
Pour m'en fuir, ils passoient leur enuie
De moy, & nul n'auoit soin de ma vie.
7 En cest estat plein d'angoisse & d'esmoy,
Ie crie à toy,
Et dis Seigneur, mon vnique esperance,
Ie n'ay qu'en toy posé mon asseurance.
8 Entends mon DIEV, doncques mon oraison
Il est saison,
Tu vois comment l'ennuy qui me possede
Me r'abaissant me contraint que ie cede.
9 Deliure moy de ceux qui me vont tant
Persecutant,

Car ils sont creuz sur moy de telle sorte
Que le grand nombre, & la force m'emporte.
10 Ne m'abandonne, metz moy hors de prison,
Il est saison,
Ie te louray, & selon leur attente
Les gens de bien, auront l'ame contente.

ORAISON.

NOvs supplions humblement vostre Majesté, & vous requerons (Seigneur) d'escouter nos oraisons, tandis que les tempestes des tribulations nous accablent. Deliurez nous de nos ennemis, & faites que nous puissions vn iour auoir part, à la glore que vous auez preparé a vos esleuz. Ainsi soit-il.

DE DAVID. 65

PSEAVME CXLII.

Heb. 143.

DOMINE EXAVDI ORATIONEM MEAM.

ARGVMENT.

DAVID, se voyant poursuiuy par son fils Absalon, & recognoissant que DIEV, le permettroit ainsi pour ses fautes, luy faict ceste ardente priere, elle s'aproprie a l'Eglise Catholique affligee, & persecutee, de ses propres enfans, qui se sont retirez de son obeissance.

2 Rois 11

Pseaume de Dauid, quant son fils Absalon, le poursuiuoit.

2 Rois 17.
Pse. 101.

1 SEIGNEVR, ie te suplie exauce ma requeste,
Tien ton oreille preste,
A mon humble oraison, selon ta verité
Helas? plus ne t'arreste,
Exauce moy selon le droit, & l'equité.
2 Vse enuers ton seruant, qui cognoist son offence
De ta saincte clemence,
Et n'entre en iugement de son crime auec luy,
Car nul en ta presence

I i

Ne sera trouué iuste, & n'auoir d'esseruy.
3 Mon cruel ennemy, poursuit tousiours mon
ame,
Seigneur, que ie reclame,
Et sa fureur sur moy de plus en plus passant
Il auile, & diffame,
Ma miserable vie, & la va terrassant.
4 Comme ceux qui sont morts, il me pousse, &
m'enserre
Dans l'horreur de la terre,
Tient mon esprit en peine, & de si pres aussi
Il me talonne & serre,
Que mon cœur en deuient tout perclus, & transi.
5 En cest estat ie faits du temps passé memoire,
Et medite l'histoire
De tes faits, & ie pense aux œuures de ta main,
Et comme pour ta gloire
Elle sçait rauualler, & releuer soudain.
6 Ie tens vers toy les mains, & mon ame vlceree
N'est pas moins alteree
De tes graces Seigneur, que la terre en esté
Qui dedans est outree
De soif, & qui sans eau bien long temps à esté.
7 Haste doncques ta grace au pecheur secourable,
Et de ce miserable
Exauce la priere, en ces derniers efforts,
Et me sois fauorable
Car l'esprit me defaut, & veut quitter le corps.
8 Ne destourne de moy Seigneur, ta douce face

DE DAVID.

Toute pleine de grace,
Ou te seray semblable à ceux qui sont reclus,
Et que la mort efface
Du nombre des viuans, qui ne paroissent plus.
9 Fais moy d'ocques ouyr, ma grace de bonne heure,
Et plus tard ne demeure,
Car i'ay mis mon espoir Seigneur, incessamment
En toy seul: ie m'asseure
Qu'à la fin tu prendras pitié de mon tourment.
10 O Mon DIEV monstre moy la bien heureuse sente
Que mon Ame dolente,
Doit tenir pour sortir de sa grande langueur,
Car vers toy son attente
Elle à leué les yeux, ainsi qu'a fait mon cœur.
11 Las! sauue de la main du cruel aduersaire
Ton seruant qui n'espere
Qu'en ta bonté, sois luy fauorable en tout lieu,
Tire moy de misere,
Monstre moy ton vouloir car toy seul es mon DIEV
2 Ton sainct esprit Seigneur, incessamēt m'induise
A tout bien, & conduise
Mes pas en terre droite, esclairé de la foy
Que pour ton nom ie puisse
Estre viuifié comme en ta iuste loy.
13 O grand DIEV, tire hors cōme tu peux d'angoisse
Mon ame, & ne la laisse,
Et par ta mercy pers mes cruels ennemis,
Qui m'affligent sans cesse,
Et reduits les Seigneur, en l'estat qu'ils m'ont mis.

14 Ainsi destruy tous ceux, qui trauaillent ma
vie,
Et qui l'ont poursuiuie
Sans cause car ie suis comme tu le peux voir,
Ton seruant qui s'appuye
Seullement en ta grace, & qui fait son debuoir.

ORAISON.

NE destournez point Seigneur vostre face de nous, & ne dilayez point de nous conferer les dons de vostre grace, despartez nous sans delay vostre misericorde, car nous auons esperé en vous seul, & recogneu par la voye de nostre salut, par qui nous pouuons paruenir a la Hierusalem celeste. Ainsi soit il.

DE DAVID.

PSEAVME CXLIII.

Heb. 144.

BENEDICTVS DOMINVS DEVS MEVS.

ARGVMENT.

HYMNE d'action de graces que Dauid rend à DIEV, tant pour l'heureux succez du combat qu'il eut auec Goliath, que de ses autres expeditions en guerre, & de son regne, recognoissant que sans aucunne experience aux armes, DIEV l'auoit esleué à telle grandeur de prouesse qu'il auoit presque tousiours batu ses ennemis, & de bas lieu en vn si grad estat dont il estoit paisible.

Pseaume de Dauid contre Goliath.

BENY *soit le Seigneur mon* DIEV,
Et loué tousiours en tout lieu,
En haut au ciel, comme en la terre,
Qui dresse mes mains à la guerre,
Et fait que mes doigts ne sont las,
De branler le glaiue, aux combats.
2. Il est misericordieux,
Il me sert d'adresse en tous lieux,
Il est ma seure forteresse,
Il est ma retraite sans cesse,

Pse. 17. 35.

C'est luy, qui m'a tiré des mains
De mes ennemis inhumains.
3 C'est luy, qui me garde, & d'effent,
Qui, quant ie le prie m'entend,
Il est ma fidelle esperance,
Il est toute mon asseurance,
C'est luy, qui tient soubs mon pouuoir
Tout mon peuple, en si grand debuoir.

Pse. 4 Mais mon DIEV, qu'est ce pourtant
8. 5 De l'homme, que tu cheris tant,
Heb. A qui tu t'es faict à cognoistre,
2. 6. Et qu'est ce aussi que ce peut estre,
Du fils de l'homme, dont tousiours
Tu prens tant du soing tous les iours.

Iob. 5 Car l'homme est tel en verité,
8. 9. Comme un rien, une vanité,
Qui passe, que l'on imagine,
Et comme une ombre qui decline,
Ainsi se passe ses beaux ans,
Car ils vont tousiours declinans.

6 Baisse te Cieux descens ça bas,
Faits voir le pouuoir de ton bras,
Touche tant soit peu les montagnes,
On verra des basses canpagnes
Fumer leurs fronts audacieux,
Qui sembloient despiter les cieux.

7 Eslance du plus haut des airs
Ton ardant foudre, & tes esclairs,
Autant de coups, autant de bresches,

Tu les rompras, iette tes flesches,
Et darde tes traiz pleins d'effroy,
Tu les mettras en desarroy.
8   Seigneur, ou gît tout mon recours,
Enuoye tost a mon secours:
Ta main d'enhault, & me retire,
Deliure moy mon DIEV, de l'ire
Des grandes eaux, & recoux moy
Des mains des estrangers sans foy.
9   Leur bouche ne vomit propos,
Que vains, qu'au mespris de ton los,
Ce n'est qu'ordure, & que blaspheme,
Leur dextre est Seigneur tout de mesme,
Vne dextre d'iniquité,
Vng instrument d'hostilité.
10   Ie te chanteray tout expres
O DIEV, nouueau cantique apres,
Et mariant au de ça corde
Ton nom, qui doucement s'accorde,
Tes merueilleux faictz ie diray,
Et sans fin te psalmodiray.
11   Ie diray que c'est toy qui tiens
L'estat des Roys, qui les maintiens,
Et qui deliures de misere
DAVID, ton seruant qui n'espere
Qu'en toy, qui m'as à la parfin
Deliuré du glaiue malin,
12   Deliure moy donc des dangers
De la main de ces estrangers,

T t iiij

Dont la bouche impure n'exhale,
Rien que de vain, rien que de sale,
Et dont la dextre n'ouvre rien
Que de meschant, & non de bien.
13 Soient disent-ils tous nos enfans
Comme leurs peres triomfans,
Remplis de valleur, & proüesse,
Et soient de mesme en leur ieunesse,
Que sont de beaux, & ieunes plans
Qui poussent leur fleur au printans.
14 Nos filles soient pareillement,
De leur siecle tout l'ornement,
Et paroissent ainsi qu'vn temple
Ou la richesse se contemple,
Auec la grand beauté de l'art
Dont il est fait en chaque part.
15 Soient encore aussi volontiers
Tous les ans nos vastes celliers,
Pleins iusqu'au comble, & iusqu'aux portes,
De tous biens, de toutes les sortes
Que la terre germe, & produit,
Pour nostre vie, & qui nous duit.
16 Nos brebis abondent d'agneaux
En tous nos pastis gras & beaux,
Puissent nos bœufs creuer de graisse,
De bonne nourriture, & d'aise,
A bonir nos champs, les fumer,
Et vostre labour ne chomer.
17 Estre tousiours clos & couuers,

DE DAVID.

Ne voir point le iour au trauers
De nos murs, n'y nulles ruptures,
N'auoir mauuaises auantures,
Et n'ouyr esmeutte ny bruit,
En nos carefours iour, ny nuit.
18 Ils ont reputé bien heureux,
Ceux qui sont ainsi plantureux,
En biens ou rien n'est à redire
Mais heureux au vray se peut dire
Celuy qui prent DIEV pour Seigneur,
Qui le sert, & luy rend honneur.

ORAISON.

O DIEV, de misericorde, DIEV, de nostre protection nostre seur, & vnique refuge, nostre liberateur, & deffenseur, deliurez nous de toutes les tentations, & de tous les assaults qui nous trauaillent, vous qui auez abaissé pour nous les Cieux, & estes descendu pour nostre salut, & pris nostre forme humaine, faites Seigneur, qu'apres auoir valeureusement resisté aux assaults du peché, nous puissions auoir iouyssance de vostre repos glorieux, & immortel. Ainsi soit-il.

PSEAVME CXLIIII.
Heb. 145.

EXALTABO TE DEVS MEVS REX.

ARGVMENT.

Le Pſalmiſte deſcrit, & loue la grandeur de l'eſtendue, & domination du regne eternel, de noſtre Seigneur IESVS CHRIST, & de ſa bonté enuers ceux qui viuent ſoubz les Loix de ſon obeiſſance, laquelle les oblige, de le louer eternellement.

Louange à DIEV.

1. MON DIEV, mon Roy, ie chanteray
Ta louange, & raconteray
Ton nom à qui ie fais hommage,
Eternellement d'aage, en aage.

2. Aimable obiect de mon amour,
Ie te beniray chacun iour,
Et ie celebreray ſans ceſſe
Ton ſaint nom auec allegreſſe.

3. Le Seigneur, eſt auſſi tres-grand
Digne de l'honneur qu'on luy rend,

DE DAVID. 667

Et que sa louange soit telle
Comme est sa grandeur eternelle.
4 Les races qui s'entresuiuront,
Admirans tes faits les louront,
Et rauis en la cognoissance
Diront ton los, & ta puissance.
5 Ils tiendront discours plein d'honneur,
De toy saint, & puissant Seigneur,
Et porteront iusqu'aux oreilles
De tout le monde, tes merueilles.
6 Diront la vertu, le pouuoir,
De tes faits terribles a voir,
Et reciteront au possible,
Ta grandeur incomprehensible.
7 Deschargeront à l'aduenir,
Leurs ames du doux souuenir
De ta bonté Seigneur propice,
Et celebreront ta iustice.
8 Disans tous contens, & ioyeux,
Il est misericordieux,
Bon, & patient de mesme
Et bref sa clemence est extreme.
9 Ainsi bon à chacun depart,
Ses bontez dont il nous fait part,
Et ses clemences tant parfaites,
Passent les œuures qu'il à faites.
10 Ainsi tes œuures desormais
Te louent Seigneur, à iamais,
Et que tous tes saincts s'esiouyssent,

En ta grandeur, & te benissent.
11 Qu'ils chantent sans cesse en tout lieu,
L'exellence, & la gloire, ô DIEV,
De ton regne, & chacun recite
Ton pouuoir que rien ne limite.
12 Afin de monstrer à chacun
Ton pouuoir, qui n'est point commun,
Et la grande magnificence
De ton regne plein de clemence.
13 Regne de toute eternité,
Regne sans fin, non limité,
Et dont le sceptre est au semblable
De siecle, en siecle perdurable.
14 Le Seigneur, se treuue tousiours
Tres fidelle en tous ses discours,
Et ses œuures inimitables
Sont iustes, & tres equitables.
15 Le Seigneur, soustient au besoin,
Ceux qui tombent, il en a soin,
Redonne courage, & redresse
Ceux que sans suget l'on oppresse.

Pse. 104. 27.

16 Aussi chacun tourne les yeux,
Deuers le Seigneur, droit aux Cieux,
Et en saison propre il leur donne
Pour viure, & ne les abandonne.
17 En ouurant ta benigne main,
Tu remplis ô Seigneur, soudain,
De tes graces quiconque à vie,
Et rassasies son enuie.

DE DAVID.

18 Le Seigneur, est donc iuste ainsi
En ses sentiers, & saint aussi,
Et tout ce qu'il fait, & qu'il ouure,
Aux effects chacun le descouure.
19 Le Seigneur, à tousiours du soin,
De qui le prie à son besoin;
De tous ceux dis-ie qui l'inuoquent
En verité, qui ne se mocquent.
20 Il rendra ioyeux, & contens,
Ceux qui l'honorent en tout temps,
Oyra leur priere fidelle,
Et les sauuera soubs son esle.
21 Ainsi DIEV, conserue les siens,
Les comble d'honneur, & de biens,
Au lieu qu'il destruit, & ruine
Les meschans, & les abhomine.
22 Que donc ma bouche incessamment,
Chante le Seigneur, hautement,
Et qu'à iamais toute chair viue,
Benisse son saint nom, & viue.

ORAISON.

NOus vous exaltons Seigneur, & benissons vostre pouuoir, vous qui faites tant de meruueilles, tout saint, tout bon, tout iuste, & misericordieux, aux œuures de vos mains, Tirez nous du fardeau des pechez, qui nous accablent, & donnez nous la grace de paruenir au Royaume de nostre Seigneur IESVS-CHRIST, Ainsi soit-il.

DE DAVID. 671

PSEAVME CXLV.

Heb. 146.

LAVDA ANIMA MEA DOMINVM.

ARGVMENT.

EN ce Pseaume Dauid, poursuit les louanges de DIEV, exorte vn chacun de ne mettre sa confiance aux Roys, & aux hommes, Mais en DIEV, qui a creé le Ciel, & la Terre, & dont les promesses sont infallibles, & le regne permanent.

Louange à DIEV, d'Aggee, & Zacharie.

1 DONNEZ mon ame au Seigneur nostre maistre
Gloire, & louange, il vous à donné l'estre,
Ie le desire, & souhaite en tout lieu,
Durant mes iours donner gloire à mon DIEV,
Et sa louange à tous faire paroistre.
2 Leuez tousiours vers le Ciel vostre face,
Ne vous fiez quoy qui vienne, & se face,
Aux grands, aux Roys, bref aux fils des humains.

Pse. 103. 33.

Pensant par eux auancer vos desseins,
Car on ne treuue en eux ny foy, n'y grace.
3 Leurs vains esprits quitans leurs corps tous
   blesmes,
Retourneront auec leurs Diademes
En terre, ainsi comme ils en sont sortis,
Et ce iour la qu'on les verra partis
Tous leurs desseins periront tout de mesmes.

Act.
19
15
Apo.
14.
7.

4 Heureux qui peut auoir pour fauorable
Le puissant DIEV, de Iacob secourable,
Qui se confie en son DIEV tout à fait,
Qui fit de rien, Ciel, Mer, Terre, à souhait
Et ce qu'on voit en eux de desirable.
5 Qui tient sa Foy, qui conserue sans cesse
La verité de sa sainte promesse,
Qui fait iustice aux outragez soudain:
Luy qui nourit ceux qui meurent de fain,
Et qui deffent les pauures qu'on oppresse.
6 C'est le Seigneur, que vous sauue d'iniure,
Qui des captifs prent le soin & la cure,
Et qui les met en pleine liberté
C'est le Seigneur qui donne la clarté
A ceux qui sont aueugles de nature.
7 C'est le Seigneur qui promptement redresse
Les gens de bien, abatuz de tristesse,
Froissez d'ennuiz, ne leur espargnant rien:
Car le Seigneur fait de leurs faits le sien,
Il en à soin les ayme, & les caresse.
8 C'est le Seigneur qui preserue, & qui garde

Le

DE DAVID. 67

Les estrangers, & qui prent en sa garde,
Les orphelins, & les veufues aussi,
Qui destruira sans grace, & sans mercy,
Tous les proiects des meschans quoy qu'il tarde.
9 C'est donc (Sion) au Seigneur, equitable
Dont le regne est eternel veritable,
Et qui sera d'aage, en aage, à iamais,
Où nous deuons esperer desormais,
Et non aux roys, qui n'ont rien de semblable.

ORAISON.

DIEV, tout puissant, nostre protecteur, & vnique esperance, qui auez creé le Ciel, la terre, & la mer, & toutes les choses qui y sont comprises, deliurez nous des liens du peché, & guidez nos pas par la voye de iustice, illuminant par vostre saincte grace les yeux de nostre entendement, à fin que nous puissions contempler vos faueurs, & paruenir au salut eternel. Ainsi soit-il.

V v

PSEAVME CXLVI.

Heb. 147.

LAVDATE DOMINVM QVONIAM BONVS EST.

ARGVMENT.

Iean 10.

EXHORTATION à tous de louer DIEV, pour ses biens, faicts mesme enuers les affligez qu'il ne delaisse iamais, le verset 2. est tout prophetique de l'vnion, & rassemblement des Iuifz, & de tout le genre humain en general à la foy Chrestienne, suiuant ce qui est dict en sainct Iean, *Fiet vnum ouile & vnus pastor.*

Louange à DIEV.

1.  ONNEZ *tous au Seigneur,*
Louange en grand honneur,
Car c'est chose bien bonne
De consacrer ses chants à DIEV,
Et seante à toute personne
De la louer en tout lieu.
2 *Il doit bastir en sin*
Hierusalem, à fin
De ramasser ensemble,
Les fugitifs, qui sont espars

DE DAVID.

Et que la crainte desassemble
D'Israel de toutes pars.
3 C'est luy, qui guerit ceux
Que l'on voit angoisseux,
Et de qui le courage,
Est tout abatu de mal-heurs,
Et qui donne encor d'auantage
Du remede, à leurs douleurs.
4 Qui cognoist ce qu'il veut,
Et qui seul sçauoir peult,
Le nombre des estoilles,
Et les flambeaux pleins de renom,
Qu'on voit la nuit parmi ses voilles,
Et les nommer par leur nom.
5 Nostre Seigneur, est grand,
Son pouuoir qui s'espand
Par tout est indicible,
Et sa sapience à chacun,
Est grande, est incomprehensible
Et ne fait rien de commun.
6 DIEV releue, entre tous
Les humbles, & les doux,
Et tous les debonnaires,
Et rabaisse les orgueilleux,
Qui sont à ses Edits contraires,
Iusqu'a terre bien honteux.
7 Sus d'vn chant solemnel,
Louez donc l'eternel,
Et qu'aux sons de la lire,

Vv ij

Chacun marie accortement
Sa voix, & que l'on face bruire
Le los de DIEV hautement.
8 DIEV couure en vn instant
Tout le Ciel bluettant
De nue, & de tonnerre,
Nostre Seigneur, en moins de rien
Aprestant la pluye à la terre,
Sur elle en verse tresbien.
9 Qui produit à foison
Le foing en sa saison,
Sur les hautes montagnes,
Et grande abondance de grains
Par les vallons, & les campagnes,
Pour l'vsage des humains.
10 Qui donne aux animaux
Par monts, & par costaux,
Dequoy brouter & paistre,
Et qui monstre mesme auoir soing,
Des Corbillars venant de naistre
Qui l'innoquent au besoing.
11 Aussi ne fait il pas
Grand estime ny cas
De la force estimee,
Du cheual pourtant commme on voit,
Ny de la grand vitesse aymee
Des iambes de l'homme a droit.
12 Mais le Seigneur tout sainct
Estime qui e craint,

DE DAVID. 677

Et ne veut luy desplaire,
Et ceux qui mettent leur espoir
En ceste douceur ordinaire,
Que nous luy voyons auoir.

ORAISON.

SEIGNEVR, qui auez basti la celeste Ierusalem: DIEV, grand, & redoutable de qui la sagesse est infinie, & incomprehensible, guerissez les blessures de nostre ame, que la rage de nostre aduersaire le diable à cachees, vueillez entendre les prieres des humbles & assistez ceux qui ne se confient point en leurs forces, n'y en leur iustice, mais en vostre seulle misericorde. Ainsi soit il.

Vv iij

PSEAVMES

PSEAVME CXLVII.

Heb. 148.

LAVDA IERVSALEM DOMINVM.

ARGVMENT.

CE Pseaume est en l'hebrieu ioint au precedent, Dauid, auec toute humilité rend graces à DIEV, pour sa deliurance de la captiuité de Babylone, monstrant sa grande puissance, & les louanges qui luy sont deues, representant mistiquement la reunion du genre humain, autresfois escarté en tant d'heresies, à sa vraye cognoissance, & adoration par la parolle de son Euangile.

Louange à DIEV.

1 IERVSALEM, *il faut tousiours*
Louer ton DIEV, *ton seul secours*
O Sion, appens à sa gloire
Et à sa tressainte memoire
Tes cantiques tous les iours.
2 Car c'est luy seul qui te maintient.
Qui fortifie & qui soustient
Les gonds, & verroux de tes portes,
Et qui bien heure en mille sortes

DE DAVID. 679

Chez toy, tes enfans comme siens.
3 C'est DIEV, qui te donne la paix,
Qui de ton terroir pour iamais
Esloigne la cruelle guerre,
Qui remplit de froment la terre
Dont tu te nouris, & te pais.
4 C'est luy qui faict ouyr sa voix
Sur la terre souuentes-fois,
Ainsy, tonnante & sa parolle.
Qui passe sy tost, & s'enuolle
Sy vistement comme ta l'ois.
5 C'est luy qui respand icy bas
Tant de flocons de neige a tas,
Comme laine, & qui faict descendre
Des bruines comme de la cendre
Sur la terre, & tant de brouillas.
6 C'est luy qui nous donne le froid
Glacé, les eaux en maint endroit
Par morceaux changeant sa nature?
Qui pourroit souffrir sa froidure,
Et deuant elle dureroit.
7 Mais le Seigneur, doux, & clement,
D'escoche le froit promptement
De sa parolle, il fond la glace,
Et faisant venter quelque espace,
Il l'amolit soudainement.
8 Car le Seigneur doux, & courtois,
Anonce à son Iacob ses loix,
Ses veritez, & ses iustices,

Vv iiij

PSEAVMES

Et tous ses iugemens propices
A Israel, peuple de choix.
9 Il n'en fait pas ainsi à tous:
Il n'a point à d'autres qu'a nous
Donné parfaite cognoissance
De sa diuine souuenance,
Et de ses iugemens si doux.

ORAISON.

ENVOYEZ nous la parolle de vostre saint Euangile, afin qu'elle amolisse nos cœurs, que la glace des vices a endurcis, Purgez nous de nos pechez, ô nostre Sauueur, & rendez nous aussi blancs que la neige, ostez le bandeau des tenebres d'erreur, & d'ignorance, qui nous couurent les yeux, & assistez nous des dons de vostre sainct Esprit, qui opere en nous des effets de vraye penitence. Ainsi soit-il.

DE DAVID. 681

PSEAVME CXLVIII.

Heb. 149.

LAVDATE DOMINVM DE COELIS.

ARGVMENT.

Le Psalmiste par ces trois derniers cantiques, que l'Eglise en l'vsage commune de noz prieres reduit en vng, comprent toutes les faueurs, & benefices de DIEV, en uers ses creatures, tant celestes, que terrestres, Et les exhorte d'en rendre incessamment action de graces, & de louanges à sa bonté.

Louange à DIEV.

OVEZ le Seigneur, plein de gloire,
Vous qui demeurez dans les cieux,
Donnez louange à sa memoire
Vous qui residez es hauts lieux.
2 Louez le, ses bien-heureux anges,
Qui logez prez de sa grandeur,
Vouez voz chantz à ses louanges,
Ses vertus pleines de splendeur.
3 Louez le Seigneur debonnaire,
Soleil & Lune, dignement,

Astres qui faites la nuit claire,
Et redorez le firmament.
4 Louez le ses hauts cieux de mesme,
Eaux qu'il a mises dessus eux,
Donnez louange au nom supresme
De vostre Seigneur glorieux.
5 Car ses parolles sont oracles,
Et comme il a dit, il a fait,
Ce sont chefs d'oeuvres & miracles,
Rien n'en sort qui ne soit parfait.
6 Il les a commis de maniere
Qu'ils seront eternellement,
Gardans tous leur ordre premiere,
Sans l'outrepasser nullement.
7 Louez le Seigneur, tant louable,
Bourgeois de la terre, dragons
Hostes de la mer, implacables,
Et tous les abismes profondz.
8 Louez sa puissance, feu, gresle,
Neige, glace, & venteux esprit,
Qui hausse & qui baisse son esle,
Comme il luy plaist, & luy prescrit.
9 Louez sa bonté, sa clemence,
Barbeluz montz, fecondz costaux,
Arbres portans fruit d'exellence,
Et cedres parfaitement haux,
10 Louez le tous en voz langages,
Animaux, & troupeaux divers,
Marchans, rampans privés sauuages,

Oyseaux, empenez, & legers.
11　Louez le, Roys, rendez luy grace,
Qui tenez de luy vos estatz,
Louez le peuple en toute place,
Princes, Iuges, & Magistratz.
12　Enfans, vierges, vieillars encore,
Louez le saint nom du Seigneur,
Louez le tous que l'on l'honore
Car son nom seul est plein d'honneur.
13　Sa gloire est & se manifeste
Par dessus tous les cieux ainsy
Qu'en terre, & à haussé la teste
De son bien aymé peuple aussy.
14　Sus louez donc tous ses merites,
Mais il appartient bien à vous
Ses saincts enfans Israelites,
Peuples proches, de luy sur tous.

ORAISON.

Dieu, la magesté de qui toutes choses celestes, térrestres, animees, & inanimees, louent, & exaltent, & de qui toutes les creatures adorét le nom, permettez que nous vous puissions tousiours chanter cantiques de louanges, iusques à tant, que paruenuz au repos celeste, nous puissions de nos voix seconder les biens heureux espritz qui chantent, & font retentir le ciel de vostre gloire, Ainsy soit-il.

PSEAVME CXLIX.

Heb. 150.

CANTATE DOMINO CANTICVM NOVVM.

ARGVMENT.

SVITE du Pseaume precedent, ou l'Eglise particulierement est exhortee de louer DIEV, du soing qu'il a de la maintenir en son entier, contre la violence, & les effortz des Infidelles.

Louange à DIEV.

1 HANTEZ à DIEV, de nouueaux
    chants de gloire,
  A DIEV, qui faict fleurir tous noz
    desseins,
Et sa louange ainsy que la memoire
De sa bonté, par l'vniuers notoire,
Soit à iamais en l'Eglise des saints.
2 Sus qu'Israel s'esgaye & s'esiouysse
En son facteur, les filles de Sion,
Facent ainsy que l'air en retentisse
Aux enuirons, & chacune benisse

DE DAVID. 685

Leur Dieu, leur Roy, plein de compassion.
3 Qu'ilz donnent tous à son nom venerable
Gloire & louange, en hautz bois & tambours,
Meslent leurs chants, sur la lire agreable,
Faisant entre eux vn concert admirable,
De voix, d'accors, à son honneur tousiours.
4 Car Dieu, despart incessamment sa grace,
Dessus son peuple, il est tout leur appuy,
A soing des bons, quoy qu'il vienne, & se face,
Il les auance, aux honneurs il les place,
Il les assiste, & les met hors d'ennuy.
5 Les saincts oyans par tout tant d'alegresse,
Et chants voüez au saint nom du Seigneur,
Seront rauis bondiront de liesse,
En grande gloire & meneront sans cesse,
Ioye en leur couche, ou ils sont en honneur.
6 Ils auront tous en leur bouche de mesme,
Le sacré nom, les effects exaltez,
De la bonté de nostre Dieu supresme,
Et en faueur de qui l'honnore, & l'aime,
Le glaiue en main, trencheant des deux costez
7 Pour prendre aux yeux du monde la vageance,
Des Nations rebelles à son nom,
Et rabaisser la miserable engeance
Des Nations, qui n'ont en luy creance,
Souillent son los, sa gloire, & son renom.
8 Pour mettre aux fers, aux tourmens & suplices,
Les Roys qu'on voit, s'oublians abuser
De ses saueurs, de ses grands benefices,

Et garroter aux ceps de ses iustices
Les grands aussy, qu'on n'en voit bien vser.
9 *A celle fin de faire à tous cognoistre*
Dessus les grands son iuste iugement,
Qu'il à prescrit, qu'il à decerné d'estre,
Et qui retourne ainsy qu'on voit paroistre
Au grand honneur de ses sainctz purement

ORAISON.

AVTHEVR de tout bien, Seigneur, qui exaltez ceux qui s'asseurent en vous, donnez nous la grace qu'apres auoir gardé en ceste vye vostre loy, & apres auoir passé à lespreuue des tribulations de ce monde, & enrichis des biens spirituelz, nous meritions d'estre mis au rang des saincts, & bien-heureux esprits, en la ioye eternelle Ainsy soit il.

DE DAVID. 687

PSEAVME CL.
Heb. 151.

LAVDATE DOMINVM IN SANCTIS EIVS.

ARGVMENT.

Avtre exhortation à l'Eglise de louer Dieu, magnifiquement, par toutes sortes de louäges, voix, & instrumés de musique.

Louange à DIEV.

1 LOVEZ tous DIEV, reueremment,
En ces sainctz lieux incessamment,
Donnez luy gloire, en l'estendue
De son glorieux firmament,
Ou sa vertu s'est respandue:
Louange au Seigneur, soit rendue.
2 Espris d'vne celeste ardeur,
Louez le tous en la splendeur,
De sa vertu, de sa puissance,
Louez le selon sa grandeur,
Et selon sa diuine essence
Dont nous auons tous cognoissance.
3 Louez le tous au bruiant son,

De la trompe en toute saison,
Louez le tous, & que l'on sonne,
Sur l'espinette de façon,
Que l'air de tous costez, resonne
Les louanges que l'on luy donne.
4. Meslez de hauts bois esclatans:
Louez auec tambours battans
Ses clemences, à tour de rooles,
Et tous à qui mieux mieux chantans,
Accordez vos voix, & parolles,
Au son de langue & des violles.
5. Louez le encores en tout lieu,
Au resonnant alegre ieu
Des Cimballes, qu'on l'aplaudisse:
Ainsy tout esprit loue DIEV,
Le glorifie, le benisse,
Et sans fin en luy s'esiouisse.

ORAISON.

DOnnez nous tāt de faueur ô nostre DIEV, qu'a iamais rié ne nous puisse destourner, de faire retentir chāsons & cantiques, à vostre gloire. Que le ciel resonne de vos louanges, & que la terre publie vostre nom, qui est sainct eternellement, & exalté par dessus tout ce qui est soubs l'estendue du ciel. Ainsy soit il.

Louange à DIEV.

Fin des Pseaumes de Dauid.

TABLE POVR TROVVER
LES PSEAVMES SELON LE commencement qu'ils ont en l'Eglise.

Le premier nombre enseigne l'ordre des Pseaumes & le dernier renuoye aux fueillets.

A

119	D Dominum cum tribularer	584
24	Ad te Domine leuaui	56
27	Ad te Domine clamabo	111
122	Ad te leuaui oculos meos	595
28	Afferte Domino	114
77	Attendite popule meus	345
48	Audite omnes gentes	205

B

118	Beati immaculati in via	550
127	Beati omnes qui timent	607
31	Beati quorum remissæ sunt	128
1.	Beatus vir qui non abijt	1
40	Beatus vir qui intelligit super	174
111	Beatus vir qui timet dominum	522
102	Benedic anima mea	469
103	Benedic anima mea domino domi.	464
84	Benedixisti domine terram	385
143	Benedictus dominus deus meus qui docet	667
33	Benedicam domino	138
91	Bonum est confiteri domino	419

Xx

TABLE.

C

95	Cantate domino canticum nouum cantate	435
97	Cantate domino canticum nouum quia	444
149	Cantate domino canticum nouum laus	484
18	Cœli enarrant gloriam dei	70 & 630
78	Confitebimur tibi	334
9	Confitebor tibi domine	27
110	Confitebor tibi domine in toto corde meo in concilio	519
137	Confitebor tibi domine in toto corde meo quoniam audisti	639
104	Confitemini domino & inuocate	479
105	Confitemini domino quoniam	487
106	Confitemini domino quoniam	495
117	Confitemini domino quoniam	542
135	Confitemini domino quoniam	630
15	Conserua me domine	53
115	Credidi propter quod	537
4	Cum inuocarem	10

D

129	De profundis clamaui	612
43	Deus auribus nostris	186
49	Deus deorum dominus	211
21	Deus deus meus respice	82
62	Deus meus ad te	268
53	Deus in nomine tuo	227
69	Deus in adiutorium	307
71	Deus iudicium tuum regi da	317
108	Deum laudem meam me	510
66	Deus misereatur nostri	284
45	Deus noster refugium	195
82	Deus qui similis	376
59	Deus repulisti nos	246
81	Deus stetit in sinagoga	373
78	Deus venerunt gentes	359
93	Deus vltionum dominus	427

TABLE.

114	Dilexi quoniam exaudiet	534
17	Diligam te domine	62
38	Dixi custodiam vias meas	165
109	Dixit dominus domino meo	516
35	Dixit iniustus vt delinquat	151
52	Dixit insipiens in corde suo	47 & 224
140	Domine clamaui ad te	650
7	Domine deus meus in te	20
87	Domine deus salutis meæ	396
8	Domine dominus noster	24
101	Domine exaudi orationem meam & clamor	457
142	Domine exaudi orationem meam auribus	657
20	Domine in virtute tua letabitur	78
6	Domine ne in furore	160
37	Domine ne in furore	17
130	Domine non exaltatum	615
138	Domine probasti me	642
3	Domine quid multiplicati	7
14	Domine quis habitabit	30
89	Domine refugium factus est	412
23	Domini est terra & plenitudo	92
26	Dominus illuminatio mea	106
22	Dominus regit me & nihil	89
92	Dominus regnauit decorem	424
96	Dominus regnauit exultet	440
98	Dominus regnauit irascantur	448

E

133	Ecce nunc benedicite domino	623
132	Ecce quam bonum	621
58	Eripe me de inimicis	252
139	Eripe me domine	647
44	Eructauit cor meum	191
29	Exaltabo te domine	118
144	Exaltabo te deus	666
19	Exaudiat te dominus	75
60	Exaudiat deus deprecationem	267
4	Exaudi deus orationem	230
63	Exaudi deus orationem meam	271
15	Exaudi domine iustitiam	57

X x ij

TABLE.

39	Expectans expectaui	169
80	Exultate deo adiutori nostro	368
32	Exultate iusti in domino	132
67	Exurgat deus & dissipentur	286

F

86	Fundamenta eius	391

I

125	In conuertendo dominus	602
85	Inclina domine aurem tuam	389
10	In domino confido	39
113	In exitu Israel de Ægypto	528
30	In te domine speraui	122
70	In te domine speraui	310
65	Iubilate deo omnis terra psalmum	451
99	Iubilate deo omnis terra seruite	279
34	Iudica domine nocentes	143
42	Iudica me deus & discerne	183
25	Iudica me domine quoniam	101

L

145	Lauda anima mea dominum laudabo	671
147	Lauda Hierusalem dominum	678
148	Laudate dominum de cœlis	581
150	Laudate dominum in sanctis	687
116	Laudate dominum omnes gentes	540
146	Laudate dominum quoniam bonus	674
134	Laudate nomen domini	625
112	Laudate pueri dominum	525
121	Lætatus sum in his	590
120	Leuaui oculos	587

M

47	Magnus dominus & laudabilis	201
131	Memento domine Dauid	617

TABLE.

100	Misericordiam & iudicium	454
88	Misericordias domini in	401
50	Miserere mei deus secundum	216
55	Miserere mei deus quoniam	238
56	Miserere mei deus miserere	243

N

126	Nisi dominus ædificauerit	605
123	Nisi quia dominus erat	596
36	Noli æmulari	154
61	Nonne deo subiecta	264
75	Notus in Iudæa deus	339

O

46	Omnes gentes plaudite manibus	198

P

107	Paratum est cor meum	506

Q

2	Quare fremuerunt gentes	4
72	Quam bonus Israel deus	322
83	Quam dilecta tabernacula	381
41	Quemadmodum desiderit	179
124	Qui confidunt in domino	599
51	Quid gloriaris in malitia	221
90	Quis habitabit in adiutorio	415
79	Qui regis Israel	364

S

11	Saluum me fac domine	41
68	Saluum me fac deus quoniam in	295
128	Sepe expugnauerunt	609
57	Si vere vtique	248

TABLE.

136	Super flumina Babilonis	635

T

64	Te decet himnus deus in Sion	274

V

94	Venite exultemus domine	432
5	Verba mea auribus	13
76	Voce mea ad dominum clamaui	341
141	Voce mea ad dominum	654
12	Vsquequo domine obliuisceris	44
73	Vt quid deus repulisti in	329

TABLE POVR TROVVER
LES PSEAVMES EN FRANÇOIS
selon leur commencement en ceste traduction.

*Le premier nombre enseigne l'ordre des
Pseaumes & le dernier des fueilletz.*

A

28	**A**PPORTEZ au Seigneur	114
27	A toy Seigneur	111
35	A veoir les faictz	151
44	Au Roy treshaut	537
115	Au temps que les malheurs	75
19		

B

143	Beny soit le Seigneur	667
102	Beny maintenant ô mon ame	464

C

134	Celebrez tous	625
75	C'est en Iudee	338
140	C'est toy Seigneur	650
95	Chantez au Seigneur	436
149	Chantez à Dieu	684
97	Chantez tous	444
15	Conserue moy	53

D

58	Deliure moy mon Dieu	252
45	Dieu nous sert de refuge	195

X x iiij

TABLE.

66	Dieu pardonne à nous tous	284
81	Dieu cleruoiant	373
117	Donnez en ce terrestre lieu	542
71	Donne ô Dieu	317
105	Donnes louanges au Seigneur	487
145	Donnes mon ame au Seigneur nostre maistre	671
146	Donnez tous au Seigneur	674
2	D'où procede ce bruict	4
129	Du plus profond de mon ame	612
91	D'où procede peruers	221

E

	En tout temps	138
33	En ta faueur	17
6	Entends à mon secours	303
69	En toy mon Dieu	20
77	En toy Seigneur mon Dieu	310
70	Estans assis	635
136	Exaltez Dieu	495
106	Escoutez ô mon peuple	345
77	Exauce à mon bon droict	261
70		

F

	Faictz moy grace	216
50	Frappez de voz mains	368
80		

H

	Helas Seigneur	33
10	Heureux ceux	128
118	Heureux sont	550
127	Heureux tous ceux	607
127	Hierusalem tousiours	678
147		

I

110	I'auouray tes bontez	519
17	I'auray de ton amour	62

TABLE.

39	Iay constamment attendu	169
38	Iay dict en moy mesme ie veux	165
76	Iay dressé tous mes cris	341
122	Iay rehaussé	593
141	Iay reclamé	654
114	Iayme de tout mon ame	534
87	Iay crié iour & nuict	396
88	Ie chanteray	401
121	Ie me suis fort esiouy	590
100	Ie veux icy toucher	454
91	Il est bon	419
94	Il est bien deu	274
128	Ilz ont bien eu	609
85	Incline ton oreille	389
65	Iusques à Dieu	279
32	Iustes reiouissez vous	132

L

120	Laissant les basses campagnies	587
11	Las Seigneur sauue moy	41
49	Le Dieu des Dieux	211
22	Le Dieu me guide	89
78	Les ennemis	359
26	Le Seigneur est	106
47	Le Seigneur est tresgrand	202
92	Le Seigneur tout puissant	424
98	Le Seigneur regne	448
109	Le Seigneur tout puissant	516
13	Les insensez	47
111	L'heur de l'homme est	522
23	Le Seigneur possede	92
5	L'homme insensé	224
12	Louez enfans	525
148	Louez le Seigneur	681

TABLE.

150	Louez tous Dieu	687
116	Louez toutes gens	540

M

12	Mais ô Seigneur	44
103	Mon ame benissez le Seigneur	469
107	Mon cœur est prest	506
44	Mon cœur grossit	191
21	Mon Dieu helas	82
62	Mon Dieu mon Dieu	268
144	Mon Dieu mon Rey	666

N

16	Ne iecte point en arriere	57
131	Ne patiente plus	617
36	Ne troubles point d'ennui	154
43	Nous l'auons bien ouy	186
74	Nous te confesserons	334

O

72	O combien Dieu	322
83	O Dieu des armees	381
59	O Dieu nous auons	256
68	O Dieu pitoyable	295
63	O Dieu quant	271
53	O Dieu plein de bonté	227
82	O Dieu grand monarque	376
25	O Dieu sois iuge	102
54	O Dieu veuille exaucer	230
14	O mon Dieu dis-moy	50
55	O mon Dieu prens	238
1	O mon Dieu que l'homme est	1
132	O que c'est chose	621
40	O que l'homme est	174

TABLE.

20	O que Seigneur	78
3	O Seigneur Dieu combien	7
93	O Seigneur Dieu des vengeances	427
42	O Seigneur iuge moy	183
108	O Seigneur Dieu ma	510
8	O Seigneur nostre Dieu	24
56	O Seigneur pitoiable	243
5	Ouure ton oreille saincte	13
101	O Seigneur tout puissant	457

P

48	Peuples escoutez	205
64	Pressé de tant d'ennuis	96
96	Puisque le Seigneur	440

Q

4	Quand ie t'inuoque	10
125	Quand le voulloir	602
113	Quand on veit Israel	528
37	Quand tu vois	160
67	Que durant les courroux	286
130	Quelque faueur	615
124	Quiconque se fie	599
73	Quoy mon Dieu	329
61	Quoy qu'il m'arriue	264
90	Qui demeure	415

R

135	Remerciez	630

S

29	Seigneur i'exalteray	118
142	Seigneur ie te supplie	657
137	Seigneur ores ie veux	630

TABLE.

101	Seigneur que ie reclame	
139	Seigneur mon Dieu helas	647
30	Seigneur sois a mes vœux	122
34	Seigneur rempli de iustice	143
86	Ses fondemens	393
29	Sus resiouissez vous	451
104	Sus que l'on rende	479
46	Sus peuples	198
9	Sus ie veux de grand honneur	27
123	Si le Seigneur qui ne tient	596
126	Si le seigneur debonnaire	605
57	Si vous fauorisez	248

T

119	Tandis helas	584
18	Tant de beautez	70
41	Tout ainsi que le cerf	179
79	Toy qui regnes	364
84	Tu viens en fin	385
138	Tu m'as mis	642

V

94	Venez & qu'on sesiouisse	432
133	Venez maintenant	623
10	Veu qu'en Dieu	39

APPROBATION.

NOvsſoubs ſignez Docteurs en la faculté de Theologie à Paris certifions n'auoir rien trouué en ce preſent liure intitulé *les cent cinquante Pſeaumes de Dauid*, mis en vers françois par Iean Metezeau Conſeiller & ſecretaire de feu Madame la Ducheſſe de Bar, ſœur vnique du Roy, & agent de ſes affaires prez ſa Majeſté, auec vne inſtruction Chreſtienne auſſi en vers, Qui ne ſoit conforme à l'Egliſe Catholique Apoſtolique & Romaine, Ce douzieſme de Feurier mil ſix cens dix.

Signé,   CHEYEAC, ET

P. ROILLART.

Extraict du priuilege du Roy.

PAR priuilege du Roy il est permis à Iean Metezeau Conseiller & Secretaire de feu Madame sœur vnique du Roy la Duchessie de Bar, & agent de ses affaires pres sa Majesté. d'imprimer ou faire imprimer & d'exposer en vente, vn liure intitulé *les cent cinquante Pseaumes de Dauid*, mis par luy en vers françois selon la vraye traduction receüe en l'Eglise, auec vne instruction Chrestienne aussi en vers, & ce iusques au terme de dix ans à compter du iour de l'impression dudict liure auec deffences à tous imprimeurs & Libraires de l'imprimer & exposer en vente sans son congé a peine de confiscation desdits exemplaires, de mil liures damande comme plus a plain est contenu aux lettres dudict priuilege octroyé à Paris, Ce 23. iour d'Apuril mil six cens dix.

Signé par le Roy,

en son Conseil, D'Arren.

Fautes suruenues à l'impression.

PAg. 12. lig. 3. liſ. paix pa. 21. lig. 2. liſ. paix. pag. 22. lig. 16. liſ. ce pag. 29. li. 13. liſ. prendras. pag. 36. li. 25. liſ. s'en p. 40. l. 11. oſtez le. p. 51. l. 8. l. face a p. 54. l. 21. l. dans p. 62. l. 4. l. il m'aide p. 9. l. 6. l. ce p. 94. l. 16. a eſté obmis ceſt p. 118. l. 4. l. eſperoient p. 109. l. 27. l. eſteinte. p. 127. a l'oraiſon l. nous p. 136. l. prem. l. ne mettes p. 144. l. 25. l. pouſſiers p. 156. l. 19. l. voir p. 178. l. 21. l. peché id. a la 6. s'eſpade. p. 180. l. 20. l. encores p. 187. l. 29. l. noſtre. p. 196. l. 12. l. regarde p. 202. l. 2. de l'argument l. tipe p. 204. l. 15. a eſté obmis en p. 205. l. 6. obm. des p. 213. l. 17. l. liqueur id. l. 23. l. les iours p. 240. l. 4. l. guettent. p. 249. l. 25. d'eaux p. 256. au tiltre du Pſeaum. l. 3. l. lors p. 312. l. 28. l. ceux la p. p. 313. l. dern. l. meſme. p. 315. l. 4. l. de miſeres id. l. 6. l. deuers p. 324. l. 15. l. biens p. 338. a l'arg. l. 1. l. cantique p. 340. l. 9. l. vos p. 342. l. 7. l. trouble p. 473. l. 13. l. pain au lieu de fruit p. 496. l. dern. l. maux p. 525. arg. l. 5. l. releuant p. 637. l. 25. l. t'on p. 672. l. 18. l. qui p. 674. l. 6. l. le p. 678. arg. l. 2. l. toute l'Egliſe p. 68. l. 11. l. l'orgue.

www.ingramcontent.com/pod-product-compliance
Lightning Source LLC
Chambersburg PA
CBHW070901300426
44113CB00008B/915